우레로 말씀하시는 하나님

| 반기성 지음 |

쿰란출판사

위대한 신학자인 C. S. 루이스가 지은 《나니아 연대기》가 있다. 그 중의 한 책인 〈마술사의 조카〉에서는 디고리와 폴리가 다른 우주를 방문하기 위하여 특별한 반지를 사용한다. 그들은 한 장소로 이동되어 새로운 세계가 창조되는 것을 목격한다. 흑암 중에 아름다운 목소리가 노래를 부르자 별들이 탄생하고 이어서 새로 창조된 해가 떠오른다. 그들은 아침 햇살 아래 신비로운 사자인 아슬란이 노래를 부르고 있음을 알게 된다. 그의 목소리에 따라 잔디가 카펫같이 펼쳐지고 나무들이 순식간에 자라나며 땅속에서 동물들이 솟아난다. 나니아의 창조가 완성될 때에 창조자 아슬란은 동물들에게 언어를 선물로 주고 자신의 피조물들과 함께 축제를 벌인다. C. S. 루이스가 사용한 기독교의 창조 상징은 신비와 경이로움 그 자체이다.

"태초에 하나님이 천지를 창조하시니라 In the beginning God created the heavens and earth." 천지창조는 성경 66권 중 가장 앞에 나오는 창세기 1장에 기록되어 있다. 그 첫 번째 구절은 우주 만물을 하나님이 만드셨다고 선언한다. 이 구절에서 하나님이 시작(beginning), 하늘(heaven), 지구(earth)를 동시에 만드는 모습을 볼 수 있다. 물리이론에 의하면 시간 없이 공간과 물질의 존재는 불가능하다. 그런데 하나님의 창조 이야기에서는 이 세 가지가 동시에 만들어졌다. 무에서 시간과 공간과 물질, 무에서 유를 만드는 창조주의 모습은 우리에게 전능하신(nothing impossible) 하나님인 것이다. 성경에서는 하나님이 천지를 창조하시면서 기뻐하시는 모습을 생생하게 보여준다.

태초에 하나님이 하늘과 땅을 만들었다. 땅은 아직도 제대로 꼴을 갖추고 있지 않은 상태였으며, 또한 아무것도 생겨나지 않아 쓸쓸하기 그지없었다. 깊디깊은 바다는 그저 캄캄한 어둠에 휩싸여 있을 뿐이었고 하나님의 영이 그 어두운 바다 위를 휘감아 돌고 있었다. 하나님께서 명령하셨다.

"빛이 생겨나 환히 비춰라."

말이 떨어지자마자 갑자기 빛이 생겨나 온 세상을 환히 비추었다. 빛이 환하게 비추는 것을 보니 얼마나 좋은지 하나님은 무척 흐뭇해하였다. 그렇게 보기 좋을 수가 없었던 것이다. 하나님은 빛과 어둠을 나눈 뒤 빛을 낮이라 부르고 어둠을 밤이라 불렀다. 다음날 하나님은 창공을 만들어 창공 위에 있는 물과 창공 아래에 있는 물이 갈라지게 했다. 그리고 창공을 하늘이라고 부르게 했다. 창공 위의 물은 구름이 되었으나 창공 아래의 물은 갈 곳이 없었다. 하나님은 삼일째 되는 날에 땅 위의 물이 한 곳으로 모여 뭍이 드러나도록 명령했다. 물이 빠진 곳은 땅이 되었고 모인 물은 바다가 되었다. 하나님은 낮을 밝히는 태양과 밤을 주관하는 달을 만들었다. 밤의 달빛이 흐린 데다가 외로워 보이자 하나님은 별을 만들어 하늘에 올렸다. 그리고 엿새째 되는 날 하나님은 창조의 백미인 사람을 만든다.

고난을 당하고 있는 욥과 친구들의 논쟁을 듣고 있던 하나님은 사람들의 무지에 분노한다. 과연 너희들이 알고 있는 것이 무엇이냐며 질문을 던진다. "누가 폭우를 위하여 길을 내었으며, 우레의 번개 길을 내었으며, 사람 없는 땅에 사람 없는 광야에 비를 내리고, 황무하고 공허한 토지를 축축하게 하고 연한 풀이 나게 하였느냐, 비가 아비가 있느냐, 이슬방울은 누가 낳았느냐, 얼음은 뉘 태에서 났느냐, 공중의 서리는 누가 낳았느냐." 이 세상의 모든 것은 당신이 만들었으며, 주관하고 계신다는 것을 선포하는 말씀이다.

그렇다. 전능하신 하나님이 말씀으로 만든 빛과 해와 달과 궁창과 바다와 물은 사람들이 살아가는 데 없어서는 안 될 창조물이다. 하나님은 창조물들을 이용하여 기온을 만들고, 구름을 만들며, 바람과 뇌우를 만들어낸다. 날씨를 만드시고 주관하시며, 날씨를 통해 사람들에게 말씀하시고 자신을 나타내는 것이다. 우리나라에 전해지는 단군신화는 환웅이 천부인(天符印) 3개와 함께 3,000명의 무리를 붙여 태백산 신단수로 내려오는 장면이 그 시작이다.

"환웅은 태백산 신단수 아래에 신시(神市)를 열고 풍백, 우사, 운사를 거느리고 곡(穀)·명(命)·병(病)·형(刑)·선(善)·악(惡) 등 인간의 360여 가지 일을 맡아서 세상을 다스리고 교화했다."

단군신화에서 환웅이 데리고 내려온 신하 중에 가장 먼저 소개되는 신이 풍백(風伯), 우사(雨師), 운사(雲師)이다. 풍백은 바람의 신을 뜻하고, 운사는 구름의 신이며, 우사는 비의 신이다. 그런데 왜 단군

신화에 날씨 신들을 등장시켰을까? 선사시대의 사람들은 질병이나 수명, 생존 등에 날씨의 영향을 크게 받았을 것이다. 그러기에 바람과 비와 구름의 신들이 등장하는 것이다. 그런데 《삼국유사》에 보면 날씨 신들은 있는데 태초에 누가 만들었는지 그에 대한 설명은 없다. 하나님이 만드셨기에 단군신화에서는 언급할 수가 없는 것이다.

바람과 비와 구름이 만들어지는 근본은 하나님이 만드셨다. 날씨의 근본은 기온과 물이다. 해와 달은 기온에 영향을 준다. 모든 기상현상을 만들어내는 근원적인 힘이라고 할 수 있다. 다음에 물을 만드셨는데, 물과 기온이 합작해야 구름이 만들어지고 비와 눈이 내리며, 천둥 번개가 생기고 바람이 부는 것이다. 기상예보자 생활 34년의 세월에서 깨달은 것은 날씨는 전적으로 하나님이 만드시고 주관하신다는 것이다. 그래서 일기예보를 낼 때마다 더욱 무릎을 꿇을 수밖에 없었다. 그때마다 하나님은 날씨의 비밀을 엿볼 수 있는 지혜를 주셨다. 얼마나 감사한 일인가?

침례신학대학원에 다닐 때의 일이다. 1996년 하나님께서 성경에 나오는 날씨 이야기에 대한 글을 쓰고 싶은 마음을 주셨다. 창조 이야기부터 노아의 대홍수, 출애굽한 이스라엘 민족이 만난 열 가지 재앙, 홍해의 갈라짐, 구름 기둥과 불 기둥, 만나와 메추라기의 기적, 사사시대의 많은 전쟁에서 날씨를 통해 하신 약속과 승리, 이후 왕국시대까지 선지자를 통한 날씨의 이적, 전쟁에서의 승리, 예수님의 폭풍을 잠잠케 하신 이야기, 요한계시록에서 종말 때에 나타나는 기상현상에 이르기까지 하나님은 날씨를 통해 말씀하시고 역사를 만들어가셨다. 과연 이런 현상들이 기상학적으로 발생 가능한 것인지, 또 성경 지역인 바이블랜드에서 있는 기상현상인지가 매우 궁금했다. 자료를 모으는 중에 느낀 것은 우리나라는 물론이고 외국의 자료에서도 성경에 나타나는 기상현상에 관한 글은 별로 없다는 것이었다. 어쩌면 당연한 일인지도 모른다. 성경 속의 날씨 이야기를 쓰기 위해서는 신학과 기상학을 같이 전공해야만 가능하기 때문이다. 수많은 자료를 뒤적이며 7년을 준비했다.

2004년 초교파 신문인 〈연합공보〉에 '성경 속의 날씨 이야기'를 기고하기 시작했다. 뒤이어 미국 뉴욕의 〈연합장로교회신문〉에서도 실어주었다. 2009년부터는 플러스인생(구 신앙계)에 성경 속의 날씨 이야기가 실리고 있다. 사람들에게서 좋은 글이라는 이야기를 들을 때마다 하나님께서 매번 영감을 주심에 얼마나 감사한지 모른다. 부족함을 긍휼히 여기시는 주님의 은혜 때문이다. 기도하는 중에 이 책을 출간해 얻게 되는 수익은 방글라데시에 아이들 가르치는 학교를 세우는 데 썼으면 하는 마음을 주님이 주셨다. 16년 전 같은 구역에서 성경공부를 했던 동역자 조남혜 선교사님이 사역하는 곳이다. 하나님이 조 선교사님과 필자의 기도에 응답해 주시리라 믿는다.

성경과 날씨의 글을 통해 하나님의 영광을 드러낼 수 있었던 것에는 대전대흥침례교회의 안종만 목사님의 가르침이 있었기 때문이다. 성경적인 가르침을 중시하신 목사님 덕에 말씀에 바로 설 수 있었고 넘치는 사랑을 받았다. 공군 장교 동기생인 강남중앙침례교회 피영민 목사님의 영적 영향력에 힘입은 바도 크다. 힘들고 아플 때마다, 또 낙심될 때마다 해주는 기도와 격려가 얼마나 큰 힘이 되었는지 모른다. 아울러 강단에서 처남을 위해 밤을 새워 기도해 주신 신월동 임마누엘교회 박귀화 목사님께도 깊은 감사를 보낸다. 신학대학원에서 공부할 수 있도록 꾸준히 후원해 준 반용순 사모님과 반기옥 권사에게도 감사를 드린다. 대전성애교회의 곽영수 목사님, 행복공동체 박세아 목사님, 한우리쉼터의 서선석 전도사님은 주님의 사랑을 실천하는 분들이다. 이분들의 기도 후원과 사랑이 없었다면 지금의 나는 없었을 것이다.

영육간의 연약함으로 쓰러질 때마다 일어설 수 있도록 디딤돌이 되어준 아내와 사랑하는 아이들에게 감사의 말을 전한다. 주님께서 이들의 사랑을 복으로 갚아주시길 원한다. 부족한 글이지만 임마누엘 우리 주님이 모든 영광을 받아주시길 원한다. 할렐루야!

2011년 9월 여의도에서

반기성

차례

16. 더위

:: 잘만 이용하면 복이다 · 251

17. 지진

:: 하나님의 경고 · 266

18. 나무

:: 주님의 은혜 · 282

19. 농사

:: 날씨와의 찰떡궁합 · 297

20. 새

:: 하나님의 선하심 · 312

1. 무지개

무지개를 보면 좋은 일이 생긴다

고대인들은 하늘에 나타나는 모든 자연현상들이 신이 활동하는 표시라고 믿었다. 따라서 사나운 폭풍우에 이어 나타나는 무지개는 어떤 자비로운 신이 존재한다는 것을 의미했다. 특히 무지개는 하늘과 지상 사이의 경계선에 걸쳐져서 나타나기 때문에 신과의 교감을 나타내는 특별한 상징이었다. 무지개는 땅에서 나타나는 기상현상 중에 가장 아름답다. 셰익스피어가 “무지개에 다른 색을 첨가하는 일은 무의미하다”고 말할 정도다. 그러나 지식을 갖고 보면 무지개는 더 많은 것을 이야기해 준다. 물과 빛과 지구상의 모든 생물을 길러주는 공기가 날줄과 씨줄로 직조해 내는 웅대한 리듬, 무한한 변화, 미묘한 복잡성 등은 색채의 현란함보다 더 경이롭다. 하나님이 만드셨다는 사실만이 믿어질 정도다.

신화에 나타나는 무지개

고대 그리스에서 무지개는 올림푸스 산의 신들로부터 인간들에게 메시지를 전해주는 날개 달린 이리스 여신으로 의인화되었다. 이리스는 품격과 초지상적인 아름다움을 발산하는 빛나는 꽃인 아이리스로부터 라틴어 이름을 물려받았다. 무지개 여신인 이리스의 가장 중요한 임무는 소식의 전달이다. 그녀는 사실이나 신들 사이의 의견, 인간에 대한 신들의 바람을 전한다. 그녀는 하늘의 성좌가 비치고 이슬방울로 만들어진 꽃 같은 옷을 입고 무지개를 밟으며 신의 하늘에서 인간의 제국으로 내려온다. '신의 소식을 전하는 사자' 라는 뜻이 있어서인지 아이리스는 기독교 미술에서는 전도의 꽃으로 판넬화에 그려졌다.

수많은 문화의 신화에서, 무지개는 이 세상과 신들을 연결하는 다리를 상징한다. 고대 북유럽의 신들은 자기들의 거처인 하늘과 인간이 사는 지상 사이에 비프로스트라는 무지개 다리를 세웠다고 한다. 그리스 신화는 아프로디테가 전쟁에서 부상을 당하고 올림푸스 산으로 도망쳐올 때 무지개 길을 따라왔던 이야기를 전하고 있다. 브라질 원주민 중 움반다(Umbanda)와 칸돔블레(Candomble)족, 쿠바의 산테리아(Santeria)인, 나이지리아인 요루바(Yoruba)족은 무지개의 신이 우주의 높은 곳과 낮은 곳 사이를 연결시켜준다고 믿는다. 디베드에서 인간과 신은 무지개로 만들어진 하늘사다리를 타고 오르내렸다고 전해진다.

우리나라에도 무지개 신화가 있다. 신라 진지왕은 사량부에 사는 도화(桃花)라는 부녀자의 아름다움에 반해 버렸다. 왕은 온갖 감언이설로 여인을 꾀었다. 하지만 두 남편을 섬길 수 없다며 어떤 벌을 받더라도 왕을 모실 수는 없다고 버텼다. 결국 여인을 품지 못한 왕은 미련을 안고 죽었다. 그런데 그날 도화의 집 지붕에 오색 무지개가 7일이나 섰다. 사람들은 무지개 타고 저승에 가던 진지왕이 미련이 남아 7일 동안 머물다 간 것이라고 말한다. 전설에서 하늘의 선녀도 무지개 타고 지상에 오르내린다. 이처럼 우리나라에서도 무지개는 하늘과 땅을 연결하는 의미를 가지고 있었다.

몇몇 아프리카 문화에서 무지개는 하늘과 지상 사이에 흐르는 에너지의 상서로운 상징인 하늘 뱀과 동일시된다. 잉카인들은 무지개를 그들의 태양신과 연관지었다. 고대 칼데아인들의 전설에는 무지개를 가리켜 위대한 여신이 대홍수 뒤에 들어올린 커다란 활대라고 했다. 사하라 사막 지대의 반투어를 쓰는 민족들의 왕과 사제들은 자기들이 무지개에서 내려온 사람들이라고 주장하는 신화를 만들어 통치하는 데 활용했다. 중국 갑골문은 가장 오래된 기상현상 기록문이다. 무지개(虹)는 '2개의 머리를 지닌 괴물(용이나 뱀 종류)이 강물을 퍼 마신다' 고 생각하여 벌벌 떨면서 점(占)을 치는 수선을 피웠다고 기록하고 있다. 중국 전통에서 무지개는 천상과 지상의 합일인 천룡(天龍)의 상징인 것이다. 그러나 기독교에서 무지개는 노아의 홍수 이야기에 나타난다. 하나님의 용서와 사랑을 나타내는 상징으로 말이다.

무지개는 하나님 사랑의 약속

하늘의 무지개를 바라보면 내 마음은 뛰노라

어렸을 때도 그러하였고 어른이 된 지금도 그러하다
앞날 늙어서도 그럴 것이다
그렇지 않다면 난 죽으리라.

–워즈워스의 시

여름 한낮에 한바탕 소나기가 쏟아지고 나서 빗줄기가 가늘어지면 태양이 먹구름 사이로 빠끔히 얼굴을 내민다. 이런 날 태양의 반대편 하늘에는 일곱 색의 화사한 무지개가 나타난다. 무더위 뒤의 상큼함만큼이나 무지개는 매우 황홀하게 아름답다.

무지개는 날씨를 알려주는 기상현상일 뿐만 아니라 하나님이 인간에 대한 사랑의 징표로 펼쳐 보이는 도구이다. 구약에서 하나님은 이 세상이 죄악으로 가득 차자 심판을 내리기로 결심했다. 오직 의롭게 살고 있던 노아의 가족만 커다란 방주를 만들게 하여 구원해 주고, 큰 비를 내려 악으로 가득 찬 모든 인간을 심판했다. 그러고 나서 홍수를 불안해하는 노아와 그의 가족, 지구상의 자연계에 '무지개 언약' 을 내려준다.

내가 내 무지개를 구름 속에 두었나니 이것이 나와 세상 사이의 언약의 증거니라(창 9:13).

앞으로는 인류를 결코 홍수로 심판하지 않을 것이라는 약속과 함께 그 징표로 구름 가운데 무지개를 두겠다는 것이다. '무지개 언약' 은 우리들에게 전 지구를 멸망시킬 수 있는 홍수 심판으로부터의 불안을 떨치게 해 주고 자유를 보장해 주는 약속이다.

창세기 9장 13절에 나오는 무지개를 영어로는 '구름 속의 활' (bow in the cloud), 히브리어로는 케쉐트(קֶשֶׁת)라고 표현한다. 성경에서 케쉐트는 대개 활이라는 뜻으로 쓰이지만 여기에서는 무지개로 쓰였다. 무지개는 지나간 뇌우의 구름 덩어리가 그 배경을 이루기 때문에 사람의 눈에는 마치 '구름 속의 활' 처럼 보이기도 한다. 중세의 많은 문학작품에서 무지개를 '여호와가 번개의 화살을 쏘고 나서 내려놓은 활' 로 묘사하는 것도 무지개가 그리는 반원호(半圓弧)가 휘어진 활의 모양과 비슷하기 때문일 것이다. 요한계시록(10:1)에서 천사의 머리 위에 있는 무지개는 영어로 'rainbow' 라고 쓰고 있으나, 그리스어 성경에서는 이리스(ἶρις)라고 기록되어 있다. 이리스는 그리스 신화에서 신들의 메신저 역할을 한 무지개 여신의 이름이다. 성경에서의 무지개는 여호와의 권능의 활이자 인류에게 보내는 사랑의 메시지인 것이다.

무지개의 경이로운 성질을 과학적으로 규명한 사람은 17세기 철학자 데카르트(Rene Descartes)였다. 무지개란 한 쪽 하늘에 떠 있는 빗방울에 의해 반대쪽에서 오는 햇빛이 반사, 굴절, 분광되어 우리 눈에 보이는 현상이다. 무지개는 하얀 햇빛이 공기와 물 사이를 지나는 순간 여러 가지 색깔로 휘어지는 굴절 현상과 깊은 관련이 있다. 굴절은 빛의 색깔들이 각기 다른 속도로 빗방울 속을 지날 때 발생하며, 빨간색은 보라색보다 약간 더 빠르게 통과한다. 이러한 속도 차이로 인해 일곱 가지 색깔로 나누어지는 분광 현상이 발생하는 것이다. 그리고 태양 광선에 42° 의 각도로 반사되어 대류권에서 가장 아름다운 기상현상으로 우리의 눈에 보인다.

하나님이 무지개를 언약의 징표로 삼은 것은 지구상 어느 곳에서나 생길 수 있고 볼 수 있는 보편적인 기상현상이기 때문이었을 것이다. 지구상 어느 곳에 있더라도 하늘에 무지개가 떠오르면 '이 세상이 죄악으로 가득 차고 용서할 수 없는 악이 횡행할지라도 하나님은 우리를 매우 사랑하기 때문에 다시는 물로 심판하지 않겠다는 표시구나' 라고 생각하라는 것이다.

그래서인지 독일에는 무지개를 보면 그 후 40년간은 좋은 일만 생긴다는 속담도 있다.

무지개가 알려주는 진리에는 무엇이 있을까? 신비함, 사랑, 아름다움, 고귀함, 찬란함이 있다. '나의 무지개' 라고 말씀하신 것처럼 모든 자연현상의 기원이 하나님께 있음을 알려주는 신비함, 마지막까지 구원의 기회를 주시는 하나님의 사랑하심, 인간에게 주신 우주가 얼마나 아름다운지를 드러내는 아름다움, 이 땅을 다스리도록 만들어진 인간의 고귀함인 것이다. 약속의 징표인 무지개를 볼 때 새 하늘과 새 땅에서 누릴 우리들의 축복은 얼마나 찬란할까! 그래서인지 무지개는 기상현상으로는 유일하게 모든 문화권에서 좋은 징조로 여겨진다. 상징학에서도 무지개는 희망과 평화의 상징으로 그려진다.

공군 기상예보 최고책임자로 일할 때다. 정보작전참모부장이 작전회의를 위해 서울에 가기로 한 날이었다. 아침 브리핑 때 오후 한 시쯤이면 비가 그치고 충분히 헬리콥터 운항이 가능하다는 보고를 했다. 정오가 되어도 비가 그치지 않고 구름도 낮고 시계도 불량했다. 장관을 모시고 하는 회의라 늦으면 낭패였던 정보작전참모부장은 짜증을 냈다. 3군 본부가 있는 계룡대 지역은 계룡산으로 인해 다른 곳에 비해 독특한 기상현상을 보이는 경우가 많다. 틀림없이 좋아져야 하는데, 시간이 늦어지는 것도 지형적인 이유가 있었다. 기도를 했다.

"하나님이 날씨가 좋아진다는 징조를 보여주어야 청주에서 헬리콥터가 떠서 계룡대로 올 수 있습니다. 도와주십시오."

"어! 중앙기상부장님, 무지개가 떴어요."

"와! 할렐루야!"

나도 모르게 나온 말이었다. 무지개가 뜬다는 것은 헬리콥터가 들어오는 방향 쪽으로는 비가 그치고 구름이 높아진다는 의미였다. 정보작전참모부장에게 바로 회복될 것이니 걱정하지 말라고 보고했다. 미션은 성공적으로 이루어졌다. 무지개가 하나님의 사랑의 약속임을 깨닫는 좋은 기회였다.

최근 대기오염으로 무지개 관측일수가 자꾸 줄어들어가고 있다. 우리가 하나님의 약속에서 멀어져가는 것은 아닌가 걱정이 되기도 한다. 맑은 하늘 아래에서 기분 좋은 일을 예감하게 하는 무지개가 자주 떠올랐으면 좋겠다.

천사의 머리 위에는 무지개가 있다

밧모 섬에 귀양 가 있던 사도 요한에게 나타난 하나님은 우주의 종말이 도래하기 전에 있을 큰 환난을 보여준다. 이 하나님의 묵시를 기록한 예언서가 요한계시록이며, 이 책은 세상 끝날 징조와 그 후에 있을 새 하늘과 새 땅에 대해 생생히 묘사하고 있다.

내가 또 보니 힘센 다른 천사가 구름을 입고 하늘에서 내려오는데

> 그 머리 위에 무지개가 있고 그 얼굴은 해 같고 그 발은 불기둥 같으며(계 10:1).

요한계시록 중에 나오는 이 구절은 여섯 나팔 재앙이 끝나고 일곱 번째 나팔 재앙이 시작되기 전의 상황을 묘사한 것이다. 힘센 천사가 내려오는 모습을 실감나게 묘사하고 있다. 우주의 종말은 급속히 진행될 것이며, 이는 우연이 아닌 하나님이 주도하는 필연적 사건이라는 사실을 알리기 위해 내려오는 것이다.

구름을 입고 하늘에서 내려오는 천사의 머리 위에는 아름다운 무지개가 빛난다. 기상학적으로 무지개는 배경에 구름이 있어야만 보이는 것이다. 천사가 구름을 입고 내려오는 것은 구름 자체가 성스러운 하나님의 임재를 나타내기도 하지만 여기서는 무지개를 강조하기 위한 것이 아닐까 싶다. 그렇다면 왜 천사는 무지개를 머리 위에 두르고 오는 것일까?

성경에서의 무지개는 의미의 다양함만큼이나 하나님이 '나의 무지개'라고 말할 만큼 기원의 신비함을 가지고 있다. 또 사람에 대한 끝없는 하나님의 사랑이 언약으로 녹아 있다. 현란한 아름다움과 함께 사람이 얼마나 고귀한 존재인가를 상징하기도 하며 세계 어느 곳에서나 볼 수 있는 보편적 기상현상이기도 하다. 이 모두를 종합해 볼 때 하나님의 사자를 나타내는 데 무지개보다 이상적인 상징물은 없었을 것이다.

무지개가 가지고 있는 상징은 세계적으로 거의 비슷하다고 할 수 있다. 무지개는 하늘과 땅, 즉 신의 영역과 인간 세상을 이어주는 다리(橋梁)라는 것이다. 신(神)을 나타내는 데 있어 성경에서만 무지개의 상징을 사용하는 것이 아니다. 우리나라 설화에서 천상의 선녀들이 목욕하러 내려올 때 무지개를 타고 온다는 것도 같은 이유이다. 절에 가보면 무지개 위에 부처가 정좌하고 있는 모자이크 벽화를 볼 수 있는데 불교에서의 무지개는 해탈의 경지에 이르는 일곱 계단을 뜻한다. 또한 무속신앙에서 용한 무당을 무지개 무당이라 부르는 것도 무지개가 천상과 인간계를 이어주는 통로라고 보기 때문이다. 고사떡에 무지개떡이 오르는 것도 무지개가 소원을 들어줄 천제(天帝)와의 통로임을 의미하는 것이다.

성경에서의 무지개가 하나님의 현현이나 사람과의 언약, 사랑을 나타낸 것이라면, 다른 문화권에서 무지개는 하늘과 사람의 간격을 이어주는 생활의 지혜로 자리매김한 것이라고 할 수 있다. 무지개가 하늘과 땅(사람)을 이어주는 매개체라는 생각 때문이었을까, 어린 시절 무지개를 향해 손가락질하면 생손을 앓는다는 말을 듣기도 했는데, 북미 인디안들에게도 손으로 무지개를 가리키면 손가락이 구부러지거나 병이 든다는 속설이 전해진다고 하니 그 사고의 유사성이 놀랍기만 하다.

어린 시절, 무지개가 뜨면 친구들과 무지개 끝을 향해 달려가던 기억이 있다. 무지개가 끝나는 땅에 보물이 묻혀 있다고 생각했기 때문이다. 프랑스에서는 커다란 진주를, 그리스에선 황금 열쇠를, 아일랜드에선 금시계를, 노르웨이에서는 황금 병(甁)을 얻을 수 있다고 전해진다는데, 나중에 알고 보니 무지개는 다가갈수록 그 모양을 유지하면서 뒤쪽으로 물러선다고 했다. 그러니 그 누구도 무지개의 끝에 도달하지 못할 수밖에…….

하늘의 무지개를 바라보면 내 마음은 뛰노라
하나님의 사랑의 약속이 나의 소망이기에
앞날 늙어서도 그럴 것이다.
그렇지 않다면 난 죽으리라.

2. 번개 1
번개로 싸워주시는 하나님

옛 사람들에게 뇌우는 신이 만들어 인간 세상에 내리는 초자연적 현상이자 두려움과 경외의 대상이었다. 호머의 《오디세이아》에 "구름을 몰고 다니는 제우스 신이 이다 산으로부터 격렬한 천둥을 일으켜 그리스 군에게 그의 타오르는 번개를 내던졌다. 그것을 본 그리스 군은 경악했고, 두려움에 사로잡혀 전의를 상실했다"는 묘사가 나오는 것처럼, 그리스인들에게 뇌우는 제우스 신이 관장했던 두려운 자연 현상이었다. 애굽인들은 그들의 신 세쓰가 쇠 화살로 번개를 만든다고 생각했다. 성경에 자주 등장하는 바알신은 천둥으로 무장하고 암소에 올라타서 창으로 번개를 만든다고 했다. 인도의 신 인드라는 뇌성벽력의 신이며, 노르웨이인들은 번개의 신 토르가 마법의 망치를 들고 지구를 향해 내리칠 때 생겨난 불꽃이 번개라고 믿었다. 많은 나라의 최고의 신은 번개신이다. 따라서 사람들은 감히 번개의 신에게 도전할 엄두조차 내지 못했다. 중국의 경우만은 예외였다. 번개신이 대접받지 못했다. 중국 번개의 신은 전능한 신이 아니라 용으로, 소로, 말로, 원숭이로, 닭으로 나타났기 때문이다. 그러니 사람이 맞서 싸울 수 있는 상대가 되는 것이다. 이조(李肇)가 쓴 《당국사보》(唐國史補)에 보면 "담대하고 지혜로운 사람에게는 번개 귀신도 피해간다"는 구절이 쓰여 있다. 중국인들이 서양 사람보다 합리적인 것일까? 그런데 성경에서 번개는 하나님이 만드신다고 말한다. 하나님은 번개를 이용하여 당신의 백성들을 보호하시고 전쟁에서 승리하게 하신다.

에벤에셀의 하나님

> 내 마음이 여호와로 말미암아 즐거워하며 내 뿔이 여호와로 말미암아 높아졌으며 내 입이 내 원수들을 향하여 크게 열렸으니 이는 내가 주의 구원으로 말미암아 기뻐함이니이다 여호와와 같이 거룩하신 이가 없으시고 이는 주밖에 다른 이가 없고 우리 하나님 같은 반석도 없으심이니이다(삼상 2:1-2).

아들을 달라는 기도에 응답해 주신 하나님을 찬양하는 한나의 감사 노래이다. 아이가 없어 오랜 시간 고통 속에서 살던 한나는 얼마나 기뻤을까? 노래 안에서 그녀의 기쁨이 가슴 속으로 전해져 온다.

"그러면 사무엘은 나처럼 늦둥이네. 한나가 늦게 사무엘을 낳았으니 말이야."

우리집 늦둥이는 선지자 중에서 사무엘을 가장 좋아한다. 사무엘이 자기처럼 늦둥이이기 때문이란다. 그리고 엄마가 간구해 낳은 것도 똑같단다. 여러 가지 여건상 찬양이는 세상으로 나올 형편이 아니었다. 찬양이 엄마가 너무 몸이 약했고, 또 오랫동안 독한 약을 복용해 부작용도 심했다. 찬양이를 임신했을 무렵에는 산소호흡기가 없이는 지내기가 어려운 형편이었다. 밤에는 심해지는 천식과 호흡기 질환으로 아예 눕지도 못한 채 앉아 밤을 꼬박 새웠다. 낳더라도 정상적인 아이는 어려울 것이라는 생각이 들었다. 모든 사람들이 임신중절을 권했다. 아내는 하나님이 주신 아이니 낳겠다고 했다. 기도 중에 하나님은 "너희 가정에 준 귀한 아이이니 걱정하지 말라"고 말씀하셨다. 만일 정상이 아닌 아이라도 하나님이 주셨다면 우리가 감당할 수 있으니 주실 것이라는 생각이 들었다.

매일 아내 옆에서 큰아이와 딸아이가 찬송을 불렀다. 밤을 새울 때도 있었다. 기도를 참 많이 하고 찬양도 많이 했다. 몸무게는 정상치보다 가벼웠지만 하나님은 매우 건강한 아이를 주셨다. 기적이었다. 이름을 '찬양'이라고 지었다. 뱃속에 있을 때 정말 찬양을 많이 했기에 평생 이 아이가 살면서 하나님을 찬양하기를 원해 지은 이름이다. 그런데 이 아이가 자라 사무엘을 좋아한다는 거다. 얼마나 감사한지…….

우리 찬양이는 사무엘이 점점 자라면서 여호와와 사람들에게 은총을 더욱 받았다는 말(삼상 2:26)도 아주 좋단다. 자기도 사람들에게도 사랑받고 하나님께도 사랑받는 사람이 되었으면 좋겠다고 말한다. 얼마나 귀엽고 예쁜지 말할 수가 없다. 찬양이는 가끔 사무엘처럼 하나님이 부르는 음성을 들었으면 좋겠다고 투정도 부린다. 매우 부럽단다. 그때마다 나는 열심히 하나님 앞에서 아름다운 삶을 살다 보면 언젠가 하나님이 너를 부르실 거라고 말해 주곤 한다.

사무엘은 한나가 하나님께 드리겠다고 서원했기에 제사장 엘리 밑에서 성장했다. 사무엘이 살았던 당시는 국가적으로 볼 때 백성들을 다스리는 통치력이 부족해 제각각 흩어져 살다 보니 주변 민족들에게 자주 괴롭힘을 당했다. 종교적으로도 제사 제도가 제대로 지켜지지 않았고 도덕적, 윤리적으로도 문란한 시대였다. 엘리의 두 아들처럼 부모가 영적인 교육을 제대로 시키지 못하던 시대였으며, 따라서 하나님의 뜻이 무엇인지 분별하지 못했다. 이스라엘 민족을 불쌍히 여기신 하나님은 사무엘을 보내 이스라엘의 영적 회복을 돕도록 하신 것이다.

영화 "삼손과 데릴라"에서 주인공 삼손이 대항해서 싸운 민족이 블레셋 사람들이다. 이들은 팔레스타인 지역의 서쪽 해안에 살았는데, 체격이 좋고 사나운데다 우수한 철제무기까지 가지고 있었다. 이에 반해 변변한 무기조차 없었던 이스라엘 민족은 이들과의 전쟁에서 번번이 참패했다. BC 1075년경에 벌어졌던 전쟁에서도 이스라엘은 4천 명의 희생자를 내며 패했다. 이들은 하나님 앞에 회개하고 도움을 간구한 후 진정한 용기를 가지고 다시 싸우러 나가려 하지 않았다. 오히려 여호와의 임재를 상징하는 언약궤를 싸움터에 내세워 전쟁터로 나갔다. 그러나 언약궤를 승리의 부적처럼 우상화한 이스라엘 민족은 이번에도 3만 명의 사상자를 내며 철저하게 패하고 말았다. 언약궤도 빼앗기고, 제사장 엘리의 아들들도 전사하고 말았다.

언약궤를 약탈한 블레셋 사람들에게 하나님은 재앙을 내린다. 언약궤를 그들이 섬기는 다곤 신당에 두었다가 그들의 신상이 엎드러지는 것을 목격한다. 또한 강력한 전염병으로 인해 블레셋 사람들이 많이 죽었다. 이에 블레셋 사람들은 언약궤를 이스라엘에 돌려준다. 언약궤가 이스라엘로 돌아오자 사무엘은 본격적으로 선지자와 사사의 역할을 시작한다. 블레셋의 압제에 시달리던 이스라엘 민족은 하나님께 간절히 구원의 기도를 올렸다.

> 사무엘이 이스라엘 온 족속에게 말하여 이르되 만일 너희가 전심으로 여호와께 돌아오려거든 이방 신들과 아스다롯을 너희 중에서 제거하고 너희 마음을 여호와께로 향하여 그만을 섬기라 그리하면 너희를 블레셋 사람의 손에서 건져내시리라(삼상 7:3).

이스라엘 백성들이 바알들과 아스다롯의 우상을 없애고 여호와 하나님만 섬기기 시작하자 선지자 사무엘은 이스라엘의 모든 백성들을 미스바로 모이게 했다. 미스바는 예루살렘에서 북서쪽으로 8km 떨어져 있는 곳으로 해발 780m의 고지에 위치하고 있다. 백성들이 모이자 사무엘은 블레셋의 지배에서 벗어나기 위해서는 먼저 우상을 없애고 하나님께 잘못을 회개할 것을 역설했다. 이 집회는 하나님과 이스라엘의 언약 관계를 회복하는 종교적 성격이 강했다. 아울러 블레셋으로부터의 자유와 독립을 쟁취하려는 정치적인 성격도 가지고 있었다.

"사무엘의 영도 아래 이스라엘이 하나로 단결하여 우리에게 대적하면 큰일이니 우리가 먼저 쳐들어갑시다." 집회를 지켜보던 블레셋 사람들은 이스라엘에 선제 공격을 감행했다. 미스바에 모여 있던 이스라엘 백성들은 블레셋이 쳐들어온다는 소식을 듣고는 두려움에 떨었다. 그들은 블레셋의 잔인함과 포악함을 잘 알고 있었고, 또 실제로 대항할 만한 변변한 무기조차 없었기 때문이다. 게다가 싸울 때마다 패배하여 많은 이스라엘 사람들이 죽었다. 이스라엘 백성들은 이구동성으로 사무엘에게 간청했다.

"선지자여, 하나님의 도움을 기도해 주세요."

사무엘이 하나님께 간절히 기도를 올렸다. 성경에는 사무엘의 기도에 대한 결과가 다음과 같이 기록되어 있다.

> 그 날에 여호와께서 블레셋 사람에게 큰 우레를 발하여 그들을 어지럽게 하시니 그들이 이스라엘 앞에 패한지라(삼상 7:10).

미스바로 공격해 들어오는 블레셋 군에게 하나님이 번개를 내리치신 것이다. 블레셋 군대는 정신없이 내리치는 번개에 혼비백산하였다. 공포에 질린 블레셋 군을 이스라엘 백성들이 공격해 대승을 거둔 것이다.

그러면 이 지역에 정말 이맘때쯤 번개가 치는지를 알아보자. 이스라엘 백성들의 미스바 집회는 곡물 수확이 끝난 5월경에 열렸다고 추정된다. 기상학적으로 볼 때 이 지역은 봄과 가을철에 강한 뇌우가 자주 발생한다. 또한 해발 780미터의 산악지형이기 때문에 평지보다 뇌우가 발생할 가능성이 더 높다. 따라서 하나님은 이 지역에서 발생 가능한 번개를 이용하여 이스라엘 민족을 도운 것이다. 여기에서 우레는 히브리어로 콜(קוֹל)이라는 단어를 사용하였는데 주로 소리나 음성을 나타내는 데 쓰인다. 하나님은 당신의 뜻을 알리는 방편으로, 번개로 말씀하시기도 한다. 성경에서는 비를 동반하는 뇌우를 나타낼 때 라암(רַעַם)이라는 단어를 많이 사용한다. 따라서 이때 나타났던 기상현상은 번개와 폭풍우를 동반하는 뇌우(Thunderstorm)라기보다는 강한 번개와 천둥소리(Thunder와 Lightning)이었을 것이다.

번개를 신(神)이 만들어내는 초자연적 현상으로 여기던 옛 사람들에게 경천동지할 번개는 그야말로 두려움과 경외의 대상이었다. 기세 좋게 쳐들어오던 블레셋 사람들도 천지가 진동할 만큼 강한 천둥소리와 함께 번개가 내리치자 무시무시한 신의 진노라고 생각했을 것이다. 그들이 싸움은커녕 도망치기에 급급했던 이유다.

대승을 거둔 이스라엘은 승리를 기념하기 위해 기념비를 세웠다. 기념비의 이름은 '에벤에셀'로, '여호와께서 여기까지 우리를 도우셨다'는 뜻이다.

> 여호와는 나의 빛이요 나의 구원이시니 내가 누구를 두려워하리요
> 여호와는 내 생명의 능력이시니 내가 누구를 무서워하리요(시 27:1).

번개로 승리하게 하신 하나님

영화 "타이탄"에서는 제우스가 가장 힘이 센지, 아니면 하데스인지 또는 포세이돈인지 실랑이를 벌이는 장면이 나온다. 제우스가 가장 강력한 신인 것은 그가 번개 무기를 가지고 있기 때문이라는 것이다. 이들의 무기는 신화 속에서만 나오지만, 하나님은 실제로

번개를 이용하여 영적 싸움에서 승리하게 해 주셨다.

이스라엘의 역사 중 가장 강했던 시기가 다윗과 솔로몬 왕 때였다. 많은 나라들이 이스라엘에 조공을 바쳤고, 친하게 지내기를 원했다. 그런데 솔로몬 왕이 죽고 아들 르호보암이 왕위에 오르면서 나라가 두 동강이 나버렸다. 유다 지파를 중심으로 두 지파가 세운 나라가 남유다 왕국이고, 나머지 열 지파가 세운 나라가 북이스라엘이다. "부자는 망해도 삼 년은 간다"는 속담처럼 비록 나라가 둘로 갈라졌어도 다윗과 솔로몬이 워낙 강력한 나라를 만들어놓아 한참 동안 큰소리를 치고 살았다. 북이스라엘의 아합 왕 때까지는 중동의 강국으로 행세했다. 아합 왕 아버지인 오므리 왕 때에 북이스라엘은 모압을 공격하여 공물을 받았을 정도였으니 앗수르조차 두려워했던 강국이었다.

오므리 왕의 뒤를 이어 왕위에 오른 아합 왕은 야심이 매우 컸다. 그는 팔레스타인 지역을 통일하여 강국으로 올라서기 위해 시돈 왕의 딸 이세벨을 왕비로 맞아들였다. 그런 다음 처가인 시돈을 이용한 지중해 무역으로 경제를 부흥시켰다. 경제력에 바탕을 둔 군사력 증강에도 힘을 써 주변 나라들을 두렵게 만들었다. 북이스라엘이 강대국으로 발돋움하는 것을 두려워한 앗수르 왕 살만에셀 3세가 쳐들어왔지만 카르카르(카르카르(Karkar)는 고대의 요새로 시리아 서부 하마 서북쪽의 오론테스(알아시) 강변에 있다. 고대에 이곳에서는 2차례에 걸쳐 큰 전투가 벌어졌다.) 전투에서 아합 왕은 2천 대의 전차와 1만 명의 군사를 거느리고 나가 큰 승리를 거두었다. 정말 대단한 왕이라고 할 수 있다.

그런데 겉으로 보기에 아합 왕의 정책이 성공을 거두어 "야! 대단한 나라구나, 북이스라엘이 크게 번창했구나!" 싶었지만 안으로는 큰 문제가 자라나고 있었다. 바로 아합 왕의 부인이 된 이세벨이 이방종교인 바알 신을 섬기는 사람이었던 것이다. 성경에는 하나님이 이방신을 섬기는 것을 가장 싫어하는 이야기가 많이 나온다. 이세벨 왕비가 바알 신을 잘 섬기는 사람이었던 것은 그녀의 아버지가 시돈의 왕이자 바알 제사장이었기 때문이다. 시돈 왕은 딸의 이름을 '나의 아버지 바알은 고귀하다'는 뜻인 이세벨로 지었을 정도로 바알을 철저히 숭배한 사람이었다. 그러니 아이 때부터 바알의 숭배자인 아버지에게서 영향을 받은 이세벨은 바알 숭배에 목숨을 건 특전 용사나 다름없었다. 어릴 때부터 자녀들에게 하나님을 가르쳐야 하는 이유가 바로 여기에 있다.

바알을 믿는 사람들은 예전에 바다의 물이 매우 난폭하여 육지를 뒤덮고 모든 살아 있는 것을 파괴하려 할 때에 바알 신이 가나안의 모든 신들을 대표하여 물과 싸움을 벌였다고 믿고 있다. 물의 신이 강하긴 했지만 더 강했던 바알 신이 물의 신을 이겼다는 것이다. 이 전투로 물은 바알의 종이 되고, 바알 신은 가나안 신들의 왕으로 추앙받게 된 것이다. 이들은 바알 신이 비와 구름과 물을 마음대로 부릴 수 있는 힘을 가지고 있다고 믿는다. 그들이 사는 곳에 비가 내려 풍년이 드는 것은 오직 바알의 보살핌 때문이라고 말한다. 세상에서 가장 힘센 신은 바알 신이라는 것이다.

이세벨은 미모와 뛰어난 말솜씨로 아합 왕을 완전히 사로잡았다. 여호와 하나님을 믿는 믿음이 약했던 아합 왕은 이세벨의 감언이설에 넘어가고 말았다. 아합 왕은 여호와의 전을 다 헐어버리고 그 자리에 바알 신당을 지어 북이스라엘 왕국에 남아 있던 여호와 신앙을 없애 버렸다. 이세벨 왕비는 아합 왕에게 바알뿐만 아니라 아세라 신까지 섬기자고 꾀었다. 아세라는 가나안 신들의 어머니 신으로 풍요의 신이자 달의 신이다. 실제로는 바알과 옳지 않은 관계를 가지는 등 성적 문란의 원조라고 할 수 있다. 아세라 목상을 세우며 예배하기 시작하면서 북이스라엘에 성적 문란이 판을 치기 시작한 것도 바로 이 때문이다. 산당과 제단 앞에서 성적인 부도덕과 음란을 공공연히 행하면서 나라 기강이 엉망이 되었다. 겉으로는 강력한 정치적, 경제적, 군사적 성과를 자랑했지만 안으로는 물질 만능, 성적 문란, 부도덕 등으로 곪아가고 있었던 것이다. 북이스라엘이 우상을 섬기는 악한 나라로 변해 가니 하나님은 무척 슬펐다. 하나님은 북이스라엘 사람들을 무척 사랑했기 때문이다. 그들이 잘못을 깨닫고 하나님께 돌아오기를 원했다. 그래서 북이스라엘에게 경고하고 잘못을 돌이키도록 오늘 이야기의 주인공인 엘리야를 선지자로 부른 것이다.

엘리야는 북이스라엘 북쪽의 야르묵 강과 얍복 강 사이의 요단 동편 지역인 길르앗에서 태어나, 하나님을 충성스럽게 섬겼던 부모 밑에서 자랐다. 엘리야라는 이름의 뜻은 '나의 하나님은 여호와이시다' 이다. 부모의 믿음을 잘 알 수 있는 대목이다. 엘리야의 할아버지와 아버지, 그리고 어머니는 틈만 나면 성경 이야기를 들려주었다. 하나님이 이스라엘 민족을 어떻게 선택했는지, 선지자들을 통해 어떻게 인도했는지 가르쳤다.

당시 왕비 이세벨의 꾐에 넘어간 아합 왕이 시간이 갈수록 여호와 신앙을 버리고 바알과 아세라를 섬기는 데 열심을 내기 시작했다. 아합 왕과 이세벨 왕비는 바알 신의 축복으로 비가 적당히 내려

곡물이 잘 자란다고 공공연히 자랑했다. 비는 하나님이 내려주시는 것이지 바알 신이 내리는 것이 아니라는 믿음을 가지고 있던 엘리야는 매우 답답했다. 하나님은 말씀하셨다.

"너희들은 꾐에 빠져 다른 신들을 섬기지 말고, 다른 신들에게 예배하지 말라. 만일 그렇게 했다가는 내가 하늘을 닫고 비를 내리지 않을 것이다."

그렇게 되면 땅에서는 식물이 자라지 않고, 사람들은 여호와께서 주신 저 좋은 땅에서 죽게 될 것이었다. 엘리야는 누가 비를 주는지를, 그리고 정말 누가 참 신인지, 누가 전능하신 창조자이신지를 이스라엘 백성들이 알게 해 달라고 기도했다. 여호와의 눈은 온 땅을 두루 감찰하사 전심으로 자기를 향하는 자를 위하여 능력을 베푸시는 법이다. 하나님은 엘리야의 뜨거운 마음을 귀하게 보시고 천사를 보내셨다.

"몇 년 동안 비가 내리지 않을 것이다."

이 말을 북이스라엘의 왕 아합에게 전하라는 것이다. 엘리야는 아합 왕의 왕궁으로 들어갔다. 촌사람이었던 엘리야는 으리으리한 왕궁에 들어가니 무척 떨렸다. 화려한 왕궁과 늘어서 있는 신하들의 모습에 다리가 떨리고 식은땀이 흘렀다. 겁이 나고 주눅도 들었지만 하나님만 믿고 의지하면서 왕에게 하나님 말씀을 전했다.

"이스라엘 하나님 여호와의 사심을 가리켜 맹세하니 내 말이 없으면 수년 동안 이스라엘에 비가 내리지 않을 것이다."

"아니, 웬 미친놈이 와서 헛소리를 하는 거야? 우리를 지켜주는 바알 신이 있는데 네 말 하나로 수년 동안이나 어떻게 가뭄이 드느냐?"

아합 왕은 엘리야를 완전히 미친놈 취급을 하고 내쫓았다. 엘리야는 많은 사람들에게 비웃음과 조롱을 받으며 쫓겨났다. 하나님의 말씀을 비웃는 아합 왕과 신하들에게 굴욕을 당한 엘리야는 너무나 분노했다. 어떻게 이스라엘 민족이 우상을 섬기며 전능하신 하나님을 비웃느냐는 것이었다. 엘리야가 하나님께 저들에게 불을 내려 멸망시켜 달라고 했는데 생뚱맞게도 굴욕당한 것을 갚아주시기는커녕 오히려 도망쳐 그릿 시냇가에 숨으라는 것이었다. 그러면 까마귀들을 시켜 먹을 것을 주겠다는 것이다. 기가 막혔지만 하나님의 말씀에 순종하여 그릿 시냇가에 숨었다. 나중에 알고 보니 아합 왕이 이세벨 왕비의 꾐으로 엘리야를 잡아들이라는 명령을 내렸다는 것이다. 하나님은 엘리야를 지켜주기 위해 잠시 숨으라고 한 것이다. 엘리야가 도망친 그릿 시냇가는 우기에는 물이 흐르지만 건기에는 말라버리기 때문에 생활하기에는 적당하지 않은 곳이다. 그러나 왕궁과 멀리 떨어져 있어 숨어 있기에는 안성맞춤이기도 했다.

엘리야가 그릿 시냇가에 도착한 다음날 아침, 까마귀들이 아침에 떡과 고기를 가져왔다. 엘리야는 동물을 시켜 도우시는 놀라운 하나님을 다시 한번 체험하는 귀한 순간이었다. 저녁이 되자 또 까마귀들이 떡과 고기를 가져왔고 목이 마르면 그릿 시내의 물을 마시면 되었다. 까마귀가 가져다주는 떡과 고기를 먹고 시냇물을 마시면서 쉬는 동안 엘리야는 하나님의 말씀을 묵상하고 기도에 전념했다.

엘리야가 그릿 시냇가에 머무르는 사이 북이스라엘은 난리가 났다. 비가 오지 않아 가뭄이 심하게 든 것이다. 시냇가에 온 지 여섯 달이 지났을 무렵 천사가 나타나 시돈에 속한 사르밧으로 가서 살라는 하나님의 말을 전했다. 그곳 과부가 먹여 살릴 테니 걱정 말라는 것이다. 엘리야가 사르밧으로 가는 길에 보니 도처에 가뭄이 들어 사람들 꼴이 말이 아니었다.

원래 시돈 지역은 지중해 연안에 위치해 있어 가뭄의 피해를 덜 받는 곳이다. 다른 팔레스타인 지역보다 비가 더 많이 내리기도 하지만 이슬이 자주 내리기 때문이기도 하다. 이곳은 1년에 약 150일 정도 이슬이 내리는데 충분하지는 않지만 옥수수, 깨 같은 곡식이 자라는 데 큰 도움이 된다. 그런데 이때는 하나님이 비뿐만 아니라 이슬까지 내리지 않도록 만들었다. 그러다 보니 시돈 지역에도 먹을 것이 떨어지면서 굶어죽는 사람들이 생겨난 것이다. 사흘이 넘는 길을 목마름과 굶주림을 견디며 걸어서 사르밧 성문에 이르렀을 때 한 여인이 그곳에서 나뭇가지를 줍고 있었다. 바로 천사가 말한 사르밧의 과부였다. 엘리야가 여인에게 물 한 그릇과 떡 한 조각을 달라고 하자 여인은 기가 막힌다는 표정을 짓는다. 아들과 먹고 죽을 떡 한 조각을 만들 기름과 한 줌의 떡가루밖에 안 남았는데 떡을 달라니 얼마나 한심했을까?

"아무 걱정하지 말고 남은 기름과 떡가루로 떡을 만들어 가져오고 그 다음에 아들을 위하여 떡을 만들어 주거라. 하나님이 땅에 비를 내려 다시 곡식이 풍성해질 때까지 네 집 통의 가루나 병의 기름이 절대로 없어지지 않을 것이라고 약속했느니라."

과부의 믿음은 대단했다. 아무 소리도 하지 않고 밖으로 나가더니 떡을 만들어 가지고 들어와 엘리야에게 주는 것이었다. 어떻게 되었을까? 정말 놀랍게도 다음부터 통의 가루가 줄어들지 않고 병의 기름도 아무리 써도 없어지지 않는 놀라운 하나님의 기적이 나타난 것이다.

엘리야가 사르밧 과부의 집에서 지낸 지 3년째 되는 때니까, 북이스라엘 지역에 3년 반이나 가뭄이 계속되었다. 아합 왕을 비롯한 제사장과 관리들은 이집트에서 들여온 곡물로 별다른 어려움을 겪지 않았지만, 북이스라엘의 백성들은 고통 속에서 헤어날 길이 없었다. 죽어가는 백성들을 불쌍히 여긴 하나님은 엘리야로 하여금 아합 왕에게 가서 이제 여호와 하나님이 비를 내리겠다는 말을 전하라고 시켰다. 엘리야에게 이를 부드득 갈고 있었던 아합 왕은 엘리야를 보자 불같이 화를 냈다.

"이 큰 말썽꾼아! 왜 이스라엘을 못살게 구는 거냐?"

"이스라엘에 가뭄이 든 것은 왕을 비롯하여 온 이스라엘이 하나님과 그 말씀을 저버리고 우상을 숭배한 데 대한 벌입니다."

"아니, 무슨 헛소리를 하느냐. 가뭄은 바알이 너희 같은 여호와를 믿는 자들을 없애지 않아 진노하셨기에 생긴 것이다."

"왕이시여, 여호와의 제사장들을 다 잡아 죽인 것이 내가 바알 숭배에 정면 도전한 것에 대한 보복이었는지, 아니면 하나님의 선지자들을 다 잡아 죽이면 이세벨 왕비의 말처럼 가뭄이 끝나는 건지 바로 깨닫기 바랍니다."

엘리야가 겁먹지 않고 당당하게 맞서니 아합 왕은 황당했다. 목숨을 구걸해도 살려줄까 말까 할 판에 이렇게 당당할 수가……. 시간이 지나면서 기가 죽은 것은 오히려 아합 왕이었다. 이해할 수 없는 일이었다. 저 꾀죄죄한 자의 눈을 마주볼 수 없었으니 말이다. 아합 왕이 꼬리를 슬며시 내리자 엘리야는 아합 왕에게 대결을 해 보자고 큰소리를 쳤다.

"왕과 나의 말 중 누구 말이 옳은지 대결해 보기를 원합니다. 왕과 왕비가 믿는 바알과 아세라 제사장들을 갈멜 산으로 불러 여호와의 선지자인 나와 대결하게 해 주십시오."

아합 왕이 가만히 생각해 보니 이건 말도 되지 않는 제안이었다. 아무리 엘리야가 용하다고 해도 850명의 바알과 아세라 선지자와는 상대가 되지 않을 것이었다. 왕은 엘리야의 말대로 이스라엘에 살고 있는 바알과 아세라 선지자 850명을 갈멜 산으로 불렀다.

이제 내일이면 1대 850의 역사적인 영적 전투가 벌어지는 날이었다. 막상 큰소리는 쳤지만 마음속으로는 걱정이 없을 수는 없었다. 잠 못 이루는 엘리야 앞에 천사가 나타나 용기를 주었다. 우리 하나님은 이렇게 세세한 부분까지 우리를 보살펴 주신다.

"바알 신상을 부숴버린 믿음의 용사였던 기드온이 고작 300명의 병사로 13만 5,000명의 적군을 이겼다. 하나님이 함께하면 한 사람이 백만 명도 이길 수 있으니 아무 걱정 말고 하나님이 시키는 대로만 해라."

천사의 말이 얼마나 큰 힘이 되었는지, 엘리야는 잠을 푹 잘 수 있었다. 다음날 아침 갈멜 산에 올라간 엘리야는 먼저 소문을 듣고 모여든 이스라엘 백성 앞으로 나갔다. 그리고 큰소리로 선언했다.

"바알과 하나님 사이에서 머뭇거리는 이스라엘 백성들이여! 여호와가 만일 하나님이면 그를 믿고, 바알이 만일 하나님이면 그를 좇으라. 둘 중 하나를 선택하라."

엘리야는 백성들에게 순수한 여호와 신앙만을 갖기를 강하게 촉구한 다음 아합 왕과 제사장들 앞으로 나가 크게 외쳤다.

"여호와의 선지자는 나 혼자이고 바알과 아세라의 선지자는 850명이나 되지만 하나도 두렵지 않다. 자, 송아지 두 마리를 가져와 각각 한 마리씩 각을 떠서 나무 위에 올려놓은 다음 나와 바알의 제사장들이 각각 자기가 믿는 신의 이름을 부르도록 하자. 당연히 나는 여호와의 이름을 부를 것이니 너희는 바알의 이름을 부르되, 하늘에서 불이 내려와 송아지를 태우는 쪽의 신이 참 하나님임을 인정하자."

엘리야는 바알의 제사장들에게 먼저 송아지를 잡은 후 신을 부르는 제사를 지내도록 했다. 하나님이 도우신다는 사실을 믿었기에 먼저 제사를 하라고 할 수 있었던 것이다. 드디어 850명이나 되는 바알과 아세라 제사장들이 하늘에서 불을 내려달라고 제사를 드리기 시작했다. 장관이었다. 몇십 명의 무당들이 꽹과리를 치고 기도를 해도 난리가 나는데 하물며 북이스라엘을 대표하는 제사장들이 다 모였으니 말할 필요도 없었다. 오전 아홉 시부터 바알 제사장들이 미친 듯 부르짖었으나 정오가 되도록 하늘에서는 아무런 변화가 없었다. 불은커녕 구름 한 점 없었다.

"바알이 늦잠을 자고 있는지, 아니면 화장실에라도 갔는지 모르니 더 큰소리로 외쳐보시구려."

엘리야가 야유를 하자, 바알의 제사장들은 칼로 몸을 자해하는 등 더욱 미친 듯이 날뛰며 불을 구했다. 그러나 하늘에서는 아무런 조짐도 나타나지 않고 햇볕만 쨍쨍 내리쬐었다. 오후 세 시가 되도록 하늘에서 불이 내려오지 않자 엘리야가 바통 터치했다. 엘리야는 먼저 열두 돌로 여호와의 제단을 쌓아올렸다. 제단을 쌓은 다음 그곳에 도랑을 파고 통 넷에 물을 가득 채워 송아지 번제물과 나무 위에 부었다. 제단에 물이 가득 흐르고 도랑에도 물이 가득 차고 모든 준비가 끝나자 엘리야는 하늘을 향해 간절한 기도를 드리기 시작했다.

"아브라함과 이삭과 이스라엘의 하나님 여호와께서 이스라엘 중에서 하나님이 되심과, 엘리야가 주의 종이 됨과, 엘리야가 주의 말씀대로 이 모든 일을 행하는 것을 모든 사람들이 알게 해 주세요."

엘리야의 간절한 기도가 끝나자마자 놀랍게도 하늘에서 불이 내려와 순식간에 송아지와 나무와 돌과 흙을 태우고 또 도랑의 물을 핥아 버렸다. 바알과 아세라 제사장들이 넋이 나가 이 광경을 바라보고 있었다. 말도 안 되는 일이었다. 그러나 하나님은 번개를 만드시고 또 모든 일을 하실 수 있는 전능하신 분이다. 지금까지 숨을 죽이고 지켜보던 이스라엘 백성들은 환호성을 지르기 시작했다.

"하나님은 살아 계신 하나님이십니다. 우리는 하나님만을 섬기겠습니다."

엘리야는 여호와 하나님을 섬기기로 작정한 백성들에게 도망치려는 바알 선지자들을 잡으라고 명령했다. 하나님이 참 신이며 전능하심을 직접 본 이스라엘 백성들은 바알 제사장들을 붙잡아 기손 시냇가로 끌고 내려갔다. 아침부터 바알 선지자들의 비를 구하는 제사와 기도를 보면서 의심이 들었던 아합 왕은 엘리야의 간단한 기도에 불이 하늘에서 내려와 제물을 불사르는 모습을 보면서 두려움에 떨고 있었다. 게다가 백성들이 살아 계신 하나님을 외치며 환호하는 모습에 기가 질려 바알 선지자들이 묶여 끌려가는데도 아무런 행동을 취하지 못하고 같이 기손 시냇가로 내려갈 수밖에 없었다. 이스라엘 백성들은 기손 시냇가에서 엘리야의 지시대로 바알 선지자들을 다 죽였고 아합 왕은 벌벌 떨며 바알 선지자들이 죽는 모습을 그저 지켜보고만 있을 뿐이었다.

하나님이 가뭄을 내린 것은 바알을 섬기지 말고 하나님께로 돌아오라는 뜻이었다. 이제 이스라엘 백성들이 여호와 하나님께 돌아왔으니 당연히 비를 내려주어야 했다. 엘리야는 기가 질려 꼼짝도 하지 못하는 아합 왕에게 이제 큰 비가 내릴 것이라고 선언했다. 3년 반 동안 비 한 방울도 내리지 않았는데 드디어 비가 내린다는 것이다. 엘리야는 갈멜 산 꼭대기로 올라가서 땅에 꿇어 엎드려 얼굴을 무릎 사이에 넣고 간절하게 기도하기 시작했다. 무려 일곱 번이나 사환에게 지중해 쪽을 가서 보고 어떤 징조가 없느냐고 묻곤 다시 힘을 다해 비를 내려달라고 기도했다.

드디어 사환이 바다 끝에서 손바닥만한 구름이 일어난다고 하자, 아합 왕에게 가서 곧 비가 내릴 것이니 별궁으로 빨리 돌아가라고 일러주었다. 기손 시내에서 아합 왕의 별궁이 있는 이스르엘까지는 약 60km 정도 되는데, 기손 시내는 비가 내리면 물이 급속히 불어나 물이 넘친다. 엘리야는 허리를 동이고 아합 왕 앞에서 이스르엘 궁까지 성령의 능력으로 달려갔다. 빗속을 가로지르며 달리는 엘리야의 모습이 꼭 슈퍼맨같이 매우 멋있지 않았을까? "발 없는 말이 천리 간다"는 속담이 있다. 이스르엘에도 엘리야가 갈멜 산에서 행한 기적 이야기가 쫙 퍼졌다. 바알 제사장들을 이긴 기적도 믿기 어려운데, 3년 반 동안 가물었다가 비가 내리니 매우 놀라운 일이었다. 비가 내리는데도 백성들은 엘리야의 주변에 모여들어 이젠 바알을 믿지 않고 여호와 하나님을 믿겠다면서 춤추며 환호했다.

엘리야가 갈멜 산에서 바알과 아세라 제사장과의 영적 전쟁에서 사용한 방법을 보면 매우 흥미롭다. 엘리야는 바알 선지자들이 먼저 제사를 지내게 했다. 그리고 엘리야는 오후 세 시에 제사를 드렸다. 여기에는 큰 의미가 있다. 오후 세 시는 여호와를 믿는 이스라엘 사람들이 소제를 드리는 시간이다. 아직 여호와 신앙을 지키는 이스라엘 사람들이 기도하는 시간으로 그들의 기도를 통해 하나님이 도우셨다고 볼 수 있다.

그리고 기상학적인 의미도 있다. 먼저 여호와의 불로 기록된 불은 히브리어로 에쉬(שא)로 뇌우를 의미한다. 대개 낮에 발생하는 뇌우는 기상학적으로 열뇌(熱雷)라고 부른다. 이런 열뇌는 기온이 상승하면서 지표면이 뜨거워져 공기가 상승하는 오후 중반 이후에 발생하는데, 평지보다는 산악 지방에서 훨씬 더 잘 발생한다. 대결 장소를 갈멜 산으로 정한 것이나 기도를 오후 늦게 한 것은 이런 조건에서 열뇌가 잘 발생할 수 있기 때문이었다. 게다가 엘리야는 뇌우는 가장 높은 곳을 때린다는 피뢰침의 원리를 알고 있었던 것으로 보인다. 돌로 제단을 높이 쌓은 것은 피뢰침을 만든 것과 같다고 할 수 있다.

또한 물로 제단과 돌, 도랑을 흠뻑 적신 것에도 다 이유가 있다. 하늘에서 불이 내려와도 물에 젖어 있으니 타기가 힘들 것이라고 바알의 제사장들은 비웃었을지 모른다. 그러나 마른 장작과 돌은 전기적인 부도체(不導體)이지만 물은 전기를 통하게 하는 도체(導體)의 성질을 가지고 있다. 엘리야는 뇌우를 끌어들이기 쉽게 피뢰침을 만들고 제물이나 나무를 물에 적셔 전기의 흐름을 용이하게 했던 것이다.

통상 뇌우는 전류로는 4만에서 5만 암페어 정도, 전력으로는 5만에서 10만kW의 거대한 에너지를 가지고 있다. 이 정도면 백열전구를 4,000만 개 정도 켤 수 있으며 온도는 태양 표면의 다섯 배 정도인 3만℃나 된다. 이 정도의 에너지라면 '불이 내려와 모든 것을 태웠다(히브리어 아파르(עפר)로 기록됨 : 모든 것을 티끌로 만들어 버린다는 뜻)'는 성경의 기록이 과학적으로 증명된다고 할 수 있다. 하나님의 지혜를 받은 엘리야는 언제, 어느 곳에서 뇌우가 칠지를 예측하는 예지를 활용하여 통쾌한 승리를 거두었다. 그가 선지자 중에서 가장 뛰어난 '기상 예보자'로 불리는 것도 결코 과장되거나 근거 없는 게 아닌 것이다.

번개로 전쟁에서 승리한 사례가 있다. AD 174년, 로마의 황제 마르쿠스 아우렐리우스는 침입해 온 게르만족의 일족인 쿠아디족과 다뉴브 강가에서 전투를 벌였다. 황제의 병력은 적에 비해 훨씬 적을 뿐 아니라 불의의 기습까지 받아 사기가 땅에 떨어져 있었다. 극심한 가뭄으로 5일 동안 물 한 모금도 마시지 못한 상태였다. 황제는 병사들의 사기를 위해 무엇보다 먼저 갈증을 풀어주기로 했다. 그는 병사들 중 기독교도들을 불러내 자신과 로마를 위해 하나님께 기도하라고 명령했다. 기독교도 병사들이 하나님께 기도를 시작하자 기다렸다는 듯 하늘에서 비가 쏟아져 내렸다. 더욱 신기한 것은 로마군 쪽에는 단비가 내렸지만, 쿠아디족 진영에는 엄청난 천둥번개가 내리쳤다는 것이다. 로마군은 쿠아디족이 혼비백산한 틈을 타 총공격을 해 대승을 거두었다.

이 전투 이후 아우렐리우스는 그리스도인의 박해를 금지하라는 칙령을 내렸고, 전쟁에서 이긴 로마군 12사단은 '천둥군대'(Thunder Army)라는 이름을 얻었다. 로마에 있는 안토니네 콜룸의 조각품에 이 전투 장면이 새겨져 있다. 동시대의 여러 문헌과 그림에서 전투를 상세하게 기록하고 있는 것으로 보아 아우렐리우스 황제의 다뉴브 강 전투는 역사적 사실이라고 판단된다. 생사의 기로에서 하나님에 대한 기도, 번개와 비, 승리, 천둥군대의 이야기는 실로 흥미진진하기만 하다. 참으로 우리 하나님은 번개를 만드시고 부르시고 사용하시어 영광을 받으신다.

가나안 사람들이 숭배했던 신 바알은 다산의 신이며, 흔히 '구름을 타고 달리는 자'로 그려진다. 때로는 천둥과 번개의 신, 하다드(Hadad)로 불리기도 한다. 그들은 악한 신인 얌 나하르가 바다와 강을 범람시켜 대지를 황폐케 만들지만, 바알은 구름을 타고 다니며 천둥과 번개로 자신의 힘을 과시하면서 때 맞춰 비를 뿌려 대지를 비옥하게 만드는 좋은 신이라고 믿는다. 그런데 하나님은 갈멜 산의 대결에서 비와 번개를 주관하는 진짜 신은 바알이 아니라 오직 여호와 하나님이심을 보여주었다. 오늘날 세상 사람들은 바알을 섬기라고 꾄다. 쾌락과 음란, 그리고 세상적인 욕망을 좇으라고 말이다. 지금은 더욱 깨어서 기도해야 할 때이다.

3. 번개 2

번개로 말씀하시는 하나님

"나는 번개이고 동시에 번개가 때려 부수는 떡갈나무이다." '애머진의 노래' 에 나오는 구절로, 북유럽 게르만 민족에게 떡갈나무는 절대적 신성(神性)의 상징이다. 떡갈나무는 땅속 깊이 뿌리를 뻗고 있어서 얕게 뿌리를 내리는 다른 나무들에 비해 자주 번개에 맞는다고 게르만족은 믿는다. 번개를 자주 맞는데도 떡갈나무는 죽지 않고 강인한 생명력을 자랑한다. 떡갈나무는 강인함과 장수, 자부심의 상징이 되어 그들이 자랑하는 번개의 신에게 바쳐진다.

엉겅퀴꽃은 뇌신(雷神)에게 바친 꽃이며, 벼락을 막는 효력이 있다고 한다. 스코틀랜드 왕가에서는 이 꽃을 문장으로 사용하고 있다. 로마의 과학자들은 월계수에 번개를 막는 힘이 있다고 믿었다. 그들의 조언을 들은 티베리우스 황제는 번개가 칠 때 월계관을 쓰고 있었다고 전해진다. 우리나라에선 벼락에 맞은 대추나무를 영험하다고 믿는다. 진짜 벼락에 맞은 대추나무인지 확인이 되지 않아도 비싼 값에 팔린다. 그러나 이런 것들은 다 미신이며 부질없는 믿음이다. 떡갈나무가 부귀와 장수를 가져오지 않으며, 엉겅퀴꽃이나 월계수에 벼락을 막는 힘이 없고, 벼락 맞은 대추나무에 영험함도 없다. 1766년 벤자민 프랭클린은 피뢰침을 발명한 후 "드디어 인류에게 자신의 거처와 다른 건물들을 천둥과 번개로 인한 손실로부터 보호하는 지혜를 하나님께서 그의 자비로 알려주셨다"고 고백하면서 모든 영광을 주님께 돌렸다. 번개는 피해야 하는 전기현상이다. 그러면 어떻게 해야 지혜롭게 번개를 피할 수 있을까.

번개도 치는 길이 있다

로마의 점성술사들은 번개를 관찰할 때 하늘을 가로지르는 방향을 주시했다고 한다. 번개가 지나가는 길에 따라 신의 뜻이 있다고 믿었기 때문이다. 번개에 많은 의미를 두었던 로마인들은 번개가 한 번 치는 것이 그날의 모든 공공집회들을 취소할 만큼 충분한 이유가 된다고 생각했다. 원로원에서 "나는 하늘을 관찰할 것이다"라는 말은 정치적으로 거부한다는 말과 동의어가 되었다. 약삭빠른 정치인들은 공공집회의 모임을 연기하거나 투표 결과를 무효화하기 위해 번개를 이용했다고도 한다. 기원전 59년, 집정관 비불루스는 점성술사들이 전한 번개의 조짐이 이상하다는 의견을 가지고 시저가 이끄는 입법부의 의사일정을 연기시키기도 했다. 번개에 정해진 길이 있다는 생각은 로마인만 가지고 있었던 것은 아니다.

네가 번개를 보내어 가게 하되 그것으로 네게 우리가 여기 있나이다 하게 하겠느냐(욥 38:35).

착한 사람이 고난 받는다는 욥기의 줄거리는 많은 사람들에게 흥미를 주었다. 위대한 종교 개혁자 칼빈의 설교 700개 중 159개는 욥기에 대한 것이다. 그 정도로 칼빈은 욥기에 매료되어 있었다. 칼빈 이후의 역사를 살펴보면 고통과 고난이 긴박한 관심사로 대두됨을 볼 수 있다. 두 번의 세계대전과 두 번의 원자폭탄 투하, 여러 차례의 대량 학살을 경험한 현대인들에게 부당한 고난의 모티프를 가지고 있는 욥의 이야기가 더욱 가까이 다가오는 것이다.

욥기 38장에서는 하나님이 나타나 과연 너희들이 알고 있는 것이 무엇이냐며 묻고 있다. 이 세상이 어떻게 만들어졌는지, 하늘과 땅의 신비한 현상들이 어떻게 생긴 것인지를 묻는 중에 앞에 인용한 구절이 나온다.

번개의 통로는 구부러지고 우연히 만들어지는 것처럼 보이지만, 오랜 기상예보관 생활을 통해 관측하고 연구한 결과 번개는 치는 일정한 길이 있다고 본다. 인용한 구절처럼 하나님께서 번개의 유도 통로까지 마련한다는 말씀이 믿어지는 것이다. 이는 과학적으로 증명된 사실이기도 하다.

강한 비구름 안에 있는 작은 물방울들은 구름 안에서 두 가지 힘을 받고 운동을 하게 된다. 즉 강한 상승 기류에 의해 올려지고 또 중력에 의해 떨어지는 상하 운동을 하게 되는 것이다. 이 과정을 반복하면서 양전기와 음전기가 분리되는 전하 분리 현상이 나타난다. 이렇게 전하 분리가 되면 구름 아래쪽에는 음(-)전기가, 지표면에는 양(+)전기가 유도되므로, 구름의 밑부분과 땅 사이에는 전위(電位)차가 생긴다. 이 전위차가 커지면 번개가 치는데, 구름 안에 있는 음전기 부하가 임계 양에 도달하면 눈에 보이지 않는 전자들이 지면으로 쇄도한다. 이렇게 전자통로가 열리면 나머지 전자들은 별다른 저항 없이 구름에서 지면으로 흐르고, 이것이 눈에 보이는 것이 번개이다. 마치 구부러지고 우연히 만들어지는 듯이 보이지만, 번개가 치는 길은 하나님께서 만들어 놓은 것이다.

최근 미국의 한 연구소에서는 번개 구름대가 실험실에서 10km 이상 떨어진 남서쪽 상공으로 지나갈 때, 다시 말해 실험실 상공으로는 구름 한 점 없는 상황에서 번개 실험에 성공했다고 발표했다. 즉 주변을 지나는 뇌우구름의 음전하가, 양전하가 유도되어 있는 상공으로 유도되면 구름이 없어도 뇌우가 친다는 것이다. 이 연구소에서는 음전기가 유도되는 것을 번개의 길이라고 표현하고 있다. 눈에 보이지는 않지만 전기를 끌고 가는 길이 있다는 뜻이다. 물론 고정된 길이 아니기에 그 길은 수시로 바뀐다.

과연 구름 한 점 없는 맑은 하늘에서 번개가 칠 수 있을까? 몇 년 전 남아프리카공화국의 요하네스버그에서 벌어진 프로축구 경기 도중 벼락이 떨어져 선수들이 다치고 경기가 중단된 적이 있다. 맑은 하늘에서 번개가 쳤으니 그야말로 '마른 하늘에 날벼락' 이라고 하겠다. 뜻하지 않은 재앙을 만나는 경우에 쓰이는 우리네 속담이지만, 아직까지 우리나라에서 마른 하늘의 번개가 공식적으로 관측된 기록은 없다.

번개는 하나님이 만든다

'아다드'는 벼락을 맞고 살아난 사람들만 모여 사는 곳으로, 김영하의 소설 《피뢰침》에 나오는 컴퓨터 통신망 속의 행성이다. 어느 날 벼락에 맞는 '전격'(電擊)을 체험한 사람들이 정신적 상처를 숨겨오다 그들만의 경험을 나눌 수 있는 사이버 공간으로 모여들어 살아간다는 내용이다.

영화 "페노메논"(Phenomenon)은 번개를 맞고 천재가 되어버린 평범한 남자가 겪는 경험과 사랑을 그리고 있다. 존 트래볼타가 주연한 이 영화는 미국의 어느 작은 마을 자동차 정비소에서 일하던 주인공이 밤하늘에서 떨어진 벼락에 맞아 갑자기 천재가 된다는 이야기로, 주인공은 몇 시간 만에 스페인어를 완벽하게 구사하고 전문서적을 하루에도 서너 권씩 독파해낸다.

벼락 맞은 사람들의 이야기가 사이버 공간이나 영화에만 있는 것은 아니다. 미국에는 번개에 맞고 살아난 사람들의 모임이 실제로 있다. 이들은 1년에 4회 정기적으로 모여 번개에 관한 정보를 나누고 회보를 발행한다. 회보 제목이 〈맞거나, 안 맞거나〉라고 하는데, 회보의 아래 부분에 작은 글씨로 "만약 당신이 번개에 맞으면 우리에게 오세요"라고 써 있다고 한다. 기상학적으로 뇌우(雷雨)는 천둥과 번개를 동반한 강우를 가리킨다. 번개는 구름과 구름 사이에서 생기는 전기의 방전(放電) 현상이며, 벼락은 공중에 있는 전기와 지상에 있는 물체 사이의 방전 현상을 말한다.

그의 번개가 세계를 비추니 땅이 보고 떨었도다(시 97:4).

의인을 위한 여호와의 의로운 통치를 찬양하는 시편 97편의 노래 부분이다. 번개가 번쩍이면 순간적으로 주위가 온통 환해진다. 시편 기자는 어둠을 환히 밝혀주는 자연 현상을 하나님의 권능이 나타나는 것으로 표현하고 있다. 상징적으로 생각한다면 하나님께서 공의의 빛을 환히 비추시면 아무리 숨겨진 죄악도 밝히 드러난다는 것으로 의인들에게는 큰 위로가 되지만 악인들에게는 공포로 다가올 수 있는 말씀이기도 하다.

그런데 여기에서 하나님의 번개가 '세계를 비춘다'는 표현은 과연 타당한 것일까? 통계에 의하면 전 세계에 해마다 2,500만 번의 벼락이 떨어져 2,000-3,000명이 죽는다고 한다. 매일 7만 번의 벼락이 떨어진다는 것이다. 지상에는 떨어지지 않고 공중에서만 번쩍이는 번개까지 계산하면 하루에 무려 70만 번 이상의 번개가 발생하는 셈이다. 2011년 4월 30일 우리나라에 친 번개가 4만 9,000번으로 기록을 경신했다. 지구 전체로 평균 하루에 70만 번은 족히 칠 것으로 추정된다. 그러니 번개의 섬광이 세계를 비추고 있다는 시편 구절은 틀림이 없다고 할 수 있지 않은가? 우리나라에서 낙뢰 장비에 관측된 번개 발생 횟수가 가장 많은 곳이 충남 금산 지역이다. 그 다음이 경북 의령, 전북 완주 순이다. 이곳들은 지형적으로 산맥 부근에 있어서 뇌우가 발생하기 좋은 기상학적 조건을 지닌 지역이다.

솔로몬 성전(聖殿)은 번개도 피한다

"제가 하나님의 집을 짓겠습니다."

"아니다. 너는 너무 많은 피를 흘렸으니, 네 아들 솔로몬에게 내

집을 짓게 하거라."

이스라엘의 가장 뛰어났던 왕인 다윗이 여호와의 전(殿)을 짓겠다고 했을 때 하나님은 거절했다. 다윗은 이스라엘의 평안을 위해 너무 많은 전쟁을 치러 성전을 짓기에 적합하지 않다는 것이다. 다윗 왕은 하나님의 말씀에 순종했고 성전을 지을 재료를 준비하는 것으로 만족해야 했다.

다윗에 이어 왕위에 오른 솔로몬은 4년 동안 성전을 지을 준비를 철저히 했다. 이윽고 기원전 966년에 시작하여 7년 후에 완공된 성전은 매우 장엄하고 화려하게 건축되었다. 외부 시설의 장중함은 물론 내부는 백향목으로 단장하고, 그 위에 금을 입히는 등 화려함의 극치를 보여주었다. 또한 성전을 건축하는 동안에는 성전 내부에서 철 연장을 사용하는 소리가 들리지 않도록 엄숙히 공사를 진행했다. 성전은 유대교 신앙에서 하나님 임재의 상징적 처소라고 할 수 있다. 모세의 인도로 애굽에서 탈출했던 이스라엘 민족은 그동안 이동식 성막에서 제사를 드려왔는데, '솔로몬 성전' 이 완공된 이후 비로소 고정된 성전에서 제사를 드릴 수 있었다.

주는 하늘에서 들으사 주의 종들과 주의 백성 이스라엘의 죄를 사하시고 그들이 마땅히 행할 선한 길을 가르쳐 주시오며 주의 백성에게 기업으로 주신 주의 땅에 비를 내리시옵소서(왕상 8:36).

솔로몬이 성전 봉헌식 중에 한 기도이다. 이스라엘 지역은 건기와 우기가 뚜렷이 구별되기에 적당하게 내리는 비는 하나님의 은혜였다. 그런데 뜻하지 않은 가뭄은 하나님의 저주로 인식되었기에,

솔로몬은 적당하게 비를 내려 달라고 기도한 것이다. 성경에서는 가장 지혜로운 사람으로 솔로몬 왕을 꼽는다. 그가 지혜의 복을 받은 것은 겸손했기 때문이다. 그는 부족함을 깨닫고 자신이 모르는 것이 있다는 사실을 인정했다. 그는 하나님이 맡겨주신 일을 충성되이 감당하기 위해 하나님께 지혜를 구할 수밖에 없었다. 하나님은 구하는 자에게 지혜를 주신다(마 7:7). 성경은 "지혜를 얻는 자는 복이 있나니"(잠 3:13), "지혜를 가진 자는 복되도다"(잠 3:18)라고 말한다. 지혜의 중요성을 강조하기 위해 지혜를 은, 정금, 진주와 비교한다. 지혜는 그 무엇과도 비교할 수 없으며, 지혜를 가진 자에게는 장수, 부귀, 즐거움, 평강 그리고 생명의 복이 찾아온다고 가르친다. 내 부귀와 장수를 위해 지혜를 구하지 아니하고 오직 주님이 맡겨준 사명을 감당하기 위해 지혜를 구하면 나머지는 주님이 풍성하게 채워주신다.

그런데 놀랍게도 솔로몬 성전은 날씨를 고려한 놀라운 비밀을 가지고 있다. 기상학자들이 세계적으로 유명한 건축물들의 번개를 맞은 정도를 조사하였다. 세계에서 유일하게 번개를 맞지 않은 곳이 바로 예루살렘에 있는 솔로몬의 성전이었다. 학자들이 솔로몬 성전만이 번개를 맞지 않은 이유를 조사해 보았다. 솔로몬 성전은 안팎이 금으로 덮여 있었고, 성전 밑에 있는 쇠로 된 물탱크들은 쇠 파이프를 통해 지붕에서 모아진 빗물을 받도록 건축되어 있었다. 이러한 경우 번개가 치면 건물에 입혀진 금에 의해 벼락이 효과적으로 물탱크로 유도되며, 파이프를 통해 전기가 땅속으로 흘러가면서 피해를 입지 않는다. 피뢰침의 과학적 원리가 수천 년 전의 건축에 적용된 예라고 할 수 있다.

피뢰침의 원리가 밝혀진 것은 18세기 후반 벤자민 프랭클린에 의해서이다. 이보다 2,700년 전 피뢰침의 원리를 이용하여 건축된 솔로몬의 성전이야말로 하나님이 번개를 만드신다는 사실을 가장 잘 가르쳐주는 증거라고 할 수 있다.

우리집 늦둥이인 찬양이는 솔로몬 성전 이야기를 듣자 하나님은 겸손하게 지혜를 구한 솔로몬에게 번개의 비밀을 가르쳐 주었다고 말한다. 가끔 아이들의 생각과 믿음에 놀랄 때가 있다.

하나님을 시험하지 마라

하나님은 당신이 만든 자연법칙을 초월해 살기를 원치 않는다. 얼마 전 친구의 전화를 받았다. 비와 천둥 번개가 예보된 날이었다. 친구들과 골프를 하기로 했는데 날씨가 괜찮겠느냐고 물었다. 예보대로 비가 오고 천둥 번개도 칠 것 같으니 취소하는 것이 좋겠다고 했다. 하지만 친구는 하나님께서 항상 보호해 주시기 때문에 괜찮을 거라며 전화를 끊었다. 평소 상당히 신실한 믿음 생활을 하고 있다고 여겼던 친구의 말에 혼란이 느껴졌다.

벼락은 주변에서 가장 높은 부분에 떨어지는 경우가 많다. 골프채나 우산, 금속성 도구 등은 벼락을 끌어들이는 역할을 한다. 특히 넓은 골프장에서의 금속성 골프채는 벼락의 좋은 목표가 된다. 대자연의 변화와 인간의 생사화복(生死禍福)을 주관하시는 하나님께서 믿음을 구분하여 사람에게 벼락을 내린다면, 만에 하나 벼락에 맞아 죽은 그리스도인은 믿음이 신실하지 못해 하나님의 벌을 받은 것이란 말인가.

안개를 땅 끝에서 일으키시며 비를 위하여 번개를 만드시며 바람을 그 곳간에서 내시는도다(시 135:7).

이 구절을 보며 현대의 기상학적, 과학적 이론을 뒷받침하고 있는 하나님의 정교한 솜씨에 놀라게 된다. 앞에 인용한 구절은 번개가 칠 수 있는 기상학적 조건 중 열뇌우(熱雷雨)를 나타내는 것이다. 여름철에는 낮에 기온이 올라가면서 안개가 소산된다. 상공으로 올라간 수증기는 응결되어 구름으로 변한다. 이때 공기의 습도가 높고 불안정한 성질을 가지고 있으면 구름은 급격히 발달한다. 발달된 적란운에서는 방전현상이 일어나 번개가 치고 대류성 강우(소나기)가 내린다.

"비를 위하여 번개를 만드시며" 라는 시편의 구절은 지극히 기상학적인 표현이다. 특히 강하게 발달한 적란운은 강한 하강기류의 강풍을 불게 하는데, '바람을 만들어내는 곳간' 이라는 표현은 얼마나 놀라운 시적인 표현인지 모르겠다. 기상학적으로 '곳간' 은 뇌우구름인 적란운의 한가운데라고 보면 될 것 같다. 하나님께서 번개를 만든 것이 아니라면 수천 년 전에 이렇게나 과학적인 이치로, 시적인 묘미까지 곁들여 자연현상을 어찌 기록할 수 있었겠는가. 30년 이상 기상 예보자 생활을 해 온 나는 단 한 번도 번개나 비를 하나님이 만드신다는 사실을 의심해 본 적이 없다.

전형적인 3마일 폭의 뇌우는 히로시마에 투하된 원폭의 10배에 해당하는 에너지를 가지고 있다. 번개는 3천만V에 해당하는 10만A의 전기를 전달한다. 사람이 벼락에 맞을 경우 거의 사망에 이르는 치명상을 입게 된다. 중세시대 가장 높은 건물은 성당이었는데,

성당 꼭대기의 종탑은 번개가 칠 때 가장 위험한 곳이었다. 중세의 한 학자는 교회 종탑에 떨어진 번개로 인해 33년 동안 103명의 종지기들이 목숨을 잃었다는 기록을 남겼다. 베니스에 있는 성(聖) 마가 교회의 100m짜리 종탑은 1388년에 처음으로 번개를 맞은 이후 1745년까지 강한 벼락을 7번이나 맞아 대파되었다가 재건축된 교회로 유명하다. 이 교회는 번개의 전기적 성질을 발견한 벤자민 프랭클린이 피뢰침을 발명하자, 1766년에 피뢰침을 설치한 이후부터는 지금까지 단 한 번도 벼락을 맞은 적이 없다고 한다.

벼락이 치겠다는 일기예보에도 불구하고 하나님이 지켜주실 거라며 골프를 하겠다는 친구의 자신감은 만용이다. 자신만의 믿음으로 하나님을 시험하는 어리석음인 것이다. 영화 "킹덤 오브 헤븐"이라는 영화가 있다. 십자군 전쟁을 배경으로 한 영화로 십자군이 이슬람의 명장 살라딘에 의해 하틴 전투에서 전멸 당한 후, 예루살렘으로 공격해 오는 이슬람군과 십자군의 전쟁을 그렸다. 이 영화의 주인공인 이슬람의 살라딘 장군은 역사에서도 알아주는 명장이다. 이라크에서도, 요르단에서도, 이집트에서도 음식점이나 박물관에는 그의 초상화 사진이 도처에 걸려 있었다. 오죽하면 이라크 전쟁 때 후세인 이라크 대통령이 "살라딘에게 영광을!" 이라는 구호를 외쳤을까? 그런데 영화 속에 나오는 대사 중에 살라딘의 말이 가슴에 꽂혔다. 이슬람 군에 종군하는 선지자가 살라딘 장군에게 말한다.

"지금 십자군을 공격하세요. 그러면 알라신이 도와주어 이길 겁니다."

"지금까지 우리들이 치른 전쟁을 알라신이 다 이기게 해 주었습니까? 나는 물이 준비되지 않으면 절대 싸우지 않을 겁니다."

그렇다. 사막에서 전투를 벌이는데 물이 없다면 싸울 수 없다. 살라딘이 십자군을 하틴 전투에서 이길 수 있었던 것도 십자군은 더위에다가 물 준비가 부족했던 데 반해, 살라딘은 충분한 물 준비를 했기 때문이다. 믿음은 당연한 것을 상식적으로 하는 것이다. 뇌우가 칠 것으로 예측되었다면 당연히 위험한 골프는 하지 않는 것이 올바른 믿음이다.

1769년 이탈리아의 브레스치아 교회에서는 피뢰침을 설치하는 문제로 다툼이 벌어졌다. "성(聖) 마가 교회를 비롯하여 많은 교회가 첨탑에 피뢰침을 설치하여 벼락을 예방하고 있다고 하니, 우리 교회에도 피뢰침을 달았으면 합니다."

"아니, 그게 무슨 말이오? 하나님께서 교회당에 벼락을 내리신다고 말하는 것은 용납할 수 없는 신성모독이오. 교회당처럼 안전한 곳이 세상 어디에 있단 말이오!"

대다수의 교회 지도자들은 교회 지붕에 피뢰침 설치하기를 거부하였다. 오히려 그들은 한술 더 떠 교회당이 가장 안전한 무기고라고 하여 교회 안에 화약을 저장했다. 그로부터 얼마 지나지 않아 교회당의 첨탑에 벼락이 떨어졌고, 화약이 폭발하면서 3,000명이 목숨을 잃는 등 도시는 폐허가 되고 말았다. 지혜를 거부한 맹목적 광신이 얼마나 무서운 결과를 초래하는지를 보여준 좋은 사례라고 할 것이다.

번개가 자연의 전기적 현상임을 최초로 증명하고 발견한 벤자민 프랭클린은 하루를 기도로 시작한 사람으로 유명하다.

"전능하신 하나님 아버지, 자비로우신 하나님이시여, 참된 지혜를 더하여 주소서. 나의 결단에 힘을 더하여 주시고, 지혜가 명하는 대로 행할 수 있는 결심을 갖게 하여 주소서. 당신의 다른 자녀들에게 내 마음 속의 임무를 받아들이게 하소서. 이것이 하나님의 끊임없는 은혜에 대해 내가 행할 수 있는 한 가지 보답이옵나이다."

하나님은 신실한 프랭클린에게 복을 주셨다. 그는 1776년 미국의 독립전쟁 시에는 가장 나이 많은 혁명가로 활약하며 미국 독립 선언서의 기초 위원이 되었다. 미국의 독립 이후에는 파리 조약의 전권 대사로 활약하였으며, 펜실베이니아 주지사로서 미국 헌법을 만드는 최초의 헌법 회의에도 참여하였으니 말이다.

번개가 전기 현상임을 프랭클린이 밝혀냈다면, 1831년 패러데이는 발전기의 기본 원리가 되는 전자감응 현상을 발견한다. "코일에 자석을 가까이 가져가면 코일에 전류가 흐르게 된다. 자기를 전기로 바꾸는 일은 가능하다." 지금이야 과학을 조금만 아는 학생이라면 누구나 잘 아는 이 작은 현상이 바로 전기 문명의 시발을 알리는 패러데이의 발견이었다. "하나님은 당신을 사랑하는 사람에게 지혜를 부어주십니다." 평생 하나님의 신실하심을 증거했던 프랭클린과 패러데이는 모든 사람에게 은혜를 주는 참으로 신실한 그리스도인이었다.

4. 바람 1

방사능 오염물질은 바람을 따라간다

2011년 3월 일본 동북부 지방을 강타한 지진과 쓰나미로 인해 원자력발전소에 사고가 발생했다. 고농도의 방사능 누출에다가 방사능에 오염된 물까지 방류되면서 많은 사람들이 방사능 공포에 떨었다. 우리 정부에서는 방사능의 직접적인 피해는 없다고 발표했다. 동풍이 불어야 우리나라로 방사능이 오는데, 우리나라는 편서풍 지대이기 때문에 올 수가 없다는 것이다. 다만 대기 상공으로 치올려진 방사능 물질이 상층 제트기류를 타고 한 바퀴 지구를 돈 다음에는 영향을 줄 수 있지만 이것 역시 희석되고, 또 오염물질의 강하율이 낮기 때문에 거의 영향이 없다는 것이다. 기상학적으로 타당한 말이기에 필자도 많은 사람들에게 걱정하지 않아도 된다는 말을 해주었다.

그런데 4월 초 비가 오는 날이었다. 전날부터 방송에서는 방사능 비가 예상된다고 보도하고 있었다. 별로 영향이 없을 것이라고 믿는 필자는 걱정하지 않았다. 학교에 강의를 하러 올라가면서 놀란 것은 모든 학생들이 우산을 쓰고 있다는 것이었다. 그날 백양로에 우산 꽃이 피었다. 대학생들은 비가 조금 오면 모자를 쓰거나 그냥 맞거나 한다. 그런데 이날은 전혀 아니었다. 소아과의사를 하는 형님과 통화했는데 환자가 평일의 30%밖에 오지 않았단다. 골프장을 하는 친구는 150팀이 예약했다가 130팀이 해약하더란다. 아무리 영향이 없다고 정부에서 이야기해도 국민들은 불안해하는 것이다. 방사능 확산에 영향을 주는 가장 큰 요소는 바람이다. 그런데 성경에서는 볼 수도, 만질 수도 없는 바람을 하나님이 만드신다고 말한다.

바람에도 무게가 있다

바람이 몰래 지나가려 해도
갈대는 알아채고
휘파람을 휘익 분다.

바람이 훌쩍 지나가고 나면
갈대는 서러움에
온몸으로 울음 운다.

–제해만의 '갈대'

우리는 바람이 지날 때면 허리를 휘며 드러누웠다가 다시 몸을 일으키는 갈대를 보며 바람이 있음을 느낀다. 시인은 한 걸음 더 나아가 바람 소리를 들으며 만남의 반가움과 이별의 서러움을 차례로 읽어낸다. 이처럼 바람이 있음을 느끼거나 읽을 수는 있지만 아직도 바람을 본 사람도, 만져 본 사람도 없다. 그런데 볼 수도 만질 수도 없는 바람의 무게를 재 본 사람이 있다.

> 바람의 무게를 정하시며 물의 분량을 정하시며 …… 그 때에 그가 보시고 선포하시며 굳게 세우시며 탐구하셨고(욥 28:25a, 27).

이 말씀이 나온 욥기 28장은 하나님의 지혜에 대한 욥의 찬양으로 이루어져 있다. 1절에서 11절까지는 보화를 찾아내는 인간의 노력에 대한 비유이다. 12-22절은 그 어떤 보화보다 고귀한 참 지혜의 가치에 대해 말하면서 지혜는 세상 어디에서도 찾을 수 없고 어떤 보배와도 비교할 수 없다고 한다. 23절에서 28절까지는 참 지혜의 근원이신 하나님을 찬양하면서 만유의 주권자 되신 하나님께서 참된 지혜로 모든 일을 섭리하시고 역사하신다고 말한다. 그리고 하나님께서는 지혜로 바람의 경중(輕重)을 정하셨다고 한다. 참 놀라운 점은 4,000년 전에 어떻게 바람에 무게의 차이가 있다고 말할 수 있었을까 하는 것이다. 바람에 무게가 있다는 것은 17세기에 이르러서야 과학적으로 밝혀진 사실인데 말이다.

바람에 무게가 있다는 것은 갈릴레이에 의해 처음 밝혀진다. 그는 아리스토텔레스가 주장해 왔던 물체의 낙하 속도는 무게에 비례한다는 이론을 반박하는 과정에서 바람에 무게가 있을 것이라고 추정하였다. 갈릴레이는 5kg의 돌은 1kg의 돌보다 다섯 배 빨리 떨어진다는 아리스토텔레스의 이론이 틀린 것임을 수학적으로 증명하고 실제 실험으로도 입증한다. 갈릴레이는 돌과 깃털의 낙하속도가 왜 다른지를 연구하면서 공기에는 저항력이 있고, 공기는 측정 가능한 물질을 그 안에 가지고 있을 것이라고 추정하였다. 그는 플라스크의 실험을 통해 공기는 무게가 있음을 증명하였다. 이후 그의 공기 무게에 대한 계속된 연구는 그의 조수였던 토리첼리에 의해 기압계의 원리로 이어지게 된다.

바람은 공기의 흐름을 말하기에 바람과 공기는 같은 의미로 사용된다. 공기 0.028㎥에는 45.3g 정도의 무게가 있다. 지구 전체로 환산하면 약 50억t의 무게가 된다. 지구는 공기 담요 때문에 16.4㎤당 0.67kg의 표면 압력이 생긴다. 우리는 이 압력을 느끼지 못하면서 공기의 바다를 헤엄치면서 살고 있다.

공기는 보이지는 않지만 물처럼 흐르는 유체(流體)이다. 따라서 물이 높은 곳에서 낮은 곳으로 흐르는 것과 마찬가지로 공기는 기압이 높은 곳에서 낮은 곳으로 분다. 즉 바람의 무게가 무거운 곳에서는 고기압이 발생하고, 반대의 경우에는 저기압이 생긴다. 이런 기압계의 압력 변화는 일기예보에 중요하다. 기압이 올라가면 맑은 하늘이 눈앞에 펼쳐질 것이고, 기압계가 내려가는 것은 폭풍이 다가온다는 경고일 가능성이 크기 때문이다. 공기에 무게가 없다면 바람은 힘을 갖지 못할 것이다.

과학적인 시각을 중요하게 생각하는 사람들은 성경이 시대에 뒤떨어졌고 비과학적이라고 말한다. 그러나 하나님의 말씀은 공기의 무게 같은 작은 부분까지도 아주 자세히 파악하고 있고 정확하다는 것이 과학적으로 밝혀지고 있다. 앞의 말씀은 우리가 살고 있는 지구는 물론 우주 전체가 하나님의 오묘한 창조 섭리에 의해 유지되고 있다는 사실을 알려주는 강력한 증거이다.

바람의 무게를 정하시며 물의 분량을 정하시며(욥 28:25).

이 성경말씀을 보고 공기의 무게가 있다는 사실을 연구하여 증명한 학자가 보일이다. "온도가 일정하면 기체의 부피는 압력에 반비례한다"-바로 저 유명한 '보일의 법칙' 이다. 그는 동물의 방광을 풍선처럼 만들어서는 종 모양으로 된 단지 안에 넣고는 진공 펌프를 만들어서 공기를 밖으로 뺄 수 있는 장치를 하였다. 그랬더니 진공 펌프에 의하여 압력을 낮추면 방광 주머니가 부풀어오르고 공기를 넣으면 반대로 주머니가 줄어드는 것이었다. 이를 통해 공기의 무게가 있음을 실제로 증명하였고 기체의 법칙을 발견한 것이다. 그는 자기의 업적이 하나님의 창조 세계에 대한 끊임없는 호기심 때문에 이루어진 것이라고 일기에서 고백한다. 그는 과학자들로 이루어진 성경모임을 만들기도 했고, 많은 유산을 받자 고국 아일랜드에 엄청난 양의 성경책을 보냈고, 또한 선교 사업에도 많은 헌금을 내놓는 등 하나님 나라 확장을 위해 기도한 아름다운 신앙인이기도 했다.

또 사람에게 말씀하셨도다 보라 주를 경외함이 지혜요 악을 떠남이 명철이니라(욥 28:28).

살다 보면 우리가 이해하기 어려운 문제나 고난이 올 때가 있다.

성경에서는 욥의 입술을 통하여 순종과 인내로 온전히 하나님만을 경외하고 의뢰하라고 말한다. 오직 하나님으로부터 오는 지혜와 능력으로만 이길 수가 있다는 것이다.

솔로몬과 에시온게벨

이스라엘이 모든 민족 위에 뛰어난 민족으로 역사의 전면에 등장한 때는 다윗과 솔로몬 왕 때이다. 위대한 다윗 왕은 무력을 통하여 이스라엘 민족을 괴롭히던 주변 국가들을 정복하여 이스라엘의 국제적 위상을 강화하였다. 아버지 다윗의 왕위를 물려받은 솔로몬 왕은 하나님께 지혜의 복을 받은 왕이었다. 그는 놀라운 지혜로 짧은 기간에 예루살렘을 국제적인 도시로 만들었고, 세계의 무역 중심 국가로 발전시켰다. 예루살렘은 더 이상 산 위에 있는 초라한 목축도시가 아니었다. 화려한 외국제 수입품들로 넘쳐났으며 수많은 외국인들이 북적대는 국제적인 도시가 된 것이다.

솔로몬이 이스라엘을 경제적 강국으로 만들 수 있었던 뒤에는 바로 에시온게벨에서 일으킨 선박 제조업과 이를 이용한 구상무역이 있었다. 일부 성서 경제학자들은 국제무역으로 축적한 부를 이용하여 솔로몬이 비로소 성전을 건축할 수 있었다고 말한다. 사실 성전 건축에 버금가는 커다란 사업이 바로 에시온게벨에서의 일이었던 것이다.

"솔로몬 왕이 에돔 땅 홍해 물 가의 엘롯 근처 에시온게벨에서 배들을 지은지라"(왕상 9:26).

솔로몬은 에시온게벨에 수많은 선단을 만들 정도의 배 건조공장을 만들어 해상무역의 근거지로 삼았다. 이때 이스라엘 민족은 배를 만들거나 무역을 하는 데 서툴렀다. 이에 두로의 왕 히람의 도움으로 건조 기술자와 사공들을 제공받은 솔로몬은 에시온게벨에서 군선들을 건조하여 해상 무역을 장악하였다(대하 8:17-18). 그리하여 무역의 결과로 금 420달란트를 솔로몬 왕에게로 가져왔더라고 성경은 기록한다. 금 420달란트라면 무려 1만 4,393kg에 해당하는 엄청난 양으로 현재의 돈으로 환산해 보면 대략 3,000억 원이 넘는 어마어마한 돈이다.

그럼 에시온게벨은 어디에 있었을까? 이스라엘 남쪽 홍해의 항구 도시였던 에시온게벨은 1930년대 미국의 유대인 고고학자 넬슨 글릭의 발굴 결과 오늘날 에일랏 근처에 위치한 텔 엘-클레이페(Tell el-Kheliefeh)로 알려졌다. 하지만 고대 항구로 보기에는 무리가 있었다. 1967년 이스라엘이 시나이 반도를 점령한 후 고고학자들은 홍해의 조그만 섬 게지랏트 엘-파라운이 솔로몬이 개발한 에시온게벨이 아닐까 주장하기 시작했다. 어쨌든 이곳들은 아카바만의 홍해 쪽에 있다.

그런데 왜 솔로몬은 지중해에 국제무역항을 만들지 않고 그 당시에는 황무지인 에돔 남쪽 홍해 쪽에 동이나 구리 등의 제련소, 선박 건조 공장과 함께 무역항을 만든 것이었을까? 일부 학자들은 지중해의 남쪽 해안에는 블레셋 민족이 자리잡고 있었고, 지중해 북쪽 해안으로는 적절한 항구가 없었기 때문이라고 한다. 그러나 이 당시 이스라엘의 국력으로 미루어 설득력이 있어 보이지는 않는다.

내가 보기에는 기상학적인 이유가 있지 않았나 생각된다.

즉 그 당시 선박 건조를 위한 각종 화학약품 처리나 동이나 구리의 제련소에서 배출되는 공해물질 처리 때문이 아니었나 하는 것이다. 이스라엘 지역의 지형과 기상을 분석해 보면 놀랍게도 이스라엘 어느 지역에서도 공장을 만들면 예루살렘 쪽으로 공해물질이 날아오지만 에시온게벨 지역의 오염된 공기는 예루살렘으로 가지 않는 특징을 가지고 있다. 이 지역에는 겨울에 북동풍이나 북풍 등 북동 계절풍이 주로 분다. 그리고 여름인 7월에도 한대전선이 올라가는 사우디 남부에서 인도로는 남서 계절풍이 부나 에시온게벨은 놀랍게도 북대서양 고기압의 가장자리에서 북풍이나 서풍이 우세하다. 즉 이 지역의 오염된 공기는 절대로 성지인 예루살렘에 영향을 주지 않는다는 말이다.

이곳의 오염된 공기가 예루살렘에 영향을 주기 위해서는 남풍이 불어야만 한다. 그런데 설사 남풍이 불더라도 에돔 산지가 가로막고 있어서 예루살렘까지 오염된 공기가 도달하기는 현실적으로 매우 어렵다. 글쎄, 지나친 논리의 비약일지도 모르겠지만 나는 하나님이 이런 세세한 지혜까지 솔로몬 왕에게 부어 주시지 않았나 하는 것이다.

에시온게벨에 거대한 조선소를 세우고 구상무역의 근거지로 삼을 수 있도록 하나님은 솔로몬에게 지혜를 주셨다. 하나님은 구하는 자에게 지혜를 주신다. 하나님은 솔로몬이 구한 것을 주셨다. 하나님이 정하신 원리는 구하는 자에게 주신다는 것이다. 그리고 하나님은 맡겨진 일에 충성하는 자에게 지혜를 주신다. 솔로몬은 자신에게 맡겨진 왕의 임무를 충실히 감당하기 위해 지혜를 구했다.

그의 위에 여호와의 영 곧 지혜와 총명의 영이요 모략과 재능의 영이요 지식과 여호와를 경외하는 영이 강림하시리니(사 11:2).

엘리야의 승천은 토네이도

"아니, 웬 하늘에서 광어 떼가?" 1984년 런던 근교에 길이가 15cm나 되는 광어들이 하늘에서 떨어졌다. 강한 회오리바람인 토네이도가 템스 강에서 물고기들을 구름의 높이로 끌어올렸다가 몇십 리 떨어진 곳에 떨어뜨린 것이다. 우리나라에서 그 일이 있었다면 거창한 광어회 잔치가 벌어지지 않았을까?

흔히 토네이도는 미국에서만 일어나는 기상현상으로 알려져 있지만, 반드시 그런 것만은 아니다. 유럽이나 중국에서도 중간 정도급의 토네이도가 많이 발생할 뿐만 아니라 우리나라에서도 가끔 관측된다. 《고려사》에서도 "큰 바람이 일어나 모래와 돌이 날리고 소리가 우레와 같아 사람과 말들이 앞으로 가지 못했고, 대풍으로 소나무 수천 그루가 뽑혔다"고 기록하고 있고, 근래에 발생했던 1964년 뚝섬과 1980년 사천 토네이도는 비교적 강해서 많은 피해를 주기도 했다. 성경에도 토네이도에 대한 기록이 나온다.

두 사람이 길을 가며 말하더니 가며 불수레와 불말들이 두 사람을 갈라놓고 엘리야가 회오리바람으로 하늘로 올라가더라(왕하 2:11).

날씨에 관한 가장 많은 이야기를 남긴 사람은 단연 엘리야이다. 그는 갈멜 산에서 번개를 부르는 시합을 하기도 했고, 가뭄의 기도와 비를 부르는 기도를 하기도 했던 기상 예보자이자 조절자 역할을 했던 위대한 선지자이다. 그는 아합 왕 때로부터 아하시야 왕 재위 때까지 무수한 핍박과 학대를 감내하며 선지자적 소명을 완수하였다. 그가 소명을 마치고 엘리사에게 후계자 자리를 내어준 후 하나님은 그를 하늘로 올리신다. 이때 이용한 것이 기상학적으로는 토네이도라 불리는 기상현상이다.

중동의 팔레스타인 지역에는 낮에 자주 강풍이 발생한다. 물기가 없는 사막이나 광야 지대는 낮에 급격히 기온이 올라간다. 뜨거워진 공기는 급격히 상승하는데, 상공에 찬 공기가 밀려오는 경우에 상승기류는 상상할 수 없을 만큼 강해진다. 이때 상승으로 생긴 빈 공간을 충분히 채워주지 못하면 중심 부근이 진공 상태가 되고 바람의 강도는 더욱 강해진다. 폭풍 구름 안에서 진행되는 격렬한 순환이 강화되면 회오리 바람은 지표면 쪽을 향하여 접근하고 공기의 소용돌이가 시작되면 파괴적인 힘을 발휘한다. 토네이도는 마치 진공청소기가 물체를 빨아들이듯 엄청난 힘으로 물체들을 공중으로 들어올린다. 1931년 미국 미네소타 주를 강타한 토네이도의 경우 시속 100km로 달리고 있던 60t이나 되는 급행열차를 가볍게 들어올려 20m 이상 날린 적도 있다. 그러니 하나님이 엘리야를 토네이도를 통해 들어올리시는 것은 일도 아니었던 것이다.

앞의 말씀 중에서 "회오리바람으로"에 해당하는 히브리어는 '베세아라' בסערה이다. 이것은 가운데를 의미하는 '베'와 회오리바람을 의미하는 세아라의 합성어이다. 따라서 엘리야는 불말을 타고 올라간 것이 아닌 회오리바람, 즉 토네이도를 타고 올라간 것이다.

그런데 이 당시에도 토네이도에 불려 올라갔다가 내려왔던 사람이 있었던 듯하다. 왜냐하면 엘리사의 생도들이 50여 명의 인원을 풀어 엘리야의 시체를 찾으려고 했던 것으로 미루어 보면 말이다. 그러나 그들은 엘리야를 찾을 수 없었다. 하나님은 자연현상을 이용하시어 엘리야를 하늘로 올리셨지만 다른 사람처럼 땅으로 돌려보내지 않으시고 사람의 눈길이 미치지 못할 곳으로 올리셨기 때문이다.

토네이도가 생기면 구름 안의 소용돌이는 하강기류와 함께 땅으로 뻗어 내려와 수백m나 되는 깔때기 모양의 거대한 회오리바람이 된다. 이 회오리바람은 천둥, 번개, 우박과 소나기를 동반할 뿐 아니라 십 리 밖까지 들리는 이상한 울부짖음과 독특한 냄새를 가지고 있다. 또한 우박이나 빗방울이 공중에서 햇빛에 빛날 때 나타나는 토네이도의 또 다른 모습은 신비롭다 못해 아름답기까지 하다. 번쩍번쩍 하는 천둥과 번개를 동반하기에 엘리야가 불말을 타고 올라가는 것처럼 보였을 것이다.

동양에서는 가상의 영물인 용이 회오리바람인 토네이도를 만든다고 믿는다. 토네이도의 동양식 이름은 '용오름' 이다. 고문헌에서 용이 하늘로 올라갈 때의 모습과 토네이도가 아주 비슷하기에 이런 이름이 붙여졌다고 한다. 그러나 성경에서는 "여호와께서 회오리바람을 타고 행하실 것이라" 면서 하나님이 만드는 기상현상이라고 말한다. 그러니 이런 신의 세계를 훔쳐보아야만 하는 기상 예보자는 얼마나 힘들겠는가?

엘리야의 승천이 더욱 영광스러운 것은 아하시야 왕의 비참한 죽음과 대조되기 때문이다. 그는 지상의 왕으로 세속적인 영화와 부귀를 향유하였으나 육신의 죽음과 더불어 모든 것을 잃어버린다.

반면에 생전에는 모진 핍박과 환난을 당했던 엘리야였지만 죽음을 맛보지 않고 승천하는 영광을 누린다. 이것은 이 땅에 사는 성도들이 장차 누리게 될 부활과 승천에 대한 예표로 볼 수 있다. 우리는 얼마나 행복한 사람들인가? 부활의 소망이 있으니 말이다.

만져지지 않는 바람

"아빠, 나도 저 풍선에 태워줘요!"

늦둥이의 말에 TV를 보니 형형색색의 아름다운 열기구들이 바다 위를 나는 모습이 방영되고 있었다. 누구나 한 번쯤은 커다란 풍선에 매달려 하늘 높이 올라가기를 꿈꾸어 보았을 것이다. 그래서 인간들은 그 꿈을 이루기 위해 열기구를 만들어 하늘로 올라갔지만, 거기서 만족할 수는 없었다. 그들은 하늘을 날고 싶었다. 그것도 파란 망망대해를…….

1873년 F. 로지아가 최초로 열기구를 이용해 하늘로 올라간 이래, 사람들은 대서양 횡단에 나섰다. 그런데 13번의 실패와 5명의 목숨을 잃었어도 바다를 건널 수가 없었다. 그들은 기구를 띄울 수 있는 '열' 을 이용할 수는 있었지만, 기구를 움직일 수 있는 '바람' 을 알지는 못했던 것이다. 그러나 벤 어브루초는 달랐다. 그는 1차 대서양 횡단에 실패한 후 기상자료 이용의 필요성을 절실히 느끼고, 기상 전문가인 L. 뉴먼을 팀에 합류시키게 된다. 1978년 그는 바람을 이용하여 마침내 대서양 횡단에 성공하고, 이어 1981년 태평양 횡단에도 성공한다.

바람은 두 지역 사이의 기압의 차에 의하여 일어나는 공기의 흐름이다. 약간의 차만 있어도 공기는 기압이 높은 곳에서 낮은 곳을 향하여 이동한다. 바람은 만져지지도, 보이지도 않는 흐르는 공기이다. 그래서 옛날에는 만져지지 않는 공기를 측정하기 위해 많은 노력을 했다. 옛 중국과 이집트 기상학자는 바람이 불어오는 방향을 알기 위해 바람개비를 만들었고, 17세기 유럽 과학자들은 바람 속에 깃털을 날려 풍속을 측정했다. 19세기 중엽까지는 바람이 물을 증발 또는 냉각시키는 비율을 따져 풍속을 재었고, 어떤 실험가는 차임벨 비슷한 장치를 만들어 그 음색으로 풍속을 측정했다고 한다.

> 바람은 남으로 불다가 북으로 돌아가며 이리 돌며 저리 돌아 바람은 그 불던 곳으로 돌아가고(전 1:6).

솔로몬 대왕은 말년에 이르러 사람들이 추구하는 모든 것이 헛되다는 깨달음을 얻고 전도서를 쓰게 되며, 이 세상의 수고가 헛되다는 말을 하기 위해 사용한 비유 중에 나오는 말이 위의 구절이다. 여기에서 나온 말처럼 바람은 남풍이 불다가 북풍이 부는 등 지역에 따라 세기와 흐름의 방향과 높이의 변화가 심한 특성을 보인다. 그런데 "이리 돌며 저리 돌아 바람은 그 불던 곳으로 돌아가고"를 읽으면서 깜짝 놀랐다. 아니, 바람이 불었던 곳으로 되돌아간다는 점을 어떻게 알았을까? 그 당시만 해도 지구는 평평한 사각형으로 만들어진 것으로 알았던 시대였는데 말이다.

지구의 날씨 변화는 공기의 흐름 때문에 발생한다. 그런데 지구 상공에 보면 지구를 빙 둘러 사행을 하는 공기의 흐름이 있다. 기상학적으로는 장파 혹은 로즈비파(Rossby Wave)라고 부르는 이 공기는 눈에 보이지는 않지만 거대한 흐름으로 지구의 기압계를 좌우한다. 이 공기는 불었던 곳에서 보면 다시 그 자리로 돌아오는 것처럼 보인다. 3,000년 전에 어떻게 이런 사실을 알았던 것일까? 참으로 놀라운 일이 아닐 수 없다. 기상 전문가로서 성경을 보면서 느끼는 것은 성경에 나온 기상현상이 참으로 과학적이라는 사실이다. 따라서 바람이 불었던 곳으로 돌아간다는 것도 여호와 하나님이 지혜의 사람인 솔로몬 왕에게 깨우쳐 주었던 것이 아닌가 싶다.

대기 상공에는 로즈비파처럼 1년 내내 강하게 부는 바람의 구역이 존재한다. 제트기류라고 알려진 이 바람의 구역을 가장 먼저 발견한 사람은 1940년대의 전폭기 비행사들이었다. 미국의 비행기들이 일본을 폭격하기 위해 동쪽에서 서쪽으로 비행하는 도중 우연히 제트기류에 들어서게 되었다. 그러자 비행기들은 아무리 애써도 앞으로 전진할 수 없는 상황에 빠지고 만다. 그 이후 이것이 서쪽에서 동쪽으로 강하게 부는 바람이라는 사실이 밝혀졌다. 지금은 지구를 완벽하게 한 바퀴 도는 이 바람을 항공기 회사들이 이용한다. 바람은 서쪽에서 동쪽으로 분다는 것을 이용하여 한국에서 미국으로 갈 때는 강한 바람을 이용하여 비행한다. 이럴 경우 시간적으로는 2-3시간이 단축되고 연료비 절감 효과는 엄청나단다.

일본의 원자력발전소 사고가 있은 다음 전 세계의 많은 나라들은 원자력발전소 건설을 포기했다. 독일의 경우 2020년까지 기존의 원자력발전소까지도 폐쇄하겠다고 한다. 원자력 산업을 차세대 성장 동력으로 선정하고 심혈을 기울여 온 우리나라로서는 타격을 받을 수밖에 없다. 여기에다가 원유 가격은 계속 상승하고 있다. 어떻게 해야 이 위기를 극복할 수 있을까? 여러 방법 중 가장 효율적인 것이 친환경 에너지인 바람을 이용하는 것이다.

인류는 예전부터 바람의 힘을 이용해왔다. 먼 바다를 항해하기 위해 바람을 이용했다. 풍차를 통해 바람의 힘을 변형시켜 물을 끌어올리거나 곡식을 가공하는 데 이용하기도 했다. 지금은 풍력발전기를 돌려 전기에너지를 만드는 데 가장 많이 사용되고 있다. 풍력발전은 바람 세기와 성질에 의해 크게 좌우된다. 바람의 세기가 약 4m/s 이상인 곳에는 풍력발전기를 세울 수 있다. 풍력발전기를 제작하고 운반하고 설치하는 데 들어가는 비용이 상쇄되는 기간은 발전기의 크기와 바람의 세기에 따라 달라진다. 대형의 경우는 3-4개월, 바람이 6.5m/s로 불 경우에는 소형으로도 2-8개월이면 투입된 비용이 상쇄된다. 엄청나게 경제적인 신재생 에너지다.

덴마크는 바람의 미래를 가장 빨리 본 나라다. 이들은 남들이 석유를 힘차게 소비할 때에 풍력발전 기술 개발 및 보급을 시작했다. 벌써 40여 년 전이다. 이들이 풍력발전에 투자하기로 결정했을 당시에는 전력을 생산하는 데 드는 비용이 석유를 사용하는 것보다 몇 배는 비쌌다. 기술의 잠재력을 본 덴마크 정부는 비용이 떨어질 때까지 풍력산업을 후원했다. 성경은 "심은 대로 거둔다" 라고 말한다. 일찍 풍력발전 시장에 진출해 노하우를 축적한 덴마크는 현재 전 세계 풍력발전기 시장의 약 40%를 점유하고 있다. 연간 30억 유로 이상의 매출을 올린다. 덴마크 총 발전량의 20% 이상을 풍력으로 공급하고 있다. 우리나라에 설치된 풍력발전기도 상당수가 덴마크의 회사인 베스타스의 발전기를 채택하고 있을 정도다. 풍력 기술이 엄청난 효자 노릇을 하는 셈이다.

일부 국가에서는 이미 풍력발전 가격이 화석 연료로 만든 전기 값보다 싸다. 그래서인지 풍력발전의 연 성장률은 무려 22%나 된다. 2007년 말 현재 유럽의 풍력발전 총 설비용량은 57GW이다. 원자력발전소 57개를 세운 효과이다. 이산화탄소의 배출량을 연간 약 9,000만t 줄이는 효과도 있다. 그래서 유럽의 풍력에너지는 다른 어느 발전 분야보다 높은 증가 추세를 보인다. 신규로 투자하는 신재생 에너지 설비용량의 약 40%를 점유할 정도다. 유럽은 현재 세계 풍력발전 시장을 선도하고 있으며, 설비 용량으로 전 세계의 61%를 점유하고 있다. 세계풍력에너지협회는 2020년까지 매년 이산화탄소 배출을 15억t 줄이는 것을 목표로 풍력발전 설비에 박차를 가하고 있다.

신재생 에너지 중 풍력발전이야말로 공해가 없고 깨끗한 청정 에너지원으로서 하나님이 인간에게 준 선물이다. 그런데 각국은 지상에 세울 수 있는 풍력발전 공간이 줄어들고 있어 해상으로 풍력발전 단지를 옮겼다. 그러나 해상마저도 포화 상태에 이르자 기발한 아이디어로 풍력발전을 연구하고 있다. "공중에 풍차를 띄우면 안 되나요?" 참으로 기막힌 발상의 전환이다. 네덜란드의 델프트 대학은 20-30개의 연에 소형 풍차를 매달아 발전을 시작했다. 이탈리아에서는 연(kite)을 이용하여 전기를 생산하는 발전기를 개발하였다. 이 장치는 연에 부착된 폴(pole)이 바람에 의해 회전을 시작하면 그 장치에서 발전이 되는 방식이다. 캐나다의 마겐파워(Magenn Power) 사는 300m 상공에 헬륨 몸체를 띄워 풍차를 돌리는 데 성공했다. 거센 바람에 따라 비행선이 제자리에서 돌 때의 회전력을 이용하여 비행선에 탑재된 발전기를 돌려 전기를 얻는 원리이다. 미국의 스카이윈드파워(Skywind Power) 사는 한술 더 떠 제트기류를 활용하는 장비를 만들어 시험 중이다. 상공 10km에 있는 제트기류에 풍차를 올려 많은 에너지를 얻겠다는 것이다. 이 경우 발전 단가를 4분의 1로 낮출 수 있다고 한다. 게다가 천둥이나 번개 등으로 인한 풍차 파손도 없다고 한다.

영국의 막스 바필드(Marks Barfield)는 초고층 건물에서 풍력발전을 하는 스카이하우스(Skyhouse)를 발표하였다. 3개 동으로 구성된 이 건물을 타고 오르는 바람을 이용해 풍력 발전기를 돌린다는 것이다. 이 아이디어는 바레인 국제 무역센터의 두 동 사이에 2008년 설치해 현실화됐다. 미국의 라이스 대학(Rice University)에서는 고속도로의 중앙 분리대에 자동차가 진행하는 방향과 수직 축을 이루는 풍력 터빈(Vertical-axis Wind Turbine)을 설치하여 전기를 만드는 장치를 내놓았다. 독일의 벨루가 쉬핑(Beluga Shipping) 사는 세계 최초로 화물선에 이용될 수 있는 풍력동력원 시스템 스카이세일(SkySail)을 개발하였다. 스카이세일 시스템은 패러글라이더와 비슷한 대형 기구를 화물선과 로프로 연결하여 동력을 얻겠다는 것이다. 하나하나의 아이디어들이 매우 놀라울 뿐이다.

"생생하게 상상하라, 간절하게 소망하라. 진정으로 믿으라. 그리고 열정적으로 실천하라. 그러면 무엇이든지 이루어질 것이다"는 폴 J. 마이어의 말에 기도하여 바람을 반드신 하나님의 지혜를 더한다면 그야말로 금상첨화가 아닐까?

5. 바람 2
바람 방향에 다른 역할을 주신 하나님

"그날 밤, 사막의 뜨거운 바람이 불어왔다. 그것은 뜨겁고 건조한 산타아나(Santa Ana) 가운데 하나로 산을 가로질러 내려와 머리를 휘날리게 하고 사람들의 신경을 건드리며 피부를 가렵게 했다. 밤마다 술자리는 모두 싸움으로 끝났다. 순하고 귀여운 아내들은 조각칼의 날처럼 곤두서 있었고, 남편들의 목덜미를 노렸다. 무슨 일이든 일어날 수 있었다."

필립 말로(Philip Marlowe)는 그의 소설에서 동풍인 산타아나 바람의 영향을 묘사한다. 로키 산맥을 넘어와 로스앤젤레스 지역으로 불어내리는 동풍은 산타아나라고 부르는데 이 바람은 단순한 자연현상 이상으로 난폭하고 심술궂은 바람이다. 이 바람 때문에 로스앤젤레스 시민들은 종기의 구멍이 커지는 현상이나 색전증, 혈전

증, 출혈, 편두통 등을 앓는다고 한다. 최근 자주 발생하는 미국 서부지역의 대형 산불은 산타아나 바람이 불어올 때 발생하는데, 극히 고온건조한 바람의 특성 때문에 불이 붙으면 걷잡을 수 없이 번진다.

동풍은 대체로 많은 문화권에서 싫어하는 바람이다. 스위스에서는 동풍이 불면 편두통 환자들이 급증하고, 스페인과 남유럽에 부는 동풍(시로코)은 많은 사람들을 우울하게 만든다고 한다. 고대인들은 동풍이 농작물에 피해를 준다고 믿었으며, 지중해 연안의 주민들은 지금도 동풍이 배를 난파시키는 나쁜 바람이라고 생각한다. 미국 동부 사람들은 동풍을 '떠날 마음이 전혀 없는 지루한 손님'으로 부른다. 성경 말씀처럼 동풍은 좋지 않은 바람인 것이다.

동풍은 곡식을 죽이는 바람

"이놈의 심사가 이렇듯 모과나무같이 뒤틀리고, 동풍 안개 속에 수숫잎같이 꼬여 그 흉악함을 헤아릴 수 없었다."

학창 시절에 읽었던 《흥부전》의 한 대목으로, 놀부를 묘사하는 장면의 뒷구절을 도무지 이해할 수 없었는데, 기상예보 일을 하면서 저절로 뜻을 이해하게 되었다. 우리나라에서는 동해 쪽으로 고기압이 발달하거나, 오호츠크해 고기압이 우리나라 쪽으로 강하게 영향을 줄 때 동풍이 분다. 오호츠크해 고기압은 한 번 자리 잡으면 최소한 7일에서 15일 정도 버티는데, 이런 경우 동해안 지역은 흐리고 비가 내리지만 영서지방은 뜨겁고 건조한 바람이 분다. 밭작물이 주종을 이루는 영서 산간지방은 동풍이 계속되면 곡식이 놀부

심사의 수숫잎처럼 비비 꼬여 말라죽게 된다.

동풍(높새바람)이 불면 영서지방은 맑은 날씨에 기온이 많이 올라가고 극히 건조해진다. 높새바람이 부는 시기가 대개 농사에 가장 중요한 때이므로 이러한 날씨가 여러 날 계속되면 가뭄과 함께 곡식이 마르게 된다. "동풍에 곡식 병난다"는 속담도 여기서 유래했다. 이런 연유로 동풍을 곡식의 푸른색을 말리는 녹색풍(綠塞風), 또는 곡식을 죽이는 바람이라 하여 살곡풍(殺穀風)이라 부르기도 한다. 흥미 있는 것은 성경에서도 동풍을 '곡식 마르게 하는 바람'으로 묘사하고 있다는 점이다.

그 후에 또 가늘고 동풍에 마른 일곱 이삭이 나오더니(창 41:6).

애굽 왕의 꿈을 묘사한 구절이다. 소 꿈과 함께 곡식의 이삭 꿈을 꾼 애굽 왕은 도대체 왜 이런 꿈을 꾸게 되었는지 찜찜한데다 무엇을 의미하는지 궁금했다. 그래서 애굽에서 용하다는 점술가와 주술사를 동원하여 해몽하게 했다. 아무도 꿈의 의미를 해석하지 못하자 왕 옆에서 술시중을 들던 관리가 자신의 꿈을 족집게처럼 해몽해 준 요셉을 왕에게 천거했다. '꿈꾸는 사람'이라는 별명을 가지고 있던 요셉은 하나님이 일러주는 지혜로 이 꿈이 장차 애굽에 닥쳐올 큰 가뭄과 흉년을 예고해 주는 것이라고 해석했다.

가뭄을 예고하는 애굽 왕의 꿈 중에 '동풍에 마른 일곱 이삭이 나온다'라는 구절이 있다. 여기에서 동풍은 히브리어 '카딤'(קדים) 이 사용되었는데, 이것은 일반적인 동풍이라기보다 해(害)를 가져온다는 뜻이 있다. 즉 애굽 지역에 강하게 불어오는 동풍 함신(Khamsin 또는 Hamsin)을 뜻하는 단어라고 할 수 있다. 아라비아 사막에서 불어오는 함신은 계절이 바뀌는 때에 분다. 함신이 불 경우 기온은 40℃까지 올라가고 상대습도는 0%에 가까울 만큼 건조해진다. 이 지역을 여행한 사람의 기록에 의하면 함신이 불어오자 눈앞의 풀들이 다 말라버렸다고 한다. 그만큼 위력이 강한 뜨겁고 건조한 모래바람이다. 심할 경우 10일 이상 계속 불 때도 있다.

우리나라에 부는 동풍과 애굽에 부는 함신은 발생하는 원인은 다르지만 뜨겁고 건조하다는 성질은 같다. 뜨겁고 건조한 바람은 곡식을 죽이는 나쁜 바람이다. 인용한 구절을 현대어성경에서는 "뜨거운 샛바람(동풍)을 맞아 파리하게 생긴 이삭 일곱 개가 그 줄기에서 나오고 있었다"로 번역하고 있다. 즉 뜨겁고 건조한 동풍을 맞으면 곡식의 이삭이 쭉정이같이 말라버린다는 뜻으로 기상학적으로나 과학적으로 타당한 표현이라고 할 수 있다. 성경에 나오는 기상현상을 보면 어느 하나도 과학적이지 않은 것이 없다. 하나님이 만드신 현상들이니 당연하지만 말이다.

공포의 사막 모래바람

"사막의 돌풍이 몰려오기 시작했다. 고글(goggle)을 쓰고 손전등을 켜도 한 치 앞을 볼 수 없는 모래바람이 무시무시하게 불어닥쳤다. 이 지역 사람들은 세상이 갈색으로 변해 아무것도 보이지 않는다 하여 모래바람을 브라운 아웃(brown out)이라고 부른다. 모래바람은 막사 안으로 사정없이 새어들어와 15평 남짓한 막사 안에서 멀리 선 사람의 얼굴조차 잘 보이지 않았다. 돌풍은 무너뜨릴 기세로 밤새도록 미친 듯이 막사를 뒤흔들었다. 아침에 일어나 보니 막사 안에 눈이 내린 것처럼 누런 모래먼지가 두껍게 쌓여 있었다."

이라크 전쟁에 종군했던 어느 미국 기자가 쓴 기사 내용이다. 중동 지역은 사막건조 기후구에 속하기에 어느 지역에 가더라도 모래바람의 영향을 받게 된다. 욥기 27장에도 무시무시한 사막 모래바람이 등장한다.

> 동풍이 그를 들어올리리니 그는 사라질 것이며 그의 처소에서 그를 몰아내리라 하나님은 그를 아끼지 아니하시고 던져 버릴 것이니 그의 손에서 도망치려고 힘쓰리라 사람들은 그를 바라보며 손뼉치고 그의 처소에서 그를 비웃으리라(욥 27:21-23).

욥기 27장은 자신을 책망하는 세 친구에 대한 욥의 답변이다. 이유를 알 수 없는 고난에 빠져 있던 욥에게 친구들은 위로는커녕 그를 비난하기만 했다. 친구들의 책망에 욥은 아무리 고난을 받더라도 입술로 결코 악한 말을 하지 않을 것이고, 친구들이 비난하더라도 굴복하지 않을 것이라며 자신의 죄 없음을 주장했다. 그는 하나님의 오묘한 섭리는 친구들이 말하는 인과응보(因果應報)의 논리와 다르다는 확신을 가지고 있었다. 또 악한 자들은 반드시 멸망할 것이라고 주장했다. 악인은 벌을 받고 망할 것이고, 가지고 있는 돈은 빼앗기거나 없어질 것이며, 결국은 비웃음과 조롱의 대상이 될 것이라고 말했다.

이 중 악인이 망하는 것은 마치 동풍이 불어와 모든 것을 날려 보내듯이 비참하게 될 것이라고 비유한 부분이 앞에서 인용한 구절이다. 인용구에서 동풍에 해당하는 히브리어는 '카딤'(קדים)으로 사막에서 불어오는 뜨겁고 건조한 바람을 가리킨다. '날려버린다'라는 말은 '들어올리다'를 의미하는 '나사'(נשא)와 '사라지게 하다'를 의미하는 '옐라크'(ילך)를 번역한 것으로, 강한 돌풍이 어떤 물건을 삼켜 올려 날리듯이 존재 자체를 흔적도 없이 없애버린다는 뜻이다. 하나님의 심판을 받아 소멸된다는 것을 비유로 묘사한 것이다.

이 지역에 부는 동풍은 과연 모든 것을 날려 보낼 만큼 무섭고 강한 바람일까, 계절이 바뀔 때 큰 기온 차이로 인해 생긴 사막의 모래바람은 강한 동풍으로 불어온다. 이 바람을 함신이라고 부르며 예루살렘 지역에서는 샤라브(Sharav)라고도 부른다. 또 일부 지역에서는 독한 바람이라 하여 시뭄(Simoom)이라 부른다. 함신은 상상할 수 없을 정도로 강하고 뜨겁고 건조한 모래바람이다. 보통 3일 정도 불지만 심할 경우에는 보름 가까이나 계속해서 분다. 살아 있는 모든 식물을 말려버리고 땅을 황폐화시킨다. 1,000m 이상 치솟은 시커먼 모래벽이 다가올 때는 공포 그 자체라고 한다.

> 모래폭풍이 격렬하게 몰아쳐 왔다. 모래는 목을 가격하고 얼굴을 때리고 목구멍에도 들어오고 콧구멍을 막고 눈에도 들어왔다. 나는 모래폭풍에 질식돼서 죽어버리는 것은 아닌가 공포에 사로잡혔다.
>
> –영국 언론인 R.트렌치

> 모래폭풍은 마치 검은 갈색 벽이 밀려오는 것 같다. 털색이 같은

> 낙타가 그 속에 들어가면 시야에서 사라져 버린다. 얼굴가리개를 하지 않으면 자상(刺傷)으로 피가 흐른다. 텐트는 바람에 깃발처럼 찢겨 나부끼고 텐트 속에 들어가 있으면 깜짝할 사이에 모래에 쌓여 생매장 당한다.
>
> –아라비아의 영웅 로렌스

악한 자들을 자취도 없이 날려버릴 욥기에서의 동풍은 공포의 사막 모래바람인 것이다. 사막 모래바람이 공포의 무기로 변할 수 있는 것을 2003년 이라크 전쟁에서 보여주었다. 전쟁 기간 중 3월 25일부터 27일까지 휘몰아쳐 온 모래폭풍은 전쟁 양상에 큰 변화를 주었다. 동맹군은 거센 모래폭풍과 이라크 군의 강력한 저항으로 고전했다. 지상전보다는 바그다드 시 외곽의 공화국 수비대를 무력화시키기 위해 함대에서의 원거리 공격에 의존하였다. 101공중강습사단은 강한 모래폭풍으로 작전을 중단하였고, 미국이 자랑하는 3보병사단도 모래폭풍으로 공격을 하지 못해 전쟁은 소강 상태로 들어갔다.

또한 이날 3보병사단 소속 헬기 2대, 아파치 헬기 1대와 블랙호크 1대가 모래폭풍으로 실종되었다. 시계(視界) 악화로 인한 오인으로 바스라 인근에서 영국 전차 간에 오인 사격으로 2명이 사망하고 전차가 파괴되었다. 모래폭풍은 공중전력만 제한시킨 것이 아니라 개전 초기부터 승승장구 진격하던 지상군을 멈추게 만들었다. 동맹군의 공격이 주춤해지자 이라크 군은 처음이자 마지막으로 카발라, 나자프, 쿠트 등에서 공세로 전환하였다. 특히 동맹군이 자랑하는 정밀무기 체계 및 기동장비에 모래폭풍은 치명적이었음이 드러났는데 특히 명중률 저하 및 오폭은 큰 문제로 남게 되었다. 해상에서 발사된 675기의 토마호크 미사일 중 사우디에 4기가, 터키에 3기가 잘못 투하된 것은 이의 영향으로 판단된다. 또한 영국의 한 군사 전문가는 미국의 정밀 유도무기 오폭률은 모래바람으로 인해 무려 10%에 이른다고 주장하기도 했다.

주변을 보면 우리의 지식과 상식으로 도저히 이해할 수 없는 부조리하고 부당한 일들이 벌어지고 있다. 악이 횡행하고 선이 핍박받고 고난당하는 모습을 본다. 이러한 모습을 보고 혼란에 빠져 믿음을 잃어버리는 사람을 볼 때가 있다. 참으로 안타까운 일이다. 우리는 이런 가시적인 문제의 이면에 하나님의 섭리가 내재되어 있다는 것을 믿어야 한다. 결코 불의한 자의 득세에 현혹되어 타협하거나 하나님의 의를 거역해서는 안 된다.

도저히 헤어나올 수 없을 정도의 모함에 걸린 적이 있었다. 무엇으로 결백을 밝힐 수 있는가? 눈앞이 깜깜했다. 그런데 하나님 앞에 무릎 꿇고 그분을 의지했을 때 놀랍게도 주님은 명명백백하게 밝혀 주셨다. 고난이 의의 열매로 바뀌는 순간이었다. 악인은 동풍에 불려 날아가고 말 것이다. 어떤 경우에도 하나님을 믿는 우리가 승리할 것이라는 것을 굳센 믿음으로 받아들이자.

북풍은 나쁜 바람?

"북풍이 불 때는 낚시를 가지 마세요. 잉어를 잡기보다는 감기를 낚게 될 테니까요."

북풍이 불 때 잉어 낚시를 갔다가 자칫하면 감기에 걸릴 수 있다는 아일랜드 속담이다. 우리나라에도 "된바람(뱃사람이 사용하는 북풍의 이름)이 불 때는 고기잡이배를 띄우지 마라"는 비슷한 뜻의 속담이 있다.

"삭풍(朔風)은 나무 끝에 불고 명월은 눈 속에 찬데 만리변성에 일장검 짚고 서서 긴 파람 큰 한소리에 거칠 것이 없어라."

함경도의 6진을 호령하던 김종서 장군이 읊은 시 속에 나오는 삭풍이 바로 우리나라 겨울철의 차고 매서운 바람, 북풍이다. 조선 후기의 실학자 이익은 《성호사설》에서 북풍을 '높바람' 또는 '뒷바람'이라고 불렀다. 이는 높은[高] 지대에서 부는, 또는 비 온 후(後)에 부는 추운 바람이라는 뜻이다. 실제로 우리나라에서 부는 한겨울 바람이 북풍인데, 북풍이 불면 혹한이 닥쳐오기 일쑤다. 세계에서 가장 유명한 북풍은 유럽의 보라(Bora)와 북미 지역의 노더(Norther)이다. 노더(북풍)가 강하게 불어닥치면 미국은 플로리다 지방까지 기온이 영하로 떨어지면서 많은 사람이 얼어 죽는다. 성경에서도 북풍은 호의적으로 표현되지 않고 있다.

> 북풍이 비를 일으킴같이 참소하는 혀는 사람의 얼굴에 분을 일으키느니라(잠 25:23).

잠언 25장은 히스기야 왕의 신하들이 이스라엘 민족이 올바르게 사는 데 도움을 주기 위해 솔로몬 왕이 남긴 교훈을 발굴하여 편집한 것이다. 바르고 성공적인 인생을 살기 위한 지침이라고도 할 수 있는데 주요 내용은 다음과 같다. 교만하지 말 것, 다툼을 피할 것, 남의 비밀을 누설하지 말 것, 경우에 합당한 말만 할 것, 슬기로운 자의 책망을 들을 것, 매사에 성실히 임하고 과장된 언행을 피할 것, 남을 모략하지 말 것, 오래 참을 것, 자비를 베풀 것 등이다. 이대로만 실천한다면 정말로 시비와 실패 없이 성공하는 인생을 살 수 있을 것 같다.

이 중에 남을 모략하지 말라는 교훈이 인용한 앞의 구절이다. 남을 거짓된 말로 비방하고 중상 모략하는 행위는 마치 비구름을 몰아와 피해를 주는 북풍과 같다는 비유다. 남에게 중상 모략을 당한 사람은 커다란 분노를 느끼게 되니, 다른 사람의 분노를 살 만한 악하고 어리석은 일을 하지 말라는 교훈이다.

북반구에서는 대개 남서풍이나 남동풍이 불면서 기압골이 접근하여 비가 내리기 때문에 북풍이 불면서 비가 내리는 경우는 극히 드물다. 하지만 특이하게도 중동 지역은 겨울에 북쪽 지중해로부터 비구름이 내려와 영향을 주는 경우가 많기에 북풍이 비구름을 몰고 온다는 표현은 기상학적으로 틀린 표현이 아니다.

북반구에서 북풍은 고위도 지방에서부터 불어온다. 고위도 지방은 상대적으로 차갑고 건조하기에 북풍의 성격은 기상학적으로 건조하고 매우 찬 성질을 지닌다. 따라서 차가운 고기압이 발달하면서 불어오는 강한 북풍은 고대인들에게 생존에 영향을 줄 정도로 잔인하고 두려운 바람이었을 것이다. 그러기에 대개의 문화권에서 북풍은 부정적으로 그려진다. 그리스 신화에서 북풍의 신 '보레아스'는 검은 구름을 휘젓고 폭풍으로 바다를 둘러엎고 떡갈나무를 뿌리째 뽑고 눈을 얼리고 눈보라로 대지를 때리는 성질 나쁜 신으로 그려진다.

"악마는 강한 바람에서 강해진다. 바람이 잔잔하면 어떤 날씨도 나쁘지 않다"는 에스토니아 민요가 있다. 북풍이 불면 너무 춥기에 에스토니아 사람들은 지금도 핀란드의 마법사가 악마를 불러 북풍을 몰고온다고 믿고 있다. 유럽 신화에서는 북풍이 죽음과 연결되어 있고, 영국에서는 얼음과 살을 에는 추위와 부인과의 싸움도 북풍이 가져온다고 생각한다. 또 슬라브족은 북풍이 춥고 검은 땅에서 오며 우울과 어둠을 가져온다고 여긴다.

북쪽 바람은 악한 영(靈)을 불러온다고 하여 영국 교회에서는 북쪽 문을 '악마의 문'(Devil's Door)이라 불렀고, 일본인들도 북쪽 문을 '악령의 대문'(Demon's Gates)이라고 한다. 이런 인식은 우리나라도 비슷하다. 조선시대에는 음풍(淫風)이 불어온다고 하여 북문(숙청문)은 절대로 열지 않았으며, 지금도 북향집을 짓고 사는 사람은 거의 없다. 특이하게도 이집트인들은 북풍을 '달콤한 바람의 황제'라고 부른다. 무더운 나라 이집트에서의 시원한 북풍은 그야말로 달콤한 꿀바람이었기 때문이다.

남풍이 불 때 태어나면 화려한 삶을 산다

"하늘이여, 남동풍(南東風)을 주소서." 역사적으로 볼 때 북서풍이 불어야 할 겨울에 남동풍이 불기를 기도한 사람은 두 사람이다. 즉 《삼국지》 적벽대전 편에서의 제갈량과 태조 왕건의 군사(軍師) 태평이 그들이다. 하늘이 두 사람의 절박한 기도를 들었는지 강하게 불던 북서풍이 남동풍으로 바뀌어 각각 조조와 견훤과의 전쟁에서 승리하였다고 한다. 그런데 제갈량과 태평이 기도해서 바람이 바뀐 것은 아닐 것이다. 그들은 남보다 더욱 세심하게 자연의 변화를 관찰해 왔고 이 경험으로 남동풍이 불 것임을 미리 알았다고 보는 편이 타당할 것이다. 우리나라에서는 남쪽에서 바람이 불어오면 여름에는 호우, 겨울에는 폭설이 내리는 경우가 많은데 이것은 남풍은 뜨거워서 많은 습기를 가지고 있기 때문이다. 그래서 "겨울에 마파람(남풍) 불 때는 먼 길을 떠나지 마라"는 속설이 생긴 것은 교통수단이 발달하지 않았던 옛날에 먼 길을 가다가 큰 눈을 만나면 자칫 낭패를 당할 수 있었기 때문이었으리라.

> 남풍이 부는 것을 보면 말하기를 심히 더우리라 하나니 과연 그러하니라 외식하는 자여 너희가 천지의 기상은 분간할 줄 알면서 어찌 이 시대는 분간하지 못하느냐(눅 12:55-56).

예수님 당시의 종교 지도자들에게 심판을 엄중히 경고하는 중에 나오는 말이다. 고대 문명을 찬란하게 꽃 피웠던 중동 지역은 하늘이나 공기의 변화를 보고 날씨를 예측하는 관천망기법(觀天望氣法)이 다른 어느 지역보다 발달했던 곳이었다. 이것은 날씨 정보가 지리적 환경에 대응하며 살아가는 가장 중요한 생존의 정보였기 때문이다. 따라서 당시 유대의 종교 지도자였던 랍비들은 하늘 색깔의 변화, 바람의 변화나 태양, 별의 징조를 연구하여 기상의 변화를 예측하곤 했다.

성경에 나오는 남풍이 불면 과연 날씨가 더워질까? 북반구에서는 남쪽의 기온이 대체로 높기에 기상학적으로 타당하다고 할 수 있다. 특히 이스라엘 지역에 남풍이 분다는 것은 아라비아 사막 쪽에서 뜨거운 모래바람이 불어오는 것을 뜻한다. 이 바람을 중동에서는 시뭄(Simoom)이나 함신(Hamsin)이라고 하며 이스라엘에서는 샤라브(Sharav)라고 부른다.

셀마 라제로프(Selma Lagerloef)의 《예루살렘》에는 샤라브가, 그리고 알베르 카뮈의 《이방인》에는 함신이 언급되어 있을 만큼 이 바람은 중동 지역에는 엄청난 영향을 주는 것이다. 예수님은 앞의 비유와 같이 이 지역에 나타나는 기상의 특성을 적절한 비유와 상징으로 많이 사용하였으며 비유에 사용된 기상현상은 과학적으로 설명이 가능한 것이기도 하다.

그리스 신화에서 바람의 신인 아이올로스는 우람한 가슴에다 폭풍을 넣은 긴 주머니를 몸에 감고 다녔다. 그가 입김을 뿜으면 그것이 세찬 폭풍우로 변하였는데, 기분에 따라서는 산들바람, 질풍, 폭풍, 무역풍 등을 만들어 내보냈다고 한다. 그의 아들인 에우로스, 레피로스, 노토스, 보레아스의 4형제가 동 · 서 · 남 · 북풍을 주관하는데 에우로스는 변덕스러운 신으로 쾌청한 날씨를 보이지만 변덕이 나면 돌풍을 가져오고, 레피로스는 자애로운 바람으로 봄철에 꽃을 피우고 눈을 녹이며 비를 가져오는 바람이며, 남풍인 노토스는 따뜻한 바람이지만 작물을 망치는 경우가 있고, 보레아스는 무서운 북풍을 일으킨다고 그려진다.

남풍에 대한 이미지는 대체로 긍정적이다. 중국에서는 보통 여름과 풍성한 추수, 그리고 행운의 바람으로 여겼고, 아일랜드 신화에서는 남풍이 불 때 태어난 사람은 좋은 친구들이 많고 화려한 삶을 산다고 전해진다.

꽃 피는 사월이면 진달래 향기

밀 익는 오월이면 보리 내음새
어느 것 한 가진들 실어 안 오리
남촌서 남풍 불 제 나는 좋데나.

–김동환의 '산너머 남촌에는' 중에서

예수님을 모시고 사는 삶이 남풍이 불어오는 삶일 게다.

솔로몬 바람과 술람미 동산

모차르트의 오페라 '피가로의 결혼' 중에 나오는 이중창의 아리아가 삭막한 감방 안에 울려퍼진다. 하늘에서 울리는 듯한 아름다운 음악이 어둡고 짓눌린 감방과 죄수들의 마음속으로 포근하게 번져 나간다. 영화 "쇼생크 탈출"의 한 장면이다.

주인공 팀 로빈스는 부인과 그 정부를 살해했다는 누명을 쓰고 종신형을 살고 있다. 인간다운 최소한의 삶마저 포기하고 살던 그에게 교도소 안에 있는 도서관에서 일할 기회가 찾아온다. 어느 날 사회 단체에서 보내준 도서를 정리하다 음반 하나를 발견하게 된다. 그는 방송실의 스피커를 통해 교도소 안에 음악을 흘려보낸다. '포근한 산들바람'의 선율이 흐르는 가운데 최소한의 인간적인 삶을 살기 원하는 주인공의 모습이 인상적이었다.

"네 입술은 홍색 실 같고 네 입은 어여쁘고 너울 속의 네 뺨은 석류 한 쪽 같구나. 네 두 유방은 백합화 가운데서 꼴을 먹는 쌍태 노루 새끼 같구나."

마치 연애소설의 한 대목 같은 젊은 연인들의 사랑노래가 성경에 나온다. 이스라엘 솔로몬 왕이 시골 처녀 술람미 여인의 지순한 사랑을 노래한 아가(雅歌)의 한 대목이다. 감성과 지성이 넘쳤던 솔로몬 왕이 체험한 벅찬 사랑의 감정을 시적 언어로 그려낸 아름다운 노래이다. 남녀간의 로맨스와 성적인 요소가 내포되어 있음에도 성경에 기록된 것은 남녀간의 지순한 사랑을 하나님과 백성 사이의 사랑에 비유할 수 있기 때문이다.

하늬바람아 불어라, 일어라
마파람아, 불어라
나의 동산 위에 불어다오
하여 온 동산에 싱그러운 그 향 내음 가득하게 하여라
나의 임
나의 동산 여기로 오세요
어서 오시어 여기서
더없이 맛있는 열매 따 드세요(아 4:16).

솔로몬 왕과 술람미 여인의 결혼식 노래가 계속되는 아가 4장의 한 구절이다. 바람은 솔로몬 왕으로, 그 바람이 불어가 풍성한 실과가 열리는 동산은 술람미 여인으로 비유되어 있다. 바람은 어떤 바람일까? 아가 4장 6절의 '땅거미 길어지면 저녁 산들바람이 불어오면 나 그대에게 갈래요' 라는 표현에서처럼, 앞에 인용한 구절에서의 바람도 땅거미 내리는 저녁에 부드럽게 불어오는 산들바람일 것이다. 산들바람은 말 그대로 산들산들 부는 바람이다. 기상학적 구분의 3등급에 해당되는 바람으로 풍속은 3.5-5.4m/sec 정도이다.

나뭇잎과 잔가지가 일정하게 흔들리고 깃발이 가볍게 나부끼며, 해면에 군데군데 흰 물결이 생기는 정도의 부드러운 바람이다. 연풍(軟風)으로도 불리는 포근한 바람이다.

이스라엘 지역에서 북풍이 분다는 것은 지중해의 시원한 바람이, 남풍은 남쪽의 따뜻한 바람이 불어온다는 것을 뜻한다.

생물기상학(Bio Meteorology)상에서는 시원한 산들바람이 불어올 경우 사람들의 기분이 좋아지고 명랑해진다고 한다. 대개 남풍은 신록 사이에서 불어오는 상쾌하고 훈훈한 바람[薰風]이다.

훈풍에는 수목에서 발산되는 피톤치드라는 물질이 실려 있어 건강에 좋다고 한다. 피톤치드의 효과는 실로 다양하다. 울창한 숲에서의 삼림욕을 비롯하여, 집을 지을 때 편백이나 소나무 등의 목재가 좋은 이유도 나무들이 함유하고 있는 피톤치드의 항균 작용에 의해 집먼지진드기나 모기, 곰팡이 등의 번식이 억제되기 때문이다. 숲에서 살려거든 잣나무 숲에 집을 짓고 살라는 말 역시 잣나무에서 발산되는 피톤치드가 사람의 건강에 이롭게 작용한다는 말이다. 최근 들어 다양하게 입증되고 있는 피톤치드와 훈풍의 건강 효과를 솔로몬 왕은 벌써 알고 있었나 보다.

솔로몬이 좋아했던 훈풍은 우리나라에 5월경 가장 많이 분다. 훈풍이 불어오는 5월은 계절의 여왕이라고 하며, 또 "춘소일각치천금"(春宵一刻値千金)이라는 말로도 표현된다. 송나라의 시인 소동파의 시구에 나오는 이 말은 "따뜻한 훈풍이 산들산들 불어와서 달빛마저 몽롱해지는 밤, 꽃향기에 사람의 마음도 들떠 그냥 잠을 청하기가 차마 아까운 밤의 분위기는 천금을 주더라도 꼭 사고 싶다"는 뜻이다. 서양 사람들은 5월의 날씨 좋은 밤을 "백만 달러의 밤"이라 부를 정도로 훈풍이 불어오는 5월은 건강에 이로운 바람이 불어오는 때이다.

겨울철에 기압골이 남쪽에서 올라와 우리나라에 영향을 주는 경우가 있다. 이런 날에는 눈비가 오기 하루 전에 높은 구름(중 · 상층운)부터 들어오기 시작하여 점차 구름이 낮아진다. 구름이 끼면 지표면에서 공기층으로 나가는 열을 구름이 막아주기 때문에 그리 춥지가 않다. 또 구름이 만들어지기 위해서는 수증기가 응결되어야 하는데, 이때 응결되면서 공기 중으로 응결열을 내놓으므로 기온이 따뜻해진다. 특히 남쪽에서 올라오는 기압골이라 따뜻한 남풍이 불어와 기온은 예상보다 많이 올라간다. 이런 날씨 덕분에 "눈 오는 날 거지 빨래한다"는 속담이 생겼다. 기층이 안정되어 바람도 약하므로 체감 온도도 떨어지지 않는, 그야말로 포근한 겨울이다. 옷이 한 벌밖에 없는 거지가 한겨울에 빨래를 할 정도로 포근한 날이라는 뜻의 속담은 경험의 지혜가 해학과 어우러진 얼마나 멋진 표현인가!

사람의 꿈에 나타나는 바람도 다양한 의미를 가지고 있다. 날씨와 꿈의 상관관계를 연구해 온 기상학자와 심리학자 등의 연구에 의하면 강한 바람의 꿈은 가족 간의 어려움이나 장애물을, 회오리바람은 일이 꼬여 어려워지는 것을 암시하는 것이라고 한다. 이와 반대로 산들바람 꿈은 모든 일이 순조롭게 술술 풀려 나가는 것을 뜻한다고 한다. 세상에서도 부드러운 사람이 좋은 평을 듣듯이 꿈에서도 역시 부드러운 것이 좋은 것이다. 하나님의 사람들이여, 남풍처럼 훈훈하고 부드러운 사람이 되자!

6. 구름

하나님의 현현

2008년 미국 앨라배마 주 하늘에 이상한 구름이 나타났다. 애플 회사의 로고 구름, 벤츠차 구름, 미키마우스 구름 등이 하늘 위에 떠다녔다. 사람들은 하늘을 올려다보느라 정신이 없었고, 방송사들은 보도하기 위해 몰려들었다. 진짜 구름이 미키마우스 모양으로 변한 것은 아니었다. 바로 가짜 구름으로 만든 광고 로고였다. 이것은 '날아다니는(Flying) 로고(Logo)'의 합성어인 플로고(Flogo)이다. 가짜 구름으로 만든 플로고를 만들기 위해 이들은 헬륨에다가 산소, 그리고 비누 재료를 섞어서 원하는 모양의 가짜 구름을 구름제조기로 만들어 쏘아올리는 것이다. 플로고가 만들어지는 시간은 겨우 6초밖에 걸리지 않는데 플로고가 비행하는 거리는 6km 정도다. 아무도 상상하지 못한 광고의 공간을 만들어 소통의 방향을 미디어에서 하늘(the Air)로 바꾸어 낸 이들의 유쾌하고 상쾌한 사고가 싱그럽다. 사람은 가짜 구름을 만들 뿐이지만 진짜 하늘에 있는 구름은 하나님이 만드신다.

구름 기둥은 적란운이다

"그곳에서 나는 문이 잠긴 창고들을 보았는데, 각각은 바람을 분류해 놓은 것이었다. 우박과 바람의 창고…… 안개와 이슬비의 창고 등이었다. 구름은 바로 그 창고에서 나와서 창세 이후 땅 위를 떠다니고 있었다."

에녹이 외경에서 구름에 대해 이야기하는 장면이다. 성경에서는 다른 기상현상에 비해 구름에 대한 이야기는 많이 나오지 않는다. 그런데 애굽을 탈출한 이스라엘 백성들에게 구름은 하나님의 현현이었다. 그들이 가장 먼저 마주친 것이 구름 기둥이었다.

> 여호와께서 그들 앞에서 가시며 낮에는 구름 기둥으로 그들의 길을 인도하시고 밤에는 불 기둥을 그들에게 비추사 낮이나 밤이나 진행하게 하시니 낮에는 구름 기둥, 밤에는 불 기둥이 백성 앞에서 떠나지 아니하니라(출 13:21-22).

이스라엘 백성들이 가야 할 길은 황야길이었다. 전형적인 사막기후를 보이는 곳으로 낮에는 기온이 40C° 이상 뜨거운 날씨를 보이고, 밤에는 영하권까지 내려가는 곳이었다. 하나님은 이스라엘 백성들을 보호하기 위한 방편으로 구름 기둥을 만들어 낮의 뜨거운 햇볕을 피하게 하시고, 밤에는 불 기둥으로 추위를 막아주신 것이다. 내가 이라크에 주둔하고 있던 자이툰 부대에 시찰을 갔을 때 일이다. 햇볕 있는 곳에 나가면 서 있기가 어려울 정도로 무더웠지만 그늘에 들어오면 견딜 만했다. 습도가 낮은 지역이기에 나타나는 현상인 것이다.

그렇다면 하나님이 만들어 이스라엘 백성들을 무더위로부터 구원해 준 구름 기둥은 무엇일까?

아마도 적란운이었을 것으로 판단된다. 먼저 적란운은 수직으로 발달하는 구름으로, 구름 기둥이라는 표현에 적합하다. 둘째, 적란운은 대류권계면 이상 발달하지 못한다. 기층이 다른 성층권에서는 구름으로 존재할 수 없기 때문이다. 따라서 대류권계면에서 수직으로 발달하던 구름이 수평으로 퍼져나간다. 모루권운이라고 불리는 구름으로 꼭 구름 위에 길다란 모자를 쓴 형태의 구름이며 상당히 넓은 지역의 하늘을 가린다. 200만 명의 이스라엘 백성들에게 햇볕을 충분히 가려줄 수 있는 구름이다. 마지막으로 하늘 높이 치솟아 있는 것으로 보이는 커다란 적란운은 종종 나무와 동일시되었다. 고대 기록에 보면 적란운을 성 바나바의 나무, 아브라함의 나무, 마카베오의 배나무 등으로 부른다. 성자나 믿음의 사람 이름으로 적란운을 표현한 것을 보면 아마도 출애굽 때의 구름 기둥을 연상했기 때문이 아닐까?

하나님은 출애굽한 백성들에게 당신을 나타내는 도구로 구름을 사용하셨다. 하나님은 모세와 이스라엘 백성들에게 구름 기둥의 꼭대기에서 말씀을 하셨다. 모세가 하나님의 산으로 올라갔을 때, 하나님의 영광은 구름에 가려 6일 동안 시내 산 위에 머물렀다. 일곱

째 날 하나님은 구름 속에서 큰 소리로 모세를 불렀다. 모세가 백성들에게 내려올 때 구름 기둥이 그 뒤를 따라왔다. 구름은 이스라엘 백성들이 머문 거주지 출구 쪽에 세운 장막의 입구 위에 와서 매일 머물렀다. 사람들은 거룩한 장막의 입구에 서 있는 구름 기둥을 보고 모두가 일어섰다가 그 앞에 엎드렸다.

하나님은 이스라엘 민족이 떠나야 할 때를 알려주시기 위해 구름 기둥을 이용하시기도 했다. 구름은 하나님이 만드시는 기상현상이며 하나님의 현현을 나타내는 도구로 사용된 것이다. 출애굽에서 나타난 구름 외에 성경에서 나타난 구름에 대해 알아보자.

비 없는 구름은 힘 없는 왕

"오늘 온 나라는 높은 기압의 영향으로 새털구름만 약간 있는 가운데 하늬바람이 남실남실 부는 좋은 날씨가 되겠습니다. 갯바람의 영향을 받는 동해안 지방은 낮은 비구름과 함께 높새바람이 건들불면서 안개비가 내리겠습니다. 내일은 온 나라가 높은 기압의 뒤편에서 안개구름이 많은 가운데 실바람이 불겠습니다."

가끔 상상해보는 순우리말로 된 일기예보 방송 내용이다. 날씨를 나타내는 우리말에는 감칠맛이 있다. 하늘에 떠 있는 구름을 예로 들어보면, 고도 6km 이상에서 새털처럼 흩날리는 구름을 '새털구름', 햇무리나 달무리를 만드는 우윳빛 엷은 구름은 '안개구름', 여름철 밭이랑처럼 줄 서 있는 하얀 구름을 '양떼구름' 이라 부른다. 소나기를 내리는 구름을 '쎈 비구름', 회색으로 낮게 하늘을 덮은 구름은 '비구름', 이밖에도 '엄마젖구름' 등 재미나고 맛깔스러운 이름이 많다.

> 선물한다고 거짓 자랑하는 자는 비 없는 구름과 바람 같으니라(잠 25:14).

솔로몬은 잠언 25장에서 사람들이 살아가는 지혜에 대해 이야기 한다. ‘자신의 형편을 잘 고려하여 분수에 맞게 겸손히 행동할 것, 자기 자신을 과시하지 말 것, 어떤 일에 대해 성급하게 판단하지 말 것, 자신의 편견에 따라 다른 사람을 비난하지 말 것, 비록 이웃과 다툴 때라도 술수를 쓰지 말고 정직한 방법을 사용할 것, 상대방을 충고할 때도 슬기롭게 할 것, 높은 사람의 말을 충성되이 완수할 것’ 등이다.

이러한 지혜는 현대를 살아가는 사람들에게도 절대적으로 필요한 덕목이다. 솔로몬은 이러한 교훈 외에도 진실함이 없는 악인의 달콤한 계략은 사람들에게 아무런 유익을 주지 못하고 오히려 피해만 끼친다는 사실을 비 없는 구름에 비유하여 말했다.

히브리어로 구름은 대개 ‘아브’(בע)와 ‘아난’(ובע)을 사용하는데, 인용한 구절에서는 특이하게도 ‘나시’를 사용했다. 나시는 주로 방백, 추장, 족장, 왕의 뜻으로 사용되는 단어이다. 이 단어를 쓴 것은 비 없는 구름이란 아무런 권한도 가지지 못한 무력한 왕이나 다름 없음을 표현하기 위해서라고 생각된다.

기상학적으로 볼 때 비가 내리는 구름은 낮은 비구름이거나, 여름철에 수직으로 높이 발달하는 대류성 구름이다. 그런데 비를 가지고 있는 구름 같은데도 비가 내리지 않는 경우가 있다. 대표적인 예가 동풍에 밀려들어오는 낮은 구름의 경우이다. 우리나라의 경우 동풍이 불면 동해안 지역에는 지형적인 영향으로 비가 내리고, 영서지방은 가무는 특성이 있다. 동풍이 강한 경우 구름이 태백산맥을 넘어 충청지방까지 밀려들기도 한다. 이러한 구름은 금방이라도 비가 내릴 것처럼 어둡고 바람도 많이 분다. 하지만 영동지역에 이미 비를 내려 물기가 빠진 구름이기에 비가 내리는 경우는 거의 없다. 경험이 적은 기상 예보자는 구름의 모양만 보고 비가 내릴 것으로 예보하기도 한다. 모양만 비구름처럼 보이는 데 속은 것이다.

이와 마찬가지로 이스라엘 지역에도 우기(雨期)에 영향을 주는 기압계의 변화가 심해 비구름 같은 구름에서 비가 내리지 않는 경우가 있다. 특히 동풍을 따라 육지를 거쳐 들어오는 구름에서 비가 내리는 경우는 거의 없다. 이스라엘 지역은 강수량이 부족하기에 바람과 함께 몰려드는 구름은 농부들에게 큰 기대감을 준다. 검은 구름이 끼고 바람이 부는데도 비가 오지 않으면 사람들은 실망하고 낙담한다. 솔로몬은 바로 이처럼 행함이 없이 말로만 남에게 희망을 주는 사람은 결과적으로 실망만 안겨주게 될 것이라고 비유로 말한 것이다.

사도 유다도 사람을 파멸로 이끄는 거짓 선생을 비 없는 구름에 비유하며 경계하라고 했다. "이런 자들이 교회 안에 들어와서 여러분이 애써서 차린 사랑의 식탁에 끼어든다면 악취를 풍기게 될 뿐입니다. 그들은 다른 사람이야 어떻게 생각하든 전혀 상관하지 않고 큰 소리로 웃고 떠들면서 먹어댑니다. 그들은 마치 메마른 땅에 비 한 방울 내려주지 못하고 바람에 밀려다니는 구름과 같아서 약속은 많이 하지만 실행은 하나도 없는 자들입니다."

구름과 안개는 사촌

"당신 여기에서 무엇하고 있소?"

"걷고 있었어요."

"어디를?"

"구름 속을요."

"아~하! 자, 지구에 오신 것을 환영합니다!"

키아누 리브스가 주연한 영화 "구름 속의 산책"(A Walk In The Cloud)의 한 장면에 나온 대사이다. 포도밭 농장주의 딸인 연인을 찾아 온 주인공이 높은 산 구릉지에 펼쳐진 포도밭 옆길에서 트럭 운전사를 만나 나누는 첫 인사이다. 아래쪽에서 보면 구름은 산 구릉지에 걸려 있지만 산 구릉지에 있는 사람은 주인공의 말처럼 안개 같은 구름 속을 걷는 셈이 되는 것이다. 어쨌든 짧은 만남의 순간에도 위트 넘치는 유머로 마음을 여는 모습이 무척이나 인상 깊게 느껴졌고 또 부러웠다.

여호와께서 내게 이르시되 내가 나의 처소에서 조용히 감찰함이 쬐이는 일광 같고 가을 더위에 운무 같도다(사 18:4).

BC715년 경 구스(현재의 에티오피아)의 샤바카 왕은 애굽을 정복하여 다스리고 있었다. 그때 바로 북쪽에는 남유다 왕국의 히스기야 왕이 개혁을 강화하고 있었고, 그 북쪽에는 북이스라엘 왕국을 멸망시키고 호시탐탐 남유다 왕국을 노리고 있던 앗수르가 있었다.

이때 구스의 왕은 만일 앗수르가 유다를 공격하면 그 다음에는 구스가 공격 대상이 되므로 근심하고 있었다. 이에 여호와는 "구스는 안심하라. 앗수르는 멸망할 것이다"라는 위로의 예언을 선지자 이사야를 통해 하는데, 그 예언 중에 나오는 말이 바로 앞의 말씀이다.

이 구절을 현대어성경으로 번역한 것을 보면 "여호와께서 내게 이렇게 말씀하신다. '내가 하늘의 창가에서 내려다보며 조용히 기다리리라. 한낮의 뙤약볕처럼 무더운 날의 안개구름처럼 움직이지 않고 조용히 기다리리라' "로 기록하고 있다. 앗수르의 횡포와 무도함을 어느 한도까지는 참고 기다리겠다는 것을 한낮의 뙤약볕과 안개구름으로 비유하였다.

참고 기다리는 비유 중의 안개구름 '운무'(雲霧)는 무엇을 뜻하는 것일까? 혹자는 가장 높이 떠 있으며 엷은 잿빛으로 보이는 구름인 권운일 것이라고 말한다. 이것은 영어성경에서 안개구름을 'a cloud of dew'(이슬구름)로 표시했기 때문인 것으로 보인다. 그러나 여기에서는 짙은 구름을 뜻하는 히브리어 아브(בע)가 사용되었다. 권운같이 하늘의 일부분만 덮는 구름의 경우는 아난(ובע)이 사용된다. 또 권운은 얼음 알갱이로 이루어져 있는 구름으로, 이슬구름이 아니기에 권운으로 해석하는 것은 무리가 있다.

난해한 듯 보이는 이 구절도 이스라엘 지역의 기상 특성을 알면 이해가 된다. 이스라엘 지역에서는 봄과 가을철의 계절 변화기에 동부의 사막에서부터 뜨거운 바람이 불어온다. 앞에서도 말했듯이 이것을 함신 혹은 샤라브라고 부른다. 발달하지 못한 인도양의 몬순으로부터 생긴 바람이 샤라브이며, 10월경에 발생하여 동풍으로 이스라엘 지역에 영향을 준다. 그런데 이 바람은 매우 뜨겁고 건조한 특성이 있다. 이 바람이 이스라엘 지역을 지나 서쪽 지중해에 이르면 바다에는 기온차로 인해 짙은 안개가 발생한다. 우리나라에도 초여름 중국의 양자강 유역에서 뜨거운 공기가 다가오면 서해상에 짙은 안개가 발생하여 인천공항에 영향을 주는데, 이것과 비슷하다고 할 수 있다. 이 안개는 육지로 올라오면 낮은 구름으로 변하며, 기상학에서 안개와 구름은 땅에 붙어 있느냐 않느냐의 차이로 구별한다. 즉 구름과 안개는 사촌간이라 할 수 있다.

계절은 가을이라도 샤라브가 불면 기온이 40℃까지 올라간다. 또 해안선에 생긴 짙은 안개구름은 다른 안개와는 달리 잘 소산되지 않으며 심한 경우는 며칠간 계속되기도 한다. 샤라브로 인한 더위와 구름안개는 그저 조용히 앉아 샤라브가 그치고 서풍이 불기만을 기다릴 수밖에 없는 것이다. 여호와는 이 지역에 나타나는 기상현상을 기상학 이론에 부합되는 아주 적절한 비유로 사용한 것이다.

참고 기다리다가 때가 이르면 "포도 꽃에서 포도송이가 매어 달리고 더 이상 꽃이 피지 않으면 열매를 맺지 않은 가지마다 잘라 버리고 쓸데없이 뻗어 나가는 새 가지들마다 잘라서 내버릴 것이다" 라는 비유를 통해 앗수르를 심판하겠다는 여호와의 예언은 그대로 이루어진다.

구름과 안개는 사촌간이라는 말은 들을 때마다 감칠맛이 있다. 그런데 우리나라 제주도에서는 구름과 안개가 자매간이다. 제주도는 날씨 변화가 심한 곳이다. 그러다 보니 재미있는 이야기가 전해온다. 바람의 신인 '바람우니' 가 구름의 신을 만나 결혼을 했다. 신혼여행을 마치고 바람신이 처가에 와서 보니 안개의 신인 처제가 더 예뻐 보였다. 타고난 '바람기' 를 주체할 수 없었던 바람신은 처제인 안개신을 유혹하여 한라산을 돌며 사랑을 나누었다. 이들의 불륜을 눈치챈 언니 구름의 신은 치마를 걷어붙이고 남편과 동생을 추적했다. 사랑에 빠진 두 사람이 한라산 뒷자락으로 도망을 치면 언니인 구름의 신이 길을 가로막았다. 그러면 바람신은 살짝 방향을 틀어 내빼고 만다. 그래서 제주도에 부는 바람과 구름의 변화는 한라산에서 벌어지는 신들의 사랑과 질투 때문이라는 것이다. 그래서인가? 지금도 나이 든 제주도 사람들은 한라산을 빙빙 도는 구름과 안개의 흐름을 보면서 맞아도 그만, 틀려도 그만인 민간 날씨 예보를 한다고 한다.

아침 구름은 여자의 팔 걷기

"집 나간 방탕한 자식은 부모를 원망해도, 부모는 죽는 날까지 그 자식을 잊지 못한다." 비록 자식이 속 썩이고 마음을 아프게 할지라도 부모는 자식에 대한 연민과 사랑을 끝내 버리지 못한다. 아무런 이유도, 목적도 없는 무조건적인 사랑인 것이다. 이런 사랑의 모습이 구약성경에도 있다. 하나님은 이스라엘 민족이 못된 짓을 일삼았어도 계속 올바른 길로 돌아오라고 했다. 그리고 언제든 돌아오기만 하면 어떤 잘못도 용서해 주었다.

이스라엘이 가장 부흥했던 시기가 다윗과 솔로몬 왕 때이다. 이들의 황금기가 지난 후 이스라엘은 두 개의 나라로 갈라지며, 북쪽이 북이스라엘 왕국, 남쪽이 유다 왕국이 된다. 호세아는 북이스라엘에서 활동했던 선지자였다. 그는 탐욕에 이끌려 이웃에 거짓말과 사기를 행하며 음란과 부정, 악행을 저지르는 북이스라엘 백성에게 곧 하나님의 심판이 닥칠 것이라고 선언한다. 또한 잘못을 뉘우치고 하나님께 돌아오면 용서뿐만 아니라 복을 내릴 것이라고 했다.

> 이러므로 그들은 아침 구름 같으며 쉬 사라지는 이슬 같으며 타작 마당에서 광풍에 날리는 쭉정이 같으며 굴뚝에서 나가는 연기 같으리라(호 13:3).

이 말씀은 송아지를 만들어 제사를 지내는 등 우상숭배를 일삼는 이스라엘 백성의 끝이 마치 아침 구름같이 허망하게 사라질 것이라고 비유한 구절이다. 그렇다면 정말로 아침 구름은 호세아의 말대로 아침 이슬이나 쭉정이, 굴뚝의 연기처럼 허망하게 사라지는 특징을 가지고 있을까?

이스라엘 지역에서 기압골이 빈번히 통과하는 10월에서 4월까지는 높은 구름부터 낮은 구름까지 다양한 구름이 나타난다. 5월부터 9월까지는 해양성 고기압이 발달하면서 거의 구름이 생기지 않으며, 바다공기가 들어와 산의 경사를 타고 올라가면서 응결로 인해 생기는 낮은 구름이 간혹 나타날 때가 있다. 이런 경우에도 우리나라처럼 수직으로 발달해 소나기를 내리지는 못하고 구름층이 얇은 낮은 구름만 있다.

여름철 지중해에서 온도차로 인해 생긴 낮은 구름은 밤중에 육지 쪽으로 들어와 아침에는 낮은 구름으로 떠 있는 경우가 많다. 이런 구름은 남쪽보다는 북쪽인 갈릴리 지역에서 더 많이 생긴다. 그런데 이러한 얇고 낮은 구름은 해가 뜨면 곧바로 없어져 버리는 특징이 있다. 고기압권 내라 공기층이 안정되어 있으므로 안개가 사그라지듯 기온이 올라가면 곧 사라져 버리는 것이다. 여기에서 구름을 '아난'으로 표현한 것으로 보아 비가 내리지 않는 엷은 구름을 뜻한다고 할 수 있다. 이런 구름은 해가 떠서 온도가 올라가면 곧 사라져 버린다.

아침 구름이 해가 뜨면 사라지는 기상학적 특성은 우리나라에도 나타난다. 봄과 여름철 해양성 고기압의 영향을 받을 때인데, 이런 고기압은 역학적(力學的)으로 형성된 고기압이라 낮이 되어 기온이 올라가면 활성(活性)을 띠지만, 새벽에는 힘이 약해져 수축되는 특성을 가지고 있다. 따라서 해상에 형성된 낮은 구름이 낮 동안에는 고기압 세력 때문에 들어오지 못하다가 새벽녘에 고기압이 약해지면 육지 쪽으로 들어온다. 이 구름대는 아침에 해가 뜨면서 기온이 올라가면 급속히 쇠약해져 소산되고 만다. 여름철의 경우 대개 10시 전후가 되면 이런 구름은 없어진다. 세세한 기상학적 원리까지 염두에 두시고 말씀하시는 하나님은 전지하신 하나님이시다.

이와 비슷한 날씨는 이웃 나라 일본에도 있는데, "아침 구름은 여자의 팔 걷기"라는 속담이 바로 이러한 날씨를 빗댄 것이다. 여름철 아침 구름은 여자가 화나서 옷소매를 걷어붙이고 싸울 듯 덤비다가도 곧 맥없이 풀어져 버리는 것과 비슷하기 때문이라고 한다. 여자의 변덕스러움이 죽 끓듯 한 것 같지만, 사실은 상대의 변화에 따라 다양하게 반응하는 유연함이라고 할 수 있다. 남자들이 "여자는 남자 하기 나름"이라는 광고 카피대로 여자를 배려해 준다면 그에 걸맞은 최상의 대우를 받게 되지 않을까?

구름과 약제사와 시인

"그들은 천상의 구름들, 떠돌아다니는 이들의 수호 여신이다. 그들에게서 지혜와 변증과 이성이 나온다."

기원전 420년경 아리스토파네스가 했던 말이다. 철학자들에게는 구름이 지혜를 주는 원천이었는지 모른다. 오랫동안 구름의 과학적 관측과 직관을 통한 지혜로 기상학의 역사를 바꾼 사람이 있기 때문이다. 지금 사용하는 구름의 이름을 처음으로 붙인 사람은 영국의 루크 하워드(Luke Howard)이다. 약사이기도 했던 그는 아름답게 변하는 구름의 모습에 반해서 기상학자로 직업을 바꿨다. 철학자들 말처럼 구름이 그에게 풍성한 지혜를 주었는지 모른다. "공기의 대해(大海), 그 속에서 우리가 살고 움직이며, 번개가 만들어지고, 결실의 비가 응결한다. 이것은 자연을 아낌없이 사랑하는 사람에게 감흥을 느끼게 하는 것이 아닐 수 없다. 특히 시시로 변하는 구름의 오묘한 모습을 보면서 하나님이 살아 계신다는 사실을 더욱 깨닫게 된다"고 고백한 그는 평생 구름을 분류하고 이름을 붙이는 일을 하였다.

현재 전 세계에서 사용하는 구름의 분류 및 이름은 거의 그의 작품이라고 할 수 있다. 그의 구름 명명법은 시인들에게 많은 영감을 주어 세계적인 시인인 괴테나 셸리 등이 그의 글을 보고 구름에 관한 시를 지었다.

> 나는 대지와 물의 딸이며
> 하늘의 소중한 것이다

나는 대양과 강가의 틈새를 지나 변하지만
죽음을 모른다…….
나는 갈증 난 꽃들에게 시원한 소나기를 전하네
바다와 강물을 축여서
나는 백일몽에 잠긴 잎새들에게
살포시 그늘을 드리우네
어여쁜 새들을 저마다 깨운 이슬이
나의 날개에서 부서지네
그네들의 어미 가슴에 푹 파묻혀 흔들거리면
어미는 해를 감고 춤을 추네
나는 맵싸한 우박을 격하게 휘두르고
초록 평원을 보얗게 물들이네
그리곤 다시 우박을 비로 녹이고
천둥을 스쳐가며 웃네.

–셸리의 시 '구름' 중에서

불가사의한 이방인이여, 당신은 무엇을 사랑합니까?
나는 구름을 사랑해요…… 저기…… 저기……
저쪽으로 지나가는 구름을 …… 저 신비로운 구름을!

–샤를 보들레르, 1862년

이제 세상의 유혹에 몰려 내려오네
그것은 지구로 향하네. 천상으로 솟아올랐던 것이거늘
미친 천둥구름 되어 위협할 때

사나운 더미들이 부서지고 평원에서 스러지네
고달픈 세상의 애잔한 운명이여! 그러나 보라
연무가 이제 찬연히 흩어지는 것을
언어는 우리를 그 허망한 수고질에서 떨어뜨리고
그 정신은 위로 올라 영원히 사네.

–괴테의 시 '구름' 중에서

시인들에게 영감을 준 아름다운 구름을 만든 하나님은 얼마나 놀라운 분인가? 그분을 찬양할 수 있음은 복이다.

신화에 나타난 구름

역사상 가장 초기에 쓰인 일부 문서에는 구름에 대한 기록이 간간이 나타난다. 파피루스와 진흙 토판에 남아 있는 이집트와 칼데아, 바빌로니아의 글들은 구름과 천둥과 비의 신비에 대해 이야기하고 있다.

"거무스름한 무리(halo)가 달(moon)을 휘감으면 그 달(month)에는 비가 오거나 구름이 낄 것이다."

"구름이 점점 더 거무스름해지면 바람이 불어닥칠 것이다."

이 글은 4,000년 전 칼데아의 기록이다. 재미있는 것은 무리 현상이 생긴 후 2-3일 후 비가 내릴 확률이 60% 이상이므로 이 기록은 상당히 과학적이라 할 수 있다.

북유럽 신화에서는 구름 세계를 통치하는 여신 프리그의 이야기가 있다. 구름 여신은 안개의 홀(Hall of Mists)에서 바람이 짜놓은 금실을 이용해 물레와 실패로 분홍빛과 오렌지빛의 권층운을 만든다. 그녀는 얼음 거인의 뇌를 여름 하늘로 올려 적운을 만들기도 한다. 북유럽 신들은 구름을 소나기의 기회(Change of Showers), 바람의 연(Wind Kites), 비의 희망(Hope of Rain), 날씨의 힘(Weather Might), 비밀의 투구(Helmets of Secrets)라고 부른다. 얼마나 감칠맛 나는 이름인가! 아일랜드 사람들은 세상 꼭대기에 살던 요정 전사들이 검은 구름을 통해 푸르고 아름다운 땅으로 내려와 아일랜드를 만들었다고 믿는다. 신화는 사람들의 모듬살이의 꿈을 나타낸다. 살아가면서 만났던 일들, 일어났으면 하고 바라는 것들의 모듬인 것이다. 그러기에 신화는 허구인 경우가 많으며 그들이 만든 신들은 실제 구름을 만들거나 구름을 통제할 수는 없었다.

"비의 시조가 있습니까?" "누가 지혜로 구름을 셀 수 있습니까?" "구름이 퍼지는 방식을 알 수 있습니까?" 에녹서(외경)와 욥기에 나오는 이스라엘 민족의 질문들이다. 이들은 어렴풋이 구름을 하나님이 만드신다는 것을 믿었다. 하나님이 구름을 만드시고 일을 행하시는 현장을 목격한 최초의 사람들은 출애굽 때의 이스라엘 민족이다. 전능하신 여호와 하나님이 구름을 만드시고 움직이시고 구름을 통해 일을 하시는 모습을 직접 보았기 때문이다. 성경에서는 이스라엘 사람들이 구름 가운데 나타난 여호와의 모습을 따라 광야생활을 했음을 보여준다. 하나님은 구름을 통해 이스라엘 백성들을 더위로부터 보호해 주고 그들의 행군을 알려주기도 했다. 홍해에서 뒤쫓아 오는 애굽 병사들에게, 시내 산 위에서, 금송아지 숭배를 위해 만든 장막 위에서 행하시던 하나님의 분노에도 구름은 꼭 있었다.

앞에서도 말했지만 출애굽 당시의 구름은 적란운이었을 것이다.

적란운은 이스라엘 민족에게는 생소한 구름이었다. 고센 지역은 연평균 강수량이 20-30㎜밖에 되지 않는다. 비구름을 볼 기회가 거의 없는 지역이며 특히 수직으로 거대하게 발달하는 적란운을 볼 경우는 거의 없다. 공기는 아주 뜨겁고 깨끗하여 지역적으로 상승기류가 있다고 해도 구름으로 응결될 수 있는 수증기가 없어 구름이 생기지 않는다. 또 무역풍을 따라 움직이는 비구름들(rainbearing system)은 이집트의 삼각주에 도착하기 훨씬 전에 말라 버린다. 그러기에 이스라엘 민족은 비에 의존한 삶을 살지 않았다. 관개(灌漑)를 할 때 하늘보다 흐르는 나일 강에 의존해 왔기 때문이다. 이스라엘 민족에게 출애굽에 이은 거대한 적란운의 구름 기둥은 충격으로 다가왔을 것이다. 아마 애굽을 떠나지 않았으면 평생 보지도 못했을 기상현상들을 맞닥뜨리면서 이스라엘 민족은 하나님의 보호하심이 가슴에 더 다가왔을 것이다. "하나님은 참으로 전능하시다!"

7. 이슬

이슬과 서리와 안개는 사촌

나는 새벽이 되어서야 알았다
나뭇잎이 나무의 눈물인 것을
새똥이 새들의 눈물인 것을
어머니가 인간의 눈물인 것을.

–정호승의 '새벽의 시' 중에서

그리스 신화에서 이슬의 신은 에오스(Eos)이다. 그녀는 태양의 신 헬리오스와 달의 여신인 셀레네와 형제자매 간이었다. 아들로는 바람의 신들이 있으며, 저녁별과 많은 별들을 낳았다고 전해진다. 호메로스의 작품에서 '장밋빛 손가락'을 가진 것으로 묘사된 에오스는 아침이슬을 만드는 여신의 속성을 말해 주기 위해 양손에 주전자를 들고 있는 모습으로 표현되기도 한다. 이슬은 새벽의 여신인 에오스가 해가 뜰 때 눈이 부셔서 흘리는 눈물이라고 한다. 트로이 전쟁에 참가한 에티오피아의 왕 멤논이 바로 에오스의 아들이다. 얼짱이었던 멤논은 트로이 전쟁에서 아킬레스에게 죽는다. 이를 슬퍼한 새벽의 여신 에오스가 흘리는 눈물이 바로 아침이슬이라고 한다.

시인의 말처럼 이슬은 어머니가 흘리는 인간의 눈물일지도 모른다. 이슬은 과학적으로 풀면 새벽에 기온이 내려가면서 공기 중의 수증기가 응결하여 풀이나 물체에 맺힌 것이다. 이슬이 얼어붙은 것이 서리이며, 이슬이나 서리가 발생하는 조건과 같을 때 생기는 안개도 이들과 사촌지간이다. 그런데 성경에서는 이슬이나 서리, 안개도 다 하나님이 만드신다고 말한다.

이슬은 축복이다

오솔길 가운데 낯선 거미줄
아침이슬 반짝하니
거기 있음을 알겠다
허리 굽혀 갔다
되짚어오니 고추잠자리
망에 걸려 파닥이는 걸 보았나.

–이면우의 시 '거미'

시골 새벽길을 걷다 보면 보기도 힘든 거미줄이 이슬이 흠뻑 내린 날이면 어디서 그렇게 나오는지 놀라고 만다. 게다가 이슬방울이 대롱대롱 매달린 거미줄 위로 햇빛이라도 비칠 양이면 그 아름다움이란 차라리 환상이다.

기상학에서는 포화에 이른 공기가 나뭇잎과 같은 물체 위에 만든 물방울을 이슬이라고 한다. 아침 일찍 거미줄과 나뭇잎에 매달려 있는 작은 물방울이나, 목욕탕 안의 거울에 붙어 있는 물방울들이 바로 이슬(Dew)이라고 불리는 기상현상인 것이다. 이슬은 습도가 높고 바람이 거의 불지 않는 맑은 날 밤이나 새벽에 잘 형성된다. 구름이 없는 맑은 날이어야만 지표면 부근에서 빠르게 포화, 냉각되어 풀이나 거미줄, 나뭇잎 위에 물방울이 맺히는 것이다. 이러한 날씨는 대체로 이동성 고기압의 영향을 받을 때이므로 이슬이 내린 그 날은 물론, 그 다음날까지도 맑은 날씨로 이어질 가능성이 크다. 그래서 "이슬이 맺힌 다음날은 날씨가 맑다"는 말이 생긴 것이리라.

이슬을 일컬어 중국의 임어당은 "음양(陰陽)의 두 힘이 야반(夜半)에 맺어 이루어진 천지(天地)의 정즙(精汁)"이라고 했다. 동·서양 문명에서 이슬은 긍정적으로 그려지지만 성경에서도 이슬은 축복의 뜻으로 사용되고 있다.

> 왕의 노함은 사자의 부르짖음 같고 그의 은택은 풀 위의 이슬 같으니라"(잠 19:12).

이 구절에서 이슬은 백성의 삶을 풍요롭게 하는 왕의 은혜에 비유되고 있다. 신명기 32장 2절에서도 "하나님의 교훈은 내리는 비요 하나님의 말은 맺히는 이슬이요"라고 말한다. 또 "내가 이스라엘에게 이슬과 같으리니 그가 백합화같이 피겠고 레바논 백향목 같이 뿌리가 박힐 것이라"(호 14:5)고 했다.

이슬은 하나님의 말씀이요, 이스라엘 백성에게 여호와 같은 은혜의 비유로 사용되고 있다. 신명기 33장에서 모세는 후손들을 축복하는 말에서 이슬을 언급한다.

> 요셉에 대하여는 일렀으되 원하건대 그 땅이 여호와께 복을 받아 하늘의 보물인 이슬과 땅 아래에 저장한 물과(신 33:13).
>
> 이스라엘이 안전히 거하며 야곱의 샘은 곡식과 새 포도주의 땅에 홀로 있나니 곧 그의 하늘이 이슬을 내리는 곳에로다(신 33:28).

요셉과 아셀에 대한 축복의 말에서 이슬을 하늘의 보물이라고 말한다. 하나님은 이슬을 복이라고 말씀하고 계신다. 그럼 정말 성경에서 말하는 것처럼 이슬은 복을 뜻하는 기상현상일까?

이스라엘 지역은 5월부터 9월까지 넉 달 동안은 비가 거의 내리지 않는다. 따라서 여름에는 이슬만이 유일한 수분 공급원이 된다. 그런데 다행히도 이때는 지중해에서 습기를 지닌 바람이 불어온다. 이 공기는 큰 일교차에 의해 밤에 냉각되면서 이슬이 되어 새벽에 내리는데, 그 양이 비교적 많아 농업에 상당한 도움을 준다. 특히 여름철 농작물인 수수나 옥수수는 충분한 이슬이 내리는 지역에서만 성장한다. 따라서 이슬이 없으면 농작물의 생장과 생물들의 생존이 불가능하기에 이스라엘 민족에게 이슬은 하나님의 놀라운 축복이다. 이슬이 가장 많이 내리는 곳은 브엘세바 서쪽 해안지방과 에스드렐론 평야로 연간 250일 정도 내린다. 그리고 "헐몬의 이슬이 시온의 산들에 내림과 같도다 거기서 여호와께서 복을 명하셨나니 곧 영생(永生)이로다"(시 133:3)에 나오는 헐몬 산 비탈 아래의 요단 강 수원지도 이슬이 많이 내리는 곳으로 유명하다.

맑고 영롱한 이슬은 예전에는 약으로도 쓰였으나 현대에는 오히려 건강을 해칠 수 있는 기상현상으로 변했다. "콩잎에 내린 이슬을 먹으면 모든 속병이 낫는다"며 손으로 이슬을 훑어 드시던 할아버지나, "이슬은 천사의 양식이며 사람이 마시면 불로 장생한다"던 임어당도 오늘날의 이슬을 보면 했던 말을 취소하고 싶어질 것이다. 예전의 그렇게나 투명하고 아름답던 이슬이 현대의 산업화에 비례하여 흐려지고 오염되었기 때문이다.

현대의 각종 공해물질들은 이슬방울에 쉽게 달라붙어 산성 이슬을 만든다. 산성화된 이슬방울은 낮이 되면 공기 중으로 증발해 버리지만 함께 있던 산성 물질은 나뭇잎에 그대로 남게 된다. 그리고 이 산성 물질은 나뭇잎을 썩게 하고 결국에는 나무 전체를 병들어 죽게 만드는 것이다. 안타깝게도 하나님의 축복이랄 수 있는 이슬마저 사람들은 저주로 바꾸어 가는 것이다.

이슬로 약속받아 이긴 전쟁

"오스트레일리아 사막에 사는 가시도마뱀은 물을 마실 필요가 없는 동물입니다."

가시도마뱀은 날카로운 가시로 온몸이 뒤덮여 있다. 가시의 주요 임무는 방어보다는 이슬을 만들어내는 데 있다. 가시도마뱀의 가시는 피부보다 체온이 훨씬 낮기에 밤이 되면 차가운 가시에 이슬이 맺힌다. 이슬은 가시도마뱀의 독특한 피부 구멍으로 들어가 관을 통해 입으로 흘러간다. 온몸에 나 있는 가시가 물을 만드는 공장이 되므로 굳이 수분을 찾으러 다닐 필요가 없는 것이다.

사막이나 황야에서 이슬은 절대적인 기상현상이다. 식물을 키우거나 살아가는 데 필요한 수분을 이슬이 공급해 주기 때문이다. 성경의 무대가 되는 중동 지역은 5월부터 9월까지 비가 거의 내리지 않는다. 이슬이 유일한 수분 공급원이다. 이슬은 초목이나 옥수수, 깨 같은 곡식의 생장에 절대적인 영향을 준다.

성경에는 이 지역에 중요했던 이슬이라는 기상현상을 통해 승리를 약속한 사건이 기록되어 있다.

기원전 1180년경, 이스라엘은 미디안에게 괴로움을 당하고 있었다. 미디안은 요단 강 건너편에 살던 민족으로, 뛰어난 기동력과 전투력으로 수시로 쳐들어왔다. 그들은 이스라엘 백성들의 식량과 재산을 약탈해 갔다. 살기 위해 이스라엘 백성들은 산으로 도망쳐 굴을 파고 살았다. 극심한 식량난과 물 부족은 그들의 생활을 비참하게 만들었다. 이제 그들을 구원해 줄 분은 오직 하나님뿐이었다. 이스라엘 민족은 하나님께 구원해 달라고 밤낮으로 간절히 기도했다.

"큰 용사여! 네가 이스라엘 백성들을 이끌고 나가 싸우도록 해라. 여호와께서 너와 함께 계시니 네가 이길 것이다."

밀 수확 철이 되어 미디안이 쳐들어오자 하나님은 기드온에게 그들과 맞서 싸우라고 말씀하셨다. 기드온은 평범한 농부였다. 싸우기보다는 처량한 신세를 넋두리하던 겁 많은 사람이었다. 그러나 그는 순종의 사람이었다. 말씀에 따라 병력을 소집했다. 그에게 주어진 병사는 고작 3,000명밖에 되지 않았다. 미디안은 13만 명의 대군에 낙타부대와 우수한 병기를 가지고 있었다. 미디안과 싸운다는 것은 달걀로 바위를 치는 격이었다.

"하나님! 병력이나 무기로나 미디안 족과 싸워 이길 가능성은 거의 없습니다. 너무 두렵고 불안합니다. 이기게 해 준다는 약속을 표징으로 보여주옵소서. 양털 한 뭉치를 마당에 둘 테니 이슬이 양털에만 있고 땅이 말라 있으면 싸워 이긴다는 것으로 알겠습니다."

기드온의 기도가 그대로 응답되었다. 이번에는 반대로 땅에만 이슬이 내리고 양털에는 이슬이 내리지 않게 해달라고 기도했다. 하나님은 이번에도 기드온이 구한 그대로 땅에만 이슬을 내렸다. 약속의 표징을 두 번이나 보여준 것이다.

그런데 왜 기드온은 하나님 약속의 표징으로 이슬을 이용했을까? 그는 농부였으므로 이슬이 친근했다. 황야 지역인 이스라엘에서 이슬은 농사를 짓는 데 절대적이었기 때문이다. 또한 이슬이 생기기 위해서는 일교차가 크고 날씨가 맑으며, 바람이 없는 밤이어야 한다. 당시 전투가 벌어졌던 요단 강 서쪽 지역의 5월 기상 조건은 이슬이 발생하기에 매우 좋았다. 이 지역에 연간 150일 정도 내릴 정도로 많이 발생하는 기상현상이 이슬이다.

기드온은 오랜 경험상 이슬이 한 뭉치의 양털 위로만 내리고 그 주변에 내리지 않을 수는 없다는 사실을 잘 알고 있었다. 그러기에 양털과 땅에 선택적으로 이슬이 내렸던 것은 하나님의 응답이라고 확신했다. 용기백배한 기드온은 정예 300명만을 이끌고 새벽에 미디안의 진지를 급습했다. 단잠에 빠져 있던 적군은 혼비백산하여 자기들끼리 죽이다가 도망치기 시작했다. 이스라엘 군은 그들을 뒤쫓아가 격멸시킴으로써 완벽한 승리를 거두었다. 기드온은 무기력하고 약한 모습을 보이기도 했다. 그러나 하나님은 기드온의 연약함을 나무라지 않으셨다. 이해하고 용납하셨다. 초자연적인 기상현상을 통해 용기와 확신을 주고, 승리하게 해 주셨다. 부족함밖에 없는 우리에게 얼마나 큰 힘이 되는지!

긴 밤 지새우고
풀잎마다 맺힌
진주보다 더 고운
아침이슬처럼…….

기드온의 이슬이 하나님의 표징이라면, 양희은의 이슬은 억압과 강요된 굴종을 넘어서는 정신의 상징이었다. 양희은이 이슬로 미소를 배웠다면 기드온은 이슬의 표징을 통해 승리를 얻었다. 이처럼 이슬은 춥고 어두운 밤을 지낸 후 아름다움으로 태어나는 긍정과 승리의 상징이기도 하다.

뽕나무는 서리가 내리면 죽는다

"저 선배님, 공주 가는 길 안쪽 배밭에 큰 선풍기들이 죽 설치돼 있던데요, 그걸 왜 달았을까요?"

며칠 전 후배가 혹시 기상과 무슨 관련이 있는 것은 아닌가 하고 물어왔다. 호기심으로 말하자면 누구에게도 뒤지지 않을 나는 그 길로 배밭으로 달려갔다. 진짜 배밭 사이사이에 선풍기 같은 것들이 설치되어 있었다. 배밭 주인의 설명에 의하면 선풍기는 배꽃이 필 때 발생하는 서리 피해를 막기 위한 것이라고 했다. 배꽃은 서리에 약해 서리 피해를 당하면 그 해 배 농사는 끝이라고 한다. 그래서 그는 서리 피해를 줄이기 위해 1990년 배밭 중간에 41개의 송풍기(送風機)를 설치하였다고 한다. 서리가 예상되는 날이면 밤에 미리 송풍기를 틀어 공기를 혼합시켜 줌으로써, 복사 냉각에 의한 서리 발생을 막을 수 있었다고 한다. 기상 이론을 농사에 활용한 좋은 예라는 생각이 들었다.

이처럼 서리는 농작물에 많은 피해를 준다. 우리나라 조선시대의 기록을 보더라도 기상재해 총 173회 중 서리로 인한 피해가 19회나 있다. 그런데 성경에서도 서리 피해에 대한 언급이 나온다.

> 그들의 포도나무를 우박으로, 그들의 뽕나무를 서리로 죽이셨으며(시 78:47).

이 구절은 다윗의 시대에 찬양대 악장이었던 아삽이 지은 시 중에 나온다. 이 시는 아삽이 이스라엘 역사를 통해 후손들에게 교훈을 주기 위해 지었다고 한다. 하나님은 사랑으로 이스라엘 민족을 애굽의 종살이로부터 풀어주었으나 이스라엘 민족은 불평과 불신앙과 죄악을 저질렀음을 이야기하면서 후손들이 이런 죄악을 답습하지 말 것을 권고한다. 이 권고 중에 하나님이 애굽에 내린 재앙을 회고하면서 뽕나무를 서리로 죽였다는 말이 나온다.

그런데 성경에서처럼 서리가 내리면 정말 뽕나무는 죽을까? 서리가 내릴 수 있는 기상 조건은 지상 기온이 보통 영상 3℃ 이하일 경우이다. 공기의 온도는 고도가 높을수록 더 차가운데, 맑은 날 밤에는 땅 부근이 빨리 냉각되어 오히려 아래쪽 기온이 낮아진다. 이렇게 차가워진 공기에 의해 땅 근처의 공기가 응결하여 물체에 얼어붙게 되는 것을 서리라고 부른다. 그런데 우박 재앙이 있던 때가 1월 말에서 2월 초로 추정되므로 한기가 동쪽에서 들어올 때는 영하권까지 내려가고, 따라서 시기적으로는 서리가 내리는 기간이었다. 특히 애굽은 사막기후의 성격을 띠어서 아침의 냉각이 심하므로 서리가 내릴 확률이 높다.

여기서 뽕나무는 뽕나무의 한 종류인 무화과나무를 말한다. 세계적으로 뽕나무과(Moraceae)는 1,400여 종에 이른다. 우리나라의 경우, 서리로 인한 피해는 과수들의 꽃이 피는 4월 중순 이후의 늦서리 때가 치명적이다. 그래서 "88야(夜)의 이별서리가 지나야 마음을 놓는다"는 속담이 생겼다. 이것은 중부지방의 경우 통계적으로 마지막 서리가 4월 20일경이지만, 입춘으로부터 88일째 되는 5월 2일이 되어야 비로소 서리가 이별하고 떠나가기에 '88야(夜)의 이별서리' 때까지는 경계를 늦추지 말아야 한다는 말이다. 그리고 이 무렵 뽕나무의 이파리가 나온다. 뽕나무 잎은 서리에 유난히 약해 계절적으로 가장 늦게 잎이 나오는 특성을 보이며, 만약 서리 피해를 입으면 그대로 죽어버린다. 따라서 성경에 나오는 서리에 뽕나무가 죽는다는 말은 기상학적으로 매우 정확한 것이다.

서리 피해를 막기 위해 배밭에 송풍기를 설치하는 것 말고도 미국 서부 지역의 아몬드 농장에서는 안개를 이용한다. 추운 밤 동안 서리 피해를 막기 위해 인공적으로 짙은 안개로 아몬드 밭을 덮는다고 하는데, 파이프를 통해 아주 작은 물방울을 분무하여 이 물방울이 지면 위에 부유하면서 단열재 역할을 하게 하는 것이다. 즉

'안개에 의한 인공 카페트' 가 대기 속으로 확산되는 열을 간직하여 서리의 발생을 막는 방법이라 할 수 있다.

키아누 리브스가 주연한 영화 "구름 속의 산책"(A Walk In The Cloud)에도 포도에 영향을 주는 서리가 등장한다. 영화에서 차가워진 공기가 포도밭이 있는 낮은 쪽으로 흘러 서리가 생기면서 얘기는 시작된다. 한밤중에 갑자기 비상종이 울리자 잠자던 사람들이 뛰쳐나오고, 농장 주인은 서리가 내리기 시작한 포도송이를 확인한다. "아직 서리가 포도 내부까지 들진 않았는데." 나무 이랑마다 설치된 큰 버너들이 켜지고, 사람들은 손에 커다란 날개를 낀 채 춤을 추기 시작한다. 그들은 왜 춤을 출까? 이는 공기를 혼합하여 포도송이마다 골고루 부드러운 열기가 전달되게 해주는 것으로, 기상 이론을 적절히 응용한 것이다. "넌 날(fly) 수 있니? 마치 나비처럼 부드럽게." 포도나무와 버너에서 타오르는 불길과 그 사이에서 나비처럼 춤을 추며 나는 듯 걸어가는 남녀 주인공의 모습이 얼마나 아름다운지…….

우리에게 필요한 것은 이처럼 끊임없이 새로운 방법을 연구하고 적용하여 최상의 결과를 얻는 지혜가 아닐까? "게으른 자는 마음으로 원하여도 얻지 못하나 부지런한 자의 마음은 풍족함을 얻느니라"(잠 13:4). 최선을 다해 열심히 사는 사람에게는 하나님이 풍족함으로 반드시 보답해 주신다.

눈이 오면 돈을 준다?

"올해 크리스마스 이브에 눈이 오면 20만 원이 든 행운의 통장을 드립니다."

10여 년 전 나왔던 광고 카피의 내용이다. 광고에 문외한인 나도 한여름에 보는 파스텔 톤의 청색과 회색 배경 위에 함박눈이 내리는 모습에서 신선하다는 느낌과 함께 야릇한 기대감마저 갖게 되었으니 아마 광고 효과로는 성공적이었을 듯싶다. 사실 크리스마스이브는 누구에게나 특별한 날일 것이다. 루돌프 사슴과 산타, 따뜻한 난로, 양말과 선물, 하늘에는 영광, 땅에는 평화가 깃드는 날……. 그런데 이런 날 세상을 온통 하얗게 만들 눈까지 온다면 금상첨화가 되지 않겠는가? 그래서 누구나 화이트 크리스마스를 꿈꾸고, 이런 기대를 판매에 이용한 최초의 기상 마케팅이 바로 이 광고일 것이다. 단, 조건이 있단다. 눈이 1cm 이상 쌓였을 때만 돈을 준다는 것이다. 직업 의식의 발로로 기후 통계를 찾아보았다. 부디 놀라지 말기를. 90년 동안 크리스마스 이브에 서울에 눈이 1cm 이상 쌓인 경우는 단 3일밖에 없었다. "와, 96%의 이길 확률을 가지고 장사하는 대단한 사람들이구나!"

속이는 말로 재물을 모으는 것은 죽음을 구하는 것이라 곧 불려다니는 안개니라(잠 21:6).

성경에서 안개는 보이다가 허무하게 곧 없어지는 비유로 쓰이는 기상 현상이다. 비행기 이착륙에 가장 많은 영향을 주는 기상현상 가운데 하나가 안개이다. 기상 예보자 시절에 안개가 언제 낄 것인가를 판단하는 것도 중요했지만, 언제 없어지느냐의 시간이 더 중요했다. 안개가 빨리 없어지려면 햇볕이 강해져야 하지만, 두 번째 중요한 것이 바람이 부는 것이다. 바람이 불면 공기층이 쉽게 섞이기에 생각보다 빨리 사라진다. 그런데 남을 속여서 돈을 버는 것은 가련한 인생이니 바람에 불려다니는 안개와 같다는 것이다. 즉 남에게 사기치고 거짓말하여 아무리 많은 재산을 모은다고 하더라도 바람에 금방 없어지는 안개처럼 이내 사라지고 말 것이라는 의미이다.

10여 년 전의 일이다. 에어컨 시장에는 날씨가 덥지 않으면 보상해 주겠다는 '날씨보상마케팅' 전쟁이 에어컨 빅3사인 A전자, B전자, C기계 사이에 벌어졌었다. 세 회사는 만약 올 여름에 자신들이 설정한 기준보다 온도가 낮으면 보상해 준다고 하면서, 그 확률을 A전자는 30-40%, B전자는 15%로 당당히 밝혔다. 그러나 기후 통계상 보상받을 수 있는 경우를 알아보니, 놀랍게도 A전자는 90년간 3회, B전자는 89년간 6회로 실제 그 확률은 겨우 3.3%와 6.8%밖에 되지 않았다. 더 놀라운 것은 C기계가 설정한 날씨 보상 기준은 90년 간 한 번도 발생하지 않은 완벽한 통계확률 0%였다는 점이다. 해도 너무 한다는 생각이 들었던 기억이 있다.

정직한 상행위가 한때는 손해보는 듯하지만 결국은 많은 돈을 벌게 되리라고 나는 굳게 믿는다. "하는 일마다 자기가 보기에는 다 올바르지만 여호와께서는 그 마음을 꿰뚫어 헤아리신다. 올바르게 살아가고 정의를 실천하는 것이 수천 번 여호와께 제물을 바치는 것보다 훨씬 낫다"는 잠언의 말을 모든 사람들이 믿고 실천했으면 좋겠다. 따라서 나는 한국의 기업들이 소비자에게 "이 에어컨을 사면 보상받을 수 있는 통계적인 확률이 3% 미만입니다"라고 정직하게 고백하였으면 하는 생뚱맞은 바람을 가지고 있다.

1999년 성탄절은 '화이트 크리스마스' 였다. 놀랍게도 확률 4%

가 우연히 맞아떨어진 것이다. 당연히 성탄절 이브에 눈이 오면 돈을 주겠다고 했던 회사들은 약속을 지켰다(물론 보험회사의 돈이었지만). 돈을 받은 사람들은 성탄절에 눈이 내리지, 돈까지 받았으니 얼마나 신났을까. 그럼 기상 전문가인 필자는 어땠느냐고? 확률이 4%밖에 안 되는데 내가 왜 신청했겠는가? 그런데 막상 눈이 내리니 신청한 사람이 괜히 부럽고 내리는 눈송이가 얄미웠던 기억이 있다.

눈하면 생각나는 사람이 있다. '백설(白雪)의 벤틀리'라 불리는 미국의 벤틀리(Bentley)는 눈 결정(snow crystal) 연구로 유명한 사람이다. 그는 어릴 때 어머니로부터 선물 받은 현미경으로 눈을 관찰한 이후 아름다운 제각각의 눈 결정에 매료되어 평생 동안 눈 결정 사진을 찍었다. 그가 정리해 놓은 6,500여 장의 눈 결정 사진은 지금까지도 기상학에서 교재로 사용할 만큼 독보적이다. '믿음의 벤틀리'라고도 불렸던 그는 "이렇게 놀라운 하나님의 창조 솜씨를 어찌 찬양하지 않을 수 있느냐"고 고백한다. 그의 믿음이 한없이 부럽다.

8. 비

하늘에서 내리는 여호와의 축복

“입춘 때 받은 빗물로 술을 빚으면 이게 천하의 정력제라, 이장네 둘째도 그걸 먹고 장군감 아들을 낳았다니께.”

우리네 조상들은 빗물에 생명이 있다고 믿었다. 입춘에 내린 빗물인 입춘수(立春水)는 자식이 없는 부부가 마시고 자면 아이를 밴다는 기적의 빗물이었다. 봄비가 내려 백곡을 기름지게 한다는 곡우(穀雨) 안에는 생명이 있어서 이때 채취한 거자수는 여인네에게 최고의 보약이었다. 입동(立冬)과 소설(小雪) 사이에 내리는 빗물인 액우수(液雨水)로 약을 달이면 웬만한 병이 떠나간다고 하였다. 그래서 예전에는 빗물을 받아 술을 만들거나 머리를 감기도 했다. 비는 우리네에게는 축복이었다.

프랑스의 브르타뉴 서부의 민간 전승에서는 비가 내리면 류머티즘 환자들은 옷을 벗고 얼굴을 수그리고 비를 등에 맞는다. 비에는 치료의 힘이 있다고 믿는 것이다. 특히 성(聖) 라우레티우스의 날에 내리는 비는 화상 치료에 탁월한 효과가 있는 것으로 전해진다. 프랑스 서부의 디낭에서는 결혼식 날 비가 내리면 신부가 흘리게 될 눈물이 그날 흐른 것으로 간주한다. 이제부터는 행복한 삶을 산다는 것이다. 마르세유에서는 결혼식 날 비가 내리면 그 부부는 평생 풍족한 삶을 산다는 예고란다. 많은 문화권에서 비는 축복으로 그려진다. 그런데 성경에서도 비는 하나님의 축복으로 나타난다.

사족 한 마디, 요즘의 비 속에는 강한 산성 물질과 함께 각종 공해물질이 섞여 내린다. 거기에다가 일본 동북부 원전 폭발에 따른 방사능 때문에라도 비를 마시는 것은 물론 몸에 맞는 것은 삼가는 것이 좋다.

연한 풀 위의 가는 비

성경에 나오는 위대한 선지자 중 한 사람인 모세는 행동으로 놀라운 기적과 표적을 보였을 뿐 아니라 말로도 많은 교훈을 남겼다. 이에 반해 사무엘은 여호와의 이름으로 담대하게 말하기는 하였지만 행한 기적은 거의 없다. 또한 엘리야는 위대한 행동가였으면서도 성경에 남아 있는 말은 거의 없다. 이 두 가지를 갈이 구비한 사람은 오직 모세뿐으로 그는 율법가요 또한 정치가요 위대한 민족 지도자였다.

모세가 이스라엘 민족을 애굽의 노예 생활에서 해방되게 하여 가나안 땅으로 인도하는 데 40년이 걸렸다. 그리고 이제 약 두 달

후에는 젖과 꿀이 흐르는 가나안 땅으로 들어가게 되지만 죽음이 임박한 모세는 그곳에 갈 수가 없었다. 이에 모세는 마지막으로 이스라엘 민족에게 그의 교훈과 하나님의 공의를 가르친다. 이때 그의 말 중에 이스라엘 민족이 사용하는 비(rain)의 종류가 나온다.

> 내 교훈은 비처럼 내리고 내 말은 이슬처럼 맺히나니 연한 풀 위의 가는 비 같고 채소 위의 단비 같도다(신 32:2).

성경에 보면 비를 나타내는 히브리어는 많지 않다. 비를 표현하는 말로 가장 많이 쓰이는 것이 마타르(רטם)이고, 스이림(סידיעש)은 이슬비를, 게셈(םשג)은 소나기를 나타낸다. 이외에도 늦은 비, 이른 비, 폭풍이나 폭우를 가리키는 말이 있기는 하다. 모세의 말 중에 '비'는 빗물이 하늘에서 방울방울 떨어지는 보통 정도의 비를 말한다. '맺히는 이슬'은 안개가 대기를 감싸며 풀잎에 맺혀 촉촉하게 적셔주는 상태를, '가는 비'는 머리카락처럼 실낱같이 가는 가랑비를, '단비'는 소나기와 같이 많이 내리는 비를 뜻한다.

각 민족마다 나름대로 비의 강도를 나타내는 말이 다르다. 앞에서와 같이 유대인들은 비의 종류를 4단계로 구분했지만 미국에서는 공식적으로 6단계로 구분하고 있다. 즉 직경이 0.5cm보다 작은 경우를 이슬비, 이보다 클 때를 비로 구분한 후 각각 3개씩으로 다시 구분한 것이다. 그렇다면 우리나라는 어떨까? 기록에 따르면 세종대왕 시절에 비를 8단계로 구분하여 각각 다른 이름을 붙였다고 한다. 보슬비라 부를 수 있는 미우(微雨)부터 세우(細雨), 소우(小雨), 하우(下雨), 쇄우(灑雨), 취우(驟雨), 대우(大雨), 폭우(暴雨)까지의 강도 순이다. 이밖에도 비를 소재로 전해 내려오는 온갖 시문(詩文)이나 풍류담 등을 접하다 보면 우리네 조상들은 다른 민족에 비해 비에 대한 감성이 풍부했음을 알 수 있다.

현재 구전되는 토속적인 우리말 비 이름도 무척이나 재미있다. 안개보다는 조금 굵고 이슬비보다는 가는 비를 '는개비', 겨우 먼지가 날리지 않을 정도로 조금 오는 비를 '먼지잼비', 식물이 자라거나 가뭄이 해소되는 데 꼭 필요한 달가운 비를 '달은비'[甘雨]라고 하고, 모낼 무렵에 한목 오는 비를 '목비'라고 부른다. 또 한꺼번에 쏟아지는 비는 '모다기비', 빗줄기가 굵고 거세게 퍼붓는 비는 '작달비', 내리다가 잠시 그치고 다시 내리는 비는 '웃비'라고 한다.

모세가 비의 비유를 들어 이스라엘 백성을 가르치는 것은 건조한 사막과 스텝 기후구에 속한 중동 지역에서 비는 곧 축복을 의미하기 때문이다. 삭막하고 메마른 대지를 적시는 '가는 비', 건기인 여름철에 초목의 성장에 가장 필요한 '이슬', 그리고 가뭄을 해소하는 '단비'는 그야말로 하나님의 축복이다. '내리는 비'의 비유는 교훈이 하늘에서 내려오는 것을, '맺히는 이슬'은 여호와의 교훈이 삶 전체에 배어드는 모습을, '가는 비'는 풀잎의 먼지를 씻어내듯 하나님의 말씀이 우리의 죄를 씻어주어 생명력을 주는 것을, '단비'는 모든 것을 완전히 변화시키는 하나님의 풍성함과 강권적인 역사를 표현한 것이라고 할 수 있다. 한마디로 하나님이 내려주시는 비 안에는 그분의 생명이 가득 차 있다.

물은 돌고 돈다

기원전 4세기에 그리스를 통일하고 오리엔트를 정복한 다음 인도까지 점령했던 왕이 알렉산더이다. 헬라의 제패를 꿈꾸던 마케도니아의 왕 필립 2세는 아들 알렉산더에게 그 당시 세계 최고의 석학인 아리스토텔레스를 가정교사로 붙여 하드트레이닝을 시키고 있었다. 이때 한 동굴 속에서 알렉산더를 가르치던 아리스토텔레스는 문득 이마에 떨어지는 물방울을 보자 흥분하여 말했다.

"왕자님, 비가 왜 내리는지 아십니까? 땅에서 위로 올라가던 수증기가 찬 공기에 부딪혀서 물방울로 응결되고 그것이 비가 되어서 땅으로 떨어지는 것입니다."

"그렇다면, 하늘에 뚜껑을 만들어 덮을 수만 있다면 사람 힘으로 비가 오게 할 수도 있겠군요."

"바로 그것입니다! 사람의 힘으로 무엇이든지 할 수가 있으며 사람이 할 수 없는 일은 아무것도 없습니다."

인본주의 철학자답게 그는 알렉산더를 철저히 인본적인 제왕으로 키우는 데 성공한다. 아리스토텔레스의 강수 이론은 초보적이긴 하나 원리는 맞는다. 그러나 아리스토텔레스가 내세웠던 다른 공기 이론, 예를 들어 "우박은 구름이 따뜻한 공기 속을 내려올 때 생기는 것"이라든가 "지구는 정지해 있다"는 등 거의 대부분의 이론은 현대 과학으로 보면 다 틀린 이론이었다.

그가 물방울을 가늘게 하시며 빗방울이 증발하여 안개가 되게 하시도다 그것이 구름에서 내려 많은 사람에게 쏟아지느니라(욥 36:27-28).

엘리후는 4차 변론에서 욥에게 하나님은 의롭고 자비로운 분이므로 고난 중에서도 하나님의 섭리를 믿고 의지하며 순종함으로써 하나님에 의해 회복의 은총을 얻어야 함을 주장한다. 그는 온 우주를 주관하시는 공의로우신 하나님의 권능을 말할 때 '물의 순환' 에 대해 언급한다. 여기에서 엘리후는 태양열에 의한 물의 증발, 구름으로의 응결, 강수 등의 순환 과정을 자세히 묘사하고 있다.

지표(地表)의 물이 증발, 응결, 강수의 세 단계를 거쳐 순환한다는 사실은 요즈음에야 상식에 속하지만 놀랍게도 이러한 사실은 17세기에 와서야 과학적으로 밝혀졌다. 17세기경에도 유명한 철학자인 데카르트는 물방울은 태양 빛에 자극되어 뿔뿔이 흩어져 공중으로 올라간다는 학설(증발에 관한 초보적인 설명)을 겨우 제시할 정도였다. 그런데 약 4,000년 전에 정교한 물의 순환 과정이 성경에 언급되고 있다는 것은 참으로 놀라운 일이 아닌가? 그리고 약 천 년 후 솔로몬은 물의 순환을 정확하게 설명한다.

> 모든 강물은 다 바다로 흐르되 바다를 채우지 못하며 강물은 어느 곳으로 흐르든지 그리로 연하여 흐르느니라(전 1:7).

태양열은 지면의 물 가운데 일부를 위로 증발시켜서 수증기와 구름을 만든다. 응결된 구름은 그 안에 포함한 수분을 육지와 바다에 비나 눈의 형태로 떨어뜨린다. 지상에 떨어진 강수량 가운데 약 12%가 지면을 흘러서 시내나 강과 합류한다. 나머지 88%는 땅속으로 스며들어 지하수가 된다. 지하수는 서서히 지하수면 쪽으로 이동한다. 지하수는 결국 샘의 형태로 분출되거나 강과 바다로 흘러들어가 다시 증발된다. 이것이 개략적인 '물의 순환' 과정이다.

물의 순환 과정을 최초로 증명해 낸 사람은 17세기 페라울트(Pierre Perrault)와 마리오테(Edme Mariotte)라는 프랑스의 두 물리학자였다. 그러나 두 물리학자는 이미 창조주 하나님이 만든 오묘한 자연의 섭리 가운데 하나의 원리를 발견한 사람에 지나지 않는다.

물의 순환은 우리의 생존에 중요하다. 물의 순환 때문에 지상에 물이 흐르고, 공기를 정화하고, 또 땅을 청소한다. 어떤 과학자가 하나의 완전한 물방울이 순환하여 다시 완전한 물방울이 되기 위해서는 3,000년이 걸린다고 주장한다. 이것은 지하수의 순환 과정이 매우 느리기 때문이라고 한다. 그래서 지하수가 오염되면 아무런 대책이 없다. 하나님은 사람들이 살아갈 수 있도록 물의 순환과정을 만드시고 주관하신다. 그리고 사람들이 이 질서를 깨끗하게 유지하고 지키기를 원하신다. 각종 오염물질의 폐기로 하나님의 창조질서를 파괴하는 죄악을 저질러서는 안 되는 이유는 바로 이것이다.

그리스 신화에서 대양의 신은 오케아노스이다. 그는 모든 물의 순환을 주관한다. 물의 순환의 기본 구조는 생명의 탄생과 소멸, 그리고 순환이다. 그런데 오케아노스는 자신에게 맡겨진 일, 즉 물의 순환을 계속하여 생명을 만들고 유지하는 일 대신 욕심을 부리다가 대양의 신 자리를 빼앗기고 만다.

물은 위에서 아래로 흘러내려간다. 이것이 세상의 당연한 이치다. 물은 우리에게 물의 흐름처럼 순리대로 살아가는 것이 옳음을 가르쳐 준다. 오케아노스 신화는 옳은 흐름을 역행하면서 자기의 이익만을 추구하거나 다른 사람을 짓밟지 말라고 말한다. 성경에서 말하는 것처럼 흘러가면서 다른 물과 섞이는 겸손하고도 낮아지는,

그리고 더불어 사는 삶을 살라고 말이다. 겸손하고 낮아지는 삶은 복이다.

아내 바가지는 쉴 새 없이 떨어지는 빗방울

비가 많이 내릴 때마다 떠오르는 기억이 있다. 어느 날 친구들과 함께 개천에서 장난을 치다 발을 헛디뎌 물에 빠지고 말았다. 정신없이 급류에 휩쓸려가다 아래쪽 물 언덕에 걸려 겨우 빠져나올 수는 있었지만, 아침에 입었던 옷은 엉망이 되어버렸다. 어린 마음에 새 옷을 버려놨으니 이제 집에 어떻게 들어가나 하는 걱정으로 눈앞이 캄캄했다. 해질 무렵, 단단히 혼날 각오를 하고 집에 들어섰다.

"아니, 어쩌다 그렇게 옷을 버렸어, 감기 들겠다. 어서 옷 갈아입고 밥 먹어라."

아, 천사가 따로 없었다. 어머니는 따뜻한 밥을 차려 주며 다정하게 위로해 주셨다. 그날 어머니께서 주신 사랑과 관대함은 든든한 정신적 버팀목이 되었으며, 세상을 살아가는 데 자신감으로 당당하게 행동하게 하는 큰 힘이 되었다. 그래서 좋은 어머니는 좋은 남편과 자녀를 만든다는 말이 생겨났나 보다. 세상의 모든 어머니는 좋은 분이다.

다투는 여자는 비 오는 날에 이어 떨어지는 물방울이라 그를 제어하기가 바람을 제어하는 것 같고 오른손으로 기름을 움키는 것 같으니라(잠 27:15-16).

잠언 27장은 솔로몬 왕이 썼던 것을 유대의 선한 왕이었던 히스기야가 다시 한번 수집하고 정리한 것이다. 지혜로운 삶의 모습을 가르치는 내용으로 가득 차 있다. “내일 일을 자랑하지 말며, 분노하지 말며, 남을 용서하며, 다른 사람이 너를 칭찬하게 하라”고 한다. “진정한 친구의 조언은 아름다운 것이며, 부모와 친척 그리고 이웃과 잘 지내야 하며, 지혜로운 자가 되도록 노력하라”고 했다. 현숙한 아내를 얻어야 한다고 하면서 그에 반대되는 여인은 앞에 인용한 구절에 나오는 “다투는 여자는 비 오는 날에 이어 떨어지는 물방울”로 비유했다.

다투는 여자는 남편의 뜻을 순종하지 않고 남편에게 대항하여 싸움을 일으키는 아내를 가리킨다. 비 오는 날 물방울이 떨어지는 것은 당연한데, 여기에서 그같이 표현하고 있다. 이것은 이스라엘 지역의 가옥 구조를 알아야 이해가 된다. 비가 많이 내리지 않는 이 지역은 지붕을 평평하게 만든다. 흙으로 만들어진 지붕은 조금만 지나면 허술해진다. 비가 내리면 지붕에 고여 있던 빗물이 허술한 지붕 틈새를 타고 내려와 비가 그친 다음에야 떨어지게 된다. 오히려 비가 그친 다음에 집 밖으로 나와야 하는 경우가 많다. 인용한 구절은 현숙하지 못한 여인을 아내로 맞이했을 경우 발생하는 위험, 다툼과 불화로 인해 가장을 집 밖으로 몰아내고 가정이 파괴될 수 있다는 것을 암시하는 경고라 하겠다.

잠언에서는 바가지만 긁는 악한 아내와 반대되는 현숙한 여인의 아름다움에 대해 말하고 있다. 현숙한 여인은 품행이 단정하여 어떤 어려움도 참고 슬기롭게 이겨나갈 수 있는 지혜의 소유자다. 자녀와 남편을 위하여 애정을 가지고 기쁜 마음으로 일하며 근면하고 검소하게 사는 여인이다. 부지런하고 헌신적일 뿐더러 자기 가족만을 생각하는 것이 아니라 가난한 이웃을 돕는 착한 사람이다. 그녀는 어떠한 경우에도 가족을 보호할 수 있게 미리 준비하며, 깨끗한 의복과 화장으로 아름답게 단장한다. 문제가 생겼을 때는 쉽게 화를 내지 않고 합당한 말과 방법으로 해결하는 여인이다. 이런 현숙한 여자를 아내로 얻은 남편은 사업이 성공할 것이며 사람들의 존경을 받는 지도자의 위치에 올라가게 될 것이라고 말한다. 현숙한 여인이 받는 복은 자녀들과 남편에게서 받는 사랑과 존경 외에도, 수고가 헛되지 않도록 여호와께서 가장 좋은 것으로 갚아줄 것이라고 했다.

비가 쏟아져 마당에 말리던 곡식이 떠내려가고, 천장에서는 비가 새어 방 안의 이불이 다 젖어 가는데도 남편은 꼼짝도 하지 않은 채 책만 읽고 있다. 들에서 일하다 들어온 아내는 심란했으나 결코 바가지를 긁지 않았다. 평안한 마음으로 공부할 수 있도록 더 배려해 주었다. 착한 아내의 내조를 받은 남편은 나중에 정승까지 올라 청백리로 칭송을 받았다. 동서를 막론하고 현숙한 아내를 얻는 것은 남편과 가족, 자식에게까지 이어지는 놀라운 복이다.

"밥을 얻어먹는 것도 날씨를 가려 해라?" 앞의 다투는 여인과 비슷한 사람이 놀부 부인이다. 흥부가 배고파 밥을 얻어먹으러 갔을 때 시동생의 얼굴을 밥주걱으로 후려치는 대단한 여인이다. 영화 "놀부전"에서 흥부가 뺨에 붙은 밥풀을 떼어먹는 모습을 보면서 "밥알이 식기에 붙으면 맑고, 잘 떨어지면 비"라는 속담이 생각났다. 밥알이 식기(食器)에 붙으면 날이 맑다는 말은 공기 중에 습기가 적어 건조하다는 뜻이다. 습기가 적기 때문에 밥알은 금방 말라 식기에 붙게 된다. 그런데 기압골이 접근하면서 습기가 높아지면 식기 표면이 미끄러워 밥알이 잘 떨어지는 것이다. 날씨가 맑은 날 언어맞아야 뺨에 붙는 밥알이 더 많을 터이니 이왕이면 고기압이 들어올 때 밥 얻어먹으러 갈 일이다.

장맛비는 복된 비

몇 년 전 일간신문에 재미있는 사진이 커다랗게 실린 적이 있다. 요르단의 후세인 3세 국왕과 왕족, 야당 지도자들까지 함께 무릎을 꿇고 기우제(祈雨祭)를 지내는 모습이었다. 몇 년 동안 중동 지역에 몰아닥친 극심한 가뭄으로 요르단 국민들이 크게 고통을 받을 때였다. 국가적 재난 앞에서 국왕을 비롯한 야당 정치인들까지 함께 무릎 꿇고 있는 모습이 퍽이나 이채롭게 느껴졌다. 중동 지역은 아브라함, 이삭, 야곱 등 믿음의 조상들이 다 가뭄을 경험하였고, 엘리야 시대에도 3년간이나 가뭄이 있었던 것처럼 다른 지역에 비해 가뭄이 자주 닥치는 곳이다.

> 내가 그들에게 복을 내리고 내 산 사방에 복을 내리며 때를 따라 소낙비를 내리되 복된 소낙비(장맛비)를 내리리라(겔 34:26).

에스겔은 이스라엘 민족이 바벨론에 포로로 잡혀가 있을 동안 활약한 선지자이다. 그는 에스겔 34장에서 이스라엘 백성이 당하고 있는 고난의 원인이 이스라엘 민족의 범죄와 함께 그들을 잘못 인도한 거짓 지도자의 잘못이라고 했다. '거짓 지도자는 자신의 이익만을 챙기는 파렴치한 자들이며, 백성을 돌보지 아니하고, 아프고 소외된 자들을 고쳐주거나 상처를 싸매 주지도 않는 자들이다. 또한 백성들의 고통을 모른 체 내버려 둘 뿐 아니라 한술 더 떠 괴롭히는 자들이다.'

에스겔은 이스라엘 백성을 인도할 가장 이상적인 지도자는 바로 하나님이심을 알려준다. "하나님은 이스라엘 백성을 적으로부터 구해줄 뿐 아니라 좋은 양식과 함께 쉼을 준다. 또한 상한 자를 싸매어 주고 병든 자를 고쳐주는, 백성과 아픔을 함께 하는 분이다." 흩어진 이스라엘 백성을 모아 올바른 길로 인도할 분은 메시아라는 사실을 설명하는 대목에서 앞에 인용한 구절이 나오는데, 그는 하나님을 때를 따라 오는 장맛비같이 복을 주는 분이라고 했다.

우리나라 사람들에게 장맛비는 집중호우, 산사태, 범람, 홍수 등의 이미지가 강하다. 인명과 재산 피해를 크게 주는 기상재해라는 인식이 자리잡고 있다. 하지만 성경에서는 장맛비를 축복의 개념으로 설명하고 있다. 과연 합당한 표현일까? "복된 소낙비(장맛비)를 내리리라"에서 소낙비는 히브리어 '게쉠'을 사용하였는데, '게쉠'은 비나 소나기 또는 폭우를 나타낸다. 지중해성 기후구의 특성을 가지고 있는 이스라엘에서 비는 10월부터 4월까지만 내린다. 관개농업을 하는 곳이 많지만, 아직도 많은 농경지가 하늘에 의존하는 농사를 짓고 있다. 10월에 들어 비가 내려야만 여름내 메말라 있던 땅을 갈아 씨를 뿌릴 수 있다. 이때 비가 내리지 않거나 비가 늦어지면 씨앗을 뿌리지 못하므로 곡식 수확량은 대폭 감소한다. 겨울 동안에도 비가 내리지 않으면 심한 가뭄과 흉년이 닥치게 된다.

10월에 접어들면 여름의 건조한 계절풍이 서풍으로 바뀌면서 기압골의 영향으로 비가 내리기 시작한다. 대개 비를 내리는 바람은 남서쪽에서 중부 지중해에 도달한다. 비를 내리는 바람은 지중해를 지나면서 습기를 머금어 지중해 동북부 연안에 도달하는데, 북쪽인 이라크나 시리아보다 남쪽인 이스라엘 지역은 습한 바람의 이동 거리가 멀기에 비의 양이 줄어드는 특성을 보인다. 하지만 10월경에 계절적 기압 배치의 교체가 이루어지지 않아 비가 내리지 않으면 파종이나 곡식의 생육에 지장과 피해가 발생한다. 그래서 이스라엘에 내리는 비는 축복이라고 말할 수 있다.

비는 11월부터 2월까지 넉 달 동안 연 강수량의 80% 이상이 집중된다. 내리는 비는 조금씩 길게 오지 않고 잠깐 동안 집중적으로 내리는 소낙비(장맛비)의 형태가 많다. 변화가 심한 지형 위를 불안정한 바람이 움직여 가면서 비구름이 발달하기 때문이다. '게쉠' 을 소낙비로 번역한 것은 이와 같은 강수의 특징을 나타내기 위한 표현으로, 복된 장맛비라는 표현은 적절하다고 할 수 있다.

우리나라는 사계절의 기후 변화가 뚜렷한 지역이다. 간혹 태풍 피해를 크게 당하기는 하지만, 몇 년간이나 지속되는 가뭄 피해는 거의 없다. 중동 지역에 비하면 참으로 복받은 기후 조건에서 살고 있다. 겸손한 자세로 하나님께 더 감사하고 살아야 할 것이다.

성경에도 나오는 인공강우

1910년 시리얼 회사 '포스트' 의 사장인 C. W. 포스트는 다이너마이트를 구름 한가운데서 폭파시키는 인공강우 실험을 하였다. 어느 날 실험을 한 후 풍성한 단비가 내렸다. 인공강우 성공을 자축하는 큰 파티가 열렸다. 그런데 우습게도 그날은 실험을 했던 미시간뿐 아니라 태평양 연안에서 오대호까지 기압골의 영향으로 비가 내렸던 날이었다. 인공강우는 이런 시행착오를 거쳐 최근에는 많은 나라에서 국가적 행사에 활용한다.

"우리는 인공강우 기술을 이용해 모스크바 정도(定都) 850돌 행사를 맑은 날씨 가운데 성공적으로 치렀습니다."

1998년 러시아는 전 세계가 지켜보는 가운데 수송기와 헬기를 이용, 이동해 오는 눈구름에 인공강우를 실시해 모스크바를 쾌청하게 만들었다. 물론 행사는 대성공이었다. 각국의 인공강우 기술은 눈부시게 발달하고 있다.

"베이징 상공에는 구름 한 점도 없을 겁니다. 대기오염? 걱정 마세요!"

2008년 올림픽이 열렸던 베이징 외곽에는 대공포 6,781문, 로켓 발사대 4,110대의 화력에 5만 3,000명의 병력을 거느린 인공강우 부대가 있다. 이들은 요오드화은을 하늘로 쏘아 비를 만들어 대기오염 물질을 없애고, 주요 경기 때는 비구름의 씨를 말려 쾌청한 날씨를 만들었다. 중동 지역의 국가에서는 농업용수 및 식수원 확보를 위해 적극적으로 인공강우를 실행하고 있다. 특히 이스라엘은 인공강우를 통해 네게브 사막을 녹지화하는 거대한 프로젝트를 실행하고 있다. 그런데 현대 기상과학 기술의 결정판인 인공강우 기술이 놀랍게도 수천 년 전의 성경에 언급되어 있다.

그는 구름에 습기를 실으시고(욥 37: 11a).

욥기는 욥과 친구들 사이에 벌어지는 말싸움이 대부분을 차지하고 있다. 욥의 친구들은 공의롭고 사랑이 넘치는 능력의 하나님이 선을 행하는 자들에게는 상을 주고 악을 행하는 자들에게는 벌을 준다고 말한다. 욥이 고난을 당하고 있는 것은 욥이 저지른 범죄 때문이라고 단정한다. 그러나 욥은 자신이 갑작스레 고난을 당할 만한 나쁜 짓을 결코 한 적이 없어 너무도 억울했다. 이런 흥미로운 소재는 연극과 소설에서도 많이 사용되고 있다. 영화 "아마데우스"에서도 구성의 상당 부분을 욥기에서 빌려 왔다. 다만 똑같은 문제를 정반대의 입장에서 다루었다. 즉 작곡가 살리에르는 어떻게 모차르트 같은 천박한 자가 하나님의 사랑을 받는지 묻고 있다.

앞에 인용한 구절은 친구 엘리후가 자연현상을 통해 나타나는 하나님의 섭리에 대해 욥에게 이야기하는 중에 나오는 부분이다. "실으시고"라는 표현은 놀랍게도 현대 과학에서 사용하는 인공강우의 최신 기술에 해당한다. 따뜻한 구름에 물방울을 흩어 뿌려 두꺼운 구름에서 소나기를 만드는 방법인 것이다. 아무리 인공강우라고 해도 구름 한 점 없는 하늘에서 비를 내리게 하는 것은 불가능하다. 따라서 어느 정도의 구름이 있는 곳에 구름씨를 뿌려 빗방울을 크게 만들어 비로 내리게 한다.

많이 사용되는 방법 중에 드라이아이스를 사용하는 것이 있다. 이것은 과냉각 수적으로 형성되어 있는 구름 속에 곱게 분쇄한 드라이아이스를 '비의 씨'(cloud seed)로 뿌려 준다. 드라이아이스는 영하 79℃에서 기화하는 백색의 고체 탄산가스로 매우 차가운 성질을 가지고 있다. 드라이아이스에 접촉하는 공기는 영하 40℃ 이하로 냉각된다. 따라서 공기 중의 과냉각 수적은 자연히 빙정으로 바뀌게 되고, 이 빙정이 종자(種子, cloud seed)가 되어 비를 내린다.

둘째 방법은 요오드화은(AgI)을 구름 속에 살포하는 것이다. 요오드화은을 연소시킬 때에 나오는 요오드화은의 미립자가 영하 5℃ 이하에서 빙정으로서 매우 유효하게 작용하는 성질을 이용한 것이다. 요오드화은을 연소시킬 때 나오는 연기를 과냉각 수적으로 형성되어 있는 구름 속에 보내주면 얼음 입자가 요오드화은의 결정을 핵으로 하여 다른 얼음 입자가 생기게 하고 이 얼음 입자들이 차츰 크게 성장하여 마침내 강수 입자로 땅에 떨어진다.

마지막 방법은 비행기에 물을 싣고 하늘로 올라가 살포하는 것이다. 이론상으로는 1t의 물을 낮은 구름에 분무해 주면 100만t의 비를 내리게 할 수 있다고 한다. 물은 구름 위에서가 아니라 상승 기류가 격렬한 구름 밑바닥 부근에다 뿌려 준다. 욥기에 기록되어 있는 방법은 마지막 인공강우법과 유사하다고 할 수 있다.

세계기상기구(WMO)의 자료에 따르면 러시아를 비롯한 미국, 이스라엘 등 20여 개국이 인공강우와 같은 기상 조절 기술 개발에 열을 올리고 있다고 한다. 이 중에 특히 이스라엘의 인공강우 기술이 세계적인 것은 성경에서 지혜를 얻은 때문이라고 본다. 우리나라의 경우 인공강우 기술은 최근 들어 기상청과 공군, 학계가 공동으로 연구하고 있으나 아직은 초보 단계에 머물러 있는 실정이다. 현대 기상과학의 결정판인 인공강우 기법이 성경에 기록된 것을 보면서 날씨는 하나님이 주관하시는 것임을 더욱 깨닫게 된다.

9. 소나기

미래를 보여주시는 하나님

2001년 7월 15일, 서울 지방에 내린 집중호우는 엄청난 피해를 가져왔다.

"15일 새벽, 서울 · 경기 등 중부지방에 천둥과 번개를 동반한 시간당 최고 99.5㎜의 집중호우가 쏟아져 40명이 숨지고 14명이 실종됐다. 기습 폭우로 곳곳에서 도로가 침수됐으며 지하철역이 물에 잠겨 운행이 중단되고 주택 2만 1,144가구가 침수돼 주민들이 대피하는 등 비 피해가 잇따랐다. 특히 기습 폭우가 내린 15일 새벽, 서울과 수도권 도심에서는 가로등 주변에 있다가 감전사(感電死)한 사람이 속출했다. 16일 오전 1시 현재 40명의 사망자 가운데 약 50%가 도심 길거리를 걸어가거나 신호등을 기다리다 감전사하는 어이없는 참변을 당한 것이다."

16일 조선일보의 1면에 실린 내용이다. 당시 공군 기상예보의 책임자였던 내게 그 전날 하나님께서 강한 비가 내리는 모습을 볼 수 있는 영안(靈眼)을 주셨다. 토요일 아침이었던 14일 아침 국방부, 합참, 1군사령부, 3군사령부, 특전사령부 등에 호우경보를 발령했다. 기상청은 20-40㎜, 예보를 냈다. 그런데 내가 서울 지방에 300-400㎜의 비가 온다는 경보를 내니 도처에서 난리였다. 토요일 오후에 전군에 비상근무령이 발동되었고 호우에 대비하는 지시를 상부에서 발령했다. 다음 날 새벽 서울 지방에 엄청난 비가 쏟아졌고 66명의 인명 피해에 2조 원이 넘는 재산 피해가 발생하였다. 군에서는 일절 피해가 없었다. 내가 기상예보의 전설로 불리게 된 사례였다. 국방부장관과 참모총장에게서 엄청난 칭찬을 받았는데, 이것은 하나님이 받으셔야 하는 영광이었다. 정말로 하나님은 얼마나 놀라운 분이신가!

손바닥만한 작은 구름이 폭우를 부른다!

"이젠 큰 비가 올 만한 구름은 없습니다. 호우경보를 해제했으면 합니다." "안 돼, 자정 이후부터는 강한 비가 예상되니 철저히 대비하라고 다시 통보하도록." 앞의 사례에서의 이야기다. 토요일 아침 전군(全軍)에 호우경보를 발령하여 만반의 대비를 하도록 조언하였다. 경보를 냈음에도 낮에 비가 거의 내리지 않았다. 그나마 밤이 되면서 중부지방에 간헐적으로 내리던 비는 더욱 약해졌고, 위성사진과 기상 레이더에서 경기만 쪽으로 유입되는 비구름도 거의 없었다. 상식적으로 밤중에 300㎜ 이상의 집중호우가 온다는 것은 불가능해

보였다. 예보팀 팀장과 팀원들은 이제라도 경보를 해제하자고 조언했다. 그러나 하나님은 내게 자정부터 엄청난 비가 내리는 모습을 보여주셨다. 아주 작은 구름이 갑자기 만들어지면서 앞이 안 보이는 비가 쏟아지는 모습을 말이다. 부하들에게 다시 국방부와 합참에 자정 이후에 호우가 예상되니 만반의 대비를 하라는 통보를 전달하도록 했다.

놀라운 것은 기상청이나 공군의 기상 예보자 그 누구도 예상하지 못했던 폭우가 자정부터 내리기 시작했다는 것이다. 필자의 예측대로 자정 이후 급속히 발달한 강한 비구름이 서울지방으로 들어오면서 새벽까지 최고 400㎜에 가까운 폭우가 쏟아져 내렸다. 많은 사람들이 희생되었지만 군(軍)의 희생은 단 한 명도 없었다. 비결을 묻는 부하들에게 "예보에도 혼(魂)과 영(靈)이 깃들면 비구름이 보이는 법이네" 했던 기억이 있다. 그런데 놀랍게도 2,860년 전에 이미 영으로 비가 올 것을 예측한 사람이 있었다.

엘리야는 이스라엘의 아합 왕 시절에 활약한 선지자였다. 이스라엘의 아합 왕은 왕비인 이세벨에게 푹 빠져 우상을 섬기는 등 악행을 서슴지 않았다. 이에 하나님은 3년 동안 이스라엘에 가뭄을 보냈으나 그들은 바알 신을 더욱 의지하였다. 바알은 구름과 비를 다스린다는 신으로 바알이 살아날 때에 단비가 내려 가뭄이 끝나고 식물의 새싹이 돋아나 7년 연속 큰 풍년을 가져왔다는 전설이 있다. 따라서 그들에게 바알은 3년간의 가뭄을 끝내 줄 해결사였다. 그러나 갈멜 산에서 그들이 숭배하던 바알신의 제사장들이 하나님의 선지자인 엘리야와의 대결에서 패배하여 전부 죽임을 당하는 모습을 본다. 자기들이 섬기는 바알 신이 허탕이라는 것을 똑똑히 본 아합 왕은 정신을 바짝 차리게 된다.

이에 하나님은 엘리야에게 3년간의 가뭄을 끝낼 비가 내릴 것임을 영의 눈으로 보게 한다. 엘리야는 거의 갈멜 산 꼭대기로 올라가서 땅바닥에 무릎을 꿇고 앉아 얼굴을 두 무릎 사이에 묻고 시종에게 일렀다. "더 높은 곳으로 올라가 멀리 바다 끝을 보아라!" 시종이 올라갔다가 내려와 "아무것도 보이지 않습니다" 하고 대답하였다. 그러나 엘리야는 영의 눈으로 비가 몰려오는 것을 보고 계속 시종을 올려 보냈다. 시종이 일곱 번째 다녀와서 아뢰었다. "바다 끝에서 손바닥만한 구름 한 조각이 떠올랐습니다!" 그러자 엘리야는 이렇게 시켰다.

"너는 아합 왕에게 가서 비가 쏟아져 길이 막히기 전에 마차를 타고 왕궁으로 돌아가시라고 일러라." 온 하늘에 시커먼 먹구름이 덮이면서 세찬 소나기가 쏟아져 내리기 시작했다(왕상 18:42-45).

이스라엘 지역에 강한 비가 내릴 경우 가운데 하나는 지중해를 거쳐 터키 쪽으로 지나가는 기압골의 끝부분이 이스라엘 지역에 걸쳐 있을 때이다. 전선의 끝부분이 해상에 있을 때는 구름이 발달하지 않는 경우가 많다. 그러나 공기층이 매우 불안정하기에 조금의 변화만 생겨도 급격히 구름이 생기면서 번개와 함께 큰 비가 내린다. 여기에 구름으로 표현된 히브리어 아브(עב)는 비구름을 나타내는 말로, 수직으로 높이 발달하여 강한 비를 가져오는 소나기구름, 즉 적란운(積亂雲)을 가리킨다. 비록 지금 손바닥만한 별 볼일 없는 구름이라도 큰 비를 가져올 수 있다는 뜻이다.

앞에서 말한 서울지방의 집중호우 때도 구름 사진이나 기상 레이더에는 강한 비구름의 실체가 관측되지 않았지만, 보이지 않는 강한 호우구름이 있었다. 하나님은 엘리야의 영의 눈에 강한 소나기구름이 보이게 하여 호우를 예측하게 했던 것이다. 슈퍼컴퓨터와 최신 첨단 장비와 예보 신기술 이론에 하나님의 도우심인 엘리야의 영의 눈의 능력이 더해진 예보가 가능하다면 기상으로 인한 피해는 없지 않을까? 나의 야무진 꿈이다.

비는 안 내리는데 빗소리가 들린다?

비 오는 소리는 어떤 소리일까?

비가 옵니다
밤은 고요히 깃을 벌리고
비는 뜰 위에 속삭입니다
몰래 지껄이는 병아리같이.

주요한은 그의 시(詩)에서 빗소리를 병아리들이 나직하게 소곤대는 소리라고 표현했다. 하지만 최남선은 "가만히 오는 비가 낙수져서 소리하니" 라면서 처마에서 투두둑 떨어지는 소리로 표현했으며, "청강(淸江)에 비 듣는 소리 그 무엇이 우습관대 / 만산홍록(萬山紅綠)이 휘두르며 웃는고야" 라며 효종대왕은 비 오는 소리를 산과 나무들이 듣고 웃는다고 읊었다. 이처럼 우리네 조상들은 비 오는 소리에도 생명체의 인격을 실어 노래한, 감성이 풍부한 사람들이었다.

갈멜 산에서 바알의 선지자들과 대결을 벌여 통쾌한 승리를 거둔 선지자 엘리야는 이스라엘의 아합 왕에게 기쁜 소식을 전한다.

큰 비 소리가 있나이다(כִּי־קוֹל הֲמוֹן הַגָּשֶׁם)(왕상 18:41).

3년 동안의 극심한 가뭄으로 재앙을 겪던 이스라엘 백성들에게 이보다 기쁜 소식은 없었다. 그러나 밖에 나와 보니 구름 한 점 없는 파란 하늘만 보일 뿐이었다. 비가 내리지 않는데 비의 소리가 있다는 엘리야의 말은 허무맹랑한 거짓말처럼 보인다.

성경에 보면 이 구절에 사용된 '비 소리'의 히브리어는 콜(קוֹל)로 대개 소리나 음성으로 많이 사용되나 가끔 번개나 우레로도 번역되고 있다. 또 큰 비는 하몬 하가쉠(הֲמוֹן הַגָּשֶׁם)으로 기록하였는데, 이것은 비가 밀려오는 모양을 나타낸다. 그러나 이때는 엘리야가 비를 위해 기도하기 전이었으므로 아직 구름이 형성되기 전이다. 따라서 빗소리나 번개, 우레 소리는 아니었다고 할 수 있다. 그렇다면 엘리야가 들은 큰 비의 소리는 어떤 것이었을까?

먼저 엘리야가 실제 비 소리를 들었을 경우이다. 중동 지역에 비를 내리는 기압계의 형태는 대략 세 가지 정도로 구분된다. 엘리야가 큰 비의 소리를 들었던 때는 이탈리아 쪽에서 지중해를 거쳐 터키 쪽으로 지나가는 기압골의 끝부분이 중동 지역에 걸쳐 있었던 것으로 보인다. 전선의 끝부분이 해상에 있을 때는 구름이 발달하지 않을 때가 있다. 그러나 지상의 따뜻한 공기가 상공의 찬 공기와 부딪히게 되면 순간적으로 급격히 구름이 생성되면서 번개와 함께 큰 비가 내린다. 즉 이때 아직 구름은 생성되지 않았지만 공기층의 불안정으로 인해 기류가 상승하기 시작했을 것이다. 폭풍에 생기는 상승 기류의 소리는 매우 낮은 주파수라 보통 사람들은 들을 수가 없다. 그러나 기러기는 이 소리를 듣고 폭풍을 피해 날아간다고 한다. 엘리야는 기러기와 같은 예민한 청각으로 넓은 범위의 주파수를 들을 수 있었는지도 모른다.

이 같은 경우는 특별한 능력이 요구되기에 내 생각으로는 기압골이 다가올 때 나는 독특한 소리를 들었을 것이라고 판단된다. 예전에 할머니는 기차의 기적 소리만 듣고도 비가 올지를 미리 알아맞히곤 했다. 이는 소리의 전달 과정이 날씨의 영향을 많이 받는다는 사실 때문이다. 기압골이 접근해오는 날에는 소리가 수평으로 눕혀져 퍼지기에 먼 곳의 소리도 몹시 가깝게 들린다. 따라서 엘리야는 평소와 다른 소리의 특성을 감지하여 곧 큰 비가 올 것이라고 예측했던 것이다. 어쨌든 얼마 지나지 않아 검은 비구름이 몰려오면서 엄청난 비가 쏟아지기 시작했다. 엘리야의 큰 비 소리가 있다는 말은 거짓이 아니었던 것이다.

직업이 기상 예보자였기 때문이었는지 몰라도 나는 빗소리에 상당히 민감한 편이다. 부부는 닮는다더니, 아내도 빗소리의 차이를 구분해내는 '신통함' 을 보이곤 한다. 예전에 비가 오는 날이면 아내는 나무 위로, 풀잎 위로, 돌 위로, 베란다 난간 위로 떨어지는 빗소리와, 창문에 매달리는 빗방울 소리와, 홈통으로 흘러 내려가는 빗물 소리가 다 다르다면서 그 소리들의 살아 숨쉬는 연주소리가 들리느냐고 묻고는 했다. 이해인 수녀는 "오늘도 살아서 빗소리를 듣는 기쁨, 결코 사람의 손으로는 만들어 낼 수 없는 은혜로운 비가 수억만 개의 선을 그으며 몸채로 떨어지고 있다" 고 노래하면서 빗소리를 들을 수 있다는 것만으로도 은혜이자 기쁨이라고 말한다.

소소한 빗소리를 듣는 것만으로도 복에 겨워하는 그녀의 겸허한 아름다움이 병아리의 소곤거림처럼 마음으로 다가온다.

비가 오는 것은 소리만 아니라 새들의 지저귀는 소리로도 예측할 수 있다.

"울새가 나무 꼭대기에서 우는 걸 보니 비가 올 모양이네. 맑은 날에는 숲속에 숨어 코빼기도 비치지 않는 것들이."

잘 울어서 울새인지 특이한 울음소리 때문에 울새인지는 잘 모르겠지만 할아버지 말씀대로 나무 꼭대기에서 울새가 운 다음 날에는 어김없이 비가 내렸다. 조류학자들에 따르면 울새가 날씨를 미리 아는 방법으로, 공기의 불안정에 의해 생기는 요란(搖亂)을 감지하기 때문이라고 한다. 실험에서 밝혀졌듯이 새들은 사람이 들을 수 있는 것보다 훨씬 낮은 주파수를 들을 수 있다. 청각 메커니즘의 물리적 법칙은 듣는 소리의 파장과 밀접해야 한다. 즉 낮은 주파수는 긴 파장을 가지고 있고, 새들의 귀는 매우 작기 때문에 새들은 낮은 주파수의 소리를 들을 수 있다. 또 새들은 낮은 주파수의 긴 파장과 조화하기 위한 긴 감각 기관을 가지고 있다. 공기의 불안정으로 인해 발달하는 요란의 운동 소리를 사람은 들을 수 없지만 울새는 들을 수 있다. 그러기에 울새는 나무 꼭대기에 올라가 큰 소리로 울어 비바람이 몰려옴을 미리 알려주는 것이다.

소나기는 사랑도 만든다

황순원의 단편소설 《소나기》는 소나기 소년과 윤초시네 증손녀 딸과의 가슴 아린 이야기를 담고 있다. 시골에서 자란 때문인지 소설을 읽다 보면 소박하고 아름다운 시골 정취가 마치 고향처럼 눈에 선하게 다가온 적이 많다. 소년과 소녀의 만남, 개울가에서의 사연, 산에 갔다가 갑자기 쏟아지는 소나기, 원두막에서 다시 수숫단 안으로의 피신, 따뜻한 체온, 무명 겹저고리를 벗어 덮어주는 모습, 물이 불어난 개울가에서 등에 업힌 소녀, 스웨터에 물든 반점, 소녀의 병과 죽음, 소녀 부모의 마지막 내레이터— 이렇게나 순수하고 아름다운 사랑이 세상에 정말 있을까 싶었다. 나도 '소나기 소년'과 같은 사랑을 해보고 싶어 사춘기 내내 가슴앓이를 하기도 했다. 소나기만 오면 온몸이 젖도록 비를 맞으며 마을과 들을 돌아다니던 소년 시절의 기억이 떠오른다.

> 그가 목소리를 내신즉 하늘에 많은 물이 생기나니 그는 땅 끝에서 구름이 오르게 하시며 비를 위하여 번개치게 하시며 그 곳간에서 바람을 내시거늘(렘 10:13).

예레미야 선지자는 유다의 위선적 신앙을 책망하면서 바른 길로 돌아서지 않으면 심판이 닥칠 것이라고 경고했다. 10장은 세 번째 설교의 종결 부분에 해당한다. 그는 유대 민족이 빠져 있는 우상이란 은과 금으로 장식한 사람의 손으로 만든 것에 지나지 않으며, 말도 못하고 걸어 다니지도 못하니 화를 주거나 복을 주지도 못하는 존재라고 했다. 그런데도 우상을 두려워하는 것은 너희 스스로 악한 마음에서 만든 것이 아니냐고 지적했다. 우상은 다 헛것이요 망령된 것이니 결국은 멸망당할 것이며, 그들을 섬기는 너희도 심판받게 될 것이라고 선언했다. 아울러 하나님만이 모든 자연현상을 창조하고 통치하는 조성자라고 강조하는 말 중에 위의 구절이 나온다. 나는 이 구절을 볼 때마다 창조주가 우주를 통치하는 것을 이렇게나 아름답고 과학적으로 표현할 수 있을까 감탄하곤 한다.

"목소리를 내신즉 하늘에 많은 물이 생기나니"에서 목소리는 우레(천둥) 소리를 가리키며 우레 소리와 함께 소나기가 생기는 기상 현상에 대한 표현이다. 이스라엘 지역은 10월부터 다음해 4월까지 공기가 불안정할 때 뇌우를 동반한 소나기가 가끔 내린다. 상층에 차가운 공기가 위치하고 지표면에 따뜻한 남풍이나 서풍이 들어올 때 공기는 불안정해지면서 지표면의 습한 공기가 급격히 상승하게 된다.

"땅 끝에서 구름이 오르게 하시며"에 해당하는 상승된 구름은 수직으로 급격히 발달하면서 소나기구름이라고 불리는 적란운이 만들어진다. 이 구름 안에서는 공기 중의 수증기가 빠르게 빗방울로 성장한다. 동시에 구름의 밑 부분에는 음전하(-전기)가 모이고, 땅에는 양전하(+전기)가 유도된다. 이 전위차가 커지면 번개가 발생하게 되는데, 천둥소리는 서로 충돌하는 분자들의 충격파가 내는 소리로 사람들의 귀에 전달되는 것이다.

소나기구름의 지속 시간은 대략 3시간 정도이다. 기상학에서는 소나기구름이 성장하는 것을 세 단계로 구분하고 있다. 첫 번째는 성장기로, 강한 상승 기류로 인해 상승한 수증기가 응결되어 구름 입자를 형성할 때이다. 빗방울이 상승 기류로 유지할 수 없을 만큼 커지면 빗방울은 땅으로 떨어지게 된다. 이때를 최성기라고 하며 강한 바람과 함께 "비를 위하여 번개치게 하시며"에 해당하는 뇌우 현상과 함께 강한 비가 내릴 때이다. 내리는 비로 인해 상승 기류가 약해지면 더 이상의 비구름이 만들어지지 않으므로 소나기구름이 흩어지는 소멸기가 마지막 단계이다. "그 곳간에서 바람을 내시거늘"은 소나기구름의 특성을 가장 잘 나타내주는 말이다. 비가 내리기 시작하면 강한 하강 기류가 지상으로 불어내려와 사면으로 퍼져나간다. 사람의 눈에는 보이지 않지만 소나기구름 안에는 강한 바람을 만들어내는 바람의 곳간이 있는 것이다.

비구름이 만들어지고, 번개가 치고 바람이 생기는 원인에 대해 과학적으로 밝혀진 것은 채 백 년이 되지 않는다. 하지만 수천 년 전의 성경에서는 모든 자연현상을 창조하고 주관하시는 하나님의 능력을 시적(詩的)으로 비유하며 과학적으로 기록했다.

소나기구름 안에는 강한 바람을 만들어내는 바람의 곳간이 있다는 것을 가장 잘 보여주는 것이 마이크로버스트(Microburst)이다. 마이크로버스트는 소나기나 뇌우 현상과 연관되어 나타나는 바람의 속도나 방향의 급격한 변화를 말한다. 아주 강한 하강 기류로, 이 하강 기류는 일반적으로 가시적인 강수를 동반하지만, 때로는 지표에 도달하기 전에 강수가 증발되어 하강 기류가 눈에 보이지 않게 되는 경우가 있어 항공기의 이착륙 때 큰 사고를 가져올 확률이 높다. 20-30년 전만 해도 마이크로버스트의 정체를 몰라 항공기의 이착륙 때 많은 사고가 발생하였다. 지금은 도플러레이더로 마이크로버스트를 관측하여 항공기에 제공하면서 사고가 많이 감소하고 있다.

기상 예보자 생활을 하면서 하나님이 만드시는 바람이나 소나기의 현상에 우리가 이해하지 못할 신비로운 부분이 있음을 느낀다. 그래서일까, 하나님의 '비밀'을 훔쳐보는 지혜를 달라고 기도하게 된다.

서쪽 바람은 소나기를 가져온다

"인생 역전"–로또 복권을 선전하는 광고 카피 내용이다. 평생 큰 돈을 만져볼 수 없는 서민에게는 매우 자극적이고 선정적인 문구이다. 그래서일까, 많은 사람들이 대박을 꿈꾸며 단 한 번에 인생을 바꾸려는 욕심에 로또 복권 판매대 앞에 줄을 선다.

예수님 당시에도 이런 물질 만능주의가 팽배해 있었던 것 같다. 예수님은 이런 사람들의 모습이 너무나 안타까웠다. 그는 바닷물을 마시면 더욱 갈증이 심해지는 것과 같이 돈이란 욕심을 부리면 부릴수록 더욱 탐욕스러워짐을 개탄했다. 사람의 가치는 돈이 많고 적음에 있는 것이 아니라 그 사람의 존재에 의해 결정됨을 깨닫기를 원했다. 그래서 자기만의 이기적이고 자기 중심적인 삶을 살지 말고, 남과 나누고 사랑하며 살 것을 제자들에게 가르쳤다.

> 또 무리에게 이르시되 너희가 구름이 서쪽에서 이는 것을 보면 곧 말하기를 소나기가 오리라 하나니 과연 그러하고(눅 12:54).

예수님은 이어서 인생을 살면서 불필요한 걱정을 하지 말라는 말과 함께 이 세상에 사는 동안 올바르고 선한 청지기의 삶을 살도록 권한다. 아울러 예수님의 재림을 깨어 기다리라는 말과 함께 시대를 분별하면서 살 것을 강력하게 권하고 있다. 앞의 구절은 천기는 분별하면서 시대의 흐름을 파악하지 못하는 종교 지도자들을 질책하는 비유로, 기상 현상이 인용되었다.

이스라엘 지역의 서쪽은 지중해 쪽이다. 갈멜 산에서 엘리야가 하인에게 산 위에 가서 구름이 일어나는가를 보라고 한 것도 서쪽의 지중해이다. 이스라엘은 북반구에 위치하므로 편서풍대에 속해 있다. 이것은 공기가 서쪽에서 동쪽으로 흐른다는 것을 말한다. 따라서 서쪽인 지중해에 소나기구름이 생기면 이 비구름대는 반드시 동쪽, 즉 이스라엘 육지 쪽으로 이동해 오면서 소나기가 내린다는 것을 뜻한다. 예수님이 인용한 이 말은 과학적으로나 기상학적으로 매우 적절한 비유였다.

"지는 해가 아주 붉으면 다음날 비"라는 속담이 있다. 이 속담도 서쪽 공기가 동쪽으로 이동하기 때문에 생긴 말이다. 우리나라에서 태양은 낮 동안에는 보통 노란색으로 표현되지만 질 때는 붉은색으로 진다. 그 이유는 태양 빛이 산란되기 때문이다. 붉은색은 짙은 붉은색부터 옅은 붉은색까지 다양한 층으로 구분된다. 공기 중에는 사람의 눈으로 잘 보이지 않는 미세한 입자들이 있다. 이 입자들이 너무 작을 때는 빛이 산란되지 않지만 공기가 습해지면 공기 중의 물 분자들이 미세한 입자들에 모여들어 입자를 크게 만든다. 물 입자들은 물 분자들이 달라붙어 크기가 커지면 단파(短波)인 파란색을 산란시켜 태양을 짙은 붉은색으로 보이게 한다.

그러나 공기가 건조하고 바람이 오염 물질을 증가시킬 때는 태양이 핑크빛의 옅은 붉은색으로 보인다. 해가 지는 서쪽의 공기가 태양을 짙은 붉은색으로 만든다는 것은 충분한 습기가 있다는 것 –기압골과 연관되어 있다는– 을 의미한다. 따라서 지는 해가 아주 붉으면 기압골이 다가오는 것을 뜻하기에 비가 올 확률이 높다. 이것을 기상학에서는 '일기 동진(東進)의 법칙'이라고도 한다.

서양에서는 바비큐 파티를 할 때 연기를 보고 날씨를 예측하는

데, 연기가 서쪽으로 흘러가면 맑은 날씨가 끝났다는 징조로 여긴다. 이것은 동풍이 분다는 것으로 기압골이 다가온다는 의미이기 때문이다. 또 "아침 무지개는 비 올 징조, 저녁 무지개는 맑을 징조"라는 속담도 바로 이런 이유에서 생긴 것이다. 즉 우리나라는 편서풍 지대에 속해 있어 구름은 서쪽에서 동쪽으로 움직인다. 따라서 아침 무지개가 뜬다는 것은 해의 반대편 쪽인 서쪽에 비가 오고 있다는 뜻이며, 따라서 날씨는 점차 나빠질 것이라는 얘기가 된다. 이 속담은 신뢰성이 상당히 높으므로 만일 아침 무지개가 뜨면 거의 비가 올 것으로 예상하고 대비하는 것이 좋다.

서쪽 구름은 좋은 징조가 아니지만 서쪽에서 불어오는 바람은 좋은 바람이다.

> 바람이 북쪽에서 불 때 유능한 어부는 북쪽으로 가지 않고
> 동풍이 불 때는 사람이나 동물 모두에게 나쁘다
> 남풍은 물고기의 입 속으로 파리들을 몰아넣으며
> 서풍이 불 때는 모두에게 가장 좋을 때다.
>
> –아이작 월튼

바이스 밸럿(Buys Ballot)이라는 사람이 북반구에서 바람의 방향을 보고 어느 곳에 고기압이 있는가를 밝혀냈다. 바람이 불어오는 방향에서 등을 지고 섰을 때 오른쪽에 고기압이 있고, 왼쪽에 저기압이 있다는 법칙이다. 국지적인 소나기가 이동하는 것도 이 법칙을 활용하면 도움을 받을 수 있다. 그런데 왜 그는 오른쪽에 고기압이 있다고 설정했을까? 다시 말해서 날씨가 좋아지고 사람을 명랑

하게 하는 좋은 기압인 고기압은 오른쪽에, 비가 내리고 바람이 불고 사람을 불쾌하게 하는 저기압은 왼쪽에 있다고 했느냐는 것이다. 이것은 아마 기독교의 영향 때문이 아니었을까?

성경에서는 오른쪽은 항상 선과 영광, 생명의 자리로 이해되고 묘사된다(출 15:6; 왕상 2:19). 그러나 왼쪽은 항상 불길하고, 어둡고, 저주와 사망의 자리로 말하고 있다(삿 3:15; 삼하 20:9). 그래서 독실한 기독교도였던 그는 좋은 쪽인 오른쪽에 고기압을 놓았던 것이다.

인자가 자기 영광으로 모든 천사와 함께 올 때에 자기 영광의 보좌에 앉으리니 모든 민족을 그 앞에 모으고 각각 구분하기를 목자가 양과 염소를 구분하는 것 같이 하여 양은 그 오른편에 염소는 왼편에 두리라(마 25:31-32).

10. 우박

하나님의 하얀 재앙

매년 우박으로 농작물에 엄청난 피해를 입게 되자 1900년 이탈리아에서는 대포를 하늘로 쏘아 대었다. 적란운이 발생하면 메가폰 모양으로 생긴 대포를 수십 대 설치해서 하늘로 공포를 쏘아댔다. 뜨거운 공기를 구름을 향해 뿜어올리면 우박이 생기는 것을 막을 수 있다는 것이다. 무려 2,500여 회의 대포를 쏘았으나 피해가 줄어들지 않자 이 계획은 막을 내렸다.

"화약으로 폭풍을 만들어 우박을 작게 깨뜨리면 되지 않을까요?" 이탈리아가 실패한 그 다음해 프랑스에서 높이 3m의 깔때기 모양을 한 '우박포'를 만들었다. 우박이 내릴 듯하면 대포 한 개당 100g의 화약을 공중을 향해 폭발시켰다. 그러나 수천 발의 우박포를 쏘고 남은 것은 "꽝" 하는 소음뿐이었다고 한다.

우박을 인공적으로 없애는 것에 성공한 것은 구 소련이었다. 우크라이나 지역에 자주 내리는 우박을 없애기 위해 인공강우를 연구하여 실용화에 성공한 것이다. 우박으로 성장하기 전에 인공강우핵을 뿌려주어 미리 비로 떨어뜨리는 방법이다. 우박 제어에 성공하면서 우크라이나는 세계적인 곡창지대로 자리매김하게 되었다.

초봄에 가축을 방목한 이유

해서는 안 될 사랑을 한 신들이 있었다. 애굽인들이 섬겼던 하늘의 여신인 누트(Nut)와 땅의 신인 게브(Geb)가 그들이다. 태양신 라(Ra)는 이들을 떼어놓기 위해 공간과 바람을 그들 사이로 밀어넣어 강제로 떨어뜨린다. 이때부터 누트는 하늘로 올라가 영원히 머물면서 하늘의 신이 되었고, 게브는 땅에 남아 땅의 신이 되었단다. 하늘과 땅의 신 사이에는 공간과 바람이 존재하게 되었고, 이를 주관하는 것이 슈(Shu) 신이 된다. 재미있는 것은 땅에 지진이 발생하고 산맥이 생기는 것은 누트를 그리워하는 게브가 매일 울면서 애인에게 가려고 몸부림치기 때문이란다. 어쨌든 애굽인들은 하늘에서 나타나는 번개나 비나 우박은 하늘의 여신인 누트와 대기와 공간의 신인 슈에 의한 것이라 믿었다.

농업에 절대적인 기상현상을 주관하는 두 신은 애굽인들에게 경배의 대상이었다. 그런데 이들이 섬기던 두 신이 사실은 별 볼일 없다는 사실이 증명된다. 여호와 하나님이 애굽에 내린 일곱 번째 재앙인 우박 재앙을 당한 애굽인들은 하늘과 대기의 여신이 우박이나 번개를 가져오는 것이 아니라 여호와 하나님이 주관하심을 똑똑히 목격하게 된 것이다.

> 이제 보내어 네 가축과 네 들에 있는 것을 다 모으라 사람이나 짐승이나 무릇 들에 있어서 집에 돌아오지 않는 자에게는 우박이 그 위에 내리리니 그것들이 죽으리라 하셨다 하라 하시니라(출 9:19).

우박이 내렸던 시기는 성경에 보면 '보리는 이삭이 나왔던 때'라고 한다. 애굽에서 보리가 싹이 나고 삼이 꽃피는 시기는 대략 1월에서 2월경이다. 또한 '밀과 나맥은 아직 싹이 나지 않았다' 는 표현을 보더라도 1월에서 2월경이라는 사실을 알 수 있다. 그런데 이 시기에 들에 가축들을 방목하였던 것을 위의 구절에서 알 수 있다. 왜 애굽인들은 가장 추운 계절이면서 비가 연중 가장 많이 내리는 1월에서 2월 사이에 방목을 하였을까?

여기에는 기상학적인 이유가 있다. 지중해성 기후구에 속하는 애굽은 거의 비가 내리지 않는 사막기후의 특성을 갖는다. 해안가에 위치한 알렉산드리아 등에서만 연간 200-300㎜의 비가 내릴 뿐이다. 조금 내륙지역인 카이로에만 들어가도 연간 30㎜ 정도의 비만 내리는 전형적인 사막기후를 보인다. 그래서 애굽인들은 전통적으로 나일 강의 물을 끌어올려서 관개수로를 만들어 농사를 지었다.

그런데 애굽의 젖줄이라고 부르는 나일 강의 상류로 올라가면 상황은 달라진다. 애굽의 남쪽인 수단이나 우간다, 에티오피아 등 아프리카의 남쪽으로 내려가면 내려갈수록 강수량이 증가하고 있다. 수단 남부 지역부터는 연간 1,000㎜ 이상의 비가 내리며, 우간다와 에티오피아 남부 지역은 연간 1,500-2,000㎜ 정도 비가 내리는 열대 사바나 기후 지역에 속한다. 그런데 이 지역은 열대수렴대가 북상하는 6월에서 7월 사이에 집중적으로 많은 비가 내린다. 그래서 강이 범람하는 것은 상류 지역에 비가 내리는 때이며, 이때 나일 강 하류에 위치한 애굽은 홍수 피해를 입게 된다. 그러나 이때 발생하는 홍수가 가지고 내려오는 영양 만점의 흙이 나일 강 유역을 풍요롭게 만들어주기에 홍수는 애굽의 생존에 절대적이라 할 수 있다. 기록에 의하면 애굽인들은 나일 강이 범람하는 시기인 6월과 7월경을 피해 대략 초봄인 1월부터 4월 사이에 나일 강변에 가축을 방목하였다고 한다. 따라서 성경에 나오는 방목한 가축들을 다 모아들이라는 말씀은 기상학적인 근거가 있다 하겠다.

또한 이 시기는 지중해로부터 동진해 가는 기압골의 끝부분이 애굽에 걸칠 경우 강한 불안정에 의해 수직운이 발달하면서 뇌우와 우박이 내릴 때가 있다. 하나님은 이 지역과 시기에 가끔 쏟아지는 우박을 이용해서 말씀하시는 것이다.

우박(雨雹)은 천벌이다?

'모세가 하늘을 향해 지팡이를 쳐들자 하늘에서는 천둥소리와 함께 우박이 쏟아졌다. 이로 인해 이집트에 사는 사람과 가축이 수도 없이 죽고, 들의 풀과 나무들이 상하고 부러졌다.' 영화 "십계"의 한 장면이다. 우박은 크기가 아무리 작더라도 농작물에 피해를 주며 크기가 큰 것은 사람이나 동물에게 상해를 입힌다. 심지어 건물을 부수기까지 한다. 우리나라 《조선왕조실록》에도 우박에 의한 피해가 17회나 기록되어 있다. 인조 6년에 내렸던 우박은 크기가 사람 얼굴만 했다고 한다.

우박은 하늘에서 떨어지는 지름 5㎜ 이상의 얼음을 말하는데, 주로 온대지방에서 기온이 따뜻하고 습도가 높은 날에 발생한다. 우박은 강한 상승기류를 갖는 적란운(積亂雲)에서 만들어진다. 수직으로 높이 발달한 구름의 가장 높은 부분은 얼음알갱이로, 중간 부분은 과냉각(過冷却) 물방울로, 가장 밑부분은 물방울로 이루어져 있다. 상승기류가 강해지면 작은 먼지와 같은 응결핵이 구름 속까지 상승하는데, 과냉각된 물방울에 부딪치면 순식간에 얼어버린다. 이 얼음 결정체들은 지구 중력으로 인해 구름 안에서 아래로 떨어지다가 강력한 상승기류를 타고 다시 위로 치솟는다. 얼음 결정체들은 상하 운동을 하는 동안 여러 층의 얼음으로 뒤덮이게 된다. 깨진 우박을 보면 여러 겹으로 이루어진 양파와 비슷하게 생겼다. 이는 우박이 오르내리는 동안 성질이 다른 물방울들이 얼어붙기 때문이다. 즉 우박의 중심부에는 작은 눈 알맹이가 있고, 그 밖을 투명한 얼음층이 감싸고, 다시 그 외부에 불투명한 눈층이 겹쳐져 있고, 가장 바깥쪽인 우박 표면은 투명한 얼음층으로 되어 있다. 상승기류가 무게를 지탱하지 못할 정도로 크기가 커지면 마침내 지상으로 떨어지게 되는데, 이것이 바로 우박이다.

애굽 왕은 이스라엘 민족을 해방시켜 달라는 모세의 간청을 거절하여 하늘이 내린 무수한 재앙을 당했다. 영화 "십계"에도 나왔듯이 우박 재앙은 일곱 번째 재앙에 해당된다.

모세가 하늘을 향하여 지팡이를 들매 여호와께서 우렛소리와 우박을 보내시고 불을 내려 땅에 달리게 하시니라 여호와께서 우박을 애굽 땅에 내리시매 우박이 내림과 불덩이가 우박에 섞여 내림이 심히 맹렬하니 나라가 생긴 그 때로부터 애굽 온 땅에는 그와 같은 일이 없었더라(출 9:23~24)

애굽에 우박이 내리는 경우는 강한 기압골이 지나갈 때다. 기압골은 10월부터 4월까지 주기적으로 통과한다. 우박 재앙이 내린 시기가 보리 이삭이 나왔을 때라고 하니 대략 2월 초순경이었을 것이다. 북쪽으로부터 내려오는 강한 한기가 스페인에서 이탈리아 쪽으로 동진하는 기압골과 연관될 때 기층이 급격히 불안정해지면서 강한 비와 뇌우 현상이 나타나며, 심할 경우 우박이 내린다.

우박이 쏟아질 때 불덩이가 우박에 섞여 맹렬하게 내린다고 했는데, 이것은 우박에 번갯불이 동반, 응집되어 마치 횃불과 같이 보였다는 것으로 우박 재앙의 극심함을 표현하는 말이다. 우리나라 속담에 "빨간 벼락이 쳐야 가을이 온다"는 말이 있다. 여름철의 뇌우와는 달리 상공에서 찬 공기와 더운 공기의 성질 차이가 커지면서 치는 늦여름 번개는 온 하늘을 시뻘겋게 물들일 정도로 강하고 지속 시간도 길기 때문이다. 애굽의 2월 기상은 우리나라 가을철 기상 특성과 비슷하다. 우박까지 내릴 정도로 기층이 불안정했으니 번개 또한 붉고 강하게 오래도록 쳤을 것이다.

성경에 나타난 우박과 번개는 여호와가 이 지역에서 발생하는 기상현상으로 애굽에 재앙을 내린 것이었다. 이때 이스라엘 민족이 살고 있던 지역에는 우박이 내리지 않았다고 한다. 이는 우박이 국지적으로 강하게 발달하여 내리는 특성으로 인해 인접한 이웃 지역에는 내리지 않을 가능성이 크기에 기상학적 해석으로도 무리가 없다. 그러나 여호와 하나님의 주권이 뚜렷하게 드러난 것이라고 보는 편이 더 타당하다.

1880년 4월 30일, 인도의 크리게트볼에서는 직경 7.2cm, 무게 170g의 우박이 쏟아졌다. 이 정도 크기는 큰 우박에 속하지 않는데도 무려 246명이 숨지고 1,600마리의 소와 양이 죽었다고 한다. 우리나라에도 5월과 10월경에 가끔 우박이 내린다. 길을 가다 우박을 만나면 무조건 실내로 피하는 것이 상책이라 하겠다.

> 이제 사람을 보내어 네 가축과 네 들에 있는 것을 다 모으라 사람이나 짐승이나 무릇 들에 있어서 집에 돌아오지 않은 자에게는 우박이 그 위에 내리리니 그것들이 죽으리라 하셨다 하라 하시니라(출 9:19).

하나님께서는 인간의 생명과 관계 없던 여섯째 재앙까지는 재앙에 대해 아무런 구제책을 말씀하지 않으셨지만 인간의 생명에 직접 관련이 있는 일곱째 우박 재앙에 관해서는 구제책을 알려주셨다. 말씀을 두려워하고 순종하는 사람에게는 구원받을 수 있는 길을 열어주신 것이다. 본래 이방인이던 우리에게 복음을 듣고 영생을 얻게 하신 하나님의 은총을 예표한 것이라고 할 수 있다. 얼마나 감사한 일인지…….

우박에도 맞아 죽는다

"하늘도 무심하시지, 이파리가 성한 것이 하나도 없네." 어릴 적 고향에서는 담배농사를 많이 지었다. 어느 해 초여름, 난데없이 쏟아진 우박으로 인해 담배농사를 완전히 망치고 말았다. 손자의 2학기 등록금을 마련하기 위해 소를 팔러가던 할아버지는 몇 번이나 한숨을 내쉬었다. 하늘을 올려다보며 허탈해하던 할아버지의 모습이 지금도 눈에 선하다.

이처럼 갑자기 쏟아져 한 해 농사를 망치는 우박 피해를 농민들은 '하얀 재앙' 이라고 부른다. 우박은 농작물에도 치명적이지만 큰 우박이 내릴 경우 사람이나 동물이 죽는 경우도 있다. 고려 충렬왕 27년(1301년) 5월에 큰 우박이 떨어져 고라니, 사슴, 새들이 우박에 맞아 죽었으며, 우박 하나를 여러 사람이 들지 못했다는 기록이 있다. 성경에도 우박에 맞아 많은 사람이 죽었다는 기록이 나온다.

> 그들이 이스라엘 앞에서 도망하여 벧호론의 비탈에서 내려갈 때에 여호와께서 하늘에서 큰 우박 덩이를 아세가에 이르기까지 내리시매 그들이 죽었으니 이스라엘 자손의 칼에 죽은 자보다 우박에 죽은 자가 더욱 많았더라(수 10:11).

모세가 죽고 나서 이스라엘 민족은 여호수아의 지도 아래 가나안 정복전쟁에 들어갔다. 이스라엘 군대가 파죽지세로 몰려가자 가나안 지역의 여러 부족들은 공포에 떨며 대책을 논의했다. 결국 이스라엘과 맞서 싸우기 위해 여러 부족이 동맹을 맺어 힘을 합치기로 했으나, 이스라엘 민족의 용맹성을 알고 있던 기브온 부족은 살아남기 위해서는 이스라엘과 화친조약을 맺을 수밖에 없다고 생각했다. 그들은 결국 가나안 부족동맹을 배신하고 치욕적인 조건이나마 이스라엘과 화친을 맺었다.

이 소식을 들은 가나안 부족 동맹국들은 배신감에 치를 떨며 이스라엘보다 배신자 기브온을 먼저 공격하기로 했다. 기브온의 다급한 도움 요청을 받은 여호수아는 이스라엘 군대를 이끌고 밤새도록 행군하여 새벽에 적진을 기습 공격했다. 미처 대비하지 못했던 동맹군은 혼비백산하며 도망쳤다. 도망치는 가나안 동맹군을 향해 하늘에서는 우박이 쏟아져 내렸다. 기록에 의하면 우박에 맞아 죽은 병사의 수가 칼에 맞아 죽은 병사보다 더 많았다고 한다.

우박은 구름 속에 있는 얼음 입자들이 강한 대류운동으로 인해 상하 운동을 하는 동안 여러 층의 얼음으로 뒤덮이면서 발달하다가 그 무게를 지탱하지 못할 정도로 커지면 지상으로 떨어지게 된다. 우박이 내리려면 대기가 불안정하고 강한 상승기류가 있어야 한다. 우박이 생기기 위한 대기 불안정은 지표면 가열로 인한 대류 불안정이나 전선의 통과로 인한 기층 불안정이 심할 경우이다.

가나안 동맹군이 우박 세례를 받은 때는 3월경이므로 대류 불안정보다 전선이 통과하면서 내린 우박이었을 가능성이 높다. 이 지역은 기상학적으로 우박이 많지 않은데, 3월경에는 북쪽으로부터 찬 공기가 내려오면서 지중해로 통과하는 기압골의 끝부분이 팔레스타인 지역에 걸칠 때 전선대(前線帶)에서 기층 불안정으로 우박이 내리는 경우가 있다. 자연의 질서를 무시하지 않는 여호와는 이 지역에서 발생하는 기상현상을 이용하여 이스라엘을 노운 것이었나.

우박에 맞아 정말로 많은 사람이 죽을 수 있을까? 1986년 방글라데시에 떨어진 1kg짜리 우박으로 92명이 죽었으며, 또 1988년 인도에는 야구공만한 크기의 우박이 떨어져 250명이 사망했다는 외신 보도가 있었다. 2003년 3월 중국의 산닝시에는 직경 25cm, 무게

40kg의 초대형 우박이 쏟아져 상당한 인명 피해와 재산 피해가 발생했다. 사망 원인을 조사해 보니 대개 머리에 우박을 맞은 경우였다고 한다. 가나안의 많은 병사들이 우박에 맞아 죽은 이유도, 새벽에 기습을 당해 황급히 도망치느라 투구를 쓰지 못해 커다란 우박을 정통으로 머리에 맞았기 때문이 아니었을까? 최근 우박 재해는 지구 온난화로 인해 갈수록 빈번하고 강해지고 있다. 우리 모두가 기후 변화에 관심을 가져야 하는 이유다.

영국과 프랑스의 역사를 바꾼 우박

14세기 초반 영국 플랜태저넷 왕가의 에드워드 3세는 프랑스의 서쪽 지역을 반이나 지배하는 프랑스 최대의 귀족이었다. 개혁을 통해 군대와 재정을 강하게 한 영국 왕은 프랑스의 실질적 지배에 욕심을 냈다. 여기에는 날씨의 영향도 컸다. 1250년경부터 소기후 최적기의 온화하던 날씨가 점차 나빠지기 시작했다. 소빙하기로 접어들고 있었던 것이다. 습하고 기온이 낮은 날씨가 계속되었다. 1310－1320년의 10년간은 특히 비가 많이 내려 농사에 타격을 입었다.

영국과 유럽은 고통에 빠져들었다. 밀값은 3배나 올랐다. 영국 어느 지방은 아사(餓死)와 병사로 인구의 3분의 1이 줄었을 정도였다. 프랑스도 다를 것이 없었다. 프랑스 북부의 밀과 포도 재배 지역에 흉작이 들어 100만 명이 사망하였다. 영국 왕은 경제 위기를 극복하고 강국으로 부상하기 위해서 프랑스의 실질적인 지배가 필요하였다.

마침 프랑스를 지배하고 있던 카페 왕조의 샤를 4세가 후손이 없이 세상을 떠났다. 영국 에드워드 3세는 어머니가 카페 왕조 출신임을 내세워 자신에게 프랑스 왕위 계승권이 있다고 주장했다. 프랑스는 남계(男系)만이 왕위에 오를 수 있다는 '살릭법'을 들어 에드워드 3세의 왕위 계승을 거절하고 필립 6세를 왕으로 옹립하였다.

프랑스를 공격할 명분을 찾던 에드워드 3세는 플랑드르 지방으로 수출하는 양모 공급을 중단시켰다. 프랑스 북쪽 지방의 플랑드르는 유럽 최대의 모직물 공업 지역이었다. 양모 공급 중단으로 프랑스 경제가 어려워지자 필립 왕은 프랑스에 있는 영국 땅인 기옌 지방의 몰수를 선언했다. 기옌 지방은 가장 좋은 포도주의 원산지인 보르도가 속해 있는 곳이다. 영국의 에드워드 3세는 프랑스에 전쟁을 선포하고 이때부터 무려 6차에 걸쳐 프랑스를 원정 공격하게 된다.

에드워드 3세는 육상에서의 싸움에서 승승장구했다. 가장 큰 승리는 1346년 크래시에서 벌어진 전투였다. 1348년에서 1351년 사이에 흑사병인 선페스트가 유럽을 강타했다. 유럽 인구의 약 3분의 1이 흑사병으로 죽어갔다. 흑사병으로 잠시 전쟁을 쉬었던 에드워드 3세는 1356년에 다시 프랑스를 공격하였다. 그는 푸아티에에서 큰 승리를 거두고 프랑스 왕을 사로잡았다.

1359년 11월 100년 전쟁의 종지부를 찍기 위해서 영국군은 랭스로 진격했다. 그곳은 전통적으로 프랑스 왕실이 대관식을 거행하던 곳이었다. 영국의 에드워드 3세는 그곳을 점령하여 프랑스의 왕위에 오를 계획이었다. 프랑스의 도시들은 요새를 쌓고 아예 싸우려고도 하지 않았다. 랭스는 겨울 내내 영국군의 공격에 저항했다.

에드워드 3세는 전쟁의 분위기를 반전시킬 필요가 있었다. 1360년 4월 13일 그는 샤르트르로 진격해 갔다. 진격해 가는 중 하늘이 어두워지면서 공기가 무섭게 차가워졌다. 강한 폭풍우와 함께 우박이 쏟아지기 시작했다. 비둘기알만한 크기의 우박이 엄청나게 쏟아졌다. 짐을 실은 수레는 강풍에 날아가고, 병사들은 우박에 맞아 쓰러져 갔다. 우박과 함께 내리치는 번개로 갑옷을 입은 기사들이 감전되어 쓰러졌다. 순식간에 수백 명의 병사와 천 마리 이상의 말이 죽었다. 부상자까지 합치면 엄청난 피해였다. 그때 에드워드 3세가 부하들에게 한 말이 여호수아 10장 11절 말씀이었다고 한다.

> 그들이 이스라엘 앞에서 도망하여 벧호론의 비탈에서 내려갈 때에 여호와께서 하늘에서 큰 우박 덩이를 아세가에 이르기까지 내리시매 그들이 죽었으니 이스라엘 자손의 칼에 죽은 자보다 우박에 죽은 자가 더 많았더라(수 10:11).

100년 전쟁을 시작하면서 날씨는 철저히 에드워드 왕의 편이었다. 그러나 이젠 날씨가 그의 발목을 잡았다. 믿음이 독실했던 에드워드 3세는 우박을 하늘의 뜻으로 받아들였다. 프랑스 왕이 되는 것을 하나님이 허락하지 않는다고 말이다. 전투에서 진 적이 없는 그가 먼저 프랑스에 휴전협정을 제의했다. 휴전협정을 통해 프랑스 국토의 3분의 1을 차지했다. 그리고 포로로 잡은 프랑스 왕을 엄청난 몸값을 받고 풀어주었다. 그러나 프랑스 왕위를 내놓으라는 요구는 철회했다. 우박이 영국과 프랑스의 역사를 바꿔 버린 것이다.

"짐은 너희의 항복을 받아들이겠노라. 단, 시민 대표 6명이 너희들의 죄를 대신해야만 한다. 시민 대표 6명은 맨발에 홑옷만 걸치고 목에는 밧줄을 건 채 성문 열쇠를 들고 와서 교수형을 받으라."

1347년 프랑스 북부 해안에 위치한 칼레는 1년 가까이 영국의 공격에 저항했다. 식량과 무기가 떨어지면서 시민들이 다 죽게 되자 에드워드 3세에게 자비를 베풀어 달라고 청원했다. 에드워드 3세는 위의 조건을 내걸었다.

누구를 가라고 할 것인가? 이때 칼레에서 가장 부자였던 생 피에르가 나섰다. 이어 칼레 시장과 법률가와 사업가들이 목숨을 내놓겠다고 자원했다. 이들은 모두 칼레의 지도자이고 부유한 귀족이며 당시 삶의 절정을 구가하던 사람들이었다. 이들의 모습을 본 에드워드 3세는 감동을 받았고, 이들을 모두 살려준다.

550년이 흐른 뒤 칼레 시민들은 이들의 용기와 헌신을 기리기 위해 조각상을 세우기로 한다. 로댕의 "칼레 시민"이라는 명작이 여기에서 탄생했다. 프랑스인들은 높은 사회적 신분에 상응하는 도덕적 의무인 '노블레스 오블리주'를 자랑한다. 그러기에 6명의 칼레 시민 이야기는 그들의 자부심이 되었다. 이는 영국과 프랑스의 100년 전쟁 중에 나온 이야기로 리더들의 아름다운 덕목은 우리를 감동시킨다.

11. 폭풍

폭풍으로 말씀하시는 하나님

얼마 전 사회의 지도급 인사들이 갑자기 불어닥친 개혁과 사정 앞에서 줄줄이 검찰로 소환되는 모습이 TV에 방영되었다. 이들 중 비리가 밝혀진 일부 인사들이 한강에 몸을 던져 자살하여 사회에 충격을 주었다. 이들은 정말 열심히 살아온 사람들이었다고 한다. 가장 밑바닥에서 출발하여 국가 지도자의 위치에까지 올랐던 이들이었다. 그런데 그들은 평생을 쌓아올렸던 자기의 업적이 더러운 비리와 관련되어 무너지기보다는 차라리 죽음으로써 자존심을 지키려고 자살했다고 심리학자들은 말한다. 참으로 안타깝고 가슴 아픈 일이다.

이들에게 재앙은 폭풍처럼 급속하게 다가왔을 것이다. 미리 준비하고 대처하고 마음을 정리하기도 전에 닥친 재앙이었기에 더욱 견디기가 힘들었을지도 모른다. 그러나 국민과 국가를 섬기도록 세움을 받은 지도자들은 누구보다도 청렴하고 올바르게 살아야 할 의무가 있다. 또 이 세상을 만드시고 역사하시는 하나님은 이렇게 사는 것이 성경적이라고 말씀하신다. 나도 살아가면서 불의의 유혹을 받을 때가 있었다. 그때마다 내 의지로는 이겨낼 수가 없어서 하나님의 지혜를 구하였다. 기도할 때 하나님은 지혜를 주시고 다시 올바르게 설 수 있는 힘과 능력을 주셨다. 얼마나 감사한지 모른다.

졸지에 닥쳐오는 폭풍

잠언 1장은 참된 지혜의 성격과 함께 악인의 유혹을 피하라는 권고와 지혜의 초청으로 구성되어 있다. 그 중 24절에서 32절은 이러한 신적인 지혜의 초청을 거부하는 어리석은 자가 살아가면서 겪게 될 여러 가지 어려움을 기록하여 경계하고 있다.

> 너희의 두려움이 광풍같이 임하겠고 너희의 재앙이 폭풍같이 이르겠고 너희에게 근심과 슬픔이 임하리니"(잠 1:27).

하나님의 훈계와 책망을 거부한 사람은 하나님의 심판을 피할 수 없으며 멸망에 이르게 된다는 것이다. 두려움이 갑자기 몰려와 재앙은 그 사람을 근심과 슬픔의 구렁에 빠뜨린다는 것이다. 잠언 1장 27절에서 광풍은 히브리어로 쇼아(שׁוֹא)로서 갑자기 불어닥치는 강풍을 의미한다. 그리고 폭풍은 히브리어로 수파(סוּפָה)인데 성경에서 번역될 때는 폭풍, 광풍, 회오리바람으로 쓰인다. 특히 폭풍으로 번역될 때는 남쪽에서 불어오는 폭풍으로 묘사되고 있다(욥 37:9; 사 21:1). 하나님은 이 지역에 나타나는 자연적 현상들을 구체적으로 명시함으로써 우주 만물의 조성자이신 하나님의 통치에서 아무도 벗어날 수 없다는 것을 시사하고 있다. 그렇다면 이 지역에서 발생하는 폭풍 중에서 남쪽에서 불어오는 폭풍은 무엇이며, 실제 이 폭풍은 말씀처럼 재앙이라 할 수 있는가?

이스라엘 지역에 불어오는 폭풍 중에 가장 유명한 것으로 모래폭풍인 시로코(Scirocco)와 함신(Khamsin)이 있다. 이 바람은 25m/sec 이상의 강한 바람과 함께 모래가 날려 오는 세계에서 한두 번째로 손꼽히는 악명 높은 바람이다. 아라비아 사막에서 싸웠던 토머스 로렌스의 기록에 보면 모래폭풍은 마치 검은 갈색 벽이 밀려드는 듯 몰아쳐 온다고 한다. 모래폭풍을 만나면 사막에서 절대적 운반 수단인 낙타를 상실하기 쉽고, 또 얼굴을 가리지 않으면 강풍에 날아온 모래로 얼굴이 찢어질 정도이다. 텐트는 바람에 깃발처럼 찢겨 나부끼고 텐트 속에 들어가 있으면 깜짝할 사이에 모래에 쌓여 생매장당하기 십상이라고 한다. 이라크전에서 미군이 가장 고전했던 것이 바로 이 모래바람이었다. 개전초 승승장구하던 미군이 3일 동안 꼼짝 못하고 정지할 수밖에 없을 정도로 엄청난 것이 모래바람이다.

이 바람의 기상학적 특성은 상대습도가 0%까지 내려가는 극히 건조한 상태가 되며, 기온은 계절 평균보다 10℃이상 상승하면서 45℃ 이상을 기록한다. 생체기상학자들에 따르면 이런 기상현상이 발생하면 사람들은 두통과 함께 공격성이 증가되고 사고율이 높아지며 자살충동이 커진다고 한다. 즉 이 바람은 구조물의 파괴뿐 아니라 사람의 심성과 건강까지도 파괴하는 것이다. 느닷없는 폭풍이 불어올 때 이겨낼 수 있는 힘은 평소에 주님을 의지하며 사는 삶이다. 하나님의 지혜로 말씀에 순종하며 사는 것은 복이라고 성경은 말한다.

> 오직 내 말을 듣는 자는 평안히 살며 재앙의 두려움이 없이 안전하리라(잠 1:33).

물 위를 걷는 사람들

"준비, 시작" 소리와 함께 한 소년이 물 위를 걸어가기 시작한다. 사람이 물 위를 걸어가다니, 정말 있을 수 있는 이야기인가? 2004년 4월 11일 영국의 에든버러 왕립수영장에서는 20여 팀이 참가한 가운데 '물 위 걷기' 컨테스트가 열렸다. 영국의 에든버러 국제과학축전위원회가 주최한 이 대회는 '누가 오래, 더 빨리, 그리고 예쁜 신발로 물 위를 걷느냐'로 승자를 가렸다고 한다. 대회는 총 40m 길이의 풀 위를 걷는 것으로, 크게 나누면 누가 더 빨리 걷느냐를 평가하는 스피드 레이스와, 누구 신발이 더 효율적인지를 평가하는 디자인 심사 부문이 있다.

참가자들은 물 위를 걷기 위해 참신한 아이디어로 다양한 장치를 만드는데 제한 조건으로는 반드시 신발 모양이어야 하고, 신발 크기는 길이 2.5m, 폭 2m를 넘어서는 안 되며, 어떠한 동력도 사용할 수 없다고 한다. 그러면 그렇지! 어떻게 사람이 물 위를 걸을 수 있다는 말인가. 도구를 사용하면 모르지만 말이다. 그런데 성경에는 사람이 도구를 사용하지 않고 물 위를 걸은 이야기가 나온다.

> 밤 사경에 예수께서 바다 위로 걸어서 제자들에게 오시니(마14:25)
>
> 베드로가 대답하여 이르되 주여 만일 주님이시거든 나를 명하사 물 위로 오라 하소서 하니 오라 하시니 베드로가 배에서 내려 물 위로 걸어서 예수께로 가되"(마 14:28-29).

다섯 개의 떡과 두 마리의 생선으로 5,000명을 먹이는 기적을 베푸신 예수님은 기도를 하러 산에 가신다. 제자들은 먼저 배를 타고 갈릴리 바다를 건너가는 중에 한밤중에 풍랑을 만나 모진 고생을 한다. 이때 육지에서 5km나 떨어진 갈릴리 바다 한가운데로 어떤 사람이 걸어온다. 제자들은 처음에는 예수님을 유령이라고 오해하며 무서워한다. 그러나 예수님의 음성을 듣자 베드로는 예수님께 물 위로 걸어가게 말씀을 해달라고 간청한다. 이에 예수님이 "오라" 하시니 베드로도 물 위를 걷는 이적의 장면이 앞의 말씀이다.

사람이 물 위를 걸을 수 없는 것은 기상학적으로 또 과학적으로 증명되었다. 물 위를 떠 있을 수 있을 만큼 사람의 발 넓이로는 부력을 받을 수 없기 때문이다. 혹 예전의 영화에서 나온 축지법이나 물 위의 발이 보이지 않을 정도로 빨리 달릴 수 있다면 모르지만 말이다. 따라서 예수님이 물 위를 걸으신 사건은 메시아로서의 초자연적 권능의 모습이라고 할 수 있다. 예수께서 갈릴리 바다의 풍랑을 잔잔케 했을 때 제자들은 "이 사람이 누구관대 바람과 바다도 순종하는가" 하고 말했다. 그러나 예수님이 물 위를 걷는 모습을 본 제자들은 "진실로 하나님의 아들이로소이다" 라는 신앙고백을 한다. 왜냐하면 상식적으로 물 위를 걷는 일은 사람의 힘으로 안 된다는 점을 알았기 때문일 것이다.

최근에 사람이 물 위를 걸을 수 있게 된 비결은 바로 과도하게 커 보이는 신발에 있다. 넓은 표면적을 가진 신발이 사람의 몸을 지탱할 수 있도록 부력을 제공하는 것이다. '아르키메데스의 원리' 로 잘 알려진 부력의 원리가 오늘날 '물 위 걷기' 라는 이색적인 행사로 재현되고 있는 것이다. 물 위에 뜨는 부력의 원리는 왕으로부터 왕관이 순금으로 만들어진 것인가를 밝혀내라는 엄명에 고민하던 아르키메데스가 목욕탕에 들어갈 때 넘치는 물을 보고 발견한 것이다. 원리를 발견한 그는 아주 기뻐 발가벗은 알몸으로 거리로 뛰쳐나와 "유레카! 유레카!" 라고 외쳤는데 유레카는 그리스어로 '발견했다' 라는 뜻이다.

재미있는 것은 악어가 돌을 삼키는 것도 부력의 원리 때문이란다. 물체가 물에 뜬다는 것은 물체의 밀도와 물의 밀도가 같거나 물체의 밀도가 더 작다는 의미다. 잠수함인 경우 밀도를 변화시키기 위해 부피를 조절할 수 없기 때문에 무게를 조절한다. 즉 주부력 탱크에 물을 넣거나 빼서 무게를 조절한다. 물고기는 부레를 확장하여(밀도를 줄여) 떠오르고 부레를 줄여서(밀도를 늘려) 가라앉는다. 한편 악어는 돌덩어리를 삼켜서 전체 밀도를 조절한다. 큰 악어의 위에서 4-5kg짜리 돌덩어리를 흔히 발견할 수 있다고 한다. 악어들은 밀도를 증가시켜 수면 바로 밑을 헤엄쳐 다닐 수 있는 지혜를 발휘하는 것이다.

신발 모양과 크기가 한정되어 있기 때문에 참가자들은 해마다 과학적 연구 결과를 신발에 반영한다. 올해의 최고 인기 아이디어는 신발 밑에 지그재그 홈을 파는 것이었다고 한다. 물 위를 걷는 행위는 겨울 스포츠인 크로스컨트리 스키어가 눈 위를 걷는 것과 비슷한 과학적 원리를 가지고 있다. 스키를 앞으로 내밀 때 뒤로 밀리지 않도록 해 스키어가 눈 위를 전진하듯, 물 위에서도 신발을 앞으로 내민 후 뒤로 돌아가지 못하도록 해야 한다. 이때 신발 밑의 지그재그 홈은 물을 뒤로 배출하는 효과를 가져와 앞으로 쉽게 나아갈 수 있게 만든다고 한다.

이 사건을 통해 우리는 주님은 우리와 항상 함께하신다는 사실을 깨달을 수 있다. 뜻하지 않은 풍파를 만날 때 주님은 우리를 찾아오시고, 또 우리가 "물 위를 걷게 하소서" 간청하면 물 위를 걷게 해주시는 분이다. 비록 우리 믿음이 부족하여 물에 빠질 경우라도 소리쳐 부르면 주님은 건져주시고 풍랑을 잠잠케 해주시는 매우 좋은 분이시다.

폭풍과 파도를 잠재운 예수님

바다를 뒤집어엎을 듯 강한 폭풍이 몰아쳐왔다. 산 같은 파도와 높은 금방이라도 배를 삼킬 것 같았다. 배에 타고 있던 사람들은 살려달라며 울부짖었다. 이때다. 한 사람이 의연히 일어나 폭풍과 파도를 꾸짖었다. 이게 웬일인가? 일시에 거센 폭풍과 파도가 그치고 사방이 잠잠해진 것이다(막 4:39). "아니, 이분이 도대체 누구시기에 바람과 바다까지 말씀 한 마디에 복종한단 말인가?"

예수님께서 폭풍과 파도를 잠재운 초자연적 능력을 보여준 곳은 갈릴리 호수이다. 갈릴리 호수는 요르단 계곡 깊숙한 골짜기에 있다. 호수라고는 하지만 워낙 넓고 깊어 바다로 불린다. 갈릴리 바다는 해발보다 209m 정도 낮다. 갈릴리 바다 계곡의 동쪽과 서쪽에는 높이 약 700m 정도 높이의 산들이 둘러서 있다. 북쪽으로는 2,814m의 헤르몬 산이 우뚝 솟아 있다. 주변 지형을 보면 꼭 절구와 비슷하며 갈릴리 바다는 절구의 바닥에 위치해 있는 형상이다.

1940년대에 기상학자들이 갈릴리 바다의 기상 변화를 꾸준히 관측했다. 작은 폭풍은 수시로 발생했지만, 성경에 기록된 정도의 강한 폭풍은 5년 동안 겨울에 두 번 관측되었다. 강한 폭풍이 발생했을 때 바람이 내리치면서 호수는 안개로 자욱해졌고, 안개 속으로 물이 빨려 올라가면서 발생한 굉음은 천지를 진동했으며, 폭풍과 놀은 배를 덮칠 만큼이나 높았다고 한다.

갈릴리 바다는 주변의 지형보다 매우 낮은 곳에 있기에 급격한 기상 변화가 발생할 수 있는 조건을 갖추고 있다. 늦가을이나 겨울밤에 산 위의 공기는 급속히 냉각된다. 바다는 쉬 식지 않기에 산과 바다의 온도차가 커진다. 온도차에 의한 불안정이 심해지면 산 위의 냉각된 공기가 바다를 향해 폭포처럼 떨어져 내려온다. 이 바람을 찬 내리바람이라고 부르는데, 우리나라의 경우 중국의 장백산맥에서 차가워진 공기가 동해 쪽으로 강하게 불 때 발생한다.

세계적으로 가장 유명한 찬 내리바람은 아드리아 해안에 불어내리는 보라(Bora)로 허리케인보다 차갑고 강한 바람이다. 이 바람은 바다에 거대한 폭풍을 만들어내는데, 갈릴리 호수를 덮었던 폭풍은 아마도 큰 바람을 뜻하는 태풍(Typhoon) 정도의 강한 바람이었을 것이다. 강한 돌풍은 바다를 뒤집어 큰 파도와 놀을 만들어낸다. 찬 바람은 따뜻한 바다에 부딪히면서 안개와 구름을 만들어낸다. 기상학자들이 관측한 물이 안개 속으로 빨려 올라가는 현상은 기압차로 인한 용오름(Tornado)으로 추정된다.

어느 기상학자는 예수께서 이 지역의 기상 특성을 잘 알고 있었다고 주장한다. 이 지역의 뇌우는 기단성 뇌우로 1시간 정도 지속된다는 것을 알고는 폭풍이 몰아쳐도 태연히 잠을 자다가 뇌우가 끝날 무렵에 일어나 바람과 파도를 진정시키는 시늉만 했다는 것이다. 하지만 이 의견은 잘못된 것이다. 기단성 뇌우는 비바람을 동반한다. 이것은 히브리어 '체렘'(זמר)으로 비바람치는 폭풍우를 말한다. 당시 갈릴리 호수를 덮었던 폭풍은 큰 바람을 뜻하는 폭풍(Hurricane)으로, 시편 83편 15절에 나오는 '수파'(סופה)의 번역으로 보아야 한다.

"예수께서 깨어 바람을 꾸짖으시며 바다더러 이르시되 잠잠하라 고요하라 하시니 바람이 그치고 아주 잔잔하여지더라"는 마가복음(4:39)의 구절과 누가복음(8:22-25)의 구절을 종합해 볼 때, 당시에 바람과 파도가 동시에 잠잠해졌음을 알 수 있다. 기상학자들이 관측한 강한 돌풍은 폭풍이 약 10분 정도 지속되다가 하강기류가 그치면서 거짓말처럼 고요해졌지만, 호수의 물결은 상당 시간 지속되었다고 한다. 그러나 예수님이 명령하셨을 때는 바람뿐만 아니라 파도까지 일거에 잠잠해졌다. 파도와 놀은 바람이 잠잠해지더라도 상당 시간 지속되는 특성이 있다. 따라서 파도까지 동시에 잠잠해진 것은 하나님이 만드신 초자연적 현상이라고밖에 설명할 방법이 없다. 자연현상을 주관하는 하나님의 권능을 보여주는 놀라운 사건인 것이다.

우리네 삶도 갈릴리 바다에서 폭풍을 만난 배처럼 예상치 못한 어려움이 닥칠 때가 있다. 그때 주님 앞에 나아가 환난을 이길 수 있는 능력을 달라고 기도하면, 주님은 곧 풍랑을 잠재우시고 우리가 가는 길을 평강과 형통으로 인도하신다. 얼마나 감사한 일인가?

폭풍우로 이스라엘을 도우신 하나님

40년 동안 광야에서 방황한 이스라엘 민족은 여호수아의 지휘 아래 하나님이 약속한 땅을 차지하기 위해 가나안 정복전쟁을 벌였다. 그러나 하나님이 원하는 완벽한 정복을 하지 못하고 주변의 이방민족과 어울려 살고 말았다. 그러다 보니 자연스럽게 이스라엘 민족은 이방 민족이 섬기는 우상이나 악한 행실에 물들었다. 나쁜 친구들과 사귀면 불량학생이 되는 것과 마찬가지 이치였다. 하나님은 매우 슬프고 화가 나셨다. 하나님은 이방 민족을 시켜 이스라엘 백성을 괴롭게 해서 하나님께 돌아오도록 했다. 하나님의 놀라운 사랑이었다. 이방 민족에게 괴롭힘을 당하며 정신이 바짝 든 이스라엘 민족은 잘못을 반성하고 하나님께 구해 달라고 기도했다. 그러면 하나님은 이스라엘 민족에게 사사를 보내 구원해 주셨다.

당시 이스라엘 민족은 통일된 나라가 아니라 각 지파별로 분열되어 있었다. 지파별로도 뚜렷한 자치제도 없이 원칙적으로 독립 자치권을 행사하면서 종교적으로만 여호와 신앙으로 뭉친 형태 였다. 그러다 보니 외적이 쳐들어오면 힘을 합쳐 물리치기가 어려웠다. 그래서 이스라엘에게 어려운 일이 생기면 하나님은 임시 군사 지도자를 보냈는데 이 사람들을 사사라고 불렀다.

사사시대에 하나님은 첫 번째 사사인 옷니엘을 보내 이스라엘 백성을 구원해 40년을 평화롭게 지낼 수 있었다. 그러나 40년을 평화롭고 편안하게 지내게 되자 이스라엘 민족은 하나님의 은혜를 잊어버리고 우상을 섬기는 죄악 속으로 빠져 들었다. 하나님은 이번에는 모압족을 보내 18년간 이스라엘 민족을 통치하게 했다. 다시 고통 속에 빠진 이스라엘 민족은 하나님께 잘못을 빌면서 구원해 달라고 빌었다. 하나님은 사사인 에훗을 보내 모압으로부터 구원해 주었다. 이스라엘은 이후 80년을 평화롭게 지낸다.

에훗과 삼갈의 활약으로 80년을 평화롭게 지낸 이스라엘이 또 다시 하나님께 불순종했다. 정신 못 차리는 이스라엘 민족에게 화가 나신 하나님은 하솔 왕 야빈을 보내 이스라엘이 회개하기까지 20년 동안 괴롭히게 만들었다. 가나안족의 왕이었던 야빈은 이스라엘이 아무런 힘도 없음을 틈타 하솔에 도읍을 정했다. 이곳은 이스라엘 민족의 목줄기를 잡아챌 수 있는 매우 중요한 지역이었다. 이곳을 점령하고 철병거로 무장한 강력한 군사력으로 이스라엘을 압박해 나갔다. 너무 힘들었던 이스라엘 민족은 하나님께 부르짖었고 하나님은 여선지자 드보라를 사사로 세워 이스라엘을 돕게 하셨다. 드보라는 성경에 나오는 최초의 여자 사사이면서 선지자, 그리고 지도자이다.

오! 드보라
그대가 일어서기까지는
이스라엘의 어머니
그대가 일어서기까지는
전쟁이 일어나도

이스라엘 4만 민병대 가운데에
방패 가진 사람 하나도 없었네
창 가진 사람 하나도 없었네
나서서 싸우려고 무기 가진 자
씻고 보아도 찾을 수 없었지.

드보라의 노래처럼 당시 이스라엘 민족은 방패나 창을 가진 사람이 단 한 명도 없었다고 할 만큼 아무런 힘도 없었다. 그런데 선지자이자 사사였던 드보라는 하나님이 도와주실 것이라는 굳센 믿음을 가지고 있었다. 그녀는 장군인 바락을 불러 야빈 왕의 군대를 공격할 것을 명령한다. 드보라의 명령을 받은 바락 장군은 스불론과 납달리 두 지파로부터 1만 명의 병력을 불러모았다. 모인 병력을 보니 변변한 무기는커녕 군사 훈련을 받은 적도 거의 없는 오합지졸로 전쟁의 전술조차 생각할 수 없는 지경이었다. 드보라는 여호와 하나님께 승리의 지혜를 달라고 기도한다. 그러자 하나님은 지형과 날씨를 이용해 전쟁을 하도록 말씀을 주셨다. 드보라 선지자는 즉시 전 병력을 다볼 산에 집결시켰다.

평지에서 야빈 왕의 철병거를 도저히 이길 수 없었기에 숲이 우거지고 높은 다볼 산에 진을 친 것이다. 지형이란 누구 편도 아닌 중립이다. 누가 지형을 내 편으로 끌어들이느냐가 매우 중요한데 드보라가 지형의 이점을 먼저 활용한 것이다. 전쟁사를 보면 병력이 적은 것을 극복하는 방법으로 지형을 많이 이용한 것을 알 수 있다. 야빈 왕은 이번에야말로 뜨거운 맛을 보여주겠다면서 수만 명의 병력과 함께 철병거 900대를 시스라 장군에게 맡겨 이스라엘을 공격해 왔다. 시스라 장군이 철병거와 함께 다볼 산에 도착해 보니 산이 험하고 수풀이 우거져 진군하기가 어려웠다. 몇 번 공격했지만 실패하자 시스라 장군은 이스라엘 병력이 산 위에서만 계속 있겠느냐며 모든 병력을 기손 강가로 철수시켜 진을 쳤다.

다볼 산 공격에 실패한 시스라는 기손 강의 므깃도 물가에 진을 쳤다. 시스라 장군의 야유와 공격에 꿈쩍도 하지 않고 일절 대응을 하지 않던 드보라가 어느 날 갑자기 진격 명령을 내렸다.

"하나님이 폭풍우를 내리실 것이다. 우리는 지금 진격한다."

하늘에서 천둥과 번개가 치더니 엄청난 비가 쏟아지기 시작했다. 지금까지 산 위에 머물러 있던 이스라엘 병사들은 드보라의 명령대로 기손 강으로 쳐 내려갔다. 시스라가 진을 쳤던 기손 강 지역은 폭우가 내리면 평소에는 메말라 있던 강바닥이 갑자기 물이 불어나 광란하는 급류로 바뀌는 곳이다. 그리고 그 주위는 흙탕물이 넘쳐서 수렁으로 변해버린다. 이때도 폭풍우가 내리면서 기손 강 지역은 진흙 수렁으로 변했다. 시스라 장군이 자랑하던 철병거 900대는 수렁에 빠져 꼼짝달싹도 못하면서 무용지물로 변해 버렸다.

철석같이 믿었던 철병거가 진흙탕에서 움직이지도 못하자 가나안 군사들은 도망치기 시작했다. 그러나 도망치는 앞으로 기손 강이 무섭게 흘러가는 것이었다. 폭풍우로 물이 불어난 기손 강이 가나안 군사들을 막아 버린 것이다. 더 도망칠 수도 없었던 시스라의 병사들은 우왕좌왕하다가 전멸을 당하고 말았다. 정말 놀라운 이스라엘 군의 대승리였다.

별들도 하늘에서 싸우는구나

시시각각 자리를 옮겨 나가듯
하늘의 별들도 시스라에 대항하여
싸움을 벌였다
기손 시내가 흘러 넘쳐
저 무리를 휩쓸었다
기손 시내에 큰물이 나서.

드보라의 노래처럼 결정적인 승리는 기손 강이 넘쳐흘러 가나안 군을 휩쓸었던 것에 있었다고 할 수 있다.

성경에서 전쟁은 여호와께 속한 것이라고 말한다. 하나님은 여 선지자 드보라를 불러 전쟁에서 승리할 수 있는 지혜를 주시고, 또한 폭풍우까지 내려 이길 수 있도록 도왔다. 정말 중요한 것은 가장 어려운 순간에도 하나님을 의지하면 하나님이 도와주신다는 믿음을 가지는 것이다. 이게 부족하면 바락 장군이 최고의 영광을 차지하지 못했던 것처럼 되고 만다. 바락 장군은 용맹한 장수였지만 전쟁은 하나님께 속한 것이라는 믿음은 덜했던 것으로 보인다. 드보라 선지자가 하나님의 명령대로 시스라 장군의 군대를 치라고 하자, 바락은 드보라 선지자가 전쟁터에 함께 가야만 자신이 이 전쟁에 나가겠다고 말했다. 선지자가 함께 간다는 것은 병사들에게 하나님의 인도하심을 확신시키는 효과는 있겠지만 하나님의 말씀에 전적으로 순종하지는 못했다는 뜻도 된다. 드보라 선지자는 내가 전쟁에는 함께 가겠지만, 이 전쟁에서 승리의 영광은 바락이 아니라 한 여인에게 돌아갈 것이라고 예언한다. 그리고 그 예언은 이루어진다.

엄청난 비와 진흙탕에서 패배한 시스라는 맨발로 도망쳤다. 그런데 이때 시스라 장군이 도망쳐 숨은 곳은 평소 잘 알고 있었던 헤벨의 집이었다. 헤벨의 아내였던 야엘이라는 여인은 하나님을 경외하는 사람이었다. 그녀는 요구르트와 물을 주어 시스라가 마음을 놓게 만든 다음 피곤했던 시스라가 깊은 잠에 빠지자 장막 말뚝을 머리에 박아 죽였다. 고대 전쟁에서는 적군 장수의 목을 베는 사람에게 가장 큰 영광을 주었다. 따라서 이 전투에서 최고의 영광은 바락 장군에게 돌아간 것이 아니라 이름 없는 여인이 차지하게 된 것이다.

하나님은 지혜가 뛰어난 사람이나 용기가 있는 사람보다 하나님의 말씀을 순종하는 사람을 더 사랑하신다. 순종이 제사보다 낫다는 말이 성경에 여러 번 나오는 것처럼 힘이 없고, 군대를 다스리는 지혜도, 무기를 사용할 수 있는 능력도 없는 여선지자 드보라를 하나님이 사용하시고 복을 주신 것은 하나님 말씀에 전적으로 순종하는 믿음 때문이었다고 할 수 있다.

한 가지 더 말하고 싶은 것은 하나님이 여선지자 드보라를 사용하여 시스라 군대를 격파한 것이나, 야엘과 같은 약한 여인을 통해 적장 시스라를 죽임으로 이스라엘을 구원한 것은 상당한 의미가 있다. 남성에 비해 여성이 존중받지 못한 당시에 하나님이 여성들을 사용해 이스라엘을 구원하신 것은 구원이 사람들의 지혜나 능력으로 오는 것이 아니라 오직 하나님의 은혜로만 이루어진다는 사실을 말하는 것이다.

여호와여 주의 원수들은 다 이와 같이 망하게 하시고 주를 사랑하는 자들은 해가 힘 있게 돋음 같게 하시옵소서 하니라 그 땅이 사십 년 동안 평온하였더라(삿 5:31).

드보라의 노래처럼 아무리 약한 우리라도 하나님이 사용하시면 강한 자가 되고 승리할 수 있다는 것이 얼마나 큰 격려와 힘이 되는지 모른다.

불의 폭풍

영화 "파이어 스톰"(Fire Storm)은 1970년대의 "타워링"과 1980년대의 "분노의 역류" 등 불 관련 재난 영화의 계보를 잇는 작품으로, 방대한 스케일의 산불 장면이 압권이다. 주인공 제시 그레이브는 산불 진압을 위해 공중에서 화재 현장으로 투입되는 특수 소방대원 스포크 점퍼 역을 맡아 열연했다. 그는 영화에서 산불을 이용해 도주 계획을 세운 탈옥수를 붙잡아 인질을 구해내고 산불을 진화하는 용맹함을 보여준다. 영화에서 인상 깊은 장면은 산불이 나무를 하나하나씩 태워나가는 것이 아니라 나무꼭대기에서 점프하듯 번져 나가는 것이었다. 또 하나는 산불의 화염에 기압골의 전선이 겹칠 경우 강한 상승 기류가 주변의 산소를 빨아들여 그야말로 파괴적인 불폭풍(fire storm)이 일어난다는 사실이다. 불폭풍의 위력은 설명하기 힘들 정도로 엄청나다. 성경에 불폭풍의 위력을 언급한 부분이 나온다.

삼림을 사르는 불과 산에 붙는 불길같이 주의 광풍으로 그들을 쫓으시며 주의 폭풍으로 그들을 두렵게 하소서(시 83:14-15).

시편 83편은 아삽이 쓴 시로, 에돔을 비롯한 10개국의 이방 동맹국이 여호사밧 왕 통치하의 유다를 침공한 사건이 주된 배경이다. 인용한 부분에서 시편 기자는 하나님께서 선택한 백성을 멸하려고 드는 원수들을 심판해 주시길 원하고 있다. 산불에 산이 폐허가 되는 것처럼 하나님의 심판에 악의 세력이 졸지에, 신속하게, 완전히 멸망당하기를 간구하고 있다. 불이나 화염은 성경에서 하나님의 맹렬한 진노와 심판의 철저함을 상징적으로 나타낸다. 폭풍과 돌풍은 하나님의 진노를 불과 화염의 이미지와 함께 시각적으로 생생하게 형상화하고 있다.

성경에서 시편 기자가 비유로 든 것처럼 산불은 맹렬하고 철저하게 자연을 파괴하는 힘을 가지고 있다. 1967년 미국 아이다호 주 선댄스 산에 일어난 불은 단 몇 시간 만에 5,000ha의 삼림을 몽땅 태워버린 것으로 유명하다. 당시 산불로 생긴 연기 기둥이 100m 이상 공중으로 치솟았으며, 강한 돌풍으로 인해 숯불과 솔방울이 화재 현장으로부터 16km나 날아갔다고 한다. 회오리바람의 세기가 초속 40m를 넘자 큰 나무들이 이쑤시개처럼 마구 뽑혀 날아갔고, 불은 주변의 산소를 회오리바람 속으로 빨아들여 거대한 불폭풍을 만들어 냈다. 불폭풍으로 인근의 삼림은 초토화되었다. 또한 이동하는 불폭풍의 용광로 같은 열기는 다리 위의 두께 0.8cm 강철판을 엿가락으로 만들어 버렸다. 이 정도 두께의 강철이 엿가락처럼 휘어지려면 560℃의 고열이 필요하다고 한다.

1996년 강원도 고성의 대형 산불 진화에 참여했던 어느 공무원의 기록을 보면 산불이 얼마나 무서운지 실감할 수 있다.

"산불은 폭발물 도화선 따라가듯 이 산 저 산, 이 마을 저 마을을 순식간에 불바다로 만들고 있었다. 철수하는 차량들이 불바다 물결을 헤치고 빠져나가는 도로마다 매운 연기와 화염이 가득 차고 함박눈처럼 쏟아지는 불꽃들이 앞을 가려 진퇴양난이 되었다. 바람소리와 함께 들려오는 불타는 소리, 대나무 터지는 소리, 열기가 올라가고 불꽃이 떨어지는 소리, 온갖 가축들이 울어대는 소리 등 뭐가 뭔지 정신이 없었다. 불길과 불길이 서로 부딪칠 때 상상할 수 없는 폭음과 함께 엄청난 불기둥이 하늘높이 솟아올랐다. 초속 20m의 바람을 타고 낙하산처럼 이 산, 저 산으로 옮겨가는 모습은 마치 걸프전에서 볼 수 있었던 미사일처럼 군락을 이루었다. 200-300m씩 날아가는 불꽃들은 차량보다 빨리 지나갔다. 평상시 같으면 불을 끄지 않고 가만히 두면 7일 동안을 타야 도착할 거리를 불과 2-3시간 만에 불이 옮겨 붙었다. 산불은 산림 피해 3,762ha 등 총 227억 원의 재산 피해와 이재민 49세대를 만들어 냈다."

시편 기자가 인용한 산불의 맹렬하고 철저한 파괴력은 악을 심판하실 하나님의 진노를 연상시킨다.

산불에 가장 큰 영향을 주는 것은 기상 요소로서 바람이 강하고 습도가 낮은 기상 상태이다. 우리나라의 경우 3월과 4월에 전체 산불의 80% 이상이 발생하는 것은 이 때문이다. 산불로 인해 대규모의 열원이 만들어지게 되어 주변 대기의 흐름에 많은 영향을 준다. 즉 거대하고 강한 대류를 만들어 풍속을 증가시킨다. 이렇게 만들어진 강한 바람은 산불의 확산을 빠르게 하며 산불 지역의 강한 상승기류는 산불 진화 항공기의 접근을 어렵게 한다. 따라서 약간의 시간이 지나면 대규모화되어 첨단 장비를 동원한 진화 작업도 실효를 거두기 힘들고 결국 비가 내려 자연 진화되기만을 기다릴 때가 많다. 최근 가장 피해가 컸던 산불은 2000년 4월 7일, 강원 지역 백두대간에서 발생한 산불로 9일 동안 서울 여의도 면적의 78배에 달하는 2만 3,443ha의 삼림을 잿더미로 만들었다.

12. 홍수
하나님의 심판

"원 세상에, 홍수가 나는 것이 복이라고?"

세상 어느 나라나 홍수는 재앙이지만 유일하게 이집트만은 홍수가 복인 나라이다. 홍수가 끝나면 나일 강 유역의 경작지에는 상류 지역에서 운반되어 온 비옥한 흙이 쌓인다. 이곳에 곡물의 씨를 뿌리면 다음해 2월에 엄청난 수확을 하게 된다. 만일 홍수가 일어나지 않거나 나일 강의 수위가 낮아져 경작지 면적이 한정되면 다음해에는 흉년이 닥치고 기근과 재해가 발생한다. 이집트에서는 홍수가 나는 것이 재해가 아니라 축복인 것이다. 따라서 이집트인들은 천지가 개벽할 정도의 홍수가 아니라면 홍수가 크게 날수록 더 좋아했다.

로마의 플리니우스는 나일 강의 범람 수위에 따라 농작물이 얼마나 잘 자라는가에 대한 기록을 남겼다. 홍수가 나서 물이 범람한 높이가 18m이면 배고픔, 19.5m이면 고생, 21m이면 행복, 22.5m이면 안심, 그러나 27m 이상이 되면 재앙이라고 말이다. 재앙은 강이 범람해서 진흙집까지 쓸어가 버릴 때를 말한다고 하는데, 다행히 100년에 한 번 이상 나타나지는 않는다고 한다. 이집트에서는 홍수가 나는 것이 축복이지만 성경에서는 하나님이 심판의 도구로 사용하는 기상 요소이다.

노아의 홍수는 진짜로 있었을까

그리스 신화에서 보면 인간은 철(鐵)의 시대가 되면서 악해지기 시작했다고 한다. 이때부터 사람들은 배반과 폭력, 탐욕만을 좇으며 서슴없이 악행을 자행했다. 그러자 신들의 왕인 제우스가 지상을 평정하고 있던 악한 타이탄족을 심판하기 위해 남풍신(南風神)에게 큰 비를 지시했다. 남풍의 신이 큰 손으로 하늘에 걸린 구름을 건드리자 하늘에서는 무시무시한 굉음과 함께 폭우가 쏟아져 내렸다. 무지개의 신은 은하수에서 물을 길어올려 구름에 끊임없이 물을 공급해 주었다. 바다의 신 포세이돈도 해일(파도)을 몰아와 제우스를 도왔다. 결국 인류는 홍수와 해일에 멸망당하고 말았다.

사람들의 죄악이 온 땅에 가득 차고 하는 짓마다 잔인해지자 하나님은 이들을 물로 심판하기로 결심한다.

"이들은 나의 형상으로 지어진 사람이 아니다. 이 타락하고 악한 피조물은 내 것이 아니다."

하나님은 하늘의 문을 열어 큰 비를 내리고 깊음의 샘을 열어 해

일을 가져와 땅을 모두 물에 잠기게 하여 모든 사람들을 죽게 했다. 그런데 그 시대에 가장 의인이었던 노아와 그의 가족, 방주 안으로 피했던 동물들만은 구원해 주었다.

그렇다면 과연 노아의 홍수는 역사적으로 실재했을까? 세계의 많은 과학자들은 세계 거의 모든 인종에게 전해 내려오는 홍수 이야기가 비슷하다는 점과, 홍수 퇴적물의 분포로 볼 때 성경에 나오는 노아의 홍수가 사실임을 뒷받침한다고 말한다.

> 노아가 육백 세 되던 해 둘째 달 곧 그 달 열이렛날이라 그 날에 큰 깊음의 샘들이 터지며 하늘의 창문들이 열려 사십 주야를 비가 땅에 쏟아졌더라(창 7:11~12).

홍수로 저지대가 물에 뒤덮이는 데 40일이 걸렸으며, 그 이후 150일 동안 물이 계속 불어올라 가장 높은 산꼭대기가 약 7.5m 정도만 남았다고 한다. 이렇게 지구를 다 덮을 만큼의 물은 어디에서 온 것일까? 홍수를 설명하는 이론 중에서 가장 많은 지지를 받는 것이 '닫집 이론' 이다. 이는 대기권 밖의 수증기층이 지구에 홍수를 가져왔다고 보는 견해로, '하늘의 창(窓)들이 열렸다' 는 표현을 가리킨다. 비는 대기권 내에 있는 수증기가 응결되어 내리는데, 실제 대기권 내의 물은 전 지구 물의 1,000분의 1이 채 되지 않는다. 따라서 대기권 안에 있는 모든 수증기가 비로 되어 내려도 홍수는 불가능하다. 그래서 대기권 밖에 거대한 수증기층이 있었다고 주장하는 것이다. 이 이론은 성경에서 하늘 위의 물과 하늘 아래의 물로 나누어 천지창조를 했다는 이야기와도 일치한다.

최근 유럽우주국(ESA)는 오리온성운 주변의 신생 별 사이에서 엄청난 양의 수증기층을 발견했다고 발표했다. 이 수증기층은 지구의 바다를 무려 60번이나 채울 수 있는 엄청난 양이라고 하는데, 대기권 밖에 거대한 수증기층이 있다는 과학적 뒷받침이 된다.

홍수를 가져온 두 번째 원인이 '깊음의 샘들이 터졌다' 이다. '깊음의 샘' 들은 히브리어로 '마에에노트 테홈 라바' (הבר סוחת תביעמ)로, 큰 바다 혹은 바다의 해일과 폭우를 가리킨다. 즉 바다의 해일이 겹치면서 홍수를 가져왔다는 것이다. 하지만 현재와 같은 지구의 형태로 볼 때 제아무리 거대한 홍수가 발생하더라도 산봉우리까지 물이 차는 것은 불가능하다. 따라서 당시 지구의 모양은 지금과는 다른 형태인 거의 평평한 모양이었을 것이라고 일단의 학자들은 말한다. 지금과 같은 산맥과 해구는 하늘 위의 물이 쏟아져 내리면서 그 무게로 인한 급격한 조산운동으로 이루어졌다는 것이다. '터졌다' 로 표현된 히브리어 닙케우(ועקבג)는 바다 내부와 지각의 급격한 변화 현상을 가리키는데, 높은 산 위에서 조개껍데기가 발견되는 것 등이 이 이론을 뒷받침해 준다.

과학으로 규명하지 못하는 것이 많은 현대에서 몇천 년 전에 발생한 노아의 홍수 사건을 과학적으로 명쾌하게 규명한다는 것은 사실 어려운 일이다. 그러나 여러 가지 증거와 이론상으로 볼 때 노아의 홍수는 실재했다. 그래서 성경에서는 홍수를 기적이라고 표현하지 않는다. 다만 하나님께서 당시의 일반적인 자연현상을 이용하여 악한 인류를 심판한 것이라고 기록하고 있다.

고대 바빌로니아 신화에 나오는 대홍수 이야기는 '엔릴' 이라는 신이 사람들이 내는 시끄러운 소리에 잠을 이루지 못하자 사람들을 다 홍수로 멸망시켜야 하겠다고 작정하고 일으킨 것으로 기록하고 있다. 그러나 하나님은 사람들이 시끄럽다고 홍수를 일으키신 분이 아니다. 범죄하고 타락한 인간에 대한 탄식과 함께 공의로운 심판으로 홍수를 만드신 것이다. 놀라운 것은 대홍수를 통한 하나님의 심판이라는 대사건을 기술하는 창세기 6장 말씀 가운데 하나님은 노아 가족의 구원에 대해 길게 서술하고 계신다. 즉 하나님은 인류의 심판보다 노아 가족의 구원에 더 관심을 가졌음을 단적으로 보여주신다. 사랑이 풍성하신 하나님은 대홍수의 심판 사건 가운데에서도 택한 자에 대한 구원과 사랑을 베푸시는 아주 좋은 분이다.

산은 솟아오르고, 골짜기는 깊어지고

"하나님의 심판이 진행되었다. 땅의 모습이 뒤바뀌는 거대한 지진과 하늘이 무너져 내리는 천둥번개의 굉음, 해일이 지구를 뒤덮었다. 온 천지가 물에 잠기고 땅 위의 온갖 숨쉬는 것들이 죽어가는 대홍수의 바다 한가운데에 한 점 모래알 같은 방주 한 척이 떠 있다. 노아의 가족이 탄 구원의 배였다."

천지만물을 창조하신 하나님께서는 사람들에게 "생육하고 번성하여 땅에 충만하라"고 했다. 하나님의 복을 받은 인류는 빠르게 번성했지만, 이에 비례하여 타락과 음행도 깊어져만 갔다. 가인의 후예들의 타락은 말할 것도 없고, 가장 경건해야 할 셋의 후손들까지 악과 결탁하면서 세상이 죄악으로 넘치게 되었다. 하나님은 너무나 마음이 아팠으나 어쩔 수 없었다. 당신이 만든 세상이 악으로 가득 차는 것을 보고 있을 수만은 없었던 것이다. 고심 끝에 하나님은 죄악으로 가득 찬 인류와 세상을 홍수로 멸망시켰다. 하지만 의로운 노아 가족만은 홍수에서 보호하여 인류의 대를 잇게 했다.

성경에서는 "하늘의 창들이 열려 사십 주야를 비가 땅에 쏟아졌더라"고 기록하고 있다. 즉 하늘에 있는 물의 창고가 터지면서 물이 쏟아져 내렸다는 것이다. '물의 창고'란 궁창 위의 물을 말한다. 물이 수증기 형태로 지구를 둘러싸고 있는 것과 같다고 하겠다. 과학자들은 이와 같은 물의 층이 있었기에 지구의 기온과 습도가 높아지면서 지름 10m 이상, 높이 1백여m에 이르는 나무들이 숲을 이루며 성장하게 되었다고 한다. 초식동물의 먹이가 풍족해지면서 다른 동물들의 번식도 왕성해졌다. 궁창 위의 물은 태양의 자외선과 우주선을 차단하여 인간의 수명을 몇백 살까지 늘릴 수도 있었다고 한다.

노아의 홍수 때 쏟아져 내린 물이 어디로 사라져버린 것이 아니라면 지금의 지구 물의 양과 같을 텐데, 어떻게 높은 산의 봉우리가 물에 다 잠길 수 있었을까? 즉 현재의 지구 모양대로라면 아무리 홍수가 발생하더라도 산봉우리까지 물이 차는 것은 불가능하다. 현재 지구의 물 무게는 1경 5,400조kg으로 지구의 산과 육지를 깎아서 바다에 메울 경우 땅은 물 아래 3,800m 지점에 잠기게 된다고 한다.

땅에 기초를 놓으사 영원히 흔들리지 아니하게 하셨나이다 옷으로 덮음같이 주께서 땅을 깊은 바다로 덮으시매 물이 산들 위로 솟아올랐으나 주께서 꾸짖으시니 물은 도망하며 주의 우렛소리로 말미암아 빨리 가며 주께서 그들을 위하여 정하여 주신 곳으로 흘러갔고 산은 오르고 골짜기는 내려갔나이다 주께서 물의 경계를 정하여 넘치지 못하게 하시며 다시 돌아와 땅을 덮지 못하게 하셨나이다(시 104:5-9).

해답은 성경 안에 있는 "산은 오르고 골짜기는 내려갔나이다"이다. 성경은 성경 안에서 해석하는 것이 가장 올바른 방법이다. 노아의 홍수 때의 지구는 지금보다 높낮이가 심하지 않아 지구 전체가 물에 잠겼을 것이다. 하지만 하나님께서는 홍수가 끝난 후 노아 가족이 살아갈 땅을 만들어 주기 위해 산은 높이고, 골짜기는 깊게 만들었던 것이다.

과학자들은 궁창 위의 물이 지표면으로 쏟아져 내린 양을 약 7,700조kg으로 추정하고 있다. 이 엄청난 물의 무게가 지구 내부의 중심을 누르자 압력의 균형이 깨지면서 지구 내부에 폭발이 일어났고, 이러한 폭발로 조산운동이 발생하여 높은 산과 깊은 골짜기가 생겨났다는 것이다.

존 위트콤(John C. Whitcomb Jr.)과 헨리 모리스(Henry M. Morris) 박사가 발표한 "대홍수"라는 연구는 성경의 홍수 기간 중에 발생했던 지층의 융기와 침강에 관한 지사학적(地史學的) 증명이다. 그들은 수많은 협곡과 퇴적층을 연구한 끝에 홍수 이전의 바닷물 높이가 현재보다 훨씬 아래에 있었다는 것을 밝혀냈다. 또 지구상의 모든 고원지대와 산맥의 지층을 비교 연구한 결과 새로운 땅이 옛날의 땅을 밀고 올라온 충상단층(衝上斷層)의 형태를 갖고 있다는 지층융기설로 성경의 말씀을 증명해 냈다.

이와 같은 과학적 증거 외에도 에베레스트 산 위에서 발견되는 조개류와 같은 바다 생물의 화석은 무엇을 의미하는 것일까? 이는 에베레스트 산이 바다 한가운데 있었던 증거라고 할 수 있다. 성경에 기록된 모든 자연현상은 한 치의 오차가 없는 하나님의 과학사이기도 하다.

대홍수 때 바다 밑의 땅이 융기하여 산과 땅이 만들어졌다는 성경 이야기와 비슷하게 바다 밑의 흙을 가져와 산을 만들었다는 신화가 알타이계의 민족 설화에 많이 전해져오고 있다.

> 세상이 물바다일 때 하나님과 사람이 모두 새가 되어서 나타났다. 새가 된 사람이 바다 밑으로 들어가서 흙을 물고 나오자 하나님이 그 흙을 바다 위에 놓고서 땅이 되라고 명령하니 그 흙이 점점 커져서 땅이 되었다(단단족의 신화).

> 하나님은 세상이 물로 가득 차자 세상 바다 밑에 사는 귀신에게 명령하여 물 속의 흙을 가지고 오게 하셨다. 귀신이 물 속에 들어가서 흙을 가지고 나오자 하나님은 그 흙을 바다 위에 띄워놓고 그 위에 앉으셔서 흙으로 땅이 되게 하셨다(시베리아 야쿠트족의 신화).

이밖에도 이와 비슷한 신화는 알타이 지방의 오스티악족과 보굴족을 비롯하여 중앙아시아와 시베리아에 걸쳐 광범위하게 분포되어 있다.

'퍼펙트 스톰' 도 이겨내는 노아의 방주

"미국 노바스코샤 근해에 거대한 폭풍이 인다. 30m 높이로 치솟는 태산 같은 파도, 유리창을 부수며 세차게 퍼붓는 물보라, 거대한 선박도 뒤집어놓을 듯 포효하는 바람. 그것은 백 년에 한 번 일어날까 말까 한 그야말로 '완벽한 폭풍' 이었다."

세바스찬 융거가 1998년 7월에 펴낸 책 《퍼펙트 스톰》(*Perfect Storm*)의 한 대목이다. 《퍼펙트 스톰》에는 자연에 맞서 치열하게 싸우는 뱃사람들의 영웅적인 모습보다 인간적인 모습에 포커스가 맞추어져 있다. 융거는 가난한 어부들의 부초(浮草) 같은 삶뿐만 아니라 목숨을 걸고 구조 활동을 벌이는 해안 경비대의 모습에 이르기까지 다양한 이야기를 들려준다.

고기잡이 배 안드레이 게일 호에 탑승한 사람은 선장 빌리를 포함해 모두 6명이었다. 이들은 이상할 정도로 불길한 예감이 들었지만, 호구지책(糊口之策)을 위한 절박한 심경으로 배에 오른다. 선원들은 한 달 동안 참치를 잔뜩 잡아 올려 기분이 한껏 부풀어 있었다. 하지만 만선의 기쁨도 잠시, 핵무기 1만 개 이상의 위력을 가진 거대한 폭풍을 만나게 된다. 10층 높이의 파도와 시속 193km의 광풍 앞에서 살기 위해 처절한 사투를 벌인다. 그러나 '퍼펙트 스톰' 앞에 이들은 너무 무기력했고 결국 배는 침몰되고 만다.

> 네가 만들 방주는 이러하니 그 길이는 삼백 규빗, 너비는 오십 규빗, 높이는 삼십 규빗이라(창 6:15).

하나님께서 천지를 창조한 후 사람들은 크게 번성했으나, 이에 비례하여 타락도 심해졌다. 눈 뜨고 볼 수 없을 정도로 탐욕스럽고 사악해져 갔다. 사람들의 타락한 모습을 내려다본 하나님은 슬프고 안타까웠다. 넘치는 죄악을 그대로 보고만 있을 수 없었던 하나님은 세상을 홍수로 멸망시키기로 결심했다. 그런데 의롭게 살던 세상의 단 한 사람, 노아는 구원하기로 한다. 야훼 하나님은 노아에게 홍수에 견딜 수 있는 배 만드는 법을 알려주었다. 배의 모양과 크기 등을 알려주는 내용이 앞에 인용한 성경 구절이다. 지금도 많은 사람들은 '과연 노아의 방주 안에 그토록 많은 동물들이 들어갈 수 있을까?' '지구를 뒤덮은 홍수와 강력한 해일 앞에 과연 방주가 무사할 수 있었을까?' 하는 의문을 가지고 있다.

길이를 나타내는 규빗은 히브리어 암마(המא)로, 통상 어른의 팔꿈치로부터 가운데 손가락까지의 길이인 대략 45.6cm에 해당한다. 따라서 노아의 방주 규모는 길이가 136.8m, 너비가 22.8m, 높이가 13.68m 가량의 큰 배로, 용량은 3만 2,800t 정도가 된다. 이 정도 배 크기라면 노아의 가족과 세상의 각종 동물, 그들이 먹을 1년 동안의 양식을 싣기에 충분한 크기라고 전문가들은 말한다.

노아의 대홍수 때는 무시무시한 폭풍우와 해일이 함께 발생했을 것이다. 그렇다면 어느 정도의 강도였을까? 《퍼펙트 스톰》에서는 북진하는 태풍 그레이스와 북쪽의 전선대가 부딪치면서 괴력의 폭풍이 만들어졌다. 당시 불었던 태풍은 A급으로 중심 풍속이 초속 50m 정도였다. 이 정도의 강풍에서 파고의 높이는 계산상으로 24m 정도가 된다. 그런데 실제로는 북쪽의 전선대가 몰고 오는 파도와 태풍이 몰고 오는 파도가 부딪치면서 파고가 30m에 이르렀다. 뱃사람들은 이 파도를 '지옥보다 더 무서운 파도'라 부른다. 이론적으로 태풍이나 폭풍으로 만들어지는 가장 높은 파도가 30m 정도이다. 책의 제목을 《퍼펙트 스톰》으로 이름 지은 것에는 다 이유가 있는 것이다.

보통 태풍으로 일어나는 바다의 사나운 큰 물결을 '너울' 이라 한다. 너울의 위력은 상상을 초월할 정도다. 1만t급 철선이라도 너울과 직각 방향으로 만나 너울 봉우리에 얹히면 배 허리가 자체 하중을 못 이겨 두 동강 날 정도이다. 2차 세계대전 당시 태평양에서는 미 7함대가 태풍을 만나 함대의 주력을 잃었던 사례가 있다. 태풍의 이동 예측에 실패하면서 태풍을 피한다고 한 것이 태풍을 향해 정면으로 돌진해 간 것이다. 초속 50m가 넘는 강풍과 20m가 넘는 파도를 만난 미 7함대는 미국 해군 사상 자연으로 인한 최대의 재난을 당하게 된다. 무려 150대의 함재기와 3척의 구축함, 790명의 병력을 태평양에 묻고 말았다. 엎친 데 덮친 격이랄까? 6개월 후 7함대는 바이퍼라는 태풍을 다시 만나 76대의 항공기 손실, 6명 전사, 33척의 함정 파손을 기록했다.

2010년 1월, 종말론을 그린 영화 "2012"가 개봉되었다. 영화를 보면 지진과 화산 폭발로 생긴 거대한 파도가 히말라야 산맥을 휩쓸고 대륙을 삼켜 버린다. 이에 대비해 강대국들은 대형 파도에 견딜 수 있는 배를 만들어 주요 인사들을 피난시킨다. 그런데 이 배의 모양이 성경에 나온 노아의 방주 모양과 매우 비슷하다고 한다. 왜 노아의 방주 모양을 본떴을까? 선박 전문가의 연구에 의하면 노아가 만든 방주의 길이, 너비, 높이의 비율은 풍랑 가운데 있는 배가 엔진을 끈 채 바다에 떠 있을 때 가장 빨리 안정을 되찾을 수 있는 최적의 비율이라고 한다. 그뿐만 아니라 노아의 방주는 30m 이상의 파도에도 견딜 수 있는 구조라고 한다. 하나님은 단 한 치의 오차도 없으신 분이다. 노아의 방주는 여호와 하나님의 말씀에 따라

가장 과학적으로 만들어진 배였던 것이다.

블레셋에 내린 하드레인

영화 "하드레인"(Hardrain)은 미국 인디애나 주 헌팅버그에 쏟아진 집중호우를 배경으로 하고 있다. 폭우와 홍수로 인해 마비된 마을, 홍수를 피해 빠져나가는 사람들, 무너진 댐, 범람하는 강물, 물에 잠겨버린 300만 달러가 들어 있는 은행의 현금 수송트럭, 구조요청 무전을 엿들은 갱단, 일확천금을 꿈꾸는 갱들과 호송대원의 치열한 수중전과 시가전……. 기상 예보자로서의 직업 의식 때문인지 실감나게 찍은 홍수 장면에 정신없이 빠져들었던 영화였다. 영화에서 한 갱이 성경의 말씀을 인용하는 장면이 나온다. "보라, 물이 북방에서 일어나 창일(漲溢)하는 시내를 이루어……."

이 구절은 구약성경의 예레미야에 나온다. 그는 이스라엘을 괴롭히는 주변 10개의 나라에 대해 하나님의 심판을 선언하는데, 그중 하나가 블레셋에 대한 예언이다. 블레셋 사람들은 기원전 12세기경 지중해에 있는 크레타 섬에서 팔레스타인의 서남쪽 지중해 연안으로 이주해 온 민족이다. 이들은 발달된 문명과 함께 강한 철제무기를 가지고 있어 이스라엘 민족에게 큰 위협이 되었다. 하나님께서 가나안 정복전쟁 때 이들을 멸망시키도록 명했으나 이스라엘 민족의 불순종으로 살아남았고, 그 후 이스라엘 민족은 계속해서 이들에게 시달림을 당하게 된다. 예레미야는 악하고 음란에 빠진 블레셋은 북방 민족인 바벨론에 의해 멸망할 것이라고 한다.

여호와께서 이와 같이 말씀하시되 보라 물이 북쪽에서 일어나 물결 치는 시내를 이루어 그 땅과 그 중에 있는 모든 것과 그 성읍과 거기에 사는 자들을 휩쓸리니 사람들이 부르짖으며 그 땅 모든 주민이 울부짖으리라(렘 47:2).

블레셋이 북방 민족인 바벨론에 의해 멸망할 것을 북쪽에서 내려오는 큰 물결로 비유한 것이다. 마치 홍수가 나서 강이 범람하듯이 바벨론의 군대가 블레셋을 휩쓸어 버린다는 것이다. 고통 또한 상상할 수 없을 정도로 엄청날 것이라고 했다.

북반구에서 홍수가 날 정도로 많은 비가 내리는 경우는 온난하고 다습한 남쪽 공기가 북상할 때이다. 예레미야의 말처럼 북쪽에서 홍수의 큰 물이 흘러 내려오고, 북쪽에서 내려오는 공기에 의해 이 지역에서 홍수가 일어날 수 있을까? 남쪽 공기는 온도가 높아 많은 수증기를 가진 데다 북반구에는 바다가 남쪽에 있어 다습하기에 충분히 홍수가 일어날 수 있다고 본다. 아시아 지역의 몬순과 장마가 남쪽에서 북상하는 고온 다습한 공기 때문에 발생하는 것이 좋은 예가 될 수 있다.

상식적으로 생각하면 북쪽 공기의 온도가 낮은 데다 육지 쪽에서 바람이 불어오기에 큰 비가 내리기 어렵겠지만, 특이하게도 팔레스타인에서 발생하는 홍수는 지형적인 특성으로 볼 때 남쪽 공기보다는 북쪽 공기의 영향을 받는다. 중동 지역의 남쪽과 동쪽은 대개 사막 지역이다. 남풍과 동풍이 불 때는 건조하고 더운 모래바람이 분다. 그러나 우기인 겨울철에 습한 공기가 북쪽에서 강하게 내려올 때 많은 비가 내린다. 대개 북대서양의 차고 습한 공기가 강하게 남하할 때 발생하는데 하루 최고 500㎜ 이상의 폭우가 내린 적도 있다. 하루에 500㎜ 정도의 집중호우가 내리면 관개시설이 비교적 잘 되어 있다고 하는 우리나라에서도 엄청난 피해가 발생한다. 특히 임진강 유역은 200㎜ 이상만 내려도 물난리가 난다. 팔레스타인 지역은 강이나 댐 등 물을 다스릴 수 있는 지형이 없기에 집중호우가 내리면 순식간에 강이 범람하면서 모든 것을 휩쓸고 가버린다. 성경에서 예레미야가 한 예언은 틀림이 없으며 기상학적으로도 타당한 현상이라고 할 수 있다.

"가뭄 끝은 있어도 장마 끝은 없다"는 우리네 속담이 있다. 이것은 물에 의한 피해와 두려움을 뜻하는 말이다. 우리 조상들은 가뭄보다 장마가 더 무섭다고 생각했다. 가뭄 때도 힘들기는 하지만 인명 피해나 집, 논밭 등의 유실(流失)과 같은 재산 피해는 별로 없다. 그러나 홍수 때는 인명 피해는 물론 집이나 논밭, 가축 등의 재산이 물에 잠기거나 휩쓸려가 버린다. 이 속담은 지방에 따라 "이레 장마보다 삼 년 가뭄이 낫다" "칠 년 가뭄에는 살아도 석 달 장마에는 못 산다" 등으로 다르게 전해지지만 의미하는 바는 같다. 한마디로 체감 기후로나 생활상의 편의로나 '그래도 가뭄이 장마보다는 낫다'는 식의 수해(水害)에 대한 지각 개념(perception)의 예라고 할 수 있다.

홍수로 멸망한 니느웨

"와디이즘으로 무장된 우리는 반드시 승리할 것이다." 이라크 전쟁 때 미국과 영국의 연합군에 대항하라는 사담 후세인 당시 이라크 대통령의 연설 중에 나온 말이다. 도대체 와디이즘이 무엇이기에 사담 후세인이 와디이즘을 이라크의 가장 가공할 무기라고 한 것일까?

이라크는 전 국토가 사막 기후구에 속해 있다. 사막에는 와디라는 독특한 지형이 형성되어 있다. 즉 사막의 바위투성이 사이에는 좁은 계곡들이 많은데 이것을 '와디' 라고 한다. 이 와디는 비가 오지 않는 계절에는 사막기후의 특성상 건조하기에 물이 흐르지 않는 불모의 골짜기에 지나지 않는다. 그런데 상류에 비가 쏟아지면 온 사막에 내린 물들이 와디로 몰려들어 흐른다. 따라서 물살은 급류가 되기에 크고 작은 바위들을 무차별로 하류로 굴려 내린다. 많은 비가 내리는 경우 와디 가운데 있는 것이나 강둑에 있던 집들을 다 파괴해 버린다. 그러다 비가 그치면 언제 홍수의 물길이 와디를 휩쓸었던가 싶게 바로 원상으로 복귀된다고 한다.

심리학자들에 따르면 민족의 심성은 그 속에 살아온 자연환경을 닮는다고 한다. 따라서 평소에는 와디처럼 물도 흐르지 않는 조용한 협곡이지만 비만 조금 내리면 폭발하여 휩쓸어버리는 와디의 심성을 이라크인들이 가지고 있다고 한다. 이것을 '와디이즘' 이라 하며 사담 후세인은 평소에는 잔잔한 협곡 같지만 미국이 침략하면 민중이 성난 와디처럼 변하여 치명적인 타격을 가할 것이라고 말한 것이다. 그런데 성경에 보면 와디의 특성으로 멸망한 나라의 이야기가 나온다.

> 그가 범람하는 물로 그 곳을 진멸하시고 자기 대적들을 흑암으로 쫓아내시리라(나 1:8).

강들의 수문이 열리고 왕궁이 소멸되며(나 2:6).

기원전 615년경, 선지자 나훔은 당시 중동의 강국이었던 앗수르의 수도 니느웨의 멸망을 선포한다. 비록 산헤립 왕의 남유다 침공은 실패로 돌아갔지만 당시 앗수르는 붕괴의 조짐이 전혀 없는 부강한 나라였고, 수도인 니느웨는 난공불락의 천연 요새에 위치해 있었다. 따라서 당시 니느웨가 멸망할 것이라는 나훔의 선포는 당시 사람들에게 공허한 헛소리에 지나지 않았을 것이다.

그러나 우상숭배와 궤휼, 포학, 수탈, 살육, 부도덕, 이기적인 외교의 대명사였던 앗수르는 멸망할 수밖에 없다고 선지자는 예언한 것이다. 멸망의 예언이 있은 얼마 후 니느웨는 나훔의 예언대로 바벨론과 메대 연합군에 의해 정확하게 멸망하고 만다. 그런데 니느웨는 홍수로 인해 치명적인 타격을 입었다는 것이다.

니느웨는 현재 이라크 영토 북쪽 지역인 모술 부근으로 티그리스 강 상류에 있었다. 이 지역은 이라크에서는 가장 많은 비가 내리는 곳으로 연 평균 450㎜ 정도 내린다. 특히 3월경에는 100㎜ 이상으로 우리나라 6월경의 평균 강수량과 비슷하게 많이 내린다.

나훔 1장 8절에서 "범람하는 물로 그 곳을 진멸하시고" 라는 말씀이 나온다. 여기에서 '범람하는 물' 은 히브리어 '쉐테프 오베르' (שׁטף עבר)로 홍수를 뜻한다. 또 2장 6절의 "수문이 열리고" 는 니느웨 성을 방어하기 위해 조성한 운하의 수문이 밀려오는 홍수로 인해 열림으로써 오히려 니느웨 성이 수몰당한 것을 의미한다. 왕궁이 '소멸되며' 의 소멸은 히브리어 '무그' (מוג)라는 말로 '용해되다', '녹다' 라는 뜻이 있다. 따라서 두 절을 살펴보면 니느웨가 홍수로 수몰되었다고 보는 것이 타당하다고 본다.

아무리 홍수가 나더라도 한 나라의 수도가 홍수로 멸망할 수 있을까? 나훔 2장 8절에 보면 "니느웨는 예로부터 물이 모인 못 같더니"라는 말이 나온다. 이것은 니느웨는 사막 한가운데 있는 호수와 같다는 것으로 지형적으로 다소 낮은 지역이었던 것 같다. 따라서 평소의 작은 홍수에 대비하기 위해 수문들을 만들었을 것이다. 그런데 기록에 의하면 이 지역에 하루에 400㎜ 이상의 비가 내렸던 적도 있었다. 이 정도의 비라면 기상학적으로 상류의 바위와 돌을 굴려 내려 수문을 부수고 니느웨를 수몰시킬 수 있다.

당시 니느웨를 멸망시켰던 바벨론 왕이 느부갓네살이다. 그는 사담 후세인이 가장 존경하는 사람이라고 한다. 후세인이 니느웨를 멸망시킨 와디의 홍수와 느부갓네살을 연관시켰던 것은 미국을 이길 것이라는 꿈이 실현되기를 기대했기 때문이 아니었을까? 하나님의 마음에 합하지 않은 악한 지도자는 하나님이 심판하신다. 니느웨를 홍수로 휩쓸었던 하나님은 연합군의 노도 같은 홍수로 후세인을 심판했으니 말이다.

13. 별 1
하늘의 별만큼 복을 주리라

가슴속에 하나 둘 새겨오는 별을
이제 다 못 헤는 것은
쉬이 아침이 오는 까닭이요,
내일 밤이 남은 까닭이요,
아직 나의 청춘이 다하지 않은 까닭입니다.

별 하나에 추억과
별 하나에 사랑과
별 하나에 쓸쓸함과
별 하나에 동경과
별 하나에 시(詩)와

별 하나에 어머니, 어머니…….

—윤동주의 '별 헤는 밤' 중에서

내 어릴 적 별은 신비였고 꿈이었으며 은밀한 대화를 나누는 숨겨둔 친구였다. 이런 성스러운 별에 대한 나의 비밀과 사랑은 후에 천문기상학을 전공하게 된 동기가 되었다.

별은 셀 수 없을 만큼 많다

어릴 때 하늘의 별을 세어 본 적이 있다. 세어 가는 도중 할머니 무릎 위에서 잠이 들곤 해서 다 세어 본 적은 없지만 말이다. 그런데 윤동주 시인도 하늘의 별을 다 헬 수 없다고 고백한다. 맞는 말이다. 하늘의 별은 아주 많아 다 헤아릴 수가 없다.

> 내가 네게 큰 복을 주고 네 씨가 크게 번성하여 하늘의 별과 같고 바닷가의 모래와 같게 하리니 네 씨가 그 대적의 성문을 차지하리라(창 22:17).

성경에서도 하늘의 별은 감히 셀 수 없을 만큼 많다는 표현이 창세기 외에도 예레미야(렘 33:22)에 나온다. 그럼 정말 하늘의 별은 얼마나 될까? 성경 말씀처럼 과연 셀 수 없을 정도로 많을까?

150년경의 히파커스는 하늘에 겨우 1,026개의 별이 있다고 말했고, 예수님과 같은 시대에 살았던 로마 과학자 프톨레미(Ptolemy)는 별의 수효를 1,056개라고 했다. 17세기에 들어 갈릴레이가 망원경을 발명하고 별의 수를 비로소 수천 개라고 말한다. 지금에 와서는 달이 없는 맑은 밤에 우리 눈으로 볼 수 있는 별의 숫자만 대략 3,000개 정도라는 것이 정설이다. 작은 망원경으로 보면 10만 개까지 관측이 가능하다. 그런데 우리가 볼 수 있는 것은 우리가 속한 은하의 구석에 있는 것들뿐이다. 우리가 사는 은하계에 있는 별의 수는 대략 1,000억 개라고 한다.

그런데 우주에는 우리 은하만 있는 것이 아니다. 과학자들에 따르면 우주에는 약 1,000억 개의 은하계가 있는 것으로 밝혀지고 있다. 그렇다면 현재 알려진 별의 숫자는 대략 10,000,000,000,000,000,000,000개나 되는 것이다. 이 수치는 지구의 인류가 나눠 갖는다고 해도 한 사람당 2조 개의 별이 돌아갈 정도이다. 그런데 더 좋은 장비가 발명되고 더 깊은 부분까지 탐사한다면 별의 수는 무한대가 될지도 모른다. 한마디로 별은 도저히 셀 수 없을 만큼 많다.

성경은 한 치의 오류도 없다. 첨단 과학이 발달한 오늘날에 별을 셀 만큼 세어보고 "아, 별은 셀 수 없을 만큼 많구나!" 라고 알게 되었는데, 이 과학적 사실을 지금으로부터 4,000년 전에 성경 기자는 이미 알고 있었다는 것이 얼마나 놀라운가? 이것은 별을 만드신 하나님이 그에게 별은 셀 수 없을 만큼 많다고 알려준 것이라고밖에 달리 생각할 수가 없다. 오묘한 하나님의 창조 섭리에 그저 감탄할 뿐이다. 천문학자 가운데에서는 무신론자를 찾아보기가 힘들다고 한다. 우주의 말할 수 없는 신비와 아름다움을 연구해 본 사람은 창조주 하나님이 아니면 이런 것을 만들 수 없다는 것이 믿어지기 때문이라고 한다.

별을 가지고 날씨를 예측하는 우리네 속담이 있다. "별이 떨면

심한 바람이 분다"는 말인데, 상당히 과학적인 근거가 있다. 별은 간혹 광도가 변하는 변광성이 있긴 하지만 계속해서 빛을 낼 뿐 깜빡이는 일은 없다. 그런데 밤하늘의 별을 보면 반짝반짝 깜빡이는 것처럼 보일 때가 있다. 이것은 지구가 공기층에 둘러싸여 있기 때문에 발생하는 현상으로, 우주에서 날아오는 별빛이 지구의 대기권을 통과하면서 공기층의 요동으로 흔들리는 것이다.

특히 어떤 날은 별들이 유난히 깜빡거리거나, 가물가물거리거나 흔들리는 것처럼 보일 때가 있다. 이러한 경우는 하늘에 강한 바람이 불고 있음을 뜻하는데, 상공의 바람이 강할수록 별빛이 반짝거리는 정도도 심해진다. 대기의 상공에서 부는 강한 바람은 점차 아래로 내려와 지상에도 강한 바람을 불게 한다. "별빛이 유난히 깜빡거리면 다음날에 바람이 분다"는 이 속담은 편서풍이 지배하는 우리나라에 잘 들어맞는 날씨 속담이다. 야외에 나갔을 때 여자 친구 앞에서 한 번 써먹어 보기 바란다.

앞서의 말씀은 하나님이 믿음의 조상이라는 아브라함을 축복하는 말 중에 나온다. 백 살에 얻은 외아들 이삭을 하나님께 번제로 바치라는 두려운 시험이 아브라함에게 전해진다. 이해할 수 없는 하나님의 명령임에도 불구하고 즉각적인 행동으로 응답한 아브라함의 초이성적이고 철저한 순종의 모습에 하나님은 감동하고 만다. 하나님이 어떤 분이신데 이삭을 번제물로 받으시겠는가? 하나님은 '여호와 이레' 사건을 통해 이삭 대신 수양을 미리 번제물로 준비하신다. 그리고 수양을 번제로 바친 아브라함의 제사를 받으신 하나님은 그에게 큰 복의 약속을 내린다. 네 후손들은 하늘의 별을 셀 수 없는 것처럼 무한하게 번성할 것이라는 것과, 그 자손에게서 왕이 나올 것이라는 창세기 17장의 약속의 말씀을 확인하는 것이다.

하나님은 제사보다는 순종을 기뻐하시고, 말씀에 순종하는 사람에게는 별을 셀 수 없는 것처럼 무한한 복을 내리시는 정말 좋은 분이다.

별들의 운동은 하나님이 정하신 것

"아니, 저렇게 아름다울 수가!" 대학 시절 야외로 천체 관측을 나갔던 적이 있었다. 한밤중에 사자자리에서 떨어지는 혜성들을 열심히 스케치한 후, 친구들과 산등성에 앉아 별과 신화에 대한 이야기를 하면서 바라본 밤하늘은 신비 그 자체였다. 무어라 형언할 수 없는 전율과 함께 느꼈던 그 미묘한 감정이란! 고대인들이 밤하늘의 별을 바라보고 신들의 이야기를 펼쳐내었던 것이 무리가 아니라는 생각이 들었다.

과학적인 지식이 거의 없던 고대 사람들은 별들을 바라보며 그 신비한 움직임에 빠져들었을 것이다. 그런데 이런 별들을 연구하는 사람들은 특이한 천체 현상인 일식과 월식, 혜성의 출현, 유성의 낙하 등이 나타나면 하늘이 분노한다고 생각했다. 그래서 그들은 번개와 천둥, 대홍수, 태풍이나 토네이도 같은 폭풍을 천체 현상과 연관시키기 시작했다. 왜냐하면 이런 사건들은 예측이 불가능한데다가 규모와 피해가 엄청나기에 어떤 식으로든 예측하여 왕들에게 조언해야 했기 때문이다. 별들의 움직임이나 색깔의 변화 등을 통해 미래를 예측하려는 것이 초기 점성술이다. 또한 자연에 대한 두려움과 외경심은 별을 숭배하는 행위로 발전되어 나갔다. 그런데 하나님은 이런 별을 만든 것이나 운동하는 모든 것들을 여호와가 만든 것이니 절대로 신으로 숭배하지 말라고 강력하게 말씀하신다.

> 또 그리하여 네가 하늘을 향하여 눈을 들어 해와 달과 별들, 하늘 위의 모든 천체 곧 너희의 하나님 여호와께서 천하 만민을 위하여 배정하신 것을 보고 미혹하여 그것에 경배하며 섬기지 말라(신 4:19).

신명기 4장에서 모세는 하나님의 말씀을 온전히 준행할 것을 권고한다. 이어 우상숭배에 대해 강력하게 경고하는 말 중에 위의 말씀이 나온다. 그 중 자연을 숭배하지 말라는 것으로 일월성신(日月星辰) 즉 해와 달, 별들은 하나님이 모든 사람들을 위하여 만든 것이니 숭배하지 말라는 뜻이다. 현대어 성경에서는 이 구절을 "또 여러분은 하늘에 있는 해나 달이나 별들을 보고서 그것들을 섬기지도 마십시오. 천체들이 아무리 찬란해도 거기에 미혹되어 신으로 섬기지 마십시오. 여러분의 하나님 여호와께서는 세상의 다른 민족들에게나 천체들에게 미혹되어 그것들을 경배하고 섬기게 하셨습니다"라고 번역한다. 이때 가나안 지방에서는 별들에게 각각 신격(神格)을 부여하고 숭배하였다. 이런 행위는 애굽이나 바벨론에서도 성행하였다.

많은 고대인들은 하늘이 둥근 돔(dome)으로서, 그 표면에 별들이 붙어 있다고 믿었다. 15세기 획기적인 지동설(地動說)을 주장했던 코페르니쿠스(Copernicus)조차도 행성(行星)은 태양을 돌지만 별들은 천구에 붙어서 움직이지 않는 것으로 생각했다. 그러나 별들은 하늘에 붙어 있는 것이 아니라 고유 운동을 통해 천구상에서 조금씩 움직이고 있다는 것이 현대 과학에 의해 밝혀졌다. 그런데 이 놀라운 사실을 4,000년 전에 성경이 기록하고 있는 것이다. 즉 인용한 구절 중 "천하 만민을 위해 배정하신 것"에서 배정은 히브리어 기본형 '할라크'(חלק)에서 유래한 것으로 하나님이 인류를 위하여 천체와 별들을 만들어 일정한 공간에 자리를 정하신 것으로 해석할 수 있다. 천구에 별이 붙어 있는 것이 아니라 행성의 운동으로 인해 천하 각국에서 자기의 위치에 있는 별을 보도록 하신 하나님의 창조 섭리를 뜻하는 것이다. 유럽에서 보는 별을 우리나라에서 지금 볼 수 없듯이, 각각의 나라들은 현재 자기의 위치에 있는 별만 볼 수 있다. 창조주 하나님이 만드신 자연현상이 아니면 사람의 지혜로 알 수도 기록할 수도 없었을 것이다. 그저 감탄할밖에!

"만물이 노래하고, 천체의 음악이 내 곁에서 들리네." 뱁콕(M. D. Babcock)이 지은 "내 아버지의 세계"라는 찬송가에 나오는 노래이다. 하늘의 별들이 움직이면서 내는 소리는 아름다운 음악이라는 것이다. 천문학자인 요하네스 케플러는 천상의 음악이 있다고 했을 뿐만 아니라 여러 행성들이 내는 음색을 계산하기까지 했던 과학자이다. 현실적으로 우리는 천체가 내는 음악을 들을 수는 없다. 그런데 정말 천체의 음악이 있다면 하늘에 계신 하나님과 수종(隨從)드는 천사들은 이 아름다운 음악을 듣고 있을지도 모른다.

천체의 운동을 과학적으로 증명해 내었던 케플러도 한때 점성술사와 비슷한 일을 한 적이 있다. 한 도시의 달력, 연감의 제작자로 일을 하였는데, 당시의 점성 달력은 달의 위상과 차고 이지러짐을 나타낼 뿐만 아니라 날씨와 수확의 시기 그리고 국가의 운명과 전쟁의 승패까지도 가르쳐 주어야 했다. 케플러는 천체의 운동과 날씨의 변화를 통해 농민들의 봉기, 터키인의 침공, 그리고 유례없는 혹독한 겨울 추위에 관한 것 등 1595년에 일어날 일에 대해 예언하였는데 놀랍게도 이런 사건들은 정확하게 들어맞았다. 당시 구교의 세력이 강했던 유럽에서 케플러의 집안은 할아버지 대부터 매우 철저한 개신교 신앙을 가진 집안이었다. "매우 허약하고 가난했던 나를 지탱해 주었던 것은 사랑의 하나님이셨다." 그의 고백처럼 주님은 어린 케플러를 지탱해 주는 지주가 되었으며, 위대한 천문학자가 된 훗날까지 그의 삶을 인도하는 등불이 되었다고 한다. 그의 고백이 얼마나 큰 은혜가 되는지…….

지구를 허공에 매다신 하나님

> 밤에 하늘을 쳐다보면, 내가 그 별 중의 하나에서 살고 있고, 그 별 중의 하나에서 웃고 있는 것 같을거야…… 밤에 별을 쳐다 봐.
>
> –생텍쥐페리의 《어린 왕자》중에서

가장 어린 마음으로 돌아가 사물을 바라보는 어린 왕자는 우리에게 밤에 별을 쳐다보라고 말한다. 별을 바라보고 있으면 누구든 창조주의 놀라운 솜씨에 경탄하게 된다. 도대체 누가 이 아름다운 별들을 만들었으며, 단 한 치의 오차도 없이 운행하게 했을까? 성경에서는 이 놀라운 일을 하나님이 만들었다고 말한다.

> 그는 북쪽을 허공에 펴시며 땅을 아무것도 없는 곳에 매다시며(욥 26:7).

욥의 친구 빌닷은 25장에서 하나님의 위대하심과 인간의 비천함을 비교하며 욥을 정죄한다. 욥이 자신의 비천한 모습을 깨닫지 못하고 하나님께 항의하는 불경건한 사람이라는 것이다. 이에 빌닷의 지극히 자기 중심적인 말에 대해 욥이 답변하는 것이 26장이다. 여기에서 욥은 오히려 빌닷보다 하나님의 위대하신 창조 능력에 대해 깊고 풍성한 신앙 지식을 나타내는데, 이 중에 나오는 말이 바로 앞의 구절이다.

"땅을 아무것도 없는 곳에 매다시며"는 히브리어 '알 벨리 마'(על-בלי-מה)로 '무엇도 없는 곳 위에' 라는 뜻이다. 즉 지구가 아무런 도움 없이 하나님이 세우신 자연법칙에 의하여 우주 공간에 떠 있다는 것이다. 성경이 기록된 그 당시의 과학적 수준에서 이해한다면 말도 안 되는 표현이거나 상징적 표현으로 여길 수밖에 없는 말이다. 왜냐하면 고대 사람들은 지구가 네모나며 아틀라스 신의 어깨에 올려져 있다고 생각했기 때문이다. 그러다 16세기에 들어와 지구는 둥글며 우주 위에 떠 있음을 주장한 코페르니쿠스와 만유인력을 발견한 뉴턴의 학설이 있은 후에야 지구가 우주 공간에 떠 있다는 것이 과학적으로 입증된 것이다. 또 최근 우주에서 지구를 찍은 사진을 보면서 정말 성경 말씀처럼 우주 공간에 지구가 떠 있음을 모든 사람들이 인정하게 되었다.

"북쪽을 허공에 펴시며"를 보며 새삼 놀라게 된다. 북쪽은 북극성, 북두칠성, 오리온 성좌 등 크고 많은 별로 가득 차 있는 북반구의 하늘을 가리킨다. 그런데 여기에서 '허공' 에 해당하는 히브리어는 '토후'(תהו)로 '측량할 수 없는 공간의 공백' 을 의미한다. 북반구의 하늘 공간에 공백이 있다는 말이다. 그런데 이 사실이 과학적으로 증명되었다. 미국에서 대형 망원경으로 관측한 결과, 우리가 관측할 수 있는 우주의 거의 1%에 해당하는 부분이 북극 지방의 하늘에 있다고 한다. 이 텅빈 공간은 북두칠성 뒤쪽에 위치하며, 이 공간의 지름은 약 3억 광년에 이른다고 한다. 도저히 사람의 지혜로는 알 수 없는 사실들을 욥은 어떻게 말할 수 있었을까? 하나님의 섬세하시고 정교한 창조 솜씨에 새삼 경탄하면서 성경이 성령의 감동하심으로 기록되었다는 사실을 믿을 수밖에 없다는 생각이다.

"한국의 운명은 구약성경이 말하는 욥의 운명과 비슷하다. 수난을 견디는 욥의 운명은 한이 없고 하나님을 믿는 신앙 또한 백절불굴이다. 한국은 바로 이와 닮았다. 한국은 지난 6,000년 동안 숱한 고난을 겪었고 욥처럼 자신의 운명에 충실해 왔다. 한국인들은 가장 큰 시련과 불행을 참는 훈련을 쌓았다. 아무도 한국인을 쓰러뜨리지 못한다. 그들은 자신의 잿더미 속에서 되살아나는 불사조이다."

《25시》의 작가 게오르규가 한 말이다. 그렇다. 하나님을 믿는 백성들이 기도하는 한 우리나라는 어떠한 어려움이 와도 다시 일어나 욥처럼 승리할 것이다.

욥기 26장에서 욥은 친구 빌닷이 고난에 처한 자신에게 조금도 도움이 되지 않았다고 말한다. 그의 변론이 논리적 오류와 어리석음으로 점철되었다는 사실과 무가치한 것임을 꼬집고 있다. 빌닷은 고난에 처한 욥을 향해 하나님의 의로우신 섭리를 믿고 의지하며 인내하도록 위로와 격려를 해야 했다. 그럼에도 편협한 논리로 비난과 정죄를 함으로써 욥에게 고통과 혼란만 가중시켰다.

신학대학원 다니던 시절 조직신학을 가르쳤던 D교수님의 사모님이 아파서 병원에 입원했었다. 문병을 왔던 믿음이 좋다던 어떤 분이 하나님께 죄를 져서 아픈 것이니 회개하라고 말하더란다. 오랫동안 그 말이 상처가 되었다는 말을 듣고 공감했던 기억이 있다. 참된 위로자란 고통 받는 자를 정죄하기보다는 진정으로 이해하고 격려하여 일으켜 세워주는 것이 아닐까? 정죄보다는 참된 위로가 필요하다.

새벽 별은 예수님

동트기 직전 동쪽 하늘을 보면 유난히 빛나는 새벽별을 볼 수 있다. 워낙 밝기 때문에 여명(黎明)이 있음에도 밝게 빛난다. 이 별은 금성으로 태양계의 행성들 중에서 달 다음으로 밝은 별이다. 금성을 찾는 것은 아주 간단하다. 뜰 때에는 날이 밝아오는 동쪽에서, 질 때에는 밤이 다가오는 서쪽에서 찾으면 된다. 대개 아침에 잘 관측되기 때문에 '샛별'(Morning Star)이라고도 불린다.

고대인들에게 금성이 관심의 대상이었던 것은 아마 찬란한 빛과 함께 빛과 관련된 긍정적인 이미지 때문이었으리라. 그래서인지 동·서양을 막론하고 새벽 별에 대한 상징은 긍정적인 것이 많다. 그리스나 로마 신화를 보면 금성은 사랑과 기쁨, 애정 등으로 표현되었으며, 중남미의 마야인과 아즈텍인들은 금성을 그들의 최고의 신인 케찰코아틀의 변신으로 보았다. 그들은 금성을 사망과 부활의 상징으로 여기기도 했다. 중국에서도 비슷한 이미지로 다가온다. 당나라의 고조가 된 이연이 왕좌에 앉자 하늘에 금성이 밝게 나타났다고 한다. 이때부터 밝은 금성은 하늘의 축복으로 여긴다고 한다.

그러면 성경에서는 금성을 어떻게 나타내고 있을까?

또 우리에게는 더 확실한 예언이 있어 어두운 데를 비추는 등불과 같으니 날이 새어 샛별이 너희 마음에 떠오르기까지 너희가 이것을 주의하는 것이 옳으니라(벧후 1:19).

나 예수는 교회들을 위하여 내 사자를 보내어 이것들을 너희에게 증언하게 하였노라 나는 다윗의 뿌리요 자손이니 곧 광명한 새벽 별이라 하시더라(계 22:16).

성경에서는 새벽 별을 예수님에 비유하고 있다. 베드로후서 1장에서 샛별은 그리스어 포스포로스(*φόρος*)를 말한다. 이 말은 ‘빛’ 을 뜻하는 포스(*φως*)와 ‘가져오다’ 는 뜻의 페로(*φέρω*)가 합성된 단어이다. 이 단어는 ‘빛을 가져오는’ 또는 ‘빛을 낳는 자’ 라는 뜻으로, 이 뜻에 상응하는 존재는 단 한 분 예수님밖에 없다. 또한 요한계시록 22장에서 새벽 별은 우리 주 예수님으로 묘사되었다. 예수님이 별 중에서도 가장 아름답고 광명한 새벽 별로 묘사된 것은 그의 영원한 통치와 찬란한 영광을 나타내기 위함이리라.

다만 욥기 38장 7절에서는 금성을 우주의 창조 때 함께 노래했던 천사들의 상징적 표현으로 사용한다. 하나님의 창조 사역이 완벽했기 때문에 하나님의 창조 사역을 수종들던 천사들까지도 모두 하나님을 찬양할 수밖에 없었던 사실을 묘사하면서 나오는 표현이다. 그리고 이사야 14장에 나온 계명성도 새벽 별이다. 여기에서 계명성은 히브리어 ‘헬렐’ (הילל)로서 ‘샛별’ 곧 금성의 별칭으로 사용된다. 여기에서 아침의 아들로 불린 것은 해가 뜨기 전 새벽 동쪽 하늘에 나타났다가 금방 사라지는 금성의 특징 때문이다. 계명성은 왕들을 흔히 별에 비유한 고대의 관습을 염두에 둔 표현으로 봐야 한다. 여기에서는 대제국의 왕으로서 자신을 신격화하며 교만에 빠져 있던 바벨론 왕을 가리키는 말로 사용되었다.

우주가 존재하지 않았을 때가 있었다. 물체가 없었고 에너지가 없었고 시간이 없었다. 그때 하나님의 아들이 우리가 지금 보는 존재들에게 말씀하셨다(요 1:1-3). 그것에 맞춰 천사들의 경배가 하늘에서부터 울려나왔다. 욥기는 우리에게 땅의 기초가 세워졌을 때에 "새벽 별들이 기뻐 노래하며 하나님의 아들들이 다 기뻐 소리를 질렀느니라"고 말한다(욥 38:4,7). 별이 총총한 밤에, 천사들과 함께 시작된 그 경배가 하나님의 영광을 위하여 우리 가슴에 울려퍼졌으면 좋겠다.

유난히
밝게 빛나는 별 하나가
새벽별인 것은
찬란한 아름다움 때문입니다.

선명하게 드러나는
새벽 하늘에
어둠도 어찌할 수 없어
떠나가는데
홀로 남아 빛을 발하는 것은

시대를 분별하고
악과 어둠은 모양이라도
버리라는 뜻입니다.

미처 다 이루지 못한 사랑을
밤새 가슴에
담고만 있을 수 없는 그리움을
마지막 한 순간까지
온몸으로 빛을 발하여
우리들의 삶을 비추어주기 위함입니다.

–용혜원 시인의 '새벽별'

용혜원 시인의 말이 아니더라도 나는 새벽 기도를 마치고 나오면서 하루의 시작을 알리려 떠오르는 밝은 금성을 찾아 종종 동쪽 하늘을 바라본다. 그리고 새벽 별이 홀로 남아 빛을 발하는 것은 시대를 분별하고 악과 어둠은 모양이라도 버리라는 뜻으로 해석하는 시인의 노래에 깊이 공감하게 된다. 하나님의 자녀인 우리는 주님처럼 새벽을 밝히는 빛의 모습으로 살아야 하지 않을까?

이는 너희가 흠이 없고 순전하여 어그러지고 거스르는 세대 가운데서 하나님의 흠 없는 자녀로 세상에서 그들 가운데 빛들로 나타내며 (빌 2:15).

"아멘."

14. 별 2

별에는 하나님의 뜻이 있다

"자연이라는 책 속에서 인정받기를 원하시는 하나님을 위해 제가 발견한 이 사실을 발표하려고 합니다. 저는 한때 신학자가 되려던 사람이었습니다. 그런데 이제 천문학을 통해 하나님께 영광을 돌리고자 합니다."

천문학의 가장 위대한 학자였던 케플러의 이 말은 그가 천문학 연구에 있어 일생 동안 지켜간 그의 중심 사상이었다. 그는 천문학적 지식을 바탕으로 누가복음에 나타난 예수님의 탄생에 대한 연대상의 문제를 밝히기 위해 연구했다. 그는 히브리와 바벨론 그리고 로마와 그리스의 달력들을 조사한 끝에 라틴 달력에 오류가 있음을 밝혀냈다. 예수께서 실제로는 기원전 4년에 탄생하였음을 주장하였는데, 이것은 누가복음의 기록이 정확함을 변호하는 논문이었다.

그는 별자리를 신화에서 과학의 자리로 올린 천문학자였다.

"하나님의 섭리가 나와 함께 하셨기 때문에 사람들이 미처 발견할 수 없었던 것을 하나님의 도움으로 발견하게 되었다고 믿습니다. 그 이유는, 만일 코페르니쿠스가 말한 것이 참이라면 내가 그것을 입증할 수 있게 해 달라고 하나님께 끊임없이 기도했기 때문입니다."

케플러가 그의 책 《우주의 신비》에서 고백하는 말이다. 수많은 별들의 과학적 사실을 입증한 그는 모든 영광을 하나님께 돌렸다.

> 하늘이 하나님의 영광을 선포하고 궁창이 그의 손으로 하신 일을 나타내는도다(시 19:1).

예수님 탄생을 알린 별은?

예수님이 사람의 몸에 잉태될 사실을 가브리엘 천사가 알리는 것을 '마리아의 수태고지' 라고 한다. 그런데 이 상황은 인간적으로 보면 말도 안 되는 황당한 상황이다. 우선 가브리엘 천사의 방문부터 초이성적 사실이며, 사람이 이해할 수 있는 것이 아닌 무턱대고 주어진 상황이다.

그런데 더 황당한 것은 갑자기 찾아온 천사가 처녀인 마리아에게 아이가 생길 것이라고 말을 한다는 점이다. 당시 유대인의 풍습으로는 처녀가 아이를 가지면 돌에 맞아 죽을 때이다. 그런데도 마리아는 "아니, 처녀의 몸으로 그런 게 어디 있습니까? 말도 안 됩니다" 라고 말하는 대신 "예" 라고 대답한다. 이것을 빅터 프랭클 박사는 인간이 초월성에 합류해서 '새로운 탄생' 에 이를 수 있다는 비전에 동의하는 것이라고 말한다. 그는 마리아의 '예' 의 결과, 즉 믿음으로 초월적인 성령의 역사에 순종했을 때 예수라는 새로운 의미가 생산되고 인류의 구원으로 이어졌다는 것이다. 이렇게 잉태된 예수님은 베들레헴의 마굿간에서 인간의 몸으로 태어난다. 인류에게 가장 복된 소식(Gospel)이 들린 것이다. 그런데 예수님이 태어날 때 그를 가리키는 별이 있었다고 성경은 기록하고 있다.

> 유대인의 왕으로 나신 이가 어디 계시냐 우리가 동방에서 그의 별을 보고 그에게 경배하러 왔노라 하니(마 2:2).
>
> 박사들이 왕의 말을 듣고 갈새 동방에서 보던 그 별이 문득 앞서 인도하여 가다가 아기 있는 곳 위에 머물러 서 있는지라(마 2:9).

이 당시 동방이라면 메소포타미아 지방을 가리키며, 이 지역에서는 예수님 탄생 이전부터 점성술이 발달했다. 동방박사들은 이 나라에서 별의 움직임, 빛깔, 크기의 변화 등을 주기적으로 관측하고 연구하며 이것으로 지배자들에게 미래를 조언하곤 했다. 그러기에 그들이 별을 보고 동방에서 이스라엘 지역까지 왔다면 그 별은 그들이 지금까지 관측해 왔던 것들과 상당히 다른 별이었을 것이다.

베들레헴에 있었던 별의 정체에 대해 많은 과학자들이 연구해 왔다. 가장 많은 지지를 받는 이론 중 하나가 이 별은 혜성이었을 것이라고 보는 견해이다. 그런데 오랜 관측 결과 혜성을 발견하고 기록한 자료와 예수님의 탄생 연도는 일치하지 않는다. 가령, 그 별이 '핼리 혜성' 일 것이라고 주장하는 학자도 있지만 핼리 혜성은 기원전 11년에 나타났었다.

두 번째 견해로는 베들레헴의 별은 밤하늘에 행성들이 모이는 합(合) 현상이었다고 한다. 행성(planet)들은 서로 다른 속력과 거리에서 태양 주위를 공전하기 때문에, 간혹 서로 가까이 접근하는 것처럼 보이는데 이것을 합이라고 한다. 계산을 해보면 기원전 6년에 목성과 토성의 합 현상이 있었다. 목성과 토성이 한 곳에 겹쳐 빛을 내더라도 밝기에는 큰 차이가 없고 특별할 것도 없는 천문현상이기에 이 견해도 무리가 있다.

마지막으로 초신성(超新星)으로 보는 견해이다. 초신성의 특징은 격렬한 항성(恒星) 폭발이다. 질량이 큰 별들이 갑자기 에너지 생산 과정에서 불안정해질 때, 별의 바깥 층 물질은 엄청난 힘과 함께 밖으로 날아간다. 그 별은 몇 개월 간 아주 밝으며, 은하 전체의 별들이 내는 만큼 밝은 빛을 낸다. 그런데 기록에 의하면 예수님이 태어나는 순간에 초신성에 대한 언급은 전혀 없다.

따라서 예수님이 탄생할 때 베들레헴에 나타났던 별에 대한 과학자들의 설명에는 분명한 한계가 있다. 마태복음에서는 이 별을 동방박사들만이 보았다고 암시하고 있고, 또 이 별은 예루살렘에 도착했던 동방박사들을 앞서서 베들레헴으로 인도했다고 한다. 그런데 앞의 세 가지 형태의 별들은 누구나 볼 수 있었을 것이고, 또 예루살렘에서 베들레헴으로 가는 길은 북쪽에서 남쪽으로 이어지는 10km의 길이다 그런데 별의 운동은 항상 지구의 자전으로 인해 동쪽에서 서쪽으로 움직인다. 과학적인 설명으로 앞의 이론은 너무나 부족한 것이다.

결국 예수님의 처녀 잉태가 초자연적인 성령의 역사이듯이, 이 땅에 구원자로 오신 예수님을 나타내는 베들레헴의 별은 과학으로 해명할 수는 없다. 그것은 일부 선택받은 사람들의 눈에 보인 일시적이고 초자연적인 빛이었고, 믿음의 눈으로밖에 볼 수 없는 별이 아니었을까?

중세 성화를 보면 성인들 머리 위에는 빛의 고리인 광환이 그려져 있다. 처음에는 신기하기도 했지만 가끔 과장된 그림이라는 생각을 하곤 했다. 그런데 하나님은 신실한 사람의 머리 위에는 광환이 나타날 수 있음을 나에게 보여주셨다.

20여 년 전, 예수님을 믿기 전이다. 동기생 부부 모임이 있었다. 먼저 모인 친구들이 술자리를 거나하게 벌일 무렵 당시 침신대 학생처장을 하던 동기생이 늦게 방으로 들어왔다. 그런데 깜짝 놀란 것은 그의 머리 위에 빛의 고리가 환하게 빛난 것이다. 나는 술에 취했다고 생각했다. 다음날 아내가 나에게 물었다. "혹시 목사님 들어올 때 머리 위에 있던 빛의 고리를 보지 않았나요?" 충격이었다. 현재 강남중앙침례교회 담임목사이기도 한 그 동기생은 그 이후 내 신앙생활의 멘토이자 스승이 되었다.

앞 사건의 주인공이 피영민 목사님이다. 그분은 몇 년 후 환한 빛의 모습을 나에게 보여주었다. 대전대흥침례교회의 커피숍은 지하에 있다. 커피숍 앞에서 사람을 기다리는데 내려오는 계단 쪽이 환하게 빛나는 것이었다. 촬영하는 모양이라고 생각했는데 밝은 빛이 계단을 내려와 커피숍 쪽으로 방향을 돌리는데 바로 피영민 목사님이었다. 온몸이 환한 빛으로 감싸인 목사님은 나를 보고 반갑게 웃으면서 지나가는 것이었다. 나는 감전된 사람처럼 꼼짝도 할 수 없었다. 이런 현상을 볼 수 있는 눈을 주신 주님을 찬양한다. 이런 체험이 예수님 탄생에 나타난 별도 믿음의 눈으로 볼 수 있는 사람에게만 보인 현상이라고 결론짓게 된 계기가 되었다.

묘성(昴星)은 좀생이 별

"좀생이별이 달보다 남쪽에 있는 것을 보니 올해는 풍년이 들겠구나."

할아버지는 대보름날 떠오르는 달과 좀생이의 위치를 보며 한 해 농사가 풍년이 들 것이라고 예견하셨다. 좁은 지역에 밀집해 있어 '좀생이별'이라 불리는 플레이아데스 성단(Pleiades Star Cluster)은 황소자리의 유명한 산개성단을 말한다. 한자로는 묘성(昴星)이라고 쓴다. 중국에서는 군대에서 선봉을 맡은 장수라는 뜻의 모두호성(冒頭胡星)이라고 하며, 서양에서는 아틀라스의 일곱 자매라는 뜻의 플레이아데스라고 부른다. 그리스 신화에서 거인 아틀라스와 플레이오네 사이에 태어난 일곱 공주가 플레이아데스이다. 플레이아데스 별자리는 물기를 머금은 듯 흐릿하여 한 개의 별이 잘 보이지 않는데, 이는 트로이가 그리스에게 멸망하는 것을 보지 않으려고 떠난 엘렉트라를 그리워하며 남은 여섯 명의 자매가 흘리는 눈물 때문이라고 한다.

> 네가 묘성을 매어 묶을 수 있으며 삼성의 띠를 풀 수 있겠느냐(욥 38:31a).

욥이 당하고 있는 고난의 원인에 대해 세 친구와 엘리후의 말싸움이 해결점을 찾지 못한 채 끝이 나고, 폭풍 가운데 나타난 여호와 하나님은 "누가 바다를 만들고 별을 만들었으며, 구름을 만들고 비를 내리며, 또 이 땅의 넓이는 얼마인지, 눈이나 우박 그리고 폭우는 누가 만드는 것인지, 누가 동물을 보살피는지를 아느냐?" 며 사람들의 무지함을 책망했다. 위에서 인용한 구절은 책망하는 말씀에 앞서 나오는 부분이다.

성경에는 플라이아데스 성단에 대해 세 번이나 언급하고 있다. 욥기 9장 8-9절과 아모스 5장 8절은 별들의 기원을 설명하면서 하나님이 묘성을 만들었다고 했다. 아울러 하나님만이 묘성을 떨기처럼 묶을 수 있다고 했다. 묘성은 히브리어로 '키마' (המיכ)라고 쓰는데, 이 말은 '떼를 이룬 별자리' 라는 뜻이다. 떨기로 쓰인 마아다나(הגדעמ)는 어떤 것을 하나로 묶는 것을 뜻한다. 즉 떼를 이룬 별이 하나로 묶인 것처럼 움직이는 별자리라고 할 수 있다.

묘성(플레이아데스 성단)은 만유인력으로 인해 무리를 이루고 있다. 우리의 눈에는 보통 7개의 별이 보이는데 시력이 좋은 사람은 9개까지 볼 수 있다. 달보다 크기가 작은 조그만 국자 모양을 하고 있으며 지구에서 400광년 정도 떨어져 있다. 별들이 뭉쳐 움직이면 성단이 되고 성단이 모이면 은하가 된다. 성단 중 별들이 오랫동안 서로 끌어당겨 둥글게 된 것을 구상 성단, 별들이 다소 흩어져 보이는 것을 산개 성단이라고 부른다. 지구를 포함한 태양계가 속한 은하는 '우리 은하' 라 부르며 반지름은 약 5만 광년이다.

쌍안경이 발명된 17세기에 이르러서야 묘성에서 수십 개의 다른 별들이 관측되었다. 최근에 고성능 망원경으로 관측해 본 결과 200개 이상의 별들이 개방(떨기) 성단을 이루며 함께 움직이고 있다는 사실을 알게 되었다. 사람의 눈으로 잘 보아야 일곱 개의 별밖에 보이지 않는 별자리를, 수백 개의 별들이 떨기처럼 묶여 있는 성단인지를 수천 년 전 알았다는 사실이 놀랍기만 하다. 밤하늘에 보이는 별 하나하나까지도 하나님의 섭리에 따라 창조되었다는 것 외에는 설명할 방법이 없는 부분이다.

성경에 나오는 날씨와 천문의 기록은 일반적인 자연현상을 지극히 과학적으로 묘사한 것이다. 성경의 말씀에서 설명되지 못하는 부분이 있다면 그 이치를 설명할 정도의 과학 발전이 아직 이르지 못한 것이라고 생각된다. 그래서 나는 과학이란 하나님이 만든 자연의 법칙을 발견하는 학문이라고 생각하며, 기독교와 과학은 결코 대립하는 것이 아니라는 견해를 가지고 있다. 전쟁사를 연구하다가 귀중한 사실을 발견하였다.

> 이미 있던 것이 후에 다시 있겠고 이미 한 일을 후에 다시 할지라 해 아래에는 새 것이 없나니(전 1:9).

삶의 원리나 전쟁의 원리가 어찌 그리 비슷한지 모르겠다는 사실이다. 아무리 최첨단 과학기술이 동원된 현대 전쟁이라 할지라도 근본 원리는 수천 년 전에 있었던 고대전쟁의 기본 원리와 그 맥을 같이 하고 있다. 이것은 무엇을 말하는가? 하나님이 태초에 말씀으로 천지를 창조하실 때 이미 모든 것을 완전하게 만들어 놓으셨다는 뜻이다. 다만 인간이 죄를 범하여 지혜가 가려져 그것을 보지 못했을 따름이다. 따라서 인간들이 새로이 만들었다거나 창조했다고 자랑하는 그 어떤 것도 그것은 창조가 아니라 이미 있었던 것을 그

제야 하나씩 발견한 것에 불과하다는 사실이다.

묘성은 고대 중국의 기록에는 황금벌이나 날아가는 비둘기로 묘사되어 있고, 러시아 문학에는 병아리들을 품은 어미 닭으로 그려져 있다. 묘성은 감옥에 관한 일과 죽은 사람을 장사지내는 상례와 임금에게 간언하는 일을 맡았던 별이었다고 한다. 하늘의 뜻에 따라 나고 살아가는 것을 믿는 우리나라 사람들에게는 묘성이 날씨에 따른 한 해 농사의 풍흉과 장기간의 날씨를 알려주는 기상 예보관이기도 하였다.

무적의 용사 오리온

청년 기상 장교 시절, 선배 장교가 느닷없이 새벽하늘이 붉게 물드는 이유를 물었다. 새벽놀이 밝고 아름다우면 날씨가 좋다는 속담이 생각나 "날씨가 좋다는 것을 알려주기 위해서"라고 대답했더니, 동문서답이라고 했다. 그리스 신화에서 포세이돈의 아들 오리온은 잘생긴 거인으로 힘센 사냥꾼이었다. 그를 유혹하기 위해 여신들이 온갖 교태를 부렸다. 마침내 오리온의 마음을 빼앗은 것은 새벽의 여신 에오스였으며, 오리온과 밤새 사랑을 나누다 잠자리에서 빠져나올 때는 새벽이었다. 부끄럽고 창피해서였을까? 오리온과의 밀회 이후부터 에오스는 새벽하늘에 부끄러움으로 물든 얼굴을 보여준다고 한다.

삼성(參星)의 띠를 풀 수 있겠느냐(욥 38: 31b).

욥과 친구들의 논쟁을 듣고 있던 하나님은 사람들의 무지에 분노하며, 과연 너희들이 알고 있는 것이 무엇이냐며 질문을 던진다. “누가 홍수를 위하여 물길을 터 주었으며 우레와 번개 길을 내어 주었느냐 누가 사람 없는 땅에, 사람 없는 광야에 비를 내리며 황무하고 황폐한 토지를 흡족하게 하여 연한 풀이 돋아나게 하였느냐 비에게 아비가 있느냐 이슬방울은 누가 낳았느냐 얼음은 누구의 태에서 났느냐 공중의 서리는 누가 낳았느냐”(욥 38:25-29)며 기상현상의 원인을 묻는 말씀에 이어 앞에 인용한 구절이 나온다.

히브리어로 ‘케실’(כסיל)로 기록되어 있는 삼성(參星)은 중동 지방에서 초겨울에 흔히 볼 수 있는 오리온 성좌를 가리킨다. 달의 여신 아르테미스를 사랑하다 함정에 빠져 죽은 사냥꾼 오리온의 별자리이다. 삼성의 ‘띠’란 오리온 별자리의 별들이 서로 이어져 사각형을 이루는 모습을 비유한 것이다. 적도 위에 있는 오리온 별자리는 사람들이 어느 곳에서든 쉽게 볼 수 있다. 2개의 대표적 별인 리겔과 베텔게우스는 밤하늘의 별 전체를 통해 7번째와 12번째로 밝은 별이기에 육안으로도 쉽게 관측된다.

오리온 자리의 삼성은 서로 가까운 듯 보이지만 실제로는 굉장히 멀리 떨어져 있다. 다시 말하자면 삼성은 성경에 나오는 것처럼 묶여 있지 않고 풀려 있다는 것이다. 즉 수천 년 전에 쓰인 성경의 삼성에 대한 묘사가 현대의 고성능 망원경을 통해서야 알 수 있는 사실들을 정확하게 기록하고 있는 것이다. 우리나라가 자랑하는 세계적 천문학자인 연세대의 이영욱 박사는 “빅뱅이라 불리는 우주의 시작 지점에서부터 인간이 등장할 때까지의 과정을 보면 오묘한 하나님의 섭리를 느낀다. 이것은 우주의 탄생 이전에 정교한 지적

설계가 있었다고 볼 수밖에 없다"고 했다. 하나님이 만들어 놓은 별들의 위치와 별자리의 모양을 변경시킬 존재는 아무도 없다는 사실을 깨닫게 해주는 말이라고 하겠다.

마치 왼손에 사자 가죽을 걸치고 오른손으로 곤봉을 휘두르는 듯한 삼성, 즉 오리온의 모습은 무적의 사냥꾼처럼 하늘의 별자리 중에서 가장 인상적이다. 왼쪽 어깨에는 밝은 오렌지 빛의 일등성 베텔게우스가 위치하고, 오른쪽 어깨에는 여전사라는 의미의 이등성 벨라트릭스가 있다. 그리고 왼쪽 발목이 청백색의 일등성 리겔이다. 오리온의 허리 부분에 위치한 세 별은 다른 별자리들을 쉽게 찾을 수 있는 지표로 사용된다. 오리온의 북서쪽에는 황소자리가 있고 정확히 남동쪽에 시리우스를 포함하는 큰개자리가 있다.

삼성은 중국에서는 서방 백호의 몸이며 용맹한 장수를 나타낸다. 서양에서는 씩씩한 오리온 사냥꾼으로 그려진다. 유대인들에게는 구약성서에 나오는 삼손, 아랍인들에게는 거인 알 자바르의 상징이다. 이집트인들에게는 죽음의 신 오시리스의 모습으로 여겨질 만큼 최고의 별자리로 대접받는다. 피라미드 중심에 있는 왕의 방에서 남쪽으로 뻗어나간 관측 통로를 오리온 허리 부분에 위치한 세 별과 완벽하게 일직선으로 만든 것도 이 때문이다. 마야 문명에서도 오리온은 최고의 지위를 차지하는 별자리이다.

무적의 오리온에게도 당하지 못하는 상대가 있다. 오리온이 서쪽 지평선으로 넘어갈 때 반대편에서는 전갈자리가 떠오르는데, 신화에서는 오리온이 에오스와 바람을 피우자 아르테미스가 그를 죽이기 위해 전갈을 보냈다고 한다. 그래서 지금도 전갈이 열심히 오리온을 쫓아다닌다는 것이다. 절대로 바람은 피울 일이 아니다. 하나님이 무척 싫어하시기도 하지만 평생을 전갈에 쫓기는 오리온 신세가 될 터이니 말이다.

쓸모없이 유리하는 별들

그리스 신화를 보면 땅의 여신 가이아가 하늘의 신 우라노스를 남편으로 삼아 그의 씨족을 퍼뜨린다. 그러나 신들 사이의 피비린내나는 싸움이 이어진 후 신들의 제왕이라는 제우스가 나타나 신들의 세계를 평정한다. 그런데 그리스인들은 지구를 우주의 중심으로 여겼으므로, 지구를 만든 가이아에서 모든 것이 창조되었다고 믿었다. 따라서 태양계 모든 별들의 이름도 가이아의 직계와 제우스의 형제들 이름으로 채운다. 하늘의 신 우라노스는 천왕성, 시간의 신 크로노스는 토성, 신들의 왕 제우스는 목성, 지옥의 신 하데스는 명왕성, 전쟁의 신 마르스는 화성, 바다의 신 포세이돈은 해왕성으로 말이다. 지혜를 자랑하던 그리스인들이 가장 뛰어난 신들의 별이라 생각했던 목성이나 토성을 성경에서는 전혀 쓸모없이 유리하는 별들이라고 한다. 이것은 얼마나 과학적인 말씀인가? 나는 이것 하나만으로도 하나님이 이 세상을 창조하신 것과 성경이 하나님의 영감으로 쓰였다는 사실이 증명된다고 생각한다.

> 자기 수치의 거품을 뿜는 바다의 거친 물결이요 영원히 예비된 캄캄한 흑암으로 돌아갈 유리하는 별들이라(유 1:13).

이 구절은 주님의 형제인 유다에 의해서 작성된 서신에 나오는 말로 이단에 대한 경계 및 신앙 성숙에 대한 권면을 기록하고 있다. 이 당시 교회를 휩쓸던 예수님의 성육신(成肉身)을 부인하는 이단인 영지주의(Gnosticism)에 대해 경계하였는데, 잘못된 이단을 가르치는 자들을 비유하는 말씀 가운데 나온 말이 바로 '유리하는 별들'이다. 즉 그들은 그럴 듯한 말로 포장된 거짓 선생과 진배없다는 것이다.

그럼 '유리하는 별들'은 무엇을 가리키는가? 여기에 해당하는 헬라어는 '아스테레스 플라네타이'(ἀστέρες πλανῆται)이다. 이것은 고대인들이 유성, 별똥, 행성, 혜성 등을 가리키는 말로 사용하였던 말이다. 우리는 별은 다 똑같은 별이라고 생각한다. 그런데 하늘에는 붙박이별과 떠돌이별(유리하는 별)이 있다. 고대의 천문학자들은 매일 밤 동에서 서로 기울어 가는 별 박힌 하늘을 배경으로 하여 해와 달, 다섯 개의 방랑하는 별을 관측하였다. 이 다섯 개의 별은 수성, 금성, 화성, 목성, 토성으로 이들은 항상 모습과 밝기가 변화하는 별이다. 또한 제각기 나름의 복잡한 길을 운행하기에 천문학자들은 처음 관측된 이래 줄곧 신비로운 의미를 부여해 왔으며 이것을 떠돌이별(The Planets)이라고 부른다.

이에 반해 붙박이별(The Stars)은 지구의 자전이나 공전 및 세차운동 등으로 생기는 상대적인 움직임을 제하면 비교적 긴 세월이 흘러도 눈에 띄게 자신의 위치를 바꾸지 않는 별이다. 마치 천구에 박혀 있는 것처럼 보이는 그들은 여러 가지 모양의 별자리를 만들어 냈다. 또한 수천 년에 걸쳐 다른 별들의 움직임을 관찰하기 위한 배경용 좌표로 사용되어 왔다. 즉 일정한 기준이 되어주는 별을 붙박이별이라고 부른다.

유리하는 별에 속하는 목성이나 토성, 화성, 금성은 지구에서 보기에 밤하늘에 밝게 빛난다. 따라서 보기에는 좋은 별이지만 그 자신이 쉴 새 없이 움직이는 별이기에 다른 별자리의 기준이 되지 못한다. 그런데 붙박이별에 속하는 북극성이나 북두칠성 등은 비록 앞의 목성이나 금성처럼 밝게 빛나지는 않지만 고대의 항해나 농사 등을 짓는 데 기준이 되어주는 유용한 별들이다.

관측을 해보면 행성(떠돌이별)들이 항성(붙박이별)들과 상당히 비슷한 것처럼 보이지만 움직임은 아주 다르다는 것을 알게 된다. 이처럼 유리하는 별로 비유된 거짓을 말하는 지도자들은 마치 진짜처럼 보이지만 떠돌이별이 항해를 하는 데 전혀 도움이 되지 않듯 사람들을 잘못된 길로 인도하는 위험한 사람들이라는 것이다. 사도 유다는 거짓 선생들도 지금은 빛을 발하는 것처럼 보일지 모르나 그들은 진리의 궤도에서 떠난 자들이기에 곧 불의가 드러나게 될 것이라고 한다. 그리고 그들은 영원한 흑암과 사망의 길로 떨어지고 말 것이라고 말한다.

"하나님이 존재한다고, 아니면 하나님이 존재하지 않는다고 했을 경우에 우리들은 어느 쪽으로 기울어질 것입니까? 이성은 여기서 아무것도 결정할 수 없습니다…… 이것은 전혀 내기거리가 되지 않습니다. 우리는 모든 것을 내걸어야만 합니다"(파스칼의 《팡세》 중). 파스칼의 말을 쉽게 말하면 하나님이 있는지 없는지 내기하지 말라는 말이다. 하나님이 없다고 했다가 진짜 없으면 본전이지만 만일 없다고 했다가 있다면 얼마나 큰 손해냐는 것이다. 글을 읽으면서 파스칼이야말로 진정한 붙박이별과 같은 사람이었다는 생각이 든다. 겨우 서른아홉 살의 젊은 나이에 하늘로 갔지만 위대한 과학자요 철학자요 문학자로서 또 존경받을 만한 신앙인으로의 삶을 투철하게 살았다. 죽은 후 그에게 남은 것은 단지 성경과 성 어거스틴의 책, 그리고 몇 권의 경건 서적뿐일 정도로 예수께서 실천하신 섬김과 나눔의 삶을 따라가려 했던 진실한 그리스도인이었다. 그가 가장 좋아했다는 말씀이다.

고난 당한 것이 내게 유익이라 이로 말미암아 내가 주의 율례들을 배우게 되었나이다(시 119:71).

세상적인 지혜나 거짓 선생들의 말은 진리가 없고 기준이 없는 유리하는 떠돌이별과 같다. 오직 성경에 기록된 하나님 말씀만이 우리를 진리의 올바른 길로 인도하는 붙박이별과 같은 것이다.

15. 태양

하나님의 사랑

고대의 과학자들은 별과 태양이 생긴 것을 어떻게 설명했을까? 그리스의 아낙사고라스(Anaxagoras)는 별들은 지구에서 떨어져 나와 빠르게 움직이는 바위로 빨리 움직이니 고온에서 가열되어 하얀 빛을 띤다는 것이다. 그는 천상의 수레가 이끄는 신성한 별인 태양을 속화(俗化)시켰다는 이유로 유배를 당했다고 전해진다.

크세노파네스(Xenophanes)는 별들이 지구에서 올라오는 불타는 구름으로부터 생겨난다고 주장하였다. 이 별들은 낮 동안에는 불이 꺼져 있다가 밤이 되면 석탄에 불이 붙듯 다시 타오르고, 태양은 그 반대라는 것이다. 그는 매일 새로운 태양이 태어나서 불에 타는 것이라고 주장했다. 그러나 태양은 하나님이 만드신 것이며 운행의 주관도 하나님이 하신다.

하나님이 두 큰 광명체를 만드사 큰 광명체로 낮을 주관하게 하시고 작은 광명체로 밤을 주관하게 하시며 또 별들을 만드시고 하나님이 그것들을 하늘의 궁창에 두어 땅을 비추게 하시며 낮과 밤을 주관하게 하시고 빛과 어둠을 나뉘게 하시니 하나님이 보시기에 좋았더라(창 1:16~18).

20세기의 가장 훌륭한 우주과학자는 누구일까? 많은 사람들은 베르너 폰 브라운(Wernher von Braun, 1912-1977) 박사를 꼽는다. 그는 1958년 1월 31일 미국 최초의 인공위성 '익스플로러 1호'를 발사하여 성공시켰다.

"사람들은 우리 생애 동안에 이루어진 놀랄 만한 과학의 진보에 대하여 깊은 존경심을 가지고 있습니다. 그러나 우리가 하나님께서 존재하신다는 사실을 과학적으로 증명할 수 없다는 사실이 아직도 어떤 사람들에게는 고민거리가 되기도 합니다. 그렇지만 우리들이 태양을 보기 위해 구태여 촛불을 켜야만 할까요? 하물며 우주를 지으신 하나님을 창조주로 믿고 있는 우리들이 그분에 대한 과학적 증명을 필요로 할까요?"

태양을 하나님이 만드셨다는 것에 아예 조금의 회의조차 허락하지 않았던 위대한 과학자에게 하나님은 인류 최초로 달 착륙 로켓을 만드는 영광을 허락하셨다.

해를 보는 것은 즐거운 일이다

얼마 전 사무실에 있는 난에 새 촉이 올라왔다. 하지만 겉자라면서 비실거리는 것 같아 원예사에게 물어보니 햇볕을 쬐지 않아서라고 했다. '아하, 햇볕을 쬐지 못하면 난도 힘을 쓰지 못하는구나.' 어디 식물만 그러겠는가. 사람 역시 적당한 햇볕을 쬐지 않으면 각기병이나 구루병 등이 생기고, 콜레스테롤 수치가 증가하여 심장병이 발생하기 쉽다고 한다. 또한 겨울철에 오랫동안 햇볕을 쬐지 못하면 정서적으로 불안해지는 새드(SAD)라는 병에 걸린다. 식물이나 사람이나 햇볕에 따라 건강이 좌우되는 것이다. 이러한 빛의 귀함을 3,000년 전에 말한 사람이 있다.

> 빛은 실로 아름다운 것이라 눈으로 해를 보는 것이 즐거운 일이로다(전 11:7).

이스라엘의 위대한 왕이었던 솔로몬은 세상의 온갖 부귀와 명예, 권력을 한 몸에 지닌 사람이었다. 그의 지혜와 건강, 용모는 모든 사람의 선망의 대상이었다. 그러던 그도 흐르는 세월을 거스르지는 못했다. 눈가에 주름이 생기고 기운도 떨어지기 시작했다. 그래서 일생 동안 일궈온 부귀와 권력이 아무것도 아니라는 것을 깨닫고는 "헛되고 헛되며 헛되고 헛되니 모든 것이 헛되도다"라는 솔직한 고백을 하게 된다. 하나님을 경외하며 하루하루를 겸허하고 성실하게 살아가는 것만이 최선의 삶이라는 것을 깨달은 솔로몬은 붓을 들어 하나님에게서 받은 지혜를 후대에 남겨준다.

솔로몬이 말한 것처럼 해를 보는 것이 정말 즐거운 일일까? 예전에 따뜻한 봄바람이 불어오면 "옆집 순이 바람났네"라는 등의 근거 없는 소문이 동네에 퍼지곤 했다. 의학자들에 따르면 봄에는 태양

고도가 높아지면서 강한 햇빛이 뇌를 자극하고, 이 자극이 성호르몬의 분비를 촉진해 마음을 들뜨게 하고 격정적으로 변하게 한다고 한다. 또한 기쁘고 희망적인 마음을 갖게 한다고도 한다. 그런데 이러한 영향은 감성적인 여자가 더 많이 받는다고 하니, 봄에 옆집 순이 바람났다는 말도 영 틀린 말은 아니라는 생각이 든다.

노벨 의학상을 수상했던 제임스 왓슨 박사는 "햇볕을 쬐면 성욕이 왕성해져요"라는 연구 결과를 발표했는데, "행복추구 : Pom-C의 교훈"이라는 강연에서 "햇볕을 많이 받으면 피부색을 결정하는 색소인 멜라닌이 증가하고 다른 호르몬 작용이 활발해지면서 성욕이 증가하며 성격이 긍정적으로 변한다"고 했다. 또 태양 빛을 많이 쬐는 학생들의 학업성취도가 높다는 사실이 최근의 〈뉴욕타임스〉에 실리기도 했다. 교육학자들이 연구한 결과 캘리포니아 지역에서 햇빛을 많이 받은 학생들이 적게 받은 학생들보다 수학은 20%, 독해는 26%나 성적이 좋게 나왔다고 한다. 20%대 차이의 점수라면 수험생들에게는 진학하려는 대학을 좌우하는 큰 점수라고 할 수 있다. 자녀들의 방을 햇빛이 잘 드는 방으로 바꿔주면 성적이 오르는 것은 물론, 긍정적인 마음으로 사랑도 많아지고 신진대사도 활발해진다고 한다.

이와 반대로 해를 보지 못하면 쉽게 피곤해지고 심리적인 허탈감을 느끼게 된다고 독일 뮌헨의대 연구팀이 발표한 적이 있다. 그런데 햇빛을 보는 적절한 시간과 밝음과 어둠의 주기를 지켜주지 않으면 건강이 악화되는 경우도 있다고 한다. 10여 년 전 70세가 넘은 미국의 글렌 상원의원이 우주왕복선을 타고 우주공간에서 실험했던 것도 빛의 중요성을 시사하는 것이다.

우리나라는 1년 내내 파란 하늘에서 밝은 햇빛이 아름답게 쏟아져 내린다. 이 빛은 우리에게 생명을 주고 건강과 활력을 준다. 빛을 잃으면 건강을 잃게 되고, 건강을 잃으면 모든 것을 잃는다는 말이 있다. 자! 이제 밖으로 나가 하나님이 내려 주시는 빛의 복을 마음껏 누리도록 하자. 빛나는 자신의 삶을 만들어가도록 하자.

빛에는 치료하는 힘이 있다

"아니, 저게 뭐 하는 짓들이여! 남녀가 유별(有別)한 세상에 저런 불학 무식한 것들이 있나. 에이, 쯧쯧." 노인 요양원의 할아버지 한 분이 개탄해 마지않던 TV 장면은 스웨덴의 여자들이 야외에서 비키니 차림으로 일광욕을 하는 모습이었다. 하지만 문화적인 특성으로 이해하면 그렇게 개탄할 일도 아니다. 스웨덴은 고위도 지방으로 낮 시간이 짧고, 태양 빛도 약한 데다가 날씨가 좋지 않기에 햇볕이 나면 대부분 뛰어나와 일광욕을 즐겨야만 한다. 잠깐 동안의 햇볕을 최대한 이용하려는 이들의 행위는 자연에 적응하기 위해 오랫동안 전해 내려온 삶의 지혜인 것이다.

하나님은 천지를 창조한 첫날 가장 먼저 "빛이 있으라" 하시고 해를 만들어 땅을 비추게 하셨다. 이는 빛이 인간들에게 얼마나 중요한가를 단적으로 보여주는 사례일 것이다. 2,500년 전에 기록한 성경에 햇빛으로 치료하는 능력이 있다는 말이 나온다.

> 내 이름을 경외하는 너희에게는 공의로운 해가 떠올라서 치료하는
> 광선을 비추리니 너희가 나가서 외양간에서 나온 송아지같이 뛰리라

(말 4:2).

말라기는 기원전 5세기 중엽의 선지자이다. 그가 활약할 당시 이스라엘은 정치나 경제, 종교적으로 암울한 시기였다. 계속되는 가뭄과 메뚜기 떼의 피해에도 불구하고 페르시아에 세금을 바쳐야 하는, 경제적으로 비참한 삶을 살고 있었다. 게다가 제사장들이 사욕으로 제물을 모으는 데에만 급급하여 종교적으로도 타락한 시기였다. 이스라엘 백성들은 미래보다는 현세의 안일을 위해 불의와 타락을 일삼게 되어 결국에는 사회 전체가 붕괴될 지경에 이르렀다. 이에 선지자 말라기는 타락해 가는 백성들에게 하나님의 심판이 임하리라는 예언과 함께 선행으로 신앙을 회복하는 자는 장차 올 메시아 왕국에서 복을 받을 것이라고 선포했다. 앞에서 인용한 말씀은 바로 의인이 받을 복에 대한 비유적인 구절이다.

성경은 과학적인 사실을 증명하거나 설명하기 위해 쓰이지는 않았다. 그렇다고 해서 성경에 표현된 말들이 과학적이 아니라는 뜻은 아니다. 성경을 볼 때마다 놀라는 것은 기록될 당시에는 전혀 이해하지 못하던 것들이 현재의 과학으로는 설명이 된다는 점이다. 말라기에서 언급된 햇빛의 치료 기능이 과학적으로 밝혀진 것도 2세기가 채 되지 않았다.

> 태양은 우리에게 빛으로 말해준다
>
> 꽃은 향기와 색으로 이야기한다.
>
> 생명 있는 것은 모두 언어에 마음이 끌린다.
>
> —실러의 《언어》 중에서

시인은 태양은 단지 빛으로만 우리에게 이야기한다고 말한다. 그런데 이 빛은 우리의 삶에 거의 절대적이라 할 수 있다. 이 땅 모든 생명체의 생존에 절대적인 영향을 미치는 햇빛 중에서 지구가 받는 부분은 전체 태양 에너지의 약 20억분의 1에 불과하다. 하지만 이 빛은 매분 23조 마력의 힘으로 지구상에 쏟아져 내리며, 놀랍게도 이 양은 인류가 1년 동안 사용하는 에너지의 총량보다 많다고 한다.

햇빛은 여러 파장의 빛으로 이루어져 있다. 현재 치료의 `목적으로 사용하고 있는 방사선이나 레이저, 자외선, 적외선, 그리고 CT나 MRI 촬영 등도 햇빛의 파장 중 필요한 것을 만들어 사용하는 것이다. 부분 파장을 이용하는 방법 외에 햇빛만 쬐어도 치료가 되는 사례는 많다. 사람들은 일정한 양 이상의 햇볕을 쬐어야만 살 수 있도록 창조되었기에, 햇빛이 부족할 경우 여러 가지 장애가 온다고 한다.

독일에서의 한 연구에서는 햇볕을 쬐지 못하고 주로 밤에 근무하는 사람들의 수명이 10년 이상 짧다고 발표한 적이 있다. 또 미국의 개리 슈워츠 박사는 햇빛이 전립선암, 유방암, 결장암, 난소암을 억제한다는 연구 결과를 발표하였다. 몸이 건강한 정상인의 경우 크게 느끼지 못하지만 노약자들의 경우에 햇볕을 쬐는 양이 줄어들면 우울증에 빠지거나 수면상애 현상이 나디난다. 특히 치매 노인의 경우에는 이러한 장애현상이 더욱 다양하고 심하게 나타난다고 한다.

얼마 전 대전의 무의탁 노인 수용시설인 성애원에서 치매 노인에게 나타나는 수면장애 치료에 대해 연구하는 모습을 볼 기회가 있었다. 점차 늘어나고 있는 치매 노인들의 수면장애를 약물이 아닌 햇빛과 유사한 빛을 이용하여 치료하는 방법이었다. 즉 자연 햇빛과 가장 유사한 인공 빛을 노인들에게 쬐어줌으로써 정상적인 수면으로 유도하는 방법이었는데, 생각보다 치료 효과가 뛰어나다는 말에 "해가 떠올라서 치료하는 광선을 비추리니"라는 성경 말씀이 새삼스레 떠올랐다.

햇빛에는 치료하는 힘이 있다고 하니, 햇살 좋은 한낮에는 주변의 노인이나 병약한 사람들을 모시고 산책을 하도록 하자. 그들에게 따사로운 햇볕은 물론 따스한 삶의 온기도 느끼게 하자.

"사랑합니다"라는 말은
억지 부리지 않아도
하늘에 절로 피는 노을 빛
나를 내어주려고
내가 타오르는 빛.

바람의 근원은 태양

바람은 생명을 잉태하는 위대한 근원 중 하나이다. 비를 운반하고, 공기를 정화하고, 추위와 더위를 중화시키는 역할을 한다. 또 지구상의 온갖 식물 씨를 각지로 이동해 퍼뜨리는 중요한 일도 하고 있다. 아시아의 대표적 계절풍 몬순은 전 세계인의 절반을 먹여 살리는 작물에 필요한 비를 가져다준다. 또 대서양의 무역풍은 수세기에 걸쳐서 신세계와 유럽 사이의 무역을 가능하게 했다. "비가 전혀 내리지 않거나 드물게 내리는 나라는 있으나, 바람이 불지 않는 나라는 없다"는 영국의 철학자 베이컨의 말처럼 사람들이 느끼건 느끼지 않건, 좋아하건 싫어하건 상관하지 않고 바람은 세상 어디에나 존재한다.

바람은 어디에서 일어나 어디로 가는 것일까? 옛 사람들은 바람의 근원을 신화에 의존했다. 바람이란 천사들이 날개를 퍼덕이는 데서 일어난다고 생각하거나, 그리스의 신 아이올리스의 동굴에서 불어온다고도 했다. 신화적 관점의 바람 이론을 주장한 최초의 사람은 그리스의 대철학자 아리스토텔레스이다. 그는 바람이란 호흡하는 흙이 내뿜는 메마른 한숨이라고 주장했다. "우리들을 둘러싼 공기가 움직임으로 해서 바람이 일어난다고 생각하는 것은 어리석은 일이다"라고 단언했다. 그런데 실제로 바람은 아리스토텔레스가 주장한 것과 정반대로 공기의 움직임이다.

바람에 관한 최초의 이론은 핼리 혜성을 발견한 천문학자 핼리였다. 그는 열대의 뜨거운 태양의 열 때문에 상승한 공기를 메워주기 위해 부는 바람이 무역풍이라고 주장했다. 바람에 관한 과학적인 이론들은 19세기 말에 와서야 비로소 증명되었다. 하지만 성경은 바람이 태양의 열 때문에 생기는 현상이라는 사실을 이미 4,000년 전에 기록하고 있다.

광명이 어느 길로 뻗치며 동풍이 어느 길로 땅에 흩어지느냐(욥 38:24).

욥기에서 하나님은 이 세상에는 욥이 알지 못하는 여호와의 창조 섭리가 많다는 것을 강조하며 반복적으로 말해 준다. 그 중에 네가 감히 땅에 빛이 비추어지는 양태나 동풍이 땅으로 불어오는 현상을 알 수 있느냐는 질문 중에 인용한 위의 구절이 나온다. 여기서 '뻗치다' 라는 말은 히브리어 '할라크'(חלק)에서 나온 것으로 햇빛이 골고루 비치는 것을 말한다. 즉 햇빛이 지구 구석구석을 비추어 바람의 근원이 된다는 것이다.

바람은 두 지역 사이의 기압차에 의해 일어난다. 약간의 기압차만 있어도 공기는 기압이 높은 곳에서 낮은 곳으로 이동한다. 바람은 고기압에서 저기압 쪽으로 불어가는 것이다. 기압 차이를 가져오는 가장 근본적인 원인은 햇빛에 의해 발생한다. 예를 들어 태양열에 의해 더워진 공기가 위로 상승하면 지표 부근에는 저기압이 생기는 것을 들 수 있다. 바람의 근원이 태양이라는 성경의 말은 지극히 과학적이다.

현재 사용되고 있는 바람의 세기는 영국의 해군 중령 보퍼트가 분류한 것으로, 바람이 가장 약한 '고요' 에서부터 가장 강한 '싹쓸바람' 까지 12등급으로 구분하였다. 바람이 어느 정도 강하게 불면 사람이 날려갈까? 실험을 해보니 바람이 초속 15m로 불면 몸이 굳어지고, 초속 20m가 되면 전진자세를 취하지 않으면 넘어지게 된다. 초속 35m의 강풍이 불 때 1㎡에 작용하는 풍압이 120kg 정도 된다. 따라서 보통 체격의 남자인 경우 초속 35m의 강풍이 불면 어떤 자세를 취하더라도 날려간다. 초속 35m의 강풍을 '싹쓸바람' 이라고 부르는 것은 바로 이 때문이다. 우리나라 옛 문헌에는 바람을 크게 풍, 대풍, 폭풍으로 나누고 있다. 이들 중 대풍은 보퍼트 풍력등급 8의 큰 바람에 해당하는 정도의 강한 바람으로 추정된다.

바람은 높이 올라갈수록 강해지는 특성이 있다. 지상 100m 높이에서는 지표면 부근보다 바람이 두 배 가량 더 세다. 그래서 고층 빌딩을 지을 때는 센 바람에도 견딜 수 있게 설계를 한다. 높이가 100m 이상인 빌딩은 초속 60m의 강한 바람을 염두에 두고 설계하게 되는데, 우리나라의 63빌딩은 초속 50m의 강풍과 규모 7의 지진에도 견딜 수 있게 설계되었다. 63빌딩이 초속 30m 내외의 태풍을 만났을 때 상층부가 바람에 의해 움직이는 범위는 약 40cm 정도인데, 이는 사람이 느끼지 못하는 흔들림이라고 한다.

자기장은 하나님의 보호막

"캐나다의 퀘벡 지방에서는 변압기가 타버리는 등 전력 시스템이 마비돼 9시간 동안 정전되어 500만 명의 주민이 고통을 당했으며 약 2주 동안 통신 두절 현상이 지속되었다." 1989년 강한 태양풍 폭발의 영향을 보도한 신문기사 내용이다. 이때 많은 수의 인공위성이 오작동을 일으켰는데 지구 자기권을 탐사하던 위성이 고장나고 지상의 위성통신 시스템이 일시적으로 작동 불능 상태에 빠지기도 했다.

이런 현상은 태양의 변화가 주원인이 된다. 태양에서 다량의 코로나 물질 방출이나 플레어와 같은 폭발 현상이 나타나면 수십-수백억t의 물질이 초속 400-1,000km의 속도로 분출되고 며칠 후 수많은 고에너지 입자들이 지구에 도착한다. 이에 따라 지구 자기장이 단기간에 변화하는데, 자기장의 변화가 극심한 경우 유도전류가 발생해 지상의 통신시설과 전력 시스템뿐만 아니라 우주에 떠 있는 위성에 큰 피해를 일으킨다. 지구에 자기장이 형성되어 있어 태양풍의 상당 부분을 막아주는데도 태양폭풍이 워낙 강할 때는 이런 피해가 발생하는 것이다. 만일 지구를 태양풍으로부터 막아줄 자기장이 없다면 어떻게 될까? 걱정할 필요가 없는 것이 성경에서는 하나님이 해를 만드시고 하늘에 장막을 베풀어 사람을 보호한다고 한다.

> 그의 소리가 온 땅에 통하고 그의 말씀이 세상 끝까지 이르도다 하나님이 해를 위하여 하늘에 장막을 베푸셨도다(시 19:4b).
>
> 하늘 이 끝에서 나와서 하늘 저 끝까지 운행함이여 그의 열기에서 피할 자가 없도다(시 19:6).

시편 19편 전반부는 하나님의 창조의 신비와 그 아름다움에 대해 노래하고 있다. 다윗이 재위할 당시 중동지역은 해를 숭상하는 풍조가 성행하였다. 그러나 다윗은 해는 하나님이 만드신 피조물임을 고백하고 해를 통하여 하나님의 전능하심을 찬양한다. 그리고 그 해의 온기(溫氣)에서 피하여 숨을 자가 없다고 말한다. 이 구절은 태양의 형태의 광채와 탁월성, 그 길을 달려가는 신속성, 그리고 그 열기의 놀라운 힘을 나타낸다.

많은 신학자들은 태양에서 나오는 에너지로 인해 모든 생물들이 생명을 유지하며 살아가는데 이러한 태양의 영향을 받지 않는 자가 아무도 없다는 뜻으로 해석한다. 하나님은 해를 만드시고 해를 위해 하늘을 만드신 놀라운 하나님이시다. 또 태양의 에너지로부터 사람을 보호할 장치를 만들어 놓으신 분인 것이다. 즉 하나님의 보호하심이 없이는 태양에너지로부터 안전할 것은 아무것도 없다는 뜻이다.

우주공간에서 일어나는, 태양 활동과 지구 자기장, 그리고 상층

대기 사이의 상호 작용을 '우주날씨'(space weather)라고 한다. 즉 우주날씨란 우주환경에서 일어나는 변화를 일컫는 말이다. 일반적인 날씨도 막대한 경제적 손실을 가져오고 심지어는 생명까지도 앗아가는데 하물며 우주날씨가 주는 영향은 상상을 초월한다. 우주날씨의 대표적인 현상이 태양폭풍이다. 태양폭풍이 일어나면 태양의 표면에서 방출된 뜨거운 입자들인 양자, 전자 그리고 헬륨 핵 입자들이 지구로 쇄도하게 된다. 그런데 우리 눈에는 보이지 않지만 지상에서 80km 상공에는 D전리층이, 110km 상공에는 E전리층이, 300km 상공에는 F2 전리층이 있어서 우주와 태양으로부터 쏟아지는 무서운 우주선을 차단한다.

태양은 지상 생명체의 에너지원이다. 그런데 만일 태양 에너지가 지구의 자기장이나 전리층에 의해 걸러지지 않고 그대로 땅에 도달한다면 지구상의 생명체는 하나도 살아남지 못할 것이다. 이처럼 정교한 생명보호 장치가 양파껍질처럼 겹겹이 고공에 생긴 것은 하나님의 창조 섭리라는 것 외에는 달리 설명할 방법이 없는 것이다.

2013년에 태양 흑점 극대기가 돌아온다. 많은 과학자들은 태양 활동이 심상치 않아 많은 폭발이 있을 것이라고 말한다. 그렇지만 하나님은 이번에도 당신의 능력으로 만든 방어막으로 우리를 보호해 주실 것이다. 그야말로 새찬송가 79장의 "주 하나님 지으신 모든 세계 내 마음속에 그리어 볼 때 ……주님의 권능 우주에 찼네"가 절로 흘러나오게 되는 것이다.

네가 말하기를 여호와는 나의 피난처시라 하고 지존자를 너의 거처로 삼았으므로 화가 네게 미치지 못하며 재앙이 네 장막에 가까이 오지 못하리니 그가 너를 위하여 그의 천사들을 명령하사 네 모든 길에 서 너를 지키게 하심이라(시 91:9-11).

오로라의 금빛 찬란한 광채

입을 딱 벌리고 홀린 듯이 바라볼 수밖에 없는 환상의 신비

–로마의 철학자 세네카

그 어떤 시인도 미술가도 이 아름다움을 표현할 수는 없다. 그들은 단지 그들 자신이 얼마나 작은 존재인가만을 느낄 것이다.

–프랑스의 과학자 카밀

이들의 말처럼 오로라(Aurora)는 보는 사람들의 마음을 신비감으로 가득 채우며 유혹하는 환상적 기상현상이다. 오로라라는 이름은 고대 로마 '여명의 여신' 이름에서 따온 것으로, 세계의 많은 나라가 오로라 전설을 가지고 있다. 그리스 신화에서는 태양의 신 아폴로가 북극에서 휴가를 보내다 그리스로 돌아간다는 표지로 북쪽 하늘을 빛나게 한 것이 오로라였다. 바이킹의 설화에서는 전쟁의 처녀신인 발키리가 자랑스러운 전사들을 천국으로 데려갈 때 방패에서 반사된 빛이었다. 툰드라 원주민들은 오로라가 태어나는 아이를 축복해 주고 산모의 고통을 줄여준다고 말한다.

북쪽에서는 황금 같은 빛이 나오고 하나님께는 두려운 위엄이 있느니라(욥 37:22).

이유를 알 수 없는 고난에 빠져 있던 욥에게 그의 친구 엘리후는 하나님이 하시는 일은 인간의 지혜로 감히 알 수가 없으니 섭리를 인정하며 순종하라고 말한다. 사람이 살다 보면 어려운 상황과 이해하기 힘든 문제를 만날 수 있는데, 실망하거나 두려워하지 말고 하나님께 의지하라는 것이다. 앞에 인용한 구절은 이 말을 하면서 비와 눈을 만들고 바람을 불게 하는 하나님의 권능을 설명하는 부분이다. 이 구절을 현대어성경에서는 "북녘 하늘의 금빛 찬란한 광채는 하나님의 위엄이 드러나는 모습이다"로 번역했다. 오로라를 하나님의 위엄으로 비유하고 있다.

'금빛 찬란한 광채'에 대한 해석은 사람마다 다르다. 어떤 사람은 고대인들이 북쪽 산에 금이 많다고 생각한 것을 표현한 것이라 하고, 또 어떤 이는 강렬한 태양 빛이라고 해석했다. 북쪽에서 불어오는 바람에 구름이 걷히면서 금빛 햇살이 찬란하게 비치는 모습으로 해석하는 사람도 있다.

기상학적으로 볼 때는 구름이 걷히면서 금빛 햇살이 찬란하게 비치려면 북쪽에 태양이 있어야 한다. 하지만 이 지역에서 북쪽에 태양이 위치할 경우는 없기에 이 금빛 현상을 오로라로 보는 것이 타당하다. 고대 중국인들은 오로라를 빛나는 금빛 용(龍)으로 그리고 있다. 노르웨이의 탐험가 얀센도 오로라를 성난 노란 용으로 묘사했다. 이처럼 고대인들의 기록에는 현란한 금빛 광채를 오로라로 표현한 것이 많다. 오로라의 빛은 끊임없이 상승하고 하강하며 아름다운 빛의 변화와 함께 음악을 만드니, 가히 하나님의 위엄에 견줄 만한 기상현상이라고 생각된다.

그렇다면 이 지역에서 오로라의 관측이 가능하기는 한 것일까?

외경인 마카비서에 보면 “비단 옷을 몸에 두르고 중천을 가득 메우고 있는 기사들”이라고 오로라 현상이 묘사되어 있다. 실제로 위도 30-40도 지역에 위치한 이곳에서 태양폭풍이 강할 때 오로라가 관측되기도 한다.

태양 활동이 극대기에 접어들면 태양 흑점 수가 증가한다. 태양 흑점이란 태양 표면 중 주변에 비해 약 2,000℃ 가량 온도가 낮아 검게 보이는 부분을 말한다. 태양 활동의 증가로 태양 표면이 폭발하게 되는데, 그 위력은 100Mt급 핵폭탄 100만 개가 터지는 것과 같다. 태양풍은 흑점 폭발 등으로 태양 표면에서 지구로 날아오는 각종 입자의 흐름을 말한다. 태양풍의 지구공습 때 이 파(波)가 그대로 쏟아져 들어오면 지구에 살아남을 생명체는 하나도 없다. 그러나 지구에는 ‘반 알렌대’ 라는 지구를 둘러싸고 있는 자기 방패막이 있다. 이 대(帶) 때문에 태양풍은 극지방으로 비켜가게 된다. 태양풍 입자들이 지구 대기와 충돌하는 순간 에너지를 얻어 빛을 발산하는데, 이 현상을 오로라라고 부른다.

오로라는 전자총이 브라운관에 전자를 쏠 때 다양한 색채로 나타나는 텔레비전을 생각하면 쉽게 이해할 수 있다. 태양에서 온 하전입자는 지표면에서 약 100-400㎞ 떨어진 대기권에서 산소, 질소 원자와 충돌한다. 이때 푸른색, 흰색, 붉은색의 황홀한 빛깔이 나타나게 된다. 이것이 오로라이다. 따라서 오로라는 과학자에게는 둥근 형태의 전기장이지만, 시인들에게는 끼고 있는 사람의 마음에 따라 색이 변하는 거대한 반지인 무드 링(Mood Ring)이 되는 것이다.

오로라는 빛의 광채만 아름다운 것이 아니라 지구를 보호해 주는 하나님의 표지이다. 막대한 태양풍을 막아주는 징표이기 때문이다. '북방의 금빛 광채는 하나님의 위엄' 이라는 성경 구절이 마음 든든하게 느껴지지 않는가?

해와 달이 멈춘 전쟁

"태양아, 너는 기브온 위에 머물러라, 달아 너도 아얄론 골짜기에 그리할지어다"라고 하니 태양이 머물고 달도 멈추었다는 기록이 있다. 바로 이스라엘의 가나안 정복전쟁에서 나온 얘기이다. 애굽에서 탈출한 이스라엘 민족은 모세의 인도로 40년간을 광야에서 보낸 후 그 후계자인 여호수아의 인도로 기원전 1400년경 가나안 정복에 나서게 된다.

이스라엘은 먼저 가나안의 남부 지역 정복에 나선다. 기브온족은 이스라엘에 대적할 수 없음을 깨닫고 조약을 체결하여 목숨을 구원한다. 그러자 기브온족이 자신들을 배반했다고 생각한 아모리족은 연합군을 형성하여 기브온족을 친다. 아모리족의 공격을 받은 기브온족은 이스라엘에게 긴급히 도움을 요청한다. 이에 여호수아는 이스라엘 군을 이끌고 밤새도록 행군한 끝에 기브론에 이르러 새벽 기습을 단행한다. 미처 대비를 못했던 아모리족의 동맹군은 혼비백산하며 도망친다. 황급히 도망치는 아모리족에게 하나님이 하늘에서 우박을 내린다. 기록에 의하면 이스라엘 군의 칼에 맞아 죽은 병사보다 우박에 맞아 죽은 병사가 더 많았다고 한다.

이 전쟁에서 주목할 점은 태양과 달이 운행을 멈추었다는 것과 우박으로 많은 병사들이 죽었다는 것, 두 가지이다. 여호수아는 정복전쟁의 중요한 전기가 될 아모리족과의 싸움이 하루 만에 끝날 것으로 보지 않았다. 따라서 이스라엘이 아모리 동맹군을 전멸시키려면 충분한 시간이 필요했기에, 하나님께 태양과 달의 운행을 멈추어 달라고 기도한 것이다. 그가 기도하자 실제 그리 되었고, 이스라엘은 가나안 동맹군을 섬멸할 수 있었다고 한다. 이 사실은 이스라엘 영웅들의 업적을 기리는 책 《야살》과 바벨론, 페르시아의 문헌에도 기록되어 있다.

또 이 지역은 기상학적으로 우박이 많은 편이 아니다. 그러나 3월경에는 북쪽으로부터 상공에 추운 공기가 내려올 때가 있고, 이때 불안정해진 공기로 인해 우박이 내리기도 한다. 그런데 정말 우박에 맞아 그렇게 많은 병사들이 죽었을까? 1986년 방글라데시에 떨어진 1kg짜리 우박으로 92명이 죽었다는 기록을 보면 그럴 수도 있었을 것 같다. 아무튼 이 전쟁 전과 후에 해와 달이 멈춘 적이 한 번도 없었던 것을 보면, 이 전쟁은 상당히 특이한 사례에 속한다고 할 수 있다. 하나님의 초자연적인 기적이 이스라엘을 도운 것이다.

성경에는 여호수아의 전투가 진행되는 동안 태양과 달이 멈춘 사건 말고도 히스기야 왕의 기도에 응답한 하나님이 태양의 그림자가 열 걸음 물러나도록 한 사실도 나온다. 이것은 해시계로 대여섯 시간 정도이며 결국 이 두 사건에 필요한 시간이 꼭 하루에 해당한다. 어떤 과학자는 여러 세기에 걸친 태양과 달의 위치를 통해서 성경에 나온 잃어버린 하루가 실제로 존재한다는 것을 컴퓨터로 찾아냈다고 한다. 컴퓨터에서 계산된 시간과 이러한 사건들이 정확하게 일치하였다는 것이다. 과학자들은 성경에 나온 이 사건을 과학적으로 해석하려 한다. 그러나 우리가 알고 있는 과학적 지식으로 이 현상을 설명할 방법은 없다. 자세한 것은 알 수 없지만 하나님이 빛을 굴절시키거나, 지구의 회전을 늦추거나 아니면 우주 전체를 다 정지시키는 것까지도 그분에게는 그리 어려운 일이 아니라는 것이다. 하나님은 여호수아와 히스기야의 기도를 들어주셨다. 그들은 하늘의 질서까지 바꾸어 달라는 어려운 강청기도를 했다. 그리고 하나님은 그들의 기도를 들어주셨다. 해와 달 그리고 별은 하나님의 능력으로 하늘에 있게 해주신 하나님께 순종할 뿐이다.

흥미로운 것은 우리나라 전쟁사에서도 달을 청하니 보름달이 떠오르고 바람을 청하니 강한 바람이 불었다는 기록이 나온다는 것이다. 1380년 왜구가 쳐들어와 남원에 주둔하면서 북상하려는 조짐을 보였다. 조정에서는 이성계를 도원수로 삼아 토벌하게 했다. 양측은 황산 서북의 정산봉에서 치열한 전투를 벌였다. 왜구가 완강하게 버티자 이성계가 죽음을 각오하고 산 위로 올라가 싸웠다. 이에 모든 군사가 총공격을 하여 적장인 아지발도(阿只拔都)를 죽이고 왜구를 크게 물리쳤다. 이 전쟁을 '황산대첩' 이라 부른다. 그런데 황산대첩 당시 긴박한 전투가 진행되는 동안 날이 어두워졌다. 이성계는 하늘을 우러러 달 뜨기를 기원하였다. 하늘이 이성계의 기도에 응답했다. 동쪽 하늘에서 밝은 달이 떠올라 전투에서 이길 수 있었던 것이다. 이 전투에서 달을 끌어당겨 뜨게 했다는 유래가 전하여져 마을 이름을 끌 인(引) 자와 달 월(月) 자를 써서 '인월' (引月)이라 부르게 되었다고 한다.

또 인근에 인풍리(引風里)라는 마을이 있다. 이성계는 왜구와 전투할 때 강한 바람을 보내달라고 빌었다. 그는 강한 바람이 불자 그 바람에 화살을 실어 쏘았다. 화살의 방향과 바람의 방향이 같아 화살의 위력이 두 배로 강해지면서 갑옷으로 무장한 왜구 대장인 아지발도의 목을 뚫을 수 있었다. 적장이 죽자 왜구들이 무너져 내리면서 대승을 거두었다는 것이다. 이 전투에서 바람을 인도해 왔다는 뜻으로 마을 이름을 인풍리라 부른다. 달과 바람 사건은 조선을 건국한 이성계를 신격화하는 데 이용한 설화라고 할 수 있다.

16. 더위

잘만 이용하면 복이다

"무더위로도 그렇게 많은 사람들이 죽을 수 있나요?"

1718년과 1719년 여름에 혹독한 무더위가 프랑스를 덮쳤다. 이 더위로 무려 70만 명의 프랑스인이 목숨을 잃었다. 당시에는 폭염이 사람에게 어떤 영향을 주는지도 몰랐고, 또 무더위를 막을 수 있는 시설과 치료할 수 있는 인프라도 거의 없었다. 무력한 노약자와 서민들은 열사병으로 쓰러져 갔다.

의료 기술이 발전하고 사회적인 인프라가 구축되었다는 최근에도 폭염으로 인한 피해는 여전하다. 2003년 유럽을 덮친 폭염으로 4만 5,000명이 죽었다. 1995년 시카고에서는 5일 동안 최고 기온이 34-40℃인 폭염이 발생하였다. 다른 해에 비교하여 사망자는 85% 증가하였고, 병원 내원율은 11% 증가하였다(미국 질병통제센터, 1995;

Semenza 등, 1999). 폭염과 관련하여 호흡기 질환으로 인한 사망률도 12.4%, 심장질환으로 인한 사망도 11.3% 증가한다고 보고되었다 (Rooney 등, 1998).

2007년 IPCC(기후변동에 관한 정부간 패널, Intergovernmental Panel on Climate Change) 4차 보고서에서 폭염은 사망률을 증가시킨다고 결론을 내리고 있다. 국내에서도 기온과 사망과의 관계를 보면 30-32℃부터 사망이 증가한다고 보고하는 연구들이 있다(장재연 등, 2003). 특히 최고 기온이 36℃까지 오르면 최고 기온이 30℃일 때에 비해 사망률이 약 50% 증가한다고 하였다. 임계기온과 사망에 관한 연구도 29.9℃에서 1℃ 상승할 때마다 사망률이 3% 정도 증가하고, 폭염이 7일 이상 지속될 때 사망률이 9% 증가한다고 한다(김소연, 2004).

고온에 장기간 노출될 경우 사람은 항상성 유지를 위한 체열조절 능력이 감소하여 열경련, 열기절, 열피로, 일사병 등과 같은 고온 관련 질병이 발생한다. 뿐만 아니라 갑작스런 고온은 사망에 이르게 한다. 최근에 폭염을 자연재해에 포함시키는 것은 바로 이 때문이다.

무더위에 시원한 물 한 잔은 축복이다

"제가 세일즈맨으로 성공한 것은 날씨와 시간을 적절히 이용했기 때문입니다."

얼마 전 우리나라 최고의 영업사원으로 뽑힌 어느 회사원의 말이다. 그는 연봉 외에도 몇억 원의 영업수당을 받는다고 한다. 그의 말에 따르면 사람들은 날씨가 좋은 날에는 순순히 계약서에 서명을 해주는 반면, 비가 오거나 음산한 날에는 어렵사리 성사시킨 계약도 해지하는 경우가 많았다고 한다.

그는 배가 고픈 시간대에도 상담을 피했다고 한다. 사람들이 배가 부르면 좀더 관대해지고 긴장이 풀리는 것 같아서 오전에는 10시 반 이전에 상담을 마치고, 오후에는 3시까지만 일을 했다고 한다. 날씨가 좋지 않은 날이나 늦은 오후 시간에는 발품을 팔지 않고 사무실에서 영업 전략을 구상한다고 했다.

이 세일즈맨의 영업 전략은 기상학이나 심리학적으로 매우 타당하고 일리가 있다. 날씨가 맑은 고기압권 내에서는 사람들의 혈관이 수축되고 인체의 수분 증발이 촉진되기 때문에 기분이 좋아지고 심리 상태도 긍정적으로 변하게 된다. 그러나 날씨가 흐리거나 비가 오는 등 기압골의 영향을 받을 때는 이유 없이 짜증이 나거나 신경질적이 된다. 또 배가 부른 상태에서도 참을성이 많아지고 관대해진다. 놀랍게도 4,000년 전에 이 전략을 이용한 사람이 있다.

> 이르되 내 주여 내가 주께 은혜를 입었사오면 원하건대 종을 떠나 지나가지 마시옵고 물을 조금 가져오게 하사 당신들의 발을 씻으시고 나무 아래에서 쉬소서 내가 떡을 조금 가져오리니 당신들의 마음을 상쾌하게 하신 후에 지나가소서 당신들이 종에게 오셨음이니이다 그들이 이르되 네 말대로 그리하라(창 18:3-5).

점심 무렵의 무더위를 피해 장막 문 그늘에 앉아 있던 아브라함이 지나가던 나그네 세 사람에게 권한 말이다. 사막기후에 속하는 중동 지역의 한낮 기온은 상상하기 힘들 정도로 뜨겁다. 그러나 그늘진 곳에서는 다소 견딜 만하기에 사람들은 한낮의 뜨거운 햇볕을 피해 장막 문 그늘에 앉아 더위를 식히고는 한다. 중동 지역에서는 샌들을 신고 걸어다니기 때문에 발이 가장 먼저 더러워진다. 그래서 아브라함도 나그네를 장막 안으로 인도한 후 발 씻을 물을 먼저 떠다 주었다. 그러고 나서는 빵을 만들고 송아지를 잡아 정성껏 요리를 해서 공손히 나그네를 접대했다. 더위에 지친 나그네를 영접하는 것이 고대 유목민들의 일반적인 관례라고는 하지만 아브라함은 관례 이상의 극진함으로 나그네들을 환대했다.

기온이 올라가면 더위가 스트레스로 작용해 사람들의 몸은 스트레스 호르몬이 올라가게 되고, 스트레스 호르몬은 자율신경계의 이상을 초래해 면역 체계의 이상을 가져온다. 그래서 기온이 높아지면 사람들은 쉽게 짜증을 내고 공격적으로 변한다고 한다. 미국 덱스터 박사의 연구에 의하면 폭행사건 빈도도 기온이 높을수록 올라간다고 한다. 또 일본 기후학회와 독일 기후연구소의 연구 결과에서도 더위와 범죄 증가율은 상관관계가 있다. 또 더울 때는 일의 능률과 판단력이 저하된다는 것도 이미 보고된 사실이다.

중동 지역의 낮 최고기온은 보통 40℃ 이상 올라가기에 길을 가던 나그네들은 견디기 힘들 정도로 짜증스러웠을 것이다. 그러던 중에 아브라함의 극진한 환대 속에 그늘 아래서 발을 씻고, 맛난 음식을 대접받았으니 얼마나 기분이 좋아졌겠는가? 사람이라도 그냥 지나칠 수 없었을 텐데……. 그런데 놀랍게도 이 나그네들은 하나님과 천사들이었다. 환대를 받은 하나님은 100세가 된 아브라함에게 아들을 주겠다는 약속과 함께 축복을 해주었다. 또 하나님이 소돔과 고모라를 심판하겠다고 할 때 아브라함은 무려 여섯 번에 걸쳐 간청을 한 끝에 하나님에게서 소돔과 고모라에 단 열 명의 의인만 있어도 멸망시키지 않겠다는 약속을 받아냈다. 천사의 축복과 하나님의 구원 약속은 아브라함의 사랑과 중보 덕분이었다. 복은 우연이나 요행으로 받을 수 있는 것이 아니다. 아브라함은 평소에도 희생과 봉사의 생활을 해왔기에 자연스레 길 가던 나그네(하나님과 천사)를 대접하게 된 것이고, 결국 하나님의 복을 받게 된 것이다.

그리스 신화에 나오는 이야기이다. 세상에 사람다운 사람 하나 없다는 말에 신들의 제왕 제우스가 전령신 헤르메스를 데리고 인간 세상으로 내려왔다. 세상은 말로 듣던 것보다 악하고 흉포했다. 수많은 악행과 더러움으로 가득 차 있었다. 1년 동안을 찾아 헤매도 사람다운 사람 하나 찾을 수 없었다. 지쳐 돌아가는 길에 제우스는 마지막으로 한 집에 더 들르기로 했다. 다 쓰러져 가는 초라한 집이라 물 한 모금 얻어먹기 어려워 보였다. 그런데 그곳에서 제우스는 노부부에게 극진한 대접을 받는다. 노부부의 겸손함과 정성에 제우스는 감격했다. 세상에 내려와 처음으로 사람다운 사람을 만난 것이다. 제우스는 두 노인을 이끌고 산을 오르기 시작했다. 노부부가 정상 가까이 올라 뒤를 돌아보니 온 세상 사람들은 물에 잠겨 있었다. 노부부는 그 뒤로 함께 오래오래 행복하게 살다가 한날한시에 할아버지는 보리수, 할머니는 떡갈나무로 몸이 바뀌어 살았다고 전해진다.

세상 사는 이치는 어디서나 마찬가지이다. 오늘도 주님은 말씀하신다.

형제 사랑하기를 계속하고 손님 대접하기를 잊지 말라 이로써 부지 중에 천사들을 대접한 이들이 있었느니라(히 13:1-2).

낮에는 열대, 밤에는 한대

"한낮에는 50℃를 웃도는 폭염, 밤에는 뼈까지 스며드는 사막의 추위가 정말 견디기 힘들었다. 마치 밤처럼 느껴질 정도의 시커먼 모래바람은 행군은커녕 눈조차 뜰 수 없게 만들었다." 이 말은 '사막의 영웅', '아라비아 민족 운동의 지도자'로 불렸던 T. E. 로렌스가 한 말이다. 데이비드 린 감독의 영화 "아라비아의 로렌스"의 주인공이기도 한 그는 터키의 압제에서 아랍 민족에게 독립을 안겨준 멋진 사나이였다.

내가 이와 같이 낮에는 더위와 밤에는 추위를 무릅쓰고 눈 붙일 겨를도 없이 지냈나이다(창 31:40).

이 구절은 창세기에 기록된 야곱의 말이다. 말의 내용은 비슷하지만 야곱은 로렌스와는 전혀 다른 삶을 살았다. 아브라함의 아들인 이삭이 60세가 되어 낳은 쌍둥이 아들 중 동생이 야곱이다. 그는 어머니와 짜고 앞을 보지 못하는 아버지를 속여 형이 받을 복을 가로채는 등 복을 받기 위해서라면 수단과 방법을 가리지 않은 사람이었다. 하나님의 축복과 장자권을 빼앗긴 형의 분노를 피해 외삼촌의 집으로 도망친 야곱은 그곳에서 외삼촌에게 속아 20년 동안 고생을 하게 된다. 그러나 하나님의 복을 받아 열심히 일한 덕분에 야곱의 재산은 엄청나게 늘어난다. 하지만 계속되는 외사촌들의 질시에 고향으로 돌아가기로 결심하고 한밤중에 모든 가족과 재산을 가지고 몰래 외삼촌 집에서 도망을 치게 된다. 분노한 외삼촌이 병력을 이끌고 추격해 와 질책을 하자 야곱은 외삼촌에게 강력히 항의를 한다.

"내가 20년 동안 외삼촌 집에서 일하면서 조금도 게으름을 피우지 않았고, 재산의 손해를 끼친 적도 없습니다. 두 딸을 위해 14년간 무보수로 일했으며 양 떼로 인하여 6년을 더 일했습니다. 그러나 그 동안 외삼촌은 품값을 열 번이나 바꾸는 등 나를 얼마나 속였습니까? 그러나 하나님이 축복하시어 나를 부자가 되게 하셨습니다."

이 말 중에 자기가 고생했던 것을 나타내는 말이 바로 앞에 인용한 구절이다. 외삼촌 집에서 야곱이 일한 곳은 하란으로, 현재 유프라테스 강의 상류 지역인 시리아에 위치한 곳이다. 하란은 아라비아 사막 북쪽에 위치한 곳으로, 아열대 건조사막기후구에 속하는 곳이다. 야곱이 "낮에는 더위와…… 무릅쓰고"라고 말했는데, 여기서 더위는 히브리어 '호레브'(חרב)로 표현되었다. 이 말은 폭양이나 열기, 가뭄으로 번역되는 말이며, 이와 동일한 어근을 갖는 '하레브'가 '황폐하다'로, '하라브'가 '죽이다'로 번역된 것으로 보아 야곱이 경험한 더위는 온 땅을 황폐하게 만드는 살인적인 더위라는 것을 알 수 있다. "밤에는 추위를 무릅쓰고"에서 추위는 히브리어 '케라흐'(קרח)로 표현되었는데, 이 말은 '대머리로 만들다'에서 유래된 말로 대머리 같은 얼음이나 우박을 가리킨다. 즉, 추위를 나타내는 데 얼음을 뜻하는 단어가 사용된 것은 야곱이 일했던 하란 지역이 밤 온도의 급강하로 인해 매우 추웠던 곳임을 알 수 있다. 따라서 야곱의 고백은 과장이 아닌 한 치의 덧붙임도 없는 있는 그대로의 사실을 말한 것이다.

최근의 이라크 전쟁에서도 더위와 모래폭풍이 큰 영향을 주었다는 보도가 있었던 것처럼 이 지역은 낮에는 열대 지역의 뜨거움이, 밤에는 북극 지방 같은 추위가 엄습하는 곳으로, 사람이 살기 어려운 척박한 지역이다. 쇠를 녹일 듯한 낮의 무더위, 밤에는 영하까지 떨어지는 추위, 암석이 깨져 모래가 될 수밖에 없는 가혹한 날씨라고 할 수 있다. 더욱이 계절풍과 상층의 건조한 기류가 충돌해 발생하는 모래폭풍이 불면 1,000m 이상 높이 솟아오른 모래먼지의 벽이 사막을 밀고 다가온다. 이때는 '오직 절망뿐' 이라는 고백이 오히려 사치스러울 정도라고 한다. 이 사건 이후 야곱은 외삼촌과 화해하고, 자기를 죽이려 했던 형과도 화해하며 하나님과의 관계도 회복하는 해피엔딩을 맞게 된다.

영국에서는 일기 예보에서 눈이나 결빙 주의보가 내리면, 병원의 응급실은 1년 중 가장 바쁜 날을 준비한다고 한다. 전날보다 기온이 10℃ 이상 떨어지면 영국에서는 다른 의학적 질병 증가와 함께 심장마비 발생 비율이 13% 증가하기 때문이다. 추위의 위험에 가장 많이 노출된 사람은 고혈압 환자이고 뇌일혈과 심장마비 가능성이 있는 50대 이후의 장년층이다.

연세대 의대 연구에 의하면, 날씨가 추운 1월에는 고혈압, 동맥경화 등 각종 순환기계 질병으로 숨진 사람이 인구 10만 명당 151명으로 사망률이 가장 높았다고 한다. 혈압은 날씨에 따라 그 수치가 변한다. 기온이 떨어지면 혈관이 수축되어 혈압이 높아지기 때문에 혈관이 터지면서 뇌졸중이 일어나는 것이다. 특히 새벽 4시와 해가 떨어진 오후 7시에 사망 시간이 집중하는 특성을 보이는데, 이 시간대가 기온이 가장 낮거나 급격히 떨어지는 시간이기 때문이다. 혹 '야곱은 그렇게 심한 추위도 견디어 냈는데 나는?' 하는 생각은 아예 하지 말자. 그저 추위 앞에서는 조심이 최고이다.

복 받은 여인 이야기

아름답고 착한 마음을 가진 한 여인이 갈릴리 바다 남서쪽에 있는 수넴 지방에 살고 있었다. 이 여인은 선지자인 엘리사가 이 마을을 자주 지나는 것을 알고 정성을 다해 대접하곤 했다. 성경에서는 수넴 여인을 친절한 사람의 표상으로 소개한다. 그 여인의 친절은 자발적인 친절이며 능동적이며 적극적인 친절이었다. 엘리사가 수넴에 이르렀을 때 여인은 엘리사를 강권하여 음식을 먹게 했다. 그 능동적인 친절이 엘리사를 감동케 한 것이 틀림없다.

왜냐하면 엘리사는 수넴을 지날 때마다 여인의 집에 음식을 먹으러 들어갔기 때문이다. 그리고 엘리사가 편하게 여인의 집에 들른 것은 여인이 자기의 가치를 알아주었기 때문일 것이다.

> 여인이 그의 남편에게 이르되 항상 우리를 지나가는 이 사람은 하나님의 거룩한 사람인 줄을 내가 아노니(왕하 4:9).

가장 소중한 친절은 상대방의 가치를 인정해 주는 것이다. 그녀의 친절은 엘리사를 머물게 하였다. 좋은 사람 속에는 좋은 것들이 가득 차 있기에 좋은 사람이 찾아올 때, 계속해서 찾아오게 하고 머물게 하는 것은 큰 축복이다. 그리고 그녀는 엘리사의 필요를 채워줄 줄 아는 지혜로운 여인이었다. 그녀는 편하게 머물 수 있는 작은 방과 필요한 침상과 책상과 의자와 촛대를 차례로 채워주었다. 그리고 그녀의 친절은 무척 순수했다. 엘리사가 그녀의 친절에 보답하기 위해 자기가 잘 아는 군대 장관에게 무엇을 구할 것이 있으면 말하라고 할 때 그녀는 아무것도 필요 없다고 말한다. 그런 그녀의 친절이 선지자의 마음을 움직였다.

수넴 여인에게 부족한 것은 단지 자식이 없다는 것이었는데, 남편마저 늙어 자식을 가질 희망조차 없었다. 여인의 아름다운 마음에 보답하기 위해 엘리사가 이 집에 아들을 달라고 기도했다. 엘리사의 기도를 들은 하나님은 여인에게 아들을 주었다. 그런데 튼튼하게 자라던 아이가 다섯 살 정도 되었을 때, 아버지가 추수하는 밭에 따라 나갔다가 그만 열사병에 걸려 죽고 말았다.

> 그 아이가 자라매 하루는 추수꾼들에게 나가서 그의 아버지에게 이르렀더니 그의 아버지에게 이르되 내 머리야 내 머리야 하는지라 그의 아버지가 사환에게 말하여 그의 어머니에게로 데려가라 하매 곧 어머니에게로 데려갔더니 낮까지 어머니의 무릎에 앉아 있다가 죽은지라 (왕하 4:18-20).

성경에 나온 것처럼 이 지역의 더위가 열사병으로 죽을 만큼 정말 무더울까? 중동 지역의 밀 수확철은 5월이다. 이때 수넴 지역의 평균 최고 기온은 27℃ 내외를 보인다. 우리나라의 서울이 가장 무더울 때인 8월 평균 기온이 25℃ 내외인 것과 비교하면 이는 상당히 무덥다고 할 수 있다. 게다가 5월에는 아라비아 사막으로부터 국지풍인 시뭄(Simoom)이 불어온다. 시뭄은 매우 뜨겁고 건조한 바람으로 이 바람이 불면 기온이 35℃ 이상으로 올라가면서 푸르던 초목이 금세 누렇게 말라버릴 정도로 악명이 높다.

미국 기상청에서 만든 열파지수(heat index)가 130이 넘으면 열사병이 발생할 확률이 높다고 하는데, 시뭄이 불 때의 열파지수도 130을 넘는다. 이와 같은 무더위는 땀에 의한 체온 조절을 불가능하게 해 곧바로 열사병을 일으킨다. 열사병은 40℃ 이상의 고열, 신경정신 이상 등의 증상을 보이며 사망률이 70%에 이르는 치명적인 질환이다. 특히 어린아이들은 열에 적응하는 능력이 거의 없기에 무더위에 매우 취약하다. 따라서 수넴 여인의 아들이 열사병에 걸려 죽은 것은 이 지역의 기상 조건으로 보아 타당하다고 할 수 있다.

사랑하던 아들이 죽자 여인은 하늘이 무너지는 듯한 슬픔 속에서도 엘리사를 찾아가 아이를 살려달라고 눈물로 애원한다. 이에 엘리사가 안수하고 기도를 하자 아이가 다시 살아나는 기적이 일어나게 된다. 기뻐하는 여인에게 엘리사는 이 땅이 앞으로 7년 동안 심한 가뭄이 들 것이니 바닷가인 블레셋 땅으로 가서 살라고 말해준다. 해안 지방은 지중해의 습한 공기의 영향으로 이슬이 많이 내린다. 따라서 가뭄이 들더라도 농작물의 경작이 가능하기 때문에 내륙보다는 피해가 훨씬 덜하다.

가뭄을 피해 블레셋에서 살던 여인의 가족이 7년 후에 고향으로 돌아와 보니 어떤 불한당 같은 사람이 땅을 다 차지하였다. 돌려달라고 사정해도 막무가내였다. 이제 유일한 해결 방법은 왕에게 억울함을 호소하는 것뿐이었다. 그런데 놀랍게도 왕궁에 청원하러 갔을 때 엘리사의 하인이 왕에게 이 여인 이야기를 하고 있는 중이었다. 하나님이 이 여인의 가족에게 행한 기적 이야기를 듣던 왕은 눈앞에 있던 바로 이 여인이 그 사람이라는 말을 듣고 모든 문제를 해결해 준다.

친절을 베풀 기회가 오면 그 기회를 놓치지 말아야 한다. 수넴 여인이 엘리사에게 친절을 베푼 것은 놀라운 기회였으며 풍성한 삶을 살게 된 기회였다. 친절은 상상할 수 없는 복을 가져온다. 친절의 양을 채우되 순수한 친절을 베풀라. 다른 사람을 향해 베푼 친절이 결국 자신에게 돌아온다. 다른 사람을 돕는 일이 자신을 돕는 것이다.

요나가 열(熱)받은 이야기

"너는 니느웨로 가서 죄로부터 멀어지지 않으면 심판 받을 것이라는 내 말을 전해라."

"내가 그곳에 왜 갑니까? 나는 싫습니다."

이스라엘의 선지자였던 요나는 하나님의 명령을 거역한다. 그리고 그는 여호와의 명령을 피할 속셈으로 니느웨와 정반대 방향으로 도망친다. 그러나 풍랑으로 인해 바다에 떨어진 요나는 물고기 뱃속에서 3일간을 지내게 된다. 간절한 회개의 기도를 통해 육지로 돌아온 요나는 도리 없이 니느웨로 가야만 했다. 요나가 하나님의 명령을 거역한 것은 이스라엘에 가장 큰 적대 세력인 니느웨가 하나님의 진노로 멸망되었으면 했고, 또한 이스라엘만이 오직 하나님의 복을 받아야 한다는 편협한 생각 때문이었다. 니느웨는 현재 이라크 수도 바그다드의 북동쪽에 위치한 곳이다. 강대국이었던 앗수르의 수도였으며, 1834년 영국인 에밀 보타에 의해 발굴되어 성경의 기록이 역사적 사실로 드러난 도시이다.

사십 일이 지나면 니느웨가 무너지리라(욘 3:4).

어쩔 수 없이 여호와의 심판을 전해야 하는 요나의 심정은 불편했다. 그래서 그는 3일간을 걸어야 하는 성을 단 하룻길만 돌았고, 상세한 설교보다는 퉁명스럽게 단순히 멸망을 선포하는 데에 그치고 만다. 그런데 웬일인지 니느웨 사람들은 금식하면서 죄를 회개하기 시작했다. 게다가 니느웨의 왕은 모든 백성들이 악에서 떠날 것까지 명령했다. 악의 도시였던 니느웨가 쉽게 요나의 말을 받아들인 이유는 무엇일까? 이는 당시의 역사를 보면 이해할 수 있다. 요나가 심판을 선언하기 5년 전인 기원전 765년에 니느웨에는 큰 전염병이 돌았다. 그리고 2년 후에는 불길한 일식(日蝕)이 있은 후에 우라르투와의 전쟁에서 크게 패배했다. 그리고 또다시 전염병이 돌아 수많은 사람들이 죽어나갔다. 국가적 환난이 계속 발생하는 와중에 요나가 와서 여호와의 심판을 선언하니 정신이 번쩍 든 것이다. 그래서 금식하면서 그간의 악한 죄를 회개하게 되었고, 이런 니느웨 사람들에게 하나님은 재앙을 내리지 않기로 한다.

니느웨 사람들이 비록 회개를 하여 여호와 하나님의 심판을 피했지만, 요나는 성의 동편 언덕 위에 초막을 짓고 살며 니느웨에 여호와의 재앙이 내리기를 기다린다. 하나님은 요나에게 뜨거운 햇볕을 가려주기 위해 박넝쿨을 준비해 준다. 그러나 다음날 벌레들이 박넝쿨을 갉아먹자 넝쿨의 그늘이 사라졌다. 게다가 뜨거운 동풍까지 불어왔다.

> 해가 뜰 때에 하나님이 뜨거운 동풍을 예비하셨고 해는 요나의 머리에 쪼이매 요나가 혼미하여 스스로 죽기를 구하여 이르되 사는 것보다 죽는 것이 내게 나으니이다 하니라(욘 4:8).

성경에 기록된 이 말은 과연 과학적 타당성이 있는 것일까? 기상학적으로 니느웨는 지구상에서 가장 무더운 지역에 속한다. 게다가 이란 쪽에서 뜨거운 동풍 모래바람인 레샤바르(Reshabar)나 샤르키(Sharqi)가 불어올 때는 낮 최고기온이 45℃까지 올라간다. 많은 먼지와 모래를 동반하고 불어오는 이 바람은 매우 거세고 뜨거워 숨쉬기조차 힘들다고 한다. 다행히 습도가 낮아 그늘에 있을 때는 그런대로 견딜 만하겠지만, 햇볕을 직접 받으면 체온이 급상승하면서 일사병에 걸리기 쉬운 기상 조건이다. 따라서 강한 열과 열풍(동풍)에 요나가 정신을 잃을 지경에까지 이르렀다는 성경의 기록은 타당성이 있다. 니느웨가 재앙을 피하는 것에 열받았던 요나는 태양열과 뜨거운 동풍으로 인해 진짜 일사병에 걸려 "차라리 죽는 것이 낫겠다"라며 여호와께 투정을 부린 것이다.

선지자의 말에 전 국민에게 금식과 회개를 선포한 니느웨의 왕은 뛰어난 지도자라 할 수 있다. 니느웨처럼 국가적인 재난을 전 국민이 금식과 기도로 극복한 사례가 있다. 링컨 대통령은 1863년 4월 30일을 국가적인 금식 기도의 날로 선포했다.

"지금 우리나라를 황폐하게 하는 남북전쟁의 참화는 우리의 염치없는 죄에 대한 형벌일 뿐만 아니라 국가적인 개혁이 필요하다는 징조일지도 모릅니다. 하나님 앞에 우리 자신을 낮추고 국가적인 죄를 고백하며 그분의 용서와 자비를 구합시다."

이후 북군의 전세가 유리해지면서 링컨은 미국을 한 나라로 통일하는 데 성공하고 미국인들에게 가장 존경받는 위대한 대통령이 되었다. 우리나라도 이런 영적인 뛰어난 지도자가 나왔으면 얼마나 좋을까?

팁 한 가지 추가! 사람은 36.5℃의 체온을 유지하려는 항온동물에 속한다. 외부 기온에 따라 변하는 변온 기능이 없기 때문에 자체적으로 항상 36.5℃를 유지해야만 살 수가 있다. 만일 정상 체온보다 2-3℃만 높아지면 체내 단백질이 응고되기 시작하면서 생명이 위험해진다. 따라서 더워지면 몸 스스로 체온이 상승하지 않도록 땀을 흘려 방어를 한다. 그러나 열 상승 방어에 실패하면 구토와 같은 열 피폐 현상이 가장 먼저 나타난다. 이보다 심하게 땀을 흘리는 경우 뇌빈혈이 일어나 실신하게 되는 일사병이, 더 심하면 열사병에 걸리게 된다. "불볕더위 찜통더위에 염소 뿔이 노~옥는구나." 어릴 적에 들었던 노래의 한 자락이다. 어느 정도의 무더위에 염소 뿔이 녹을지는 모르겠지만 더울 때는 더위를 피하는 것이 상책이다. 무더위에 아무렇지도 않게 견딜 사람은 별로 없으니, 그저 더울 때는 적절한 휴식, 그리고 수분 및 영양 섭취가 최고다.

17. 지진

하나님의 경고

지진 피해가 많은 일본에는 메기가 지진을 일으킨다고 전해진다. 고대의 일본인들은 바다를 헤엄치는 커다란 용이 땅을 떠받치고 있다가 심기가 불편해져 몸을 뒤틀면 지진이 일어난다고 생각했다. 용의 뒤틀림이 지진이라던 생각은 세월이 흐르면서 큰 메기의 움직임으로 바뀌었다. 일본의 땅속에는 엄청나게 큰 메기가 살고 있는데, 메기가 장난을 치면서 몸을 흔들면 지진이 일어난다는 것이다.

인도의 힌두교 신화에서는 여덟 마리의 힘센 코끼리가 땅을 떠받치고 있다. 육지를 떠받치고 있는 코끼리 중 한 마리가 머리를 숙이면 땅이 흔들리면서 지진이 일어난다고 한다. 몽골 신화에서는 라마승이 지진을 일으킨다고 한다. 라마승은 엄청난 힘을 가진 큰 개구리로 땅을 등에 얹고 있다가 실룩실룩 움직이면 지진이 일어난다는 것이다. 인도의 코끼리가 이따금 머리를 숙이고 흔드는 동작이나, 개구리가 등을 실룩실룩하는 모양이 그럴듯하게 연상된다. 인도네시아 신화에서는 땅을 업고 있는 악마의 신 때문에 지진이 일어난다고 한다. 악마의 신은 사람들이 제때에 제물을 바치지 않으면 화를 내면서 부들부들 떠는데, 이때 땅이 흔들려 지진이 발생한다는 것이다.

페루의 마이나족은 신이 사람수를 세기 위해 지구를 찾아오는 발걸음으로 지진이 생긴다고 믿고 있다. 그들은 지진이 일어나면 신이 사람수를 빨리 세고 돌아가라고 집에서 뛰쳐나와 "저는 여기 있습니다!"를 외친다고 한다. 지진이 나면 가장 위험한 곳이 집안이기에 밖으로 뛰쳐나오라는 삶의 지혜가 녹아 있는 신화라고 하겠다.

각국의 많은 신화에서 동물이 지진을 일으킨다고 믿는 것은 사람보다 동물이 먼저 지진을 감지하여 알려주기 때문이라고 생각한다. 18세기 중반부터 지진의 발생 원인을 과학적으로 설명하려는 노력이 시작되었다. 오늘날 지진의 원인을 가장 잘 설명하고 있는 일반적 이론은 독일의 지질학자 베게너가 제시한 대륙이동에 따른 판(板)구조론이다. 지구의 표층인 지각은 대륙지각에서는 35km, 해양지각에서는 5-10km의 평균 두께를 갖고 있다. 이들은 6개의 큰 판과 몇 개의 작은 판으로 구성되어 있으며, 이들이 지구 내부에서 작용하는 힘에 의해 연간 수cm 정도의 속도로 서로 움직이고 부딪치는 힘 때문에 지진이 발생한다는 것이다. 그런데 성경에서는 하나님이 지진을 만든다고 말하고 있다.

반역의 대가는 지진

"왜 너희 집안끼리 다 해먹는 것이냐? 우리도 이스라엘인이며 레위 지파에 속하였으니 권력을 나누어 가져야 한다!"

모세가 애굽에서 이스라엘 민족을 이끌고 나온 지도 어언 38년이 지났다. 모세는 정치적 지도자로, 그의 형인 아론은 종교적 지도자인 제사장으로 형제가 이스라엘 민족을 이끌고 있었다. 그러나 오랜 동안의 광야생활로 이스라엘 민족은 지쳐 있었다. 신앙이 약해졌으며 기강도 해이해졌다. 이런 틈을 타 고라를 중심으로 한 지도 세력이 모세에게 반기를 들었다.

고라는 레위인으로서 구약 율법에 따라 종교적 특권과 책임을 맡고 있던 종교적 지도자로 그들 집안은 성막을 쓸고 손보는 일에 종사했다. "마음이 어질지 못한 사람은 궁한 생활을 오래 견디지 못하며, 안락한 생활도 오래 계속하지 못한다"는 공자(孔子)의 말처럼 고라는 자기에게 맡겨진 직무에 만족하지 못했다. 그는 같은 레위인임에도 아론의 자손에게만 신정국가에서 최고의 대접을 받는 제사장의 특권이 세습되는 것에 시기심이 일었다. 이에 고라는 르우벤 지파와 250명의 족장을 선동하여 자신은 종교를, 르우벤 지파는 정치를 맡기로 하고는, "네가 젖과 꿀이 흐르는 애굽에서 이스라엘을 끌어내어 광야에서 죽게 하지 않았느냐? 그런데도 네가 어찌 우리의 왕이 되려 하느냐!"며 모세를 격렬하게 비난했다.

"내가 이 일을 하는 것은 내 맘대로 하는 것이 아니라 여호와 하나님이 시킨 것이다. 만일 이들의 반역이 여호와의 뜻이 아니라면 땅이 갈라져 이 사람들을 산 채로 삼킬 것이다."

땅이 그 입을 열어 그들과 그들의 집과 고라에게 속한 모든 사람과 그들의 재물을 삼키매 그들과 그의 모든 재물이 산 채로 스올에 빠지며 땅이 그 위에 덮이니 그들이 회중 가운데서 망하니라 그 주위에 있는 온 이스라엘이 그들의 부르짖음을 듣고 도망하며 이르되 땅이 우리도 삼킬까 두렵다 하였고 여호와께로부터 불이 나와서 분향하는 이백오십 명을 불살랐더라(민 16:32-35).

모세의 선언이 끝나자마자 여호와는 지진을 일으켜 모든 반역자들을 생매장시키고 불의 심판을 행했다. 우리는 늘 그 자리에 위치한 땅이나 산을 보며 살아서인지 지구가 안정된 고형 물질일 것이라는 착각을 하고 있다. 그러나 지구는 끓고 있는 액체 물질에 땅과 같은 고체 물질이 함께 붙어 있는 구조를 가지고 있다. 더구나 이 땅이란 것도 균일한 하나의 판으로 되어 있는 것이 아니라 여러 개의 조각(板)으로 떨어져 있다. 따라서 끓는 액체(마그마) 위에 떠 있는 조각들이 움직이면 지구는 온몸을 뒤틀게 된다. 바로 지진이 발생하는데, 이때 생겨나는 에너지는 실로 엄청나다.

2010년 초 아이티를 강타했던 규모 7.4의 지진만 해도 원자폭탄 150개가 터진 것과 강도가 비슷하며, 2011년 3월 일본 동북부 지방을 강타한 규모 9.0의 지진은 원자폭탄 10만 개의 위력과 비슷하다. 중동 지역은 지진이 발생할 가능성이 높은 아라비아 판과 아프리카 판이 부딪치는 곳에 위치해 있기에 지진이 자주 발생한다. 따라서 여호와는 이 지역에 빈번하게 일어나는 자연현상을 통해 고라 일당에게 반역의 벌을 내린 것이라고 할 수 있다.

지진은 발생하기 30분 전에만 예측한다 해도 그 피해를 줄일 수 있기에 각 나라는 지진 연구에 막대한 예산을 지출하고 있다. 그러나 아직까지 과학적 방법에 의한 지진 예측은 거의 불가능하다는 것이 학자들의 의견이다. 오히려 지진 예보에 과학보다 동물의 직감이 낫다고 말하기도 한다. 요녕성 지진 때 중국 국가 지진국(地震局)은 동면중인 뱀이 땅 위에 나타나고, 쥐들이 취한 듯이 비틀거리고, 우물에 거품이 끓어오르는 등의 이상 징후를 보고 대피령을 내려 인명피해를 줄였다고 한다. 이밖에도 돼지가 밥을 먹지 않고 주둥이를 맞대며 소리를 지르거나, 물고기가 수면 위로 마구 뛰어오를 때, 닭이 닭장으로 돌아오지 않을 때도 여지없이 지진이 일어났다고 한다.

2008년, 8만 명 이상의 사망자를 낸 중국 쓰촨성 부근의 단무(檀木)마을에서는 지진이 발생하기 사흘 전에 엄청나게 많은 두꺼비들이 이동하였다고 한다. 두꺼비들은 지진이 일어날 것을 미리 알고 대피했던 것일까? 홍콩대학 동물학과의 량즈칭 교수는 "동물이 자연재해를 예측하는 능력이 있다는 과학적 근거는 없지만, 인간보다 민감하기 때문에 재해가 일어나기 전에 '반응'을 보인다"고 말한다. 과학적으로 규명되지는 않았지만 무엇인가 특출한 감지력이 동물들에게는 있다는 것이다.

예를 들어 뱀은 온도에 매우 민감하다. 북아메리카 방울뱀은 1,000분의 1도의 온도 변화도 감지한다. 바퀴벌레는 진동에 민감해서 수소원자 크기 정도의 진동도 느낀다. 메기는 1km 떨어진 곳에서 1.5V 전류의 흐름까지 알아낼 정도로 미세 진동에 민감하다. 2005년 남아시아 지진이 발생해 쓰나미가 몰려오기 전 영양 떼는 해변에서 언덕 쪽으로 이동했고, 코끼리 떼는 필사적으로 산 쪽으로 대피했다. 하나님은 동물에게 인간은 느낄 수 없는 독특한 능력을 주신 것이 아닐까?

활성단층대가 많고, 또 최근 지진 발생 횟수가 증가하고 있는 우리나라도 결코 지진의 안전지대가 아니다. 전임 환경부 장관인 이만의 씨는 지진 예측에 동물을 활용하겠다는 이야기를 한 적이 있다. 진행중인지는 모르겠지만 좋은 방안이라고 생각한다. 과학적인 연구도 계속해야겠지만 중국 지진국에서 사용하고 있다는 동물들의 이상 징후를 관심 있게 관찰하여 지진 가능성에 대비하는 것도 지혜라는 생각이 든다. 사후(死後) 처방전은 아무런 소용이 없기 때문이다.

일곱 번의 기적– 여리고 전투

"랍비(유대 종교지도자)들이 비행기를 타고 올라가 기도했더니 기적 같은 비가 내리고 있습니다." 10여 년 전, 중동 지역에 심한 가뭄이 들었을 때 이스라엘의 독특한 기우제(祈雨祭)를 중계하던 미국 CNN 방송의 보도 내용이다. 비행기가 이스라엘 상공을 일곱 바퀴 도는 동안 랍비들이 기도를 했더니 하늘에서 단비가 쏟아지기 시작했다는 것이다. 이때 랍비들이 이스라엘 상공을 일곱 바퀴 돌면서 기도한 것은 여리고 전투의 '일곱 번의 기적'에서 영감을 얻은 것이라고 한다.

기원전 1405년경 이스라엘의 가나안 정복전쟁 당시 첫 전투가 벌어졌던 곳이 여리고였다. 여리고 성은 요르단 계곡 안쪽에 위치하여 동서 무역로를 끼고 있는 중요한 성이다. 가파른 언덕 위에 일정한 간격을 두고 이중으로 만들어져 매우 튼튼한 성이기도 했다. 젖과 꿀이 흐르는 가나안을 정복하기 위해서는 반드시 함락시켜야만 하는 성이었다. 당시는 성을 공격하는 전술이 개발되어 있지 않아 공격하기가 매우 어려웠다. 그런데 성문을 굳게 닫고 철통 같은 수비만 하니 공격할 방법이 거의 없었다.

이길 수 있는 방법을 가르쳐 달라고 여호수아가 여호와 하나님께 기도했다. 여호와 하나님은 여호수아에게 특이한 전투 방법을 일러준다. "너희 이스라엘 백성들은 엿새 동안 성벽 밖을 매일 한 번씩 돌아라. 그리고 마지막 칠 일째 되는 날에는 일곱 바퀴를 돌아야 한다. 그 후 제사장들의 나팔소리를 신호로 일제히 함성을 질러라. 그러면 이길 것이다." 이에 이스라엘 백성들이 그대로 행하자 견고하던 이중 성벽이 거짓말처럼 무너져 내렸다. 무너진 성 안으로 공격해 들어간 이스라엘은 쾌승을 거두었다.

제사장들의 나팔소리와 함성만으로 성벽이 무너질 수 있을까? 일부 과학자들은 '공명 현상' 때문에 무너졌다고 말한다. 공명이란 외부에서 작용하는 힘의 진동수가 진동체의 고유 진동수에 따라 커지면서 양쪽 진동수가 일치할 때 진폭이 최대로 되는 현상이다. 1940년 7월, 워싱턴 주의 타코마 다리가 가벼운 돌풍에 무너지는 사건이 공명 현상 때문으로 밝혀진 것같이 우리가 상상할 수 없는 에너지가 생기는 현상이 공명현상이다. 가능성은 있지만 쉽게 수긍할 수 있는 이론은 아닌 것 같다. 그렇다면 성을 무너뜨린 힘은 무엇이었을까?

과학자들은 여리고 성이 무너진 이유를 함성과 동시에 발생한 지진으로 보고 있다. 이곳은 지구상에 기록된 지진의 2할 가량이 발생할 정도로 지진이 잦은 지역이다. 인근 터키보다는 덜하지만 그래도 1세기에 한두 번 정도는 강진이 발생한다. 이것은 이 지역이 아라비아 판 위에 놓여 있는 데다 지질학적으로 불안정한 요르단 계곡과 또 비스듬하게 형성된 단층지대 위에 위치하기 때문이다. 재미있는 사실은 고고학적 발굴을 통해 여리고 성 전투가 실제의 사건이었음이 밝혀졌다는 것이다. 영국의 존 가스당이 처음으로 발굴하여 무너져 내린 성벽의 연대를 측정해 보니 여호수아 정복전쟁 때와 일치하였을 뿐만 아니라 성이 지진으로 무너졌다는 많은 증거가 나왔다고 한다.

여호와 하나님은 말씀으로 지진을 만드신다. 1692년에 자메이카의 포트로열에 지진이 덮쳤다. 당시 포트로열은 서인도제도에서 세력을 떨치던 해적의 근거지였다. 포트로열 교회의 목사였던 히드는 하나님이 타락한 사람들에게 신앙심을 넣어주기 위해 지진을 가져올 것이라고 설교했다. 얼마 후 지진이 발생해 포트로열의 시가지 3분의 2가 바다 속으로 떨어져 들어갔고, 2,000명의 사람들이 죽었다. 1755년 리스본에서 발생한 지진은 리스본을 초토화시키고 6만 명의 희생자를 가져왔다. 많은 교회들이 회개기도 운동을 벌였다. 지진은 여호와 하나님이 만들어 악한 자를 벌주는 것이라고 믿었기 때문이다.

여호와 하나님은 지진이라는 기상현상을 일으켜 여리고의 견고한 이중 성벽을 무너뜨리고 순종하는 이스라엘 민족에게 승리를 안겨주었다. 성경에서는 "여호와를 의지하는 자는 시온 산이 흔들리지 아니하고 영원히 있음 같도다"(시 125:1)라고 말한다. 전심으로 여호와 하나님께 순종하고 의뢰하면 예루살렘에 지진이 없는 것처럼 우리 인생에도 지진은 닥치지 않을 것이다.

예루살렘에는 지진이 없다

"최악의 비극, 아이티 강진으로 사망자 최대 17만 명을 넘어……." 카리브 해의 섬나라 아이티에서 2010년 1월 12일 규모 7의 지진이 발생했다. 수도인 포르토프랭스의 건물 중 70% 이상이 파괴되었고, 전체 인구의 3분의 1인 300만 명이 길거리에 나앉았다. 도대체 지진은 무엇이며 왜 발생하는 것일까?

지구 안쪽은 뜨거운 액체인 마그마로 이루어져 있다. 바깥쪽은 땅과 같은 고체로 되어 있다. 액체 물질 위에 고체 물질이 붙어 있는 불안정한 구조인 것이다. 땅도 균일한 하나의 판으로 되어 있는 것이 아니라 여러 개의 판 조각(板, plate)으로 떨어져 있다. 이 판들이 어떤 힘에 의해 끌어올려지거나 밀려 부딪치면 지구는 온몸을 뒤트는 몸살을 앓게 된다. 이것을 지진이라 부른다. 지진은 95% 이상이 판의 경계에서 발생한다. 이번 아이티 지진도 판의 경계에서 발생했다. 아이티는 카리브 판과 남아메리카 판의 경계에 위치해 있다. 많은 지진이 판의 경계에서 발생하지만 판 내부에서 발생하는 지진도 5% 가량 된다. 지구 어디도 지진으로부터 안전한 곳은 없다는 뜻이다. 그런데 성경에서는 예루살렘에는 지진이 없다고 말한다.

여호와를 의지하는 자는 시온 산이 흔들리지 아니하고 영원히 있음 같도다(시 125:1).

시온 산은 예루살렘을 가리키는데, 이곳은 결코 흔들리지 않고 영원히 남아 있을 것이라는 말이다. 3,000년 전에 기록된 이 말씀은 정말일까? 이스라엘 주변 지역에 대한 2,000년간의 지진 기록은 역사에 상세히 남아 있다. 이에 따르면 각 세기마다 평균적으로 3-4개의 강한 지진이 발생했다. 19세기 이후에 발생한 가장 큰 지진은 1837년 1월 사페드(Safed) 근처에서 발생했다. 5,000명의 인명 피해와 함께 고대 유적을 비롯한 도시가 파괴된 적이 있다. 1927년 7월에는 여리고 북쪽에서 강한 지진이 발생했다. 쉐켐에서는 350명의 인명 피해와 800채의 건물이 붕괴되기도 했다. 이스라엘 지진 연구소에 의하면 이스라엘 주변 지역도 아라비아 판과 유라시아 판의 경계에 있어 지진 발생 가능성이 높다고 한다. 그런데 놀랍게도 성경 말씀처럼 예루살렘만은 지진에 의한 피해를 입은 기록이 없다. 과학자들은 예루살렘 지역이 강한 바위로 이루어진 지역이라 지진에 의한 흔들림이 없기 때문이라고 말한다. 그러나 그것은 아니다. 지진은 여호와 하나님이 주관하는 기상현상이다. 따라서 여호와를 의지하는 자는 시온 산이 흔들리지 아니하고 영원히 있을 것이라는 말씀이 이루어지고 있는 중일 뿐이다.

지진이 발생하면 왜 이렇게 상상할 수 없는 큰 피해가 발생하는 것일까? 그것은 지진이 가진 막대한 에너지 때문이다. 규모 9였던 2011년 일본 동북부 지진은 중형 원자폭탄 10만 개가 터진 위력과 비슷하다. 그럼 우리나라에서도 이처럼 강한 지진이 발생할 가능성이 있을까? 역사 기록과 지질 구조로 볼 때 가능성은 있다. 《삼국사기》에 의하면 779년에 아이티 지진 정도로 추정되는 강진이 발생했다는 기록이 있다. 전문가들은 활성 단층이 5개 이상 존재하기에

규모 6.0 정도의 지진은 언제든 일어날 수 있다고 말한다. 우리나라도 결코 지진의 안전지대가 아닌 것이다.

최근 소방방재청이 아이티와 같은 지진이 서울에서 발생할 경우의 시뮬레이션을 해봤다. 전국적으로 67만여 명의 사상자가 발생하고 건물 93만 채가 파괴되는 것으로 나타났다. 아이티에 못지않은 피해가 예상된다는 것이다. 먼저 여호와 하나님을 의뢰하는 민족이 되도록 기도하자. 그리고 지진이 발생했을 때의 대비책을 하나하나 세워나가도록 하자.

일본 동북부 대지진을 보며

"일본, 강력한 지진과 쓰나미로 사상 최악의 재앙." 2011년 3월 일본 동북부 지방을 강타한 지진은 많은 사람들을 공포에 빠트렸다. 영화에서나 보았던 쓰나미가 내륙을 휩쓰는 것을 보고 가공할 위력에 전율한 것이다. 엎친 데 덮친다더니 원자력발전소의 방사능 누출까지 이어지면서 일본 국민들은 공황 상태로 빠져들었다.

최근 몇 년 동안 지구촌은 이상 기상으로 심한 몸살을 앓고 있다. 2005년 미국을 강타한 허리케인 카트리나가 800억 달러의 재산피해와 1,500여 명의 인명 희생을 가져왔다. 그리고 2008년 미얀마를 통과한 사이클론 나르기스는 무려 18만 명의 생명을 앗아갔다. 2010년에만도 러시아와 중국, 호주에 폭염과 함께 가뭄이 영향을 주었고, 미국, 유럽, 동북아시아 지역에는 한파와 폭설이 강타했다. 엘니뇨에서 라니냐로 이어지는 기상 변화는 전 세계적인 식량 감산을 가져왔고 대기근을 불렀다. 식량수출 국가들이 수출을 중단하면서 식량가격은 폭등했다.

블룸버그 통신이 아프리카, 중동, 아시아로 이어지는 반정부 시위나 폭동이 날씨 때문이라고 한 것은 기상 이변으로 식량 생산이 격감했기 때문이다. 빵값이 두 배 이상 폭등하자 생존의 위협을 받은 서민들이 들고 일어난 때문이라는 것이다. 지진과 쓰나미가 끝없이 이어지며 지구촌을 뒤흔들고 있다. 2004년 말 남아시아 지진과 쓰나미로 25만 명 이상의 인명이 희생되었다. 2008년 쓰촨성 대지진 때는 10만 명 이상이 죽었다. 2010년 벽두 아이티의 강진으로 30만 명이 희생되었고, 대만 지진, 칠레 대지진, 터키 지진, 하와이 지진, 아이슬란드와 일본의 화산 폭발이 이어졌다. 2011년에는 뉴질랜드를 강타한 지진이, 3월에는 일본에 사상 최악인 규모 9의 대지진을 가져오더니 미얀마에도 지진이 발생했다.

이젠 어디서 강력한 지진이 발생할까 세계인들은 공포에 빠져 있다. 여기에 더해 2013년의 태양 흑점 극대기로 인한 종말설이 유포되는가 하면 미국 국방부가 예견한 2020년 이전까지 '해양 열염 순환의 붕괴' 로 영화 "투모로우" 에 나오는 종말적 비극이 닥칠 것이라는 유언비어까지 횡행하고 있다. 일부 과학자들조차 오존층의 소멸이나, 태양의 강력한 폭발로 인한 반 알렌대의 파괴와 방사능 다량 피폭, 지구 온난화로 인한 극심한 가뭄과 높은 기온 등의 현상이 지구를 멸망에 이르게 만들 수 있다고 말한다.

그럼 성경에서 말하는 종말의 징조는 무엇일까? 첫째, 교통수단의 획기적인 발전과 지식의 풍성함이 있다고 말한다(단 12:4). 둘째, 재난이 시작된다(마 24:7). 셋째, 거짓 그리스도가 나타나며 사람들의 사랑이 식는다(마 24:24). 넷째, 하늘에 이상 징조가 나타난다. "그

날 환난 후에 즉시 해가 어두워지며 달이 빛을 내지 아니하며 별들이 하늘에서 떨어지며 하늘의 권능들이 흔들리리라"(마 24:29).

지금의 시대는 어떤가? 교통과 과학의 급속한 발달로 사람들이 빨리 왕래하고 있다. 인류가 창조된 이래로 축적해 온 지식보다 더 많은 양의 지식이 한 세기 동안에 축적되는 시대에 살고 있다. 슈퍼 태풍, 강력한 지진과 쓰나미, 대기근, 폭염 등이 도처에서 일어나고 있으며 이런 현상은 과거에 비해 훨씬 더 자주, 강하게 발생하고 있다. 또 국가가 국가를, 민족이 민족을 대적하는 전쟁이 벌어지고 있다. 각종 이단들과 거짓 그리스도들이 공공연하게 횡행하며 믿는 사람들을 유혹하고 있다. 또한 불법이 성하며 사랑이 식어 가고 있다. 성경에서 말하는 마지막 때의 징조가 확연히 나타나고 있는 것이다.

그럼 종말은 언제 올 것인가? 마지막 때는 오직 여호와 하나님만 알고 계신다. "그러나 그 날과 그 때는 아무도 모르나니 하늘의 천사들도, 아들도 모르고 오직 아버지만 아시느니라"(마 24:36). 2012년에 지구 종말이 온다는 종말론자들의 말을 믿을 필요가 없다. 정말 중요한 것은 믿는 자들은 종말을 두려워할 필요가 없다는 점이다. 지진이나 쓰나미, 태풍, 기근 등의 종말 징조는 믿는 자들에게 여호와 하나님의 임재와 통치를 의미하는 것이다.

나에게 큰 위로가 되는 말씀이 있다. 다니엘 12장 1절부터 2절 말씀으로, 마지막 때는 큰 환난과 함께 시작되는데 무릇 생명책에 기록된 모든 자가 구원을 얻을 것이라고 말한다. 대환난 가운데에서도 여호와 하나님께서 특별한 방법으로 당신의 백성을 보호하시고 또 구원의 역사가 있을 것이라는 말이다. 또한 마태복음 24장 31절 말씀처럼 주님이 오실 때 택하신 자들을 하늘 이 끝에서 저 끝까지 사방에서 모으겠다고 하신다. 믿는 자들에게는 큰 소망과 위로가 되는 말씀이다.

그렇다면 택함과 구원을 받은 우리는 종말설이 판치는 이 시대에 어떤 삶을 살아야 할까?

1800년대 말 영국에서는 '어둠의 날' 이라는 사건이 일어났다. 예전에 나타난 적이 없던 어둠이었다. 너무 어두워져서 세상의 종말이 도래했다는 공포와 두려움이 영국을 휩쓸었다. 당시 영국 의회가 개회중이었다. 의원들이 의회를 연기하고 집으로 가자고 주장하는 일이 일어나기도 했다. 그런가 하면 1833년에 하늘에서 수많은 별들이 며칠 간 땅으로 쏟아지는 현상이 발생했다. 사람들은 종말이 왔다고 믿었다. 여러 곳에서 즉흥적인 기도회가 열리고 종교적인 헌신이나 세속적인 사업을 포기하는 일들이 벌어졌다. 이 현상은 후에 대유성우 현상임이 밝혀졌다. 이처럼 기이한 자연현상이나 하늘에서 벌어지는 일들은 많은 사람들에게 공포를 안겨주고 각종 유언비어를 만들어 낸다. 여호와 하나님은 이런 것들을 두려워하지 말라고 말씀하신다.

> 여호와께서 이와 같이 말씀하시되 여러 나라의 길을 배우지 말라 이방 사람들은 하늘의 징조를 두려워하거니와 너희는 그것을 두려워하지 말라(렘 10:2)

지구를 창조하고 이 세상의 기상현상을 야훼 하나님이 조절하신다는 것을 알고 있는 그리스도인들은 종말을 두려워할 필요가 없다. 두려워하거나 공포에 떨기보다는 시간을 아껴 하나님의 영광을 드러내는 삶을 살아야 한다.

마지막 때에 그리스도인들이 이런 삶을 살았으면 좋겠다. 첫째, 주인의식을 가지고 살아간다. 온전히 주님의 심정으로 맡은 직분에 책임을 가지고 일을 해야 한다. 둘째, 변함없이 충성해야 한다. 조건에 따라 시험에 들지 말고 섬김의 자리를 떠나지 않아야 한다. 셋째, 겸손히 섬겨야 한다. 연약한 자를 위로하고, 돌봄이 필요한 자를 돌보며 "양식을 나눠줄 자가 누구뇨?" 묻는 주님께 "제가 하겠습니다" 하고 대답하는 겸손한 섬김이 있어야 한다. 넷째, 특별한 상급을 받는 성도가 되어야 한다(단 12:3). 마지막 때에 악한 것을 분별하는 지혜와 함께 죽어가는 영혼들을 주님께 인도하면 하나님은 별과 같은 빛나는 영광을 주신다. 주님이 언제 오셔도, 역사의 종말이 와도, 두려워하지 않고 부끄러움이 없이 깨어 기도하는 청지기의 삶을 살았으면 한다.

최근 일본의 원전 방사능 누출로 인해 그리스도인들까지 지나친 공포심을 갖는 것을 본다. 일본이야 직접적인 피해를 입겠지만, 우리나라는 방사능의 영향을 거의 받지 않는다. 북반구에는 편서풍이 불고 있기에 일본 원전에서 누출된 방사능은 동쪽으로 확산된다. 동쪽으로 가장 가까운 미국조차 방사능 검출량이 인체에 거의 영향이 없을 정도의 양만 검출된다. 하물며 상공으로 올라가 장파편서풍을 타고 지구 한 바퀴를 돌아 이동해 온 방사능의 양은 극히 적기에 우리나라에 영향을 줄 수 없다.

참담한 심경으로 일본의 재난을 본다. 상상할 수 없는 피해를 입은 일본을 물질로, 마음으로 정성껏 돕자. 일본인들이 이번 기회에 주님께 돌아올 수 있도록 일본 선교의 기회로 활용해야 한다. 지진과 같은 재난과 고난에는 여호와 하나님의 섭리하심과 역사하심이 있기 때문이다.

지진이 나거나 화산이 폭발하면 생각나는 이야기가 있다. 1600년 페루의 오마테 화산이 활동을 시작하면서, 인근에 있던 한 마을이 화산재로 완전히 뒤덮여 암흑천지로 변하고 말았다. 개종해서 하나님을 믿던 원주민들은 세계의 종말이 왔으며, 화산 폭발은 인간의 죄악을 응징하는 하나님의 분노라고 여겼다. 그러나 믿지 않던 인디오들은 화산 폭발이 침략자인 스페인 사람들을 저주하는 화산 신의 계시라고 생각했다. 인디오 주술사들은 그들의 화산 신이 오마테 화산을 도와 근처에 있는 미스티 화산도 폭발하게 만들어 스페인 사람들을 쫓아낼 것이라고 예언했다. 그러나 주술사의 예언과 달리 미스티 화산은 아무런 조짐도 보이지 않았다.

"미스티 화산은 절대 폭발하지 않습니다. 화산이 기독교로 개종했고, 성 프란시스코라는 침례명을 받았기에 하나님의 명령에 따라 폭발을 하지 않는 겁니다."

기독교 선교사들이 전한 말로 그때까지 기독교로 개종하지 않았던 많은 인디오들이 교회로 돌아왔다니 이런 기회까지 전도의 기회로 활용하는 지혜가 놀랍다. 일본 동북부 대지진을 바라보면서 이런 어려움이 마지막 때에 일본의 영적 부흥뿐 아니라 우리나라에도 성령의 놀라운 불길이 강력하게 타오르는 계기가 되었으면 한다.

18. 나무
주님의 은혜

꽃이 피어 있는 아몬드 나무는 히브리어로 깨어 있는 자라고 불린다. 아몬드 나무는 눈물의 예언자 예레미야와, 아론의 제사장직을 신임하는 표지로 나타났다. 아몬드 나무는 꽃을 일찍 피운다. 그래서일까, 아몬드가 신에 대한 봉사에서 첫 번째로 선택받은 이스라엘 민족의 상징으로도 사용된다. 민수기 16장을 보면 12지파의 이스라엘 민족이 황무지를 진군할 때 아론과 그의 사제로서의 특권에 반대하는 모반이 일어난다. 그러자 여호와 하나님은 12지파의 두령들에게 자신들의 이름이 적힌 지팡이를 모세에게 가지고 오라는 명령을 내렸다. 모든 사람들이 보는 앞에서 모세는 12개의 지팡이를 언약궤 앞에 두었다. 다음 날 아침, 아론의 지팡이에는 싹이 트고 꽃이 피어 다 익은 아몬드가 열려 있었다.

하나님은 아몬드의 꽃을 통해 당신의 뜻과 말씀을 주셨다. 헤르만 폰 라이헤나우는 "아몬드꽃은 가브리엘의 상징"(floris amygdalum signavit Gabriel)이라고 말한다. 우리에게 하나님의 말씀을 전하는 의미가 있다는 것이다. 그는 심지어 아몬드 나무를 천국의 '생명 나무'와 동일시하였고 동정녀 마리아의 표지물로 보았다. 우리는 어떤 나무를 신성시하거나 절대시해서는 안 된다. 그러나 여호와 하나님이 이런 나무들을 통해 말씀하시고 뜻을 전달한 것만은 잊어서는 안 된다.

황폐한 산도 옛날에는 울창한 삼림이었다

"아니, 이렇게나 황량한 산악 지역이 뭐가 좋아서 이 땅에 살게 해 달라고 간청을 했을까요?"

성지 순례를 할 때 요단 강의 동쪽 산악 지역을 보고 어떤 분이 물어온 말이다. 최근에 와서는 관개농업의 발달과 인공강우 기법을 이용하여 많은 지역이 기름지게 변하고 있기는 하다. 그러나 아직도 대부분의 땅이 먼지 날리는 산악과 황야로 남아 있다. 그러니 헐벗고 메마른 땅의 산허리를 보면서 이스라엘 정복전쟁 때 두 지파가 "이 땅에서 살게 해 달라"고 간청한 것이 이해되지 않는 것도 무리가 아닐 것이다.

"르우벤 지파와 갓 지파 사람들은 엄청나게 많은 가축들을 거느리고 있었다. 야셀 땅과 길르앗 땅을 살펴본 그들은 그 땅이 가축을 치기에 알맞은 땅이라는 것을 알았다……. 우리 지파가 그 땅에서 가축 떼를 칠 수 있게 해주십시오. 그 땅을 우리 몫으로 주시면 요단 강을 건너지 않고 대대로 그 땅에서 살겠습니다"(민 32:1, 5).

두 지파가 지도자 모세에게 달라고 했던 땅은 요단 강 동쪽 지방이다. 요단 강 동쪽 지방은 북쪽인 바산부터 남쪽 에돔 지역까지 펼쳐져 있는 땅이다. 이 지역은 동쪽으로는 아라비아 사막과 서쪽으로는 요단 강 건너편 팔레스타인 지역, 북쪽으로는 이라크와 남쪽으로는 이집트 사이에 위치하고 있다. 지형적으로 남쪽은 1,500m가 넘는 높은 산들이 즐비하고, 북쪽으로도 평균 700m의 높이를 보이는 산악 지형이다. 팔레스타인 지역은 해안에서 내륙으로 갈수록 강수량이 현격히 감소한다. 그러나 요단 강 건너서 동쪽으로 폭이 약 50km 정도의 좁은 구역인 이 지역은 연평균 강수량 500-750㎜ 이상의 많은 비가 내린다. 이것은 기압골에 동반되는 남서기류가 산악 지형에 부딪히면서 상승되어 비구름이 만들어지기 때문이다. 이 정도의 비가 내리는 기상 조건이면 삼림이나 풍부한 목초지가 형성될 수 있다.

많은 고기후학자들은 당시나 지금이나 기상은 크게 변한 것이 없다고 한다. 그런데 성경시대의 팔레스타인 초목 분포도를 보면 이 땅은 삼림 지역이었던 것으로 나타난다. 그렇다면 당시 울창한 삼림과 목초지였던 이곳이 왜 황량하게 변하고 말았을까?

라이펜 벅에 따르면 이것은 잦은 전쟁과 농경지의 부족으로 인한 개간, 가축들의 방목에 원인이 있다고 한다. 최근 우리나라에 강한 황사 현상이 자주 발생하는 것도 몽골 지역의 삼림 파괴와 함께 과도한 방목 때문에 발생되는 사막화 때문이다. 이와 마찬가지로 삼림의 벌목은 땅의 침식작용을 가져왔고, 이런 악순환은 땅을 황폐화시켰다.

믿어지지 않겠지만 기록에 의하면 로마시대에는 이 지역이 중요한 곡창지대였다고 한다. 오늘날 사람들이 거의 살고 있지 않는 이 지역의 남부에 철기시대 초에는 사람이 어찌나 많았던지, 고원의 꼭대기와 산비탈까지도 집을 짓고 살았다고 한다.

광야에서 40년간 방황했던 이스라엘 민족이 요단 동편 지역에 도착했을 때 얼마나 풍요로운 땅으로 보였겠는가? 가축을 많이 거느리고 있었던 두 지파 사람들에게 욕심이 생긴 것은 어찌 보면 당연한 일이었을지도 모른다. 그래서 지도자 모세에게 자기들만은 요단 강을 건너지 않고 이곳에서 살게 해 달라고 간청한 것이다.

"너희들의 불순종 때문에 40년간이나 광야에서 헤맨 것도 모자라 이제 또 너희들 하고 싶은 대로 이곳에 살겠다는 것인가?"

불같이 화를 내던 모세도 결국 그들의 간곡한 청을 들어주었다. 다만 그들의 가족과 가축은 요단 동편 땅에 남겨두되, 두 지파 사람들은 요단 강을 건너 가나안 정복전쟁에 앞장서서 싸우겠다는 다짐을 받아두었다.

살다 보면 공동체의 이익보다 자신의 이익을 먼저 구하는 사람들을 보게 된다. 하나님께서는 이런 사람들을 결코 축복하지 않는다. 두 지파는 자신들의 바람대로 요단 동편 땅에 살게 되었다. 그러나 주위의 민족들로부터 끊임없이 시련을 당해 한시도 평화로운 삶을 살지 못했고 결국 역사의 그늘로 사라지고 만다.

자신의 이익보다 남의 이익을 먼저 구하는 사람은 복을 받는다.

또 누구든지 너로 억지로 오 리를 가게 하거든 그 사람과 십 리를 동행하고(마 5:41).

이런 사람은 맡겨진 일보다 많이 일하는 사람이다. 그러면 많이 일한 것에 대한 보상을 후에 넘치도록 받게 된다. 그러나 내 이익을 먼저 구하는 사람은 근면한 사람이 아니다. 그런 사람은 하나님이 기뻐하지 않으신다. 남보다 많은 일을 하되 넘치는 보수를 바라고 하지 말자. 보수보다 많은 일을 하는 사람이 결국 많은 보상을 받게 되는 이유는 많은 일을 하는 과정에서 자신이 하는 일의 전문가가 되기 때문이다. 하나님은 이런 사람을 복 주신다. 얼마나 감사한 일인가!

최고의 과일은 사막대추

2003년 미국의 이라크 공격이 임박했을 때다. 항전을 다짐하는 이라크의 후세인 대통령이 머리띠에 나뭇잎을 주렁주렁 꽂은 채 TV에 나와 연설을 하는 것이었다. 올리브 나무로 만든 관이려니 했는데, 나중에 알고 보니 사막 대추나무의 잎으로 만든 관이었다. 중동의 사막 지대에서는 대추나무 잎으로 관을 만들어 쓰기에 사막 대추나무는 전첩목(戰捷木)이라고도 불린다. 예수님이 예루살렘에 입성할 때 "호산나 찬송하리로다. 주의 이름으로 오시는 이여, 찬송하리로다" 하며 길에 편 나뭇가지가 바로 사막 대추나무로, 종려나무라고도 불린다.

그들이 엘림에 이르니 거기에 물 샘 열둘과 종려나무 일흔 그루가 있는지라 거기서 그들이 그 물 곁에 장막을 치니라(출 15:27).

출애굽기 15장은 추격해 오는 애굽의 군사로부터 홍해를 갈라 건너게 해준 여호와를 찬양하는 내용이다. 여호와의 놀라운 이적과 도움을 찬양하던 이스라엘 백성들은 뒤이은 3일간의 행군에 물이 없어 고통을 받게 되자 하나님을 원망하기 시작한다. 한없이 이스라엘 백성을 사랑하는 하나님은 그들의 변덕과 원망에도 불구하고 풍부한 물과 함께 쉼터가 있는 곳에서 쉬게 은혜를 베풀어준다. 이때 이들이 쉬었던 곳이 엘림으로 '큰 나무' 라는 뜻의 지명이다. 아마도 키 큰 나무인 사막대추가 많이 있었던 곳이었기에 이런 이름이 붙은 것 같다. 엘림은 지금의 와디 가란델 지역으로 추정되는데, 주변 지역보다 상대적으로 풍부한 물과 키 큰 종려나무와 아카시아, 큰 풀 등이 어우러져 있는 곳이다. 오늘날에도 수에즈 운하와 시나이 반도 사이의 중간 휴식처로 사용되고 있다.

성경에는 물이 나오는 샘 열두 개와 함께 종려나무 칠십 주가 있었다고 기록되어 있다. 어떤 학자는 출애굽한 이스라엘 민족 200만 명이 약 한 달 동안 이 물과 함께 종려나무에서 나는 대추로 살았다고 주장하기도 한다. 이에 대한 근거로 티그리스 유프라테스 지역의 고대 전쟁에서 사막대추만 먹고 석 달을 싸웠다는 기록이 있고, 《아라비안 나이트》를 보더라도 대상(隊商)들이 사막을 횡단할 때 대추만으로 몇 달을 버텨냈다는 기록에서 근거를 댄다. 사실 중동의 사막 지역에서 사막대추는 고대인들을 먹여 살린 생명의 나무였다. 성지순례 때 현지에서 본 사막대추나무는 경이 그 자체였다. 한 나무가 정말 엄청난 대추를 주렁주렁 매달고 있는 모습을 보면서 사막대추로 이스라엘 민족이 한 달 동안 버텼다는 것이 가능하다는 생각이 들 정도였으니 말이다.

출애굽한 이스라엘 백성이 시나이 반도에서 처음 쉰 곳이 엘림인데, 성경에 나오는 대로 이곳이 사막대추나무가 자랄 수 있는 곳일까? 이스라엘 백성들은 과연 사막대추로 식량을 삼았을까?

사막대추나무는 영어로 Date-palm으로 종려나무로 번역된다. 나무의 높이는 20-25m로 매우 키가 크다. 가지 끝에는 회녹색의 커다란 깃꼴 겹잎이 뭉쳐나며 우산처럼 퍼진다. 주로 사막 지대의 물 근처에서 자생한다. 엘림은 사막 가운데 샘이 있는 오아시스라 사막대추나무가 있었을 것으로 추정된다. 사막대추나무가 살아가는데 적합한 기상 조건은 연 강수량 120-250㎜의 모래땅이다. 꽃이 피어 성숙할 때까지는 비가 내리지 않아야 하며, 온도가 높고 겨울에도 평균기온이 0℃ 이상 되는 지역이어야 한다. 이러한 기상 조건을 갖추고 있는 지역은 세계적으로 중동의 사막 지대뿐이므로 성경의 내용은 사실에 부합한다.

사막대추나무에서는 연 70-90kg의 열매를 생산하는데, 고대 이래 사막 여행자에게 매우 중요한 식량 자원이었다. 엘림에서 쉬던 이스라엘 민족에게 사막대추는 중요한 영양공급원이자 식량이었을 것이다. 다만 200만 명에 달하는 이스라엘 백성이 칠십 그루의 대추나무에서 나오는 열매로 한 달을 살기는 어려웠을 것이고, 애굽에서 나올 때 가지고 나온 식량과 사막대추를 함께 먹었다면 가능하리라고 생각된다.

깃털 모양의 거대한 잎을 가진 위풍당당한 종려나무는 고대 근동 지방에서 태양과 승리의 상징이었다. 종려는 이집트와 아라비아에서 생명의 나무와 동일시되었다. 그중 하나인 대추야자는 식량 자원이었으며, 서부 아시아와 중국에서는 여성성, 다산성의 상징을 가진 나무였다. 종려 모티프가 로마에서의 아폴론, 메소포타미아에서 이슈타르 여신 숭배와 결부된 것은 이 때문이다. 종려 가지를 개선행진에서 상징적인 의미로 사용하는 관습은 주님께서 예루살렘에 마지막으로 입성했을 때 그리스도인들에 의해 시작된 것으로, 지금은 종려주일 때 거행된다. 성지를 방문한 순례자들을 '종려를 든 자'(palmers)라고 했다. 장례식 때 등잔이나 다른 물건에 그려진 종려 문양은 부활을 뜻한다고 한다.

인생도 고될수록 주님께 기도하고 이겨내면 성공하는 삶을 살게 된다. 이런 모습을 잘 보여주는 것이 사막대추다. 그래서인지 그리스에서는 승리자에게 올리브 나무로 관을 씌워 주었지만 중동에서는 사막대추나무로 관을 만들어 씌웠다. 전첩목이라고 불리는 것은 승리의 표상으로 사용되었기 때문이다. 그래서 우리 주님이 예루살렘 입성 때 군중은 이 나뭇잎을 흔들면서 환영한 것이다(요 12:12). 마지막 때에 구원받은 성도들은 이 나무를 손에 들고서 어린 양 앞에 서 있을 것이다(계 7:9). 얼마나 감사한 일인가!

대싸리는 금잔화의 뿌리

그리스 신화에 태양의 신을 사랑한 소년이 있었다. 어릴 때부터 태양 빛이 환하게 떠오르면 춤을 추고 즐거워하다가 밤이 되면 슬퍼지는 소년이었다. 태양의 신도 소년을 좋아하기 시작할 무렵 둘 사이를 지켜보던 구름의 신이 질투를 느꼈다. 그는 태양의 신을 여드레 동안 구름 속에 가두어 소년이 태양을 보지 못하게 했다. 태양을 보지 못한 소년이 외로움을 견디지 못해 죽었다. 이 사실을 알게 된 태양의 신은 죽은 소년을 금잔화로 환생시켜 주었다.

금잔화는 꽃 모양이 금잔(金盞)과 비슷하게 생겼으며 금송화라고도 불린다. 남유럽이 원산지로, 관상용으로 많이 심기에 주위에서 쉽게 볼 수 있다. 키는 30-50cm 정도로 가지가 갈라져 있고 전체에 선모(腺毛) 같은 털이 있어 독특한 냄새를 풍긴다. 잎은 어긋나고 잔톱니가 있으며 밑부분은 원줄기를 감싸고 있다. 금잔화 뿌리는 중동 지역 가난한 사람들의 양식으로 사용되기도 한다.

성경에 보면 착한 마음으로 여호와의 복을 받아 행복하게 살아가던 욥이 예고 없이 찾아온 고난으로 불행해지자 천하고 가난한 사람들까지도 욥을 무시하고 조롱하기 시작하는 장면이 나온다.

> 그들은 곧 궁핍과 기근으로 인하여 파리하며 캄캄하고 메마른 땅에서 마른 흙을 씹으며 떨기나무 가운데에서 짠 나물을 꺾으며 대싸리 뿌리로 먹을 거리를 삼느니라(욥 30:3-4).

이 구절에 나오는 대싸리가 바로 금잔화 뿌리이다. 중동 지역에서 흔히 볼 수 있는 금잔화는 학명으로 Genista Aspalathoides로 불린다. 인용된 욥기의 구절에서 사막의 가난한 사람들이 연명하기 위해 금잔화 뿌리를 씹어 먹었다는 말은 맞는 말이다. 금잔화 뿌리는 맛이 없기에 매우 가난한 사람이나 사막 여행자들이 생명을 유지하기 위해 먹는 식물이다.

금잔화의 깊은 뿌리는 제방과 모래 지역, 황야 지대의 자갈 바닥을 억척스럽게 뚫고 나온다. 금잔화는 토지가 척박할수록 더 빠르게 퍼져나간다. 그리고 여러 해 동안 비가 내리지 않는 사막에서조차 질기게 버티며 자라나는 강인한 식물이다. 금잔화 뿌리는 질소를 강화하는 박테리아, 토양균류와 공생하여 토양을 개선하는 일도 하며, 또 불씨를 24시간 동안이나 유지해 주는 땔감으로 알려져 있다. 금잔화의 뿌리는 질긴 섬유로 되어 있어 스페인에서는 배의 밧줄을 만드는 데 사용하기도 한다.

태양을 사랑하다가 죽은 소년을 금잔화로 환생시켜서일까, 금잔화는 태양에 매우 민감한 반응을 보여 날씨를 예측하는 데 이용되기도 한다. 날씨의 변화에 반응하는 꽃은 여러 가지가 있다. 민들레나 데이지가 습도에 반응한다면, 금잔화는 햇빛에 반응하는 꽃이라고 할 수 있다. 서양에서 "만약 금잔화가 아침에 개화하고 오후까지 닫히지 않는다면 맑은 날씨를 기대해도 좋다"는 속설이 전해오는 것도 이에 연유한 것이다. 금잔화는 구름이 끼고 햇볕이 나지 않으면 꽃잎을 오므린다. 대개 낮에 구름이 끼면서 햇볕을 막을 경우는 기압골과 연관된 경우가 많으므로 금잔화가 낮에 꽃잎을 오므리면 기압골의 영향으로 비가 올 확률이 높아진다고 하겠다. 금잔화는 사막의 가난한 사람들에게만 도움을 주는 것이 아니라 기상 예보자에게도 유익한 꽃이다.

금잔화는 그리 화려하지 않으며 돋보이지 않는 꽃이다. 그렇지만 다른 식물들이 적응하지 못하는 황량하고 척박한 사막에까지 뿌리를 내리고 꽃을 피워 사람들에게 많은 도움을 준다. 이처럼 자신의 모든 것을 희생해서인지 금잔화는 겸허한 봉사의 상징으로 알려져 있다. 겸손한 사람이 복을 받는 것처럼 금잔화도 복을 누리고 있다. 프랑스 루이 9세의 부인 마가레트를 기념하기 위한 훈장에 사용되는 영광을 누리기도 하니 말이다. 또한 앙주와 멘의 영주이자 플랜태저넷 왕가의 창시자였던 고트프리드(1129-1151)는 그의 투구에서 자랑스럽고 오만한 깃털 장식을 뽑아 버리고 대신 기독교 교회에 겸허하게 헌신하겠다는 표시로 금잔화 가지를 꽂았다. 그가 금잔화 가지를 투구에 꽂은 것은 겸손과 희생의 삶을 살겠다는 다짐이었다. 그의 자손들은 투구 장식에 금잔화를 다는 전통을 따랐고 그들의 작위에 라틴어 이름 Planta Genista를 덧붙였다. 그때부터 하나님은 플랜태저넷 왕가의 번창함을 허락하셨다. 무려 300년이 넘도록 영국의 왕가로 군림했으니 말이다. 금잔화는 플랜태저넷 왕가를 통해서 영국에서 고결한 영혼의 상징이 되었다. 겸손과 희생은 축복의 통로이다.

종려나무와 백향목은 의인의 상징

"황제 폐하, 저는 카슈갈 사막에서 나는 대추나무 열매로만 목욕해야 하는 여자랍니다." 청나라의 건륭제(乾隆帝)에게 아랍계의 애첩 카슈갈이 청한 말이다. 이 여인은 몸에서 나는 향기로 인해 향비(香妃)로 불렸다. 황제를 반하게 만든 여인의 향기 비밀은 바로 카슈갈 사막에서 나오는 사막대추 열매 탕에서 목욕을 하기 때문이다. 건륭제는 여인의 청을 들어주기 위해 머나먼 아랍까지 사람을 보내 사막대추를 수입해 왔고, 이로 인해 국력이 소모되었다고 한다. 이 사막대추가 열리는 나무가 종려나무이다.

> 의인은 종려나무같이 번성하며 레바논의 백향목같이 성장하리로다(시 92:12).

시편 92편은 악한 사람은 마지막에 멸망할 것이며, 착하고 선하게 사는 사람은 모든 일이 잘 이루어질 것이라는 여호와의 권선징악(勸善懲惡)을 찬양한 노래이다. 시편 기자는 여호와의 인자와 성실하심, 위대하심과 공의로움으로 당신이 택하신 백성을 보호함을 찬양하고 있다. 그는 착한 사람을 못살게 굴고 자기 본위대로 악하게 사는 사람들은 반드시 멸망할 것이고, 여호와를 경외하며 선하고 바른 삶을 사는 사람은 복을 받을 것이니, 사람들에게 의롭게 살라고 했다. 이 대목에서 의롭게 사는 사람은 종려나무와 백향목 같은 복을 받을 것이라고 한 말이 앞에 인용한 구절이다.

종려나무와 백향목은 어떤 나무이기에 축복의 비유로 사용되었을까? 사막대추나무는 종려나무를 가리킨다. 종려나무는 대개 오아시스 근처에서 많이 자란다. 비가 거의 내리지 않는 황무지나 사막에서도 잘 자란다. 이는 종려나무의 생존성이 그만큼 높다는 것으로, 물을 찾아 30m 깊이까지 뿌리를 박아 내려가며 수평으로는 1km까지 뿌리를 뻗어나간다. 염분층에 뿌리를 깊이 박아 척박한 땅에서 자양분을 빨아올려서인지 열매의 향기가 뛰어나다. 건륭제의 애첩이 사막대추 열매를 찾은 것도 이런 이유에서다. 고대 아랍 전쟁사를 보면 이 열매로만 몇 달을 버티었다는 이야기가 나올 정도로 뛰어난 영양분도 가지고 있다. 나쁜 기상 조건에서도 훌륭하게 성장하는 것이 종려나무이다. 어려움을 이겨낸 종려나무는 열매의 풍성함과 인상적인 외양으로 인해 번영과 승리, 아름다움의 상징으로 통한다.

백향목은 성경에서 가장 많이 나오는 나무이다. 주로 레바논 산맥에서 많이 자랐는데 성경 시대에는 이스라엘 전 지역에서 볼 수 있었다고 한다. 백향목은 큰 일교차에 비가 많이 내리지 않아도 왕성하게 자라는 나무이다. 뿌리가 깊고 높이는 30m에 이르며 수명이 2,000-3,000년이나 되는 장수식물이다. 곰팡이나 부패, 곤충에 대한 저항력이 특히 강하다. 이스라엘에서는 아들을 낳으면 백향목을 심는다고 한다. 아들이 커서 결혼을 하면 결혼생활이 영원히 계속되기를 바라는 마음에서 심었던 나무를 베어 신혼 침대를 만들어 준다. 솔로몬은 15개의 백향목 기둥으로 이루어진 세 개의 열주로 왕궁을 만들었다. 그는 왕궁의 지붕과 대들보, 천장과 창틀 조각까지도 백향목을 사용했는데, 백향목이 힘과 호화스러움, 영광의 상징으로 알려져 있기 때문이었다. 이러한 상징성 때문으로 알렉산더 대왕은 친구의 장례식 화장을 위해 숲의 절반에 해당하는 백향목을 베어 냈고, 다른 통치자들도 백향목을 무분별하게 벌목함으로써 현재는 레바논 산맥 일부에서만 볼 수 있는 희귀한 나무가 되었다.

종려나무는 열악한 기상 조건을 극복하고 번성하여 승리와 번영의 상징으로 영광을 얻었다. 백향목은 큰 일교차와 적은 강수량에도 크게 성장하고 발육하기에 힘과 영광의 상징이 되었다. 앞에 인용한 구절을 다시 말하자면 의인(義人)은 아무리 악한 자가 핍박과 고통을 주어도 종려나무와 백향목처럼 꿋꿋하게 이겨내어 큰 복을 받을 것이라는 말이다. 이스라엘 사람들은 자신들을 종려나무와 백향목에 비유한다. 오랜 역사 동안 상상할 수 없는 고난을 겪어오면서도 불굴의 생명력과 정신력으로 승리를 이룬 뛰어난 민족이라는 것이다.

기독교의 표상으로 사용되는 나무들

기독교에서 떡갈나무 숭배는 금지되었다. 북유럽 지역에서 떡갈나무는 번개의 신인 '토르' 를 뜻했다. 그러기에 선교사들은 토르에 대한 우위를 보여주기 위해 떡갈나무를 베어버렸다. 그러나 모든 떡갈나무를 다 베어버릴 수는 없었다. 그래서 선교사들은 떡갈나무의 의미를 그리스도인의 덕과 건강의 표상으로 바꿨다.

가문비나무도 복음이 전도되지 않았을 시절 숭배되던 나무였다. 에스토니아 사람들은 가문비나무가 승리를 가져온다고 믿었다. 그들은 가문비나무 숲에 있는 나무들을 전승 기념물과 제물로 아름답게 장식하곤 했다. 프레지아에서는 땅의 여신, '위대한 어머니 키벨레' 에게 가문비나무를 바쳤다. 소아시아 지역에서는 가문비나무 숲에서 키벨레가 열렬하게 숭배되었다. 기독교가 전파되면서 가문비나무는 성모 마리아의 표지로 바뀌었다. 하늘을 향해 뻗어 나가듯이 성모 마리아 역시 이승의 사랑에 뿌리를 내리지 않고 하늘을 향해 올라가는 모습이 닮았기 때문이었다. 피렌체의 우피치 궁에는 필리포 리피의 "아기 예수의 숭배" 라는 그림이 걸려 있는데 그 그림에는 이러한 의미에서 가문비나무가 성모 마리아를 둘러싸고 있다.

지중해 세계에서 유달리 튼튼한 식물인 올리브는 그리스에서 호전적 여신 아테나에게 바쳐졌다. 아테나는 아테네 시민을 위해 이 식물을 만들어냈다고 전해지며, 이 도시의 수호신이 되기 위해 포세이돈과 벌인 경연에서 승리했다고 한다. 결혼하는 신부들이 올리브 가지를 쓰거나 손에 들고 가는 것은 처녀성의 상징이다. 또 올림픽 경기에서는 승자에게 올리브 화관을 씌운다. 올리브는 기독교 상징 체계에서 축복받은 나무이며, 평화와 결부된 것으로 유명하다. 승리, 기쁨, 풍요, 순수성, 불멸성, 처녀성을 상징한다. 기독교 상징주의자들은 비둘기가 노아에게 가져다 준 올리브 새순은 하나님이 인류와 화해한다는 의미를 갖고 있다고도 말한다.

기독교 교회에서 수선화는 종교 세밀화에 자주 등장한다. 수선화는 부활, 예수 신성의 승리, 기독교 신앙을 통한 영생을 나타낸다. 중세 말엽에 가면 수선화는 제단 위쪽의 큰 종교화로 장식되기 시작한다.

19. 농사
날씨와의 찰떡궁합

"이제 응룡(應龍)이 나가서 치우를 물리쳐라. 너에게는 비와 바람을 부리는 재주가 있으니 크게 이길 것이다."

중원의 최고 신 자리를 놓고 황제(黃帝)와 치우(蚩尤)가 맞붙었다. 치우는 우리나라 월드컵 응원단 '붉은 악마' 가 상징으로 사용하는 치우천황이다. 황제의 명을 받은 응룡이 비와 바람으로 치우군을 공격했지만, 치우는 응룡보다 더 센 바람신과 비의 신을 동원해 태풍과 폭풍우로 역공을 해왔다. 또다시 패한 황제는 마지막으로 가뭄신 발(魃)을 하늘에서 불러 내렸다. 발이 내려오면서 뜨거운 태양빛이 비치자 폭풍우와 홍수가 멎어 버렸다. 이 틈을 타 황제군은 치우군을 격파하고 중원의 최고 신으로 완전한 패자(覇者)가 되었다.

전쟁은 끝났지만 최고의 공을 세운 가뭄신 발(魃)은 천상으로 올라가지 못했다. 자신으로 인해 너무도 많은 사람이 죽었기 때문이었다. 마찬가지 이유로 비의 신 응룡도 하늘로 올라가지 못했다. 그때까지는 홍수와 가뭄이 없었는데, 비의 신과 가뭄신이 하늘로 올라가지 못하면서부터 세상에 홍수와 가뭄이 있기 시작했다고 한다. 농사가 풍년이 들기 위해서는 날씨와 찰떡궁합이 이루어져야 한다. 적절한 기온, 때에 맞는 비, 충분한 태양빛 등이 어우러져야 하는 것이다. 하나님은 농사를 만드시고 날씨를 만드셨다. 하나님을 경외하고 말씀대로 살면 하나님은 때에 따라 맞는 비와 바람과 태양빛을 주신다고 약속하신다. 얼마나 감사한가!

발로 물대기

유교의 영향으로 반상과 적서의 구분이 어느 때보다 엄격했던 조선조 시절에 관노(官奴)에서 정3품의 벼슬에까지 오른 사람이 있다. 장영실이다. 그러나 조선조 최고의 과학자라 불리는 장영실도 세종대왕이 없었다면 한낱 천인으로 머물다 생을 마감했을 것이다. 세종대왕은 참으로 현명한 지도자였다. 기우제를 지내 극심한 가뭄을 이겨내자는 신하들의 간언을 일축한 대왕은 장영실을 발탁하여 가뭄 극복에 대해 연구하게 했다. 장영실은 경상도 동래현의 노비로 있을 때 강에서 수로를 끌어와 가뭄을 극복한 전력이 있었다.

"용장 밑에 약졸 없다"는 말처럼 세종대왕이라는 뛰어난 지도자와 의기투합한 장영실은 기상장비 발명가로도 뛰어난 업적을 남겼다. 세계 최초의 우량계인 측우기를 비롯하여 해시계, 물시계, 인쇄기, 각종 천체관측기구 등을 제작하여 과학 발전에 큰 공적을 남겼다. 측우기는 오늘날의 우량계와 비슷한 것으로, 이것은 이탈리아 가스텔이라는 과학자가 1639년에 발명한 측우기보다 약 200년이나 앞선 것이다. 장영실은 수로를 만들어 강물을 끌어와 가뭄을 극복했는데, 이러한 방법은 현재에도 각 나라에서 보편적으로 사용하고 있는 방법이다. 성경에도 가뭄을 극복하기 위해 물을 대는 방법이 기록되어 있다.

> 네가 들어가 차지하려 하는 땅은 네가 나온 애굽 땅과 같지 아니하니 거기에서는 너희가 파종한 후에 발로 물 대기를 채소밭에 댐과 같이 하였거니와 너희가 건너가서 차지할 땅은 산과 골짜기가 있어서 하늘에서 내리는 비를 흡수하는 땅이요(신 11:10-11).

신명기는 이스라엘 백성의 역사적 사명을 위한 모세의 회고와 전망에 관한 글이다. 신명기에는 모세를 통해 주어졌던 율법들이 상세하게 정리되어 있다. 그 중 이스라엘 백성들이 지켜야 할 도덕적 의무를 설명하는 대목 중에 인용한 앞의 구절이 나온다. 이스라엘 민족이 들어가 살 가나안 땅은 애굽에서 종살이할 때 곡식에 물을 대기 위해 고생하는 그런 곳이 아니라 하늘에서 온전하게 비를 내려주는 곳이라는 것이다.

애굽은 거의 비가 내리지 않는 사막기후에 속한다. 따라서 수단이나 우간다 등 열대 사바나 기후구에 속한 나일 강의 상류에서 흘러 내려오는 물을 밭으로 공급해 주어야 농사를 지을 수 있다. 역사 기록에 의하면 한때 이집트에서는 이러한 수로들을 구석구석까지 설치하여, 나일 강의 물을 모든 골짜기로 끌어들임으로써 하천을 형성하고 농사를 지었다고 한다.

앞의 말씀에서 "파종한 후에 발로 물대기" 라는 구절은 무엇을 의미하는 것일까? 이 방법은 강의 가장자리에 수면과 위의 땅에 맞닿는 약 30° 정도 경사의 원통형 목조 실린더를 설치하여 물을 끌어오는 방법을 말한다. 이 실린더의 중간 부분에는 돌아가며 계단이 설치되어 있어 사람이 그 위에 올라서 위에 받쳐 놓은 나무를 붙잡고 힘차게 밟으면 원통이 돌아간다. 이때 실린더 안에 설치된 추진 장치를 통해 물이 끌어올려져 작은 도랑을 따라 흘러가도록 되어 있다. 그래서 '발로 물대기' 라는 말이 생겨난 것이다.

이스라엘 지역은 애굽과 달리 연강수량이 600㎜ 정도나 되기에 제때 비만 내려 준다면 농사짓는 데 아무런 문제가 없다. 지형적으로도 애굽과 달리 산과 골짜기로 이루어져 있고, 비를 흡수하는 성질을 가진 토양으로 구성되어 있어 관개시설을 만들기가 힘들었다. 오직 하늘에서 내리는 비에 의존할 수밖에 없었다. 하나님은 이스라엘 백성이 율법에 순종한다면 애굽처럼 물을 대기 위해 고생할 필요 없이 하늘에서 내리는 물로 충분하게 농사를 짓게 해 주겠다고 약속한 것이다.

약 500년 후에 솔로몬 왕은 자신의 통치 기간에 쌓은 수많은 업적들을 열거하면서 "여러 동산과 과원을 만들고 그 가운데에 각종 과목을 심었으며 나를 위하여 수목을 기르는 삼림에 물을 주기 위하여 못들을 팠으며"(전 2:5-6)라는 말을 하고 있다. 이때부터 이스라엘의 일부 지역에서는 제한적인 관개수로가 만들어진 것으로 생각된다. 성경을 읽을 때마다 느끼는 것은 성경에 기술된 내용이 역사적 사실과 완전히 일치되는, 실제의 사실을 기록한 하나님의 말씀이라는 것이다. 얼마나 감사한가, 이런 사실이 믿어진다는 것이!

가끔 왜 하나님은 지키기 어려운 율법을 주셨을까 하는 생각이 들 때가 있다. 신명기 11장 1절에서 하나님은 "네 하나님 여호와를 사랑하여…… 지키라"고 말씀하신다. 하나님은 우리를 옭아매려고 율법을 주신 것이 아니다. 하나님의 많은 계명들은 우리에게 복을 주시기 위해 무엇이 옳은지를 알려주는 자세한 지침서이다. 하나님은 우리를 사랑하시기에 율법을 주셨다. 그리고 하나님은 그에 대한 응답으로 우리의 사랑을 원하신다. 우리가 그분의 말씀에 순종하는 삶을 살기를 원하신다. 그런 삶을 살기로 결단하며 순종하면 하나님은 놀라운 복을 부어주신다.

부모를 공경하면 복을 받는다

룻이 이르되 내게 어머니를 떠나며 어머니를 따르지 말고 돌아가라 강권하지 마옵소서 어머니께서 가시는 곳에 나도 가고 어머니께서 머무시는 곳에서 나도 머물겠나이다 어머니의 백성이 나의 백성이 되고 어머니의 하나님이 나의 하나님이 되시리니 어머니께서 죽으시는 곳에서 나도 죽어 거기 묻힐 것이라 만일 내가 죽는 일 외에 어머니를 떠나면 여호와께서 내게 벌을 내리시고 더 내리시기를 원하나이다 하는지라(룻 1:16-17).

참으로 아름다운 '시어머니 노래'(媤母頌)다. 룻기는 약 3,100년 전 베들레헴 땅에 살던 시어머니와 며느리의 애틋한 사랑 이야기다. 베들레헴 지방에 심한 가뭄이 들자 가족 전부가 모압 땅으로 피난 가서 살게 되었다. 가족은 모압 땅에서 며느리를 얻고 약 10년간 살았는데, 그 동안 남편과 두 아들이 모두 죽고 말았다. 먼 이국 땅에서 의지할 곳 없던 시어머니는 고향 땅의 가뭄이 끝났다는 소식을 듣고 돌아가기로 결심했다. 그녀는 과부 며느리들에게 아직 젊으니 새로운 반려자를 만나 인생을 다시 살도록 권했다. 그러나 모압 사람이었던 룻이라는 며느리가 시어머니를 떠나지 않겠다며 한 말이 앞의 성경 구절이다.

소설 같은 이야기가 나오게 된 배경은 가뭄이다. 그런데 가뭄을 피해 옮겨간 지역이 모압이었다는 사실이 상식적으로 잘 이해가 되지 않는다. 당시 가뭄이 들면 대개 비와 이슬이 많이 내리는 해안지역으로 피난을 갔기 때문이다. 이삭의 경우에도 가뭄이 들자 해변인 블레셋 지방으로 피난을 갔다. 팔레스타인 지역은 해안에서 내륙으로 가면서 강수량이 줄어드는 특성을 보인다. 해안지방이 연간 1,000㎜ 이상 비가 내리는 데 반해, 내륙의 초원지대는 500㎜ 전후, 동쪽 내륙의 사막지대는 연간 50㎜도 채 내리지 않는다.

내륙지방인데도 지형적인 특성으로 비가 많이 내리는 곳이 있다. 바로 그곳이 모압이다. 모압은 사해와 요단 강의 동쪽에 위치한 곳이다. 요단 강의 동쪽은 산악으로 형성되어 있는데 북쪽인 요르단에서 남쪽인 애굽 쪽으로 가면서 점차 지세가 높아진다. 갈릴리 동쪽 바산은 산 높이가 600m 정도인데, 남쪽으로 내려올수록 높아져 모압을 지나 에돔에 이르면 1,500m가 넘는 산이 나온다. 이런 산악지형은 기압골이 동부 지중해를 통과해 나갈 때 비를 안은 남서풍의 통로, 즉 바람이 불어오는 쪽에 가로놓여지게 된다는 것을 의미한다. 남서 기류는 높은 산악지형으로 인해 강제 상승하면서 비구름이 만들어진다. 따라서 내륙인데도 불구하고 많은 비가 내리는 것이다. 특히 기압골이 내륙 쪽으로 접근하는 봄철에는 더 많은 비가 내린다. 이런 지형적 요인으로 요단 강과 동쪽 아라비아 사막이 위치한 그 사이 지역인 모압의 서쪽 지역(평균 폭의 길이가 50km 정도)에 연간 평균 500-750㎜의 비가 내리는 것이다. 기록에 의하면 모압 지역의 강수량이 해안지방보다 많았던 경우도 있다. 성경에서 가뭄을 피해 모압 땅으로 갔다는 이야기는 상식적으로 언뜻 이해가 되지 않지만 기상학적으로는 지극히 타당하다고 하겠다.

"봄볕에는 밭에 며느리를 내보내고, 가을볕에는 딸을 내보낸다." 먼지와 오존이 많은 봄볕에는 밭에 며느리를 내보내고, 가을볕에는 딸을 내보낸다는 우리나라 속담이 있다. 본능적으로 며느리를 싫어하는 시어머니의 마음일 게다. 하지만 룻기에서의 시어머니는 며느리를 친자식 이상으로 아끼고 사랑한다. 그래서인지 며느리도 시어머니를 지극 정성으로 공경했다. 함께 고향으로 돌아온 며느리는 시어머니를 공양하기 위해 추수 끝난 보리밭에서 떨어진 이삭 줍는 일을 했다. 룻의 착하고 고운 심성을 알게 된 밭주인은 일꾼들이 치근덕거리지 못하게 하고 음식도 나눠주었다. 밭에 이삭을 조금씩 떨어뜨려 놓아 룻이 주울 수 있도록 배려도 해주었다. 룻처럼 착하고 친절하고 사랑이 넘치며 남을 배려하는 아름다운 마음씨를 가진 사람은 하나님의 복을 받게 마련이다. 룻은 밭주인 보아스와 결혼하여 행복하게 살았고, 메시아의 조상이 되는 큰 복을 받았다.

룻기를 보면서 느끼는 것은 참으로 모압 여인 룻은 성실하고 근면한 여인이라는 것이다. 성경에서는 근면한 성품의 열매가 성실이라고 말한다. 또한 참된 지혜는 성실에 있다고도 한다. 그래서 성실한 마음으로 일하면 가난한 사람도 부자가 될 수 있고, 성실한 마음으로 공부하면 지식도 얻고, 명예를 얻을 수도 있다고 말한다. 즉 성실함은 하나님이 주시는 성공의 기회라는 것이다.

어떤 대가를 바라지 않고 부지런히 일하는 것을 근면이라고 한다. 근면한 성품의 사람은 보수가 주어지든 주어지지 아니하든 열심히 일한다. 그 결과 그는 성실히 일한 것의 보상을 받게 된다. 이런 복을 받은 사람이 바로 모압 여인 룻이다.

> 눈물을 흘리며 씨를 뿌리는 자는 기쁨으로 거두리로다 울며 씨를 뿌리러 나가는 자는 반드시 기쁨으로 그 곡식 단을 가지고 돌아오리로다 (시 126:5–6).

왜 밤에 타작을 할까

가랑잎 더미에는
서리가 하얗게 내리고
훤한 하늘에는
감이 익었다
……
사랑하는 사람아
……
눈웃음인 듯 내 마음을
걸어놓고 가거라
찬 서리 만나

빨갛게 익은 감처럼

-권달웅의 "감처럼" 중에서

어릴 때 동네 어귀에는 아스라한 뒷산과 하늘을 배경으로 빠알간 홍시 몇 개가 나무에 매달려 있었다. 나무 꼭대기에 달린 감 몇 개는 까치의 배고픔을 배려한 '까치밥' 이었다. 농촌에서는 추수할 때 떨어진 이삭을 절대 걷어들이지 않았다. 남겨진 이삭은 마을 아낙네들이 틈을 내어 주웠다. 떡을 빚어 외로운 노인이나 홀어미, 홀아비 또 고아들에게 나누어주었다. '이삭서리' 라는 아름다운 습속은 우리네 선조들의 낙낙한 마음이었다. 이즈음 까치밥이나 이삭서리의 정이 사뭇 그리워지는 건 웬일일까?

가뭄을 피해 이웃 나라인 모압에 가서 살았던 여인이 있었다. 여인은 모압에서 큰 슬픔을 당했다. 하늘 같은 남편과 기둥 같은 두 아들이 하늘로 떠난 것이다. 혼자 남겨진 여인은 모압에 있을 이유가 없었다. 이때 며느리였던 모압 여인이 시어머니를 모시고 이스라엘로 돌아온다. 모압 여인의 이름은 룻이다. 그녀는 고향을 버리고 시어머니를 따라 하나님을 찾았다. 시어머니를 봉양하기 위해 부지런히 밭을 다니며 이삭을 주웠다. 하나님께 대한 신실함과 근면함 때문에 성경에서는 룻을 현숙한 여인이라고 부른다. 여인의 아름다운 모습은 사람들의 입을 통해 널리 알려졌다. 선한 소문을 들은 보아스라는 사람이 감동을 받았다. 보아스는 룻과 사랑에 빠지는데 그 배경이 추수하는 밭이다.

네가 함께 하던 하녀들을 둔 보아스는 우리의 친족이 아니냐 보라 그가 오늘 밤에 타작 마당에서 보리를 까불리라(룻 3:2b).

시어머니가 며느리인 룻을 착한 보아스와 맺어주기 위한 말 중에 나오는 말이다. 그런데 왜 밤에 타작을 한다고 성경에 기록된 것일까? 이스라엘 민족은 왜 어둡고 깜깜해 아무것도 보이지 않는 한밤중에 타작을 해야만 했던 것일까? 이것은 이 지역의 기상학적 특성 때문이다. 이들이 살았던 지역은 베들레헴이었다. 말씀의 계절적인 배경은 봄이다. 보리를 타작하는 시기는 4월 중순부터 시작된다. 베들레헴 지역은 4월 중순부터는 낮 기온이 30℃를 웃도는 무더위가 찾아오기 시작한다. 세계적으로도 일사량이 강하고 많기로 유명하다. 낮에는 너무 덥고 태양 빛이 따갑기에 일을 하기가 무척 어렵다. 그래서 시원한 밤에 타작을 하는 것이다.

두 번째로는 타작 방법에서 찾아볼 수 있다. 당시는 곡식 단을 타작마당에 펴놓고 발로 밟거나 막대기나 도리깨, 매끄러운 돌 등으로 두드려 떠는 타작 방법을 썼다. 떨고 나서는 떨어진 낟알들을 모아서 바람에 날리도록 까불렀다. 까부르면 지푸라기나 쭉정이들은 날아가고 알곡만 남게 된다. 타작을 위해서 바람은 필수적이다. 바람이 강한 경우 더 쉽고 철저하게 낟알을 까부를 수 있기 때문이다. 베들레헴 지역은 4월에는 해가 진후부터 밤 동안 육지에서 지중해 쪽으로 바람이 강하게 분다. 이런 기상학적 이유 때문에 밤에 타작을 하게 된 것이다.

모세의 율법에 보면 곡물을 추수할 때 밭의 일부는 추수하지 말라고 한다. 수확할 때 땅에 떨어진 이삭은 돌이켜 줍지 말라고 한다. 가난한 사람들이 이삭을 줍기 위해 나왔을 때는 먹을 것을 주라고 말씀하신다. 가난한 사람들의 생계를 보장해주기 위한 여호와 하나님의 아름다운 명령이다. 이 명령에 따라 유대인들은 밭 면적의 60분의 1에 해당하는 지역은 아예 수확하지 않았다. 그래서 가난한 사람들이 수확하지 않은 곡식이나 땅에 떨어진 이삭을 주워서 부족한 식량을 보충할 수 있었다. 수확할 때에 밭의 주인들은 빵과 구운 밀가루 등의 음식과 함께 물 항아리를 준비했다. 이삭 줍는 가난한 사람들이 배고프지 않도록 배려함이었다. 그러나 세월이 흐르면서 점차 하나님의 말씀이 잘 지켜지지 않았다. 사람들이 여호와를 경외하지 않고 말씀에서 떠나 살기 시작했기 때문이다.

배려란 다른 사람의 입장에서 생각하고 행동하는 것이다. 상대방의 관점에서 보고 그의 상황을 이해하는 것이다. 배려는 자신을 위한 것이 아니라 상대방을 위한 것이다. 배려는 사람들의 마음과 마음을 이어 주는 보이지 않는 끈이며 우리의 삶을 풍성하게 해 주는 씨앗이다. 배려는 사람의 마음을 움직이는 힘이고, 성공의 비결이며, 성공을 유지하는 그릇이다. 참된 배려는 과거를 떠나 미래를 향하도록 도와주는 것이다. 배려는 풍성한 미래를 창조하는 사랑이다. 우리가 누군가에게 배려의 사랑을 베풀 때 그 영향력을 예측할 수 없다. 다만 하나님은 아신다. 그래서 하나님은 배려하는 사람에게 엄청난 복을 주신다. 룻을 배려한 보아스에게 내린 복처럼 말이다.

여호와의 말씀에 순종하며 말씀대로 살면 복을 받는다. 보아스는 가난한 사람들을 배려하라는 하나님의 말씀을 성실하게 지켰다. 여호와 하나님은 신실한 마음을 가진 보아스와 현숙한 여인 룻에게 큰 복을 내렸다. 그리스도의 조상이 되는 놀라운 영광을! 할렐루야!

이른 비와 늦은 비는 축복

비가 옵니다
밤은 고요히 깃을 벌리고
비는 뜰 위에 속삭입니다
몰래 지껄이는 병아리같이

이즈러진 달이 실날같고
별에서도 봄이 흐를 듯이
따뜻한 바람이 불더니
오늘은 이 어둔 밤을 비가 옵니다.

– 주요한의 시 "빗소리" 중에서

오는 듯, 안 오는 듯 조용히 몸 풀린 땅을 촉촉히 적시는 봄비의 부드러운 이미지와는 달리 가을비는 거친 겨울을 예고하는 그리 달갑지 않은 비다. "봄비는 일 비요, 가을비는 떡 비"라는 속담이 있다. 봄에는 비가 와도 일을 해야 하고, 가을비 내리면 추수한 햅쌀로 떡을 해 먹으며 쉰다는 뜻이다. 또 "봄비는 올 때마다 포근하고, 가을비에는 내복 한 벌씩"이라는 속담처럼 우리는 봄비와 가을비를 계절 바뀜 이상의 큰 의미를 두지 않지만, 이스라엘 지역에서의 봄비와 가을비는 생존에 직결되어 있다.

그러므로 형제들아 주께서 강림하시기까지 길이 참으라 보라 농부가 땅에서 나는 귀한 열매를 바라고 길이 참아 이른 비와 늦은 비를 기다리나니(약 5:7).

예수님의 형제인 사도 야고보는 로마제국의 가혹한 핍박에 직면해 있는 그리스도인에게 참고 기다릴 것을 권면하기 위해 이 편지를 썼다. 그는 교회 안에서 발생하는 불의와 사회적 불평등을 예리하게 비판하고 사회적 삶의 문제를 이야기했다. 실천이 없는 믿음은 호흡하지 못하는 생명과 다를 바 없다며 신앙의 실천적 측면을 강조한 야고보서는 '신약의 잠언' 으로도 불린다. 사도 야고보는 5장에서 온갖 비리와 부정한 방법으로 부자 된 사람들을 경고한 다음, 고난 중에 있는 그리스도인들에게 오래 참고 기다리면 복을 받는다는 비유로 앞에 인용한 구절을 사용했다. 이른 비와 늦은 비를 복이라고 한 야고보의 비유는 과연 적절한 것인가?

이스라엘 지역은 우리나라와 정반대로 10월에서 4월까지가 우기(雨期)이며, 여름에는 거의 비가 내리지 않는 극심한 건기(乾期)를 보인다. 또한 이스라엘 지역은 전국적으로 비슷한 양의 비가 내리는 것이 아니라 지중해 해안지역, 요단 동편이나 갈릴리 상류, 하류, 유대 산지 등 각 지역의 위도나 고도에 따라 강수량의 편차가 크다. 통상적으로 이스라엘에서는 비를 이른 비(가을비), 장맛비(겨울비), 늦은 비(봄비)의 세 가지로 구분한다. 우리의 개념으로는 이른 비가 봄비가 되어야 하는데, 이 지역은 우리와 반대의 개념을 가지고 있다. 이른 비는 보리 파종 직후인 10월에 내리는 비로 파종을 위한 밭갈이에 절대적으로 필요한 비를 말한다. 여름철에 비가 한 방울도 내리지 않아 거칠고 메말라 있는 땅을 적시며 내리는 이른 비는 생존뿐 아니라 농사에 절대적으로 필요하다. 만일 이때 비가 내리지 않으면 씨앗을 뿌려도 발아가 되지 않는다. 이 지역은 비의 절대적인 양도 적지만 내린 비를 저장할 수 있는 하천이나 호수 등의 수자원 기반이 빈약하다. 따라서 농사는 거의 하늘에서 내리는 비에 의존하기에 이른 비의 비중이 그만큼 크다고 할 수 있다.

마찬가지로 늦은 비도 농사에 절대적으로 필요한 비다. 보통 해안지방에서는 3월, 내륙에서는 4월이면 비가 줄기 시작한다. 이때는 농번기로 식물이 생장하는 유일한 시기이다. 이때 내리는 비는 풍부한 물과 함께 높은 기온 조건으로 농작물 생장에 크나큰 영향을 준다. 봄에 늦은 비가 내리지 않으면 수확이 대폭 줄게 되고, 또 늦서리가 내려 농작물 피해를 입을 가능성도 커진다. 이스라엘 농민들은 비가 계속해서 많이 내릴수록 좋아한다. 특히 5월부터는 비가 거의 오지 않기에 먹을 물을 저장하기 위해서도 이때 내리는 비는 절대적으로 필요하다.

사도 야고보가 오래 참고 기다리면 복의 열매를 맺는다는 말을 이른 비와 늦은 비를 참고 기다리는 농부에 비유한 것은 이 지역의 기상 특성에 비유한 것이다. 실제로 이스라엘 지역에서는 이른 비와 늦은 비를 '축복의 단비'라고 부른다. 모세도 신명기 11장에서 "여호와께서 너희 땅에 이른 비, 늦은 비를 적당한 때에 내리시리니 너희가 곡식과 포도주와 기름을 얻을 것이요"라고 하며 이른 비와 늦은 비를 축복이라고 했다.

사도 야고보는 행함을 강조한다. 행함으로 받는 축복을 말한다. 행함이란 하나님의 말씀에 순종하는 삶을 말한다.

네가 네 하나님 여호와의 말씀을 삼가 듣고 내가 오늘 네게 명령하는 그의 모든 명령을 지켜 행하면 네 하나님 여호와께서 너를 세계 모든 민족 위에 뛰어나게 하실 것이라 네가 네 하나님 여호와의 말씀을 청종하면 이 모든 복이 네게 임하며 네게 이르리니(신 28:1-2).

순종이란 하나님의 말씀에 반응하는 것이다. 하나님의 사람에게 하나님의 말씀에 올바로 반응하는 것보다 더 중요한 것은 없다. E. M. 바운즈는 "순종이란 하나님의 뜻을 행하는 것이며 그분의 명령을 지키는 것이다"라고 말했다. 하나님은 순종하는 사람에게 예비하신 복의 하늘 문을 여신다. 순종하는 사람을 위해 천사를 동원하신다. 사람들의 마음을 움직이시고, 새로운 역사를 만드신다. 할렐루야!

20. 새
하나님의 선하심

새들은 장거리를 이동할 때 여러 가지 방법을 사용하여 최적의 비행을 한다. 우리에게 신의의 상징으로 알려진 기러기는 동료들과의 우애도 남다르다. 떼를 지어 날아갈 때의 V자 대형은 공기의 저항을 최소화하여 뒤따르는 동료들의 수고를 줄여주기 위해서이다. V자 원리를 이용하면 혼자 날 때보다 70% 이상을 더 오래 날 수 있다고 한다.

영어 단어 'honking' 은 '기러기가 운다' 라는 뜻이다. 그런데 'honking high' 로 쓰일 때는 '기러기가 크게 운다' 는 뜻이 아니라 얼마나 높이 나는가를 의미한다. 기러기에게는 얼마만큼 높이, 멀리 나느냐가 중요하다는 뜻이다. 최소의 에너지로 최대의 거리를 날아야 하기 때문이다. 기러기들은 최적의 기상 조건에 맞추며 날아간다. 최적의 공기 밀도가 있는 고도를 무의식적으로 찾아가 비행하는 것이다. 그래서 기러기들은 고기압권 내에서는 하늘 높이 날게 되고, 기압골이 다가오면 지상 가까이 낮게 날게 된다. 날씨의 변화에 지혜롭게 적응해 날아가는 기러기를 보면서 하나님의 선하심을 깨우치니 얼마나 감사한 일인가.

까마귀와 비둘기는 기상관측 새

수를 헤아릴 수 없을 정도로 많은 비둘기들이 벽이나 유리창에 부딪혀 죽어 간다. 지구 자기장(磁氣場)이 사라져 비둘기 떼만 방향 감각을 잃고 죽는 것이 아니라 온 도시가 마비되고 만다. 차량의 전자장치가 고장나면서 충돌이 잇따르고, 강한 자외선으로 샌프란시스코의 금문교가 녹아내리며, 로마의 콜로세움이 벼락을 맞아 무너진다. 존 아미엘이 감독하고 힐러리 스웽크가 주연한 영화 "코어"(The Core)의 한 장면이다.

지구의 자기장이 사라지면 영화에서처럼 비둘기는 떼죽음을 당하게 될까? 비둘기는 다른 새들에 비해 자기(磁氣) 감각을 가지고 있다고 한다. 비둘기의 경우 머리뼈와 뇌의 경막 사이에 자석과 같은 물질이 있어 지구 자기장을 따라 방향을 알아낸다는 것이다. 만약 지구 자기장이 없어지면 방향 감각을 잃고 날다가 벽이나 유리창에 부딪혀 죽게 된다고 한다.

"사십 일을 지나서 노아가 그 방주에 낸 창문을 열고 까마귀를 내놓으매 까마귀가 물이 땅에서 마르기까지 날아 왕래하였더라 그가 또 비둘기를 내놓아 지면에서 물이 줄었는지를 알고자 하매" (창

8:6-8).

사람들이 저지르는 죄악을 보다 못한 하나님은 대홍수 심판을 결심했다. 하나님의 뜻에 순종하는 노아와 그의 가족, 동물들이 방주 안에 들어가자 하나님은 장대 같은 비를 쏟아부었다. 40일 동안의 집중적인 폭우와 해일과 범람으로 온 땅이 물에 잠기고 생명을 가진 모든 것들이 죽었으나, 노아 가족과 방주 안에 있던 동물들만 살아났다. 비가 그치고도 110일 동안 계속 불어나던 물은 150일 이후부터 줄어들기 시작했다. 노아는 방주에서 언제 나가야 할지를 판단하기 위해 새들을 밖으로 날려 보냈다. 처음에 까마귀를 보낸 후 7일 간격으로 비둘기를 세 번 방주 밖으로 날려 보냈다. 노아가 많고 많은 새들 중에서 까마귀와 비둘기만 방주 밖으로 보낸 까닭은 무엇일까? 이것은 까마귀와 비둘기는 날씨를 예측하는 능력을 가지고 있기 때문이다.

"비둘기가 구구구 울면 비가 오고, 까치가 깍깍 울면 날이 맑단다."

어릴 적에 할머니께서는 부부 금실이 좋은 비둘기는 비가 오면 짝을 잃을까 봐 걱정해서 울고, 까치는 맑은 날씨에 기분이 좋아 짝더러 놀러 가자며 보채는 것이라고 했다. 이 밖에도 까마귀가 빙빙 돌면서 날면 비가 온다거나, 까마귀가 크게 울면 폭풍이 불고, 비둘기가 집 근처에 가까이 머물러 있으면 비가 온다는 등의 속설처럼 까마귀와 비둘기는 날씨 예측과 관련한 속설을 많이 가지고 있다.

새들은 속이 빈 뼈와 공기주머니로 기압, 밀도 등의 작은 변화를 감지할 수 있다. 폭풍우가 다가올 때 기압이 떨어지면 머지않아 폭우가 쏟아지는 경우가 많기 때문에 새들은 신체적으로 기압 변화를 미리 감지하여 날씨 변화에 대응한다. 기압이 떨어지기 시작하면 초조해하면서 공격적으로 변하여 크게 울거나 이상한 행동을 하게 된다. 이와 같은 새들의 일반적인 특징 외에 비둘기는 지구 자기장을 감지하여 뛰어난 귀소본능을 자랑하기도 한다. 통신수단이 제대로 발달하지 않았던 옛날에 비둘기를 통해 서신을 나눌 수 있었던 것도 귀소본능을 이용한 지혜였다.

고대부터 사람들은 비둘기의 귀소본능과 오래 날 수 있는 능력을 이용하여 통신에 이용했다. 고대 이집트에는 비둘기를 이용한 우편 제도가 있었으며 오늘날에도 비둘기는 이집트 우체국의 휘장으로 쓰이고 있다. 1, 2차 세계대전 당시에도 군대에서 비둘기를 통신에 많이 활용하였다. 제1차 세계대전 당시 프랑스, 영국, 이탈리아, 독일 등의 군부대에서는 비둘기 부대를 갖고 있었다. 이들은 비둘기를 훈련시켜 활용했고 진격하거나 후퇴할 때를 대비하여 비둘기의 이동 둥지를 만들었다. 영국의 비둘기부대장 오스만 대령은 1918년경에는 비둘기 부대를 150개나 지휘하고 있었다. 전쟁에서 활약한 비둘기들은 영국에서는 빅토리아 십자훈장, 프랑스에서는 레지옹 도뇌르 훈장을 받았다고 한다. 웬만한 병사보다는 낫다고 할 수 있다. 최근에는 까마귀가 도구를 직접 만들 정도의 지능을 가진 영리한 새라는 것도 밝혀졌다.

노아는 까마귀를 먼저 방주 밖으로 날려 보냈다. 지능이 뛰어나고 적응력이 강한 까마귀는 물이 덜 빠져 있어도 요령껏 생존할 수 있으리라 여겼기 때문일 것이다. 다음으로 비둘기를 보낸 것은 비둘기가 마르고 깨끗한 곳에만 앉는 습성이 있기 때문이다. 즉 비둘기가 앉을 곳을 찾지 못하고 돌아오면 아직 땅이 마르지 않은 증거로 판단할 수 있기 때문이다. 두 번째 비둘기가 감람나무 새 잎사귀를 물어오자 노아는 이제 물이 다 빠졌다고 판단했다. 감람나무는 저지대의 물표면 위에서 자라기에 물이 다 빠지지 않고서는 물어올 수 없기 때문이다. 동물들의 이러한 세세한 특징까지 알았던 노아는 분명 하나님께 풍성한 지혜를 받았음이 틀림없다.

매튜 헨리(Mathew Henry)는 까마귀와 비둘기를 영적으로 설명한다. 까마귀는 교회(방주)를 떠나 세상과 벗 삼으며, 거기서 썩은 고기를 먹는 타락한 영혼의 상징으로, 비둘기는 부패한 세상에서 평안을 찾지 못하고 교회(방주)로 나아와 그곳에서 참된 휴식과 평안을 누리는 경건한 영혼의 상징이라는 것이다. 또한 감람나무 잎사귀는 평화의 메시지로서 새 생명과 새 시대의 도래와 땅의 부활을 의미한다고 하였다. 감람나무 잎을 부리에 문 비둘기가 평화의 상징으로 사용되는 것은 이 때문이라고 한다.

하늘에서 내려온 메추라기는 이동하는 철새였다

"아니, 정말 우리를 굶겨 죽일 작정인가? 이 황량한 광야 어디에서 먹을 것을 구한단 말인가?"

"차라리 애굽에서 노예로 살던 때가 좋았지. 고기와 떡을 먹을 수 있었으니 말이야."

애굽의 노예 생활에서 탈출한 이스라엘 백성들은 가지고 나온 식량이 떨어지자 불평을 하기 시작한다. 이에 여호와는 매일 아침마다 만나를 내려주어 기본적인 식량 문제를 해결해 준다(출 16:13).

약 1년 후, 매일 만나를 먹기에 질린 그들은 다시 불평을 시작한다. "우리가 애굽에 있을 때는 공짜로 생선도 먹고, 오이와 수박과 부추와 파를 먹었지 않은가? 그런데 지금은 만나밖에 먹을 것이 없으니 사람 사는 것이 말이 아닐세."

"이젠 정력도 약해졌는지 힘을 도저히 쓸 수가 없어. 누가 고기 좀 안 주나?"

불평을 들은 여호와는 다시 그들에게 한 달 동안 내내 메추라기를 보내준다(민 11장). 여호와는 왜 고기를 먹고 싶다고 불평하는 이스라엘 백성들에게 생선이나 소, 혹은 양고기를 주지 않고 메추라기를 주었을까? 이는 계절과 밀접한 관계가 있다.

먼저 메추라기에 대해 알아보자. 메추라기는 짧은 날개와 작고 둥근 머리, 통통한 몸집을 가진 꿩과에 속하는 철새이다. 몸길이가 18cm 정도이며 고기와 알이 뛰어나게 맛이 좋다. 히브리어로는 메추라기를 '쉐라우'(שלו)라고 부른다. 메추라기들은 가을에 시리아나 이라크 지방에서 아프리카 북서지방으로 날아갔다가 봄이 되면 아프리카에서 홍해를 건너 다시 동쪽으로 이동해 온다. 여호와가 이스라엘 민족에게 메추라기를 주었을 때가 계절적으로 4월 정도에 해당된다. 이맘 때면 아프리카에서 겨울을 지낸 메추라기가 홍해를 거쳐 이라크 전쟁이 벌어졌던 메소포타미아 습지대로 날아온다. 이스라엘 백성들이 고기를 먹고 싶다고 불평했을 때는 두 번 다 메추라기가 이동할 시기이며, 시나이 반도는 메추라기가 이동해 가는 길목에 있다. 따라서 여호와가 소고기나 양고기를 주지 않고 메추라기를 준 것은 계절 변화에 따른 메추라기의 이동을 알았기 때문이다.

철새들은 장거리 이동을 할 때 바람을 이용한다. 우리나라의 경우 시베리아에서 지내던 두루미가 날아올 때는 시베리아 고기압이 발달하여 지상에서부터 상층까지 우리나라 쪽으로 강한 북서풍 내지 북풍이 불 때이다. 두루미는 뒤에서 불어주는 북서 계절풍을 이용하여 시베리아의 아무르 강 중류에 있는 번식지로부터 1,500km 이상 떨어져 있는 우리나라까지 그리 큰 힘을 들이지 않고 날아온다. 이와 반대로 기러기가 중국 북부로 돌아갈 때는 상층에 남서풍이 불 때 이 바람을 이용하여 북상해 간다. "기러기가 북쪽으로 돌아가는 다음날은 비"라는 속설은 봄철 상층에 남서풍이 불 때이므로 기러기가 북상한 다음날에는 기압골이 들어와 비가 올 확률이 매우 높아지기에 생긴 것이라고 할 수 있다.

마찬가지로 메추라기도 이동을 할 때 바람을 이용한다. 4월에는 아프리카의 사하라 사막에서 애굽을 거쳐 시나이 반도 쪽으로 시로코(scirroco)라고 불리는 서풍이 분다. 메추라기는 이 바람을 이용하여 이동하는데, 성경에서 홍해 쪽에서 바람이 메추라기를 몰아왔다고 한 것과 일치한다. 이때 아라비아 사막 쪽의 바람이 강해지면 함신(Khamsin)이라는 동풍이 분다. 시로코 바람을 타고 날아오던 메추라기 떼가 예기치 않은 강한 맞바람을 만나면 더 날아가지 못하고 땅으로 추락한다. 바람 덕분에 이스라엘 백성들은 땅에 떨어진 메추라기들을 쉽게 주워 모아 고기로 먹을 수 있었을 것이다.

그렇다면 당시에 한 달 동안이나 이스라엘 백성에게 먹일 만큼의 많은 메추라기가 있었을까? 기록에 의하면 19세기에서 20세기 초까지 이집트에서는 이동하는 메추라기를 잡아 매년 200만 마리 이상 수출했으며, 1920년경에는 무려 300만 마리까지 수출하였다고 하니 성경의 기록이 틀리지는 않은 것이다. 하지만 세계 미식가들을 즐겁게 하기 위해 대량으로 남획된 끝에 지금은 그 수가 급격히 줄어 시나이 반도의 하늘을 뒤덮으며 장관을 이루던 대규모 이동도 사라져 버렸다고 하니 안타까울 뿐이다.

홍수를 알려주는 따오기

욥기에서 가장 신나는 부분이 38장이다. 욥과 그 친구들의 지루한 논쟁을 듣고 있던 하나님이 폭풍을 앞세워 등장하기 때문이다. "너희들이 과연 무엇을 아느냐?"는 일성(一聲)과 함께 하나님께서는 천지가 만들어진 것과 해와 달과 별이 운행하는 이치를 너희들이 과연 아느냐고 질문을 한다. 비는 왜 내리고 번개는 어떻게 치며 이슬은 누가 만들어 내리는지 하는 부분에 이르러 욥은 무릎을 꿇고 만다. 직업상 날씨와 관계된 일을 해서인지 기상을 예로 드는 하나님이 나는 좋다.

> 가슴 속의 지혜는 누가 준 것이냐 수탉에게 슬기를 준 자가 누구냐 (욥 38:36).

하나님의 전지전능한 능력을 설명하는 중에 위의 구절이 나온다. 나일 강에 홍수가 날 것을 따오기가 알게 한 것이 바로 나(하나님)이며, 닭에게 비가 올 것을 알려주는 슬기도 당신이 주었다고 말한다. 하나님의 말씀처럼 닭이 과연 비를 예측하는 능력을 가지고 있을까? 조류학자 G. 프라이어 박사에 의하면 "닭이 잠자러 갈 때 울면 일어날 때 머리가 물에 젖을 것이다" 라는 서양 속설은 비를 예보하는 것이라고 한다. 동서양을 막론하고 닭이 새벽에 우는 것은 자신의 영역을 알리기 위해서이며, 저녁에 우는 것은 싸우고 싶은 기분 때문이라고 한다. 프라이어 박사는 변화로 그 원인을 설명하고 있다. 대부분의 동물들처럼 닭도 기압골이 다가오면 낮아지는 기압으로 인해 몸의 변화를 느낀다. 떨어지는 기압 변화에 적응하기 위해 몸 속의 가스를 배출해야만 하는데, 이때 가스 분자들이 거품 형태로 배출되면서 신경에 자극을 주어 닭이 공격적으로 변하게 된다는 것이다. 즉 기압골이 들어와 기압이 낮아지면 닭이 저녁에 신경질적으로 울게 되고, 그러면 머지않아 비가 내린다는 것이다.

최근의 연구 결과 닭과 마찬가지로 새들에게도 날씨를 예측하는 능력이 있다는 사실이 밝혀지고 있다. 강한 폭풍우가 다가올 때 울음을 그치는 새들이 있는가 하면, 아예 자취를 감춰 버리는 새들도 있다. 특히 북쪽으로 돌아가는 철새들은 저기압이 다가오면서 남풍이 불어대는 시기에 이동하기 시작한다. 가을에는 고기압에 덮여 날씨가 좋을 때 이동한다. 대부분의 새들은 날씨가 좋지 않으면 회복될 때까지 비행을 연기한다고 한다. 새들은 뼛속의 비어 있는 부분을 이용하여 기압 변화를 측정하고, 폭풍에서 생기는 저주파의 소리를 감지하는 등의 방법으로 다가올 날씨를 예견한다.

앞에 인용한 욥기 38장 말씀의 따오기에 대해서는 학자들 사이에 이견(異見)이 많다. 영어성경에서 "Who imparted wisdom to the ibis? Who gave understanding to the cock?" 이라고 쓰여 있는 것처럼 따오기를 ibis로 표기한 것도 있고, water hen(쇠물닭)으로 기록한 것도 있다. 히브리어로는 '틴세메트' (תנשמת)로 쓰이는데, 조류

학자 쾰러 등은 따오기가 아닌 부엉이일 것이라고 주장하기도 한다. 따오기는 율법에서는 부정한 새라고 했지만, 애굽에서는 홍수를 예견하는 신성한 영조(靈鳥)로 대접받았다. 따라서 나일 강에 홍수가 날 것이라고 미리 알려주는 새는 부엉이보다는 따오기로 보는 것이 타당하다고 생각된다.

따오기는 물속 깊이 잠수하지 못하기 때문에 강이나 호수의 가장자리를 배회하며 먹이를 구한다. 작은 물고기들이 노니는 얕은 물가를 떠나지 못하는 것이다. 그러므로 나일 강에 홍수가 들어 물이 가득 차오르면 따오기는 먹이를 구하지 못하게 된다. 따오기는 철새에 속하므로 겨울에는 따뜻한 애굽의 나일 강가로 내려와 살다가 봄이 되면 북쪽으로 돌아간다. 나일 강의 홍수는 상류지역인 수단과 앙골라 지역에 비가 내리기 시작하는 5월부터 발생한다. 따오기가 떠날 무렵이 나일 강에 곧 홍수가 시작될 시기가 되는 것이다.

따오기와 닭을 비롯한 조류의 날씨 예측 능력이 과학적으로 밝혀진 것은 비록 최근이지만, 하나님께서는 수천 년 전부터 따오기에게 지혜를 주어 나일 강에 홍수가 날 것을 예측하게 하신 것이다.

"7,000만 원짜리 전용 비행기, 소음과 빛을 막는 특수 상자, 한·중 양국의 조류 전문가 대동……." 엄청난 국빈급 VIP의 대접이다. 이명박 대통령이 2008년 5월 중국을 방문했을 때 후진타오(胡錦濤) 중국 국가 주석으로부터 기증을 약속 받아 우리나라로 이민 온 따오기 수송 작전 이야기이다.

습지 보호를 위한 람사르 당사국 총회(2008년 10월 28일-11월 4일)에 맞추어 우리나라로 온 따오기는 우포늪(경남 창녕군) 주변 둔터 마을 2만 3,000㎡에 지어진 따오기 사육시설에 수용되었다. 따오기는 개체수 비율로 우리나라가 세계에서 가장 높은 조류였다. 그런데 급속한 공업화로 1980년대 이후 자취를 감추었다. 날씨에도 민감하지만 환경에도 상당히 민감한 새라고 할 수 있다. 더 이상 자연환경이 파괴되지 않고 따오기가 야생으로 방사되는 날이 빨리 왔으면 좋겠다.

21. 해할
홍해를 가른 바람

2007년에 만들어진 영화 "리핑(The Reaping) –열 가지의 재앙"은 이집트 열 가지 재앙의 패러디라고 할 수 있다. 이 영화에서는 성경에서 말하는 열 가지 재앙이 차례로 일어나는 어느 마을의 수수께끼를 다루고 있다. 피로 물든 강 위에 개구리 비가 내리는 거나, 가축들의 떼죽음도 나오는데 이것들은 출애굽기의 열 가지 재앙에도 나오는 것이다. 영화에서는 산토리니 화산 폭발의 낙진이 나일강의 성분을 변하게 만들어 물이 청색에서 적색으로 변화되고, 강물이 적조 현상을 일으키면서 독소가 번식하여 물고기가 떼죽음 당한다고 설명한다. 물고기의 밥이었던 개구리알이 대량 부화해 개구리가 이상 번식하고, 개구리의 떼죽음이 발생하면서 그 시체에 파리와 구더기가 들끓게 되고, 참파리가 급속히 늘어나 가축을 물어

뜯으면서 가축의 떼죽음을 불러온다는 것이다. 영화에서는 메뚜기 떼의 습격도 날씨 때문이라고 말한다. 엄청난 화산재가 공중에 흩날리면 물방울 형태로 응집되면서 폭풍우와 우박을 동반한다. 그런데 이때 떨어진 우박이 녹아서 땅이 습해지면, 습한 곳을 좋아하는 메뚜기가 알을 대량으로 낳기에 메뚜기 떼가 생겼다는 것이다.

아홉 번째 재앙은 3일 동안 계속된 암흑인데, 이것도 화산재의 영향이라고 주장한다. 열 번째 재앙은 맏아들의 죽음인데 이것조차도 앞의 여러 가지 원인들이 결합하여 발생했다고 한다. 애굽인들은 큰아들을 가문의 후계자로 여겨 특별히 잘 키웠는데, 화산재와 메뚜기 떼 때문에 저장한 곡식에 습기가 차고 오염이 되었고, 이 곡식을 큰아들에게 주로 먹이면서 집단으로 질병을 일으켰다는 것이다. 생뚱맞고 억지 같은 느낌도 들지만 영 틀린 해석은 아니라고 본다. 하나님은 그 지역에 나타나는 기상현상을 이용해 말씀하시는 경우가 많기에 이런 상황으로 인해 발생할 수도 있기는 하다. 그러나 우리는 이 모든 현상을 하나님이 부르시거나 만드신 것이라고 생각하는 사람들이다. 여호와 하나님은 애굽의 바로 왕에게 열 가지 재앙을 보여줌으로써 하나님의 전능하심을 깨닫게 해준다. 결국 하나님에게 굴복한 바로는 이스라엘 민족을 풀어주게 되고 출애굽한 이스라엘 민족이 처음 만나게 되는 어려움이 홍해를 건너는 일이었다.

홍해의 갈라짐은 하나님의 작품이다

이스라엘 민족이 애굽에서 살게 된 것은 큰 가뭄 때문에 야곱의

식구들이 애굽으로 옮겨와 살았기 때문이다. 하나님은 먼저 야곱의 아들 요셉을 애굽에 보내 총리로 세운 다음 가뭄으로 죽을 수밖에 없었던 이스라엘 민족을 구원했다. 애굽에 들어오게 된 이유도 가뭄이지만 애굽을 떠나게 된 이유도 가뭄이라고 기후학자들은 말한다. 최근 고기후학 연구가들은 이스라엘 민족이 애굽을 떠난 것은 기후 때문이었다고 한다. 애굽 문명이 탄생한 나일 강 하류는 인류 4대 문명 발상지 중의 하나이다. 당시는 지질사적으로 플라이스토세의 마지막 빙하기인 뷔름 빙하기가 물러가면서 기온이 서서히 상승하기 시작했다.

기원전 5000년 전부터 3000년 전까지는 지구는 온난한 기후를 보였다. 기후가 건조기에서 습윤기로 변하면서, 아프리카의 북반부는 물기가 많은 대초원으로 변했다. 현재의 사하라 사막과 건조한 사바나에는 푸른 수풀이 우거지고 산들은 아름다운 나무로 뒤덮였으며 물고기나 새들도 많았다. 날씨가 따뜻해지고 비가 자주 내리면서 사람들은 나일 강 주변에서 농사를 짓기 시작했다. 주기적으로 범람하는 나일 강의 풍부한 물로 곡식들이 많이 생산되었다. 사람들이 몰려들었고 인구는 급격히 늘어났다. 나일 강 유역에서의 농업 발달이 문명 탄생을 이끈 것이다. 이후 애굽 고제국은 온화한 기후에서 급속히 발전했다.

그런데 기원전 1500년경, 지금으로부터 3,500년 전 무렵 기후가 바뀌기 시작했다. 소빙하기가 닥치면서 주기적으로 내리던 비가 그치고 나일 강의 범람도 멈추어 버렸다. 강폭은 차츰 좁아지고 풀 대신에 관목이나 모래가 들어섰고, 삼림도 모래 바람이 불어대는 황야로 변하기 시작했다. 결국 새도 짐승도 물고기도 없어지면서 아프리카 북부 지방이 지금의 사하라 사막과 황야지대의 모습으로 바뀌고 말았다.

고대 국가들을 보면 날씨가 좋을 때보다 날씨가 나빠질 때 거대한 제국을 만든다. 기후가 변하면서 닥치는 가뭄이나 홍수를 이겨내기 위해서는 개인의 힘보다는 강력한 국가를 만들어 관개를 하거나 댐을 만드는 것이 유리하기 때문이다. 아마 당시에 소빙하기로 바뀌는 날씨로 인해 이집트도 살기 힘들어진 것으로 보인다. 학자들은 애굽도 국가 체제를 강화하면서 대규모 토목공사를 일으켰고, 많은 인력이 필요하자 이스라엘 민족을 노예로 삼았다는 것이다. 새로 낳는 이스라엘 민족의 아들을 죽였던 이유는 이스라엘 민족이 번성했기에 장래의 위험에 대비한 것도 있지만, 기후 변화로 식량 생산이 줄어들었던 것도 하나의 원인이 아닌가 보기도 한다,

하나님은 모세를 살려두어 애굽 공주의 품에서 자라나 왕자로 대접 받게 했다. 그러나 모세는 이스라엘 민족을 옹호하려다가 애굽 관리를 죽이는 바람에 미디안 땅으로 도망쳐 40년을 지내게 되었다. 모세가 도망쳐 살 동안 애굽에 있던 이스라엘 민족은 살기가 더 힘들어졌다. 날이 갈수록 애굽 사람들이 못살게 굴었다. 일하기도 힘들고, 먹고 살기도 점점 힘들어지자 이스라엘 민족은 밤낮으로 하나님께 구해 달라고 기도했다. 이에 하나님은 드디어 모세를 불러 애굽으로 가게 만들었다.

여호와 하나님의 부름을 받은 모세는 그의 형 아론과 함께 애굽의 왕 바로를 만나 이스라엘 민족을 풀어 줄 것을 요구하게 된다. 그러나 애굽 왕이 순순히 들어줄 리가 만무했다. 그 엄청난 노동력을 잃을 경우 애굽 경제가 휘청거릴 수밖에 없었기 때문이다. 그래

서 하나님은 열 가지의 재앙을 통해 애굽 왕 바로의 마음을 바꾸었던 것이다. 마지막 장자의 재앙에서 큰아들을 잃은 바로는 하나님과 싸울 수 없음을 깨닫고는 이스라엘 민족을 풀어준다. 흥미로운 것은 애굽의 열 가지 재앙을 기상현상에 의해 발생한 것으로 보는 견해도 있다.

일부 성서학자와 과학자들은 애굽에 나타난 열 가지 재앙을 그리스의 산토리니 화산 폭발 때문에 일어난 일로 보고 있다. 기원전 1500-1650년에 폭발한 산토리니 화산은 화산재가 애굽에까지 날릴 정도로 거대한 폭발이었다. 나일 강에서 발견된 화산재는 산토리니 화산에 남아 있는 화산재와 화학 성분이 일치한다. 이집트를 탈출할 때의 열 가지 재앙은 기원전 1400-1550년경에 일어난 일로 추정되기 때문에 시기적으로도 들어맞는다. 앞에서 소개한 영화 “리핑”도 이런 견해를 반영한 것이라고 할 수 있다. 그러나 중요한 것은 어떤 것이든 하나님의 명령 없이는 이루어지지 않는다는 것이다. 바람이 불든, 비가 내리든, 우박이든, 화산 폭발이든 다 하나님의 섭리 가운데 나타나는 것이다. 그래서 이런 현상들을 기상학적으로 해석해 보는 것은 좋지만 중심에 하나님이 빠져서는 절대로 안된다.

열 가지의 재앙을 본 애굽 왕 바로는 결국 손을 들고 항복하며, 모세에게 이스라엘 민족을 이끌고 애굽을 떠나라고 한다. 모세는 200만 명 이상으로 추산되는 이스라엘 민족을 끌고 영광의 탈출인 엑소더스를 시작한다. 이스라엘 민족이 애굽을 떠나자 애굽의 장군과 대신들은 탈출을 막아야 한다고 바로에게 건의한다. 이스라엘 민족의 노동력이 없어질 경우 나라의 경제가 흔들린다는 것이다. 이에 마음이 바뀐 바로는 중무장한 애굽 군사들을 모아 전차에 태워 이스라엘 민족을 뒤쫓았다. 이스라엘 민족은 앞에는 큰 파도가 출렁이는 홍해가 가로막고 있고 뒤로는 기마 전차를 앞세운 애굽의 정예 군사들이 추격해 오는 최악의 상황에 맞닥뜨리게 되었다. 이때 기적이 발생한다. 죽음의 공포로 울부짖는 이스라엘 백성을 뒤로하고 모세가 지팡이를 들고 손을 바다로 내미니 홍해가 갈라진 것이다. 하나님은 모세가 손을 들게 만든 다음 강한 동풍이 불게 해 홍해를 가른 것이다. 그런데 많은 사람들이 정말 바닷물이 둘로 갈라지는 현상이 있을까, 과학적으로 설명이 가능한 현상일까 궁금히 여겨왔다.

먼저 홍해가 갈라진 현상에 대해 과학적으로 풀어보려는 노력과 이론들을 알아보자. 홍해와 지중해는 조수와 바람에 의해 밑바닥의 모래지형이 사구를 이루는 특성이 있다. 사막지형이 바람으로 인해 모래 산과 계곡이 생기는 것과 마찬가지 이치다. 홍해는 연중 서쪽 사하라 사막에서 불어오는 시로코 열풍의 영향을 많이 받는다. 강한 서풍과 함께 조수간만의 차이는 어떤 지역에 모래톱을 형성하여 큰 사구언덕을 만든다. 하지만 이 바람이 물을 가를 정도의 강한 바람은 아니다.

> 모세가 바다 위로 손을 내밀매 여호와께서 큰 동풍이 밤새도록 바닷물을 물러가게 하시니 물이 갈라져 바다가 마른 땅이 된지라(출 14:21).

'큰 동풍이 밤새도록 불어 바닷물을 물러가게 했다' 는 것은 영화 "십계" 에서 모세가 손을 내미니 순간에 쩍 갈라진 것이 아니라 밤새도록 강한 동풍이 불어 바닷물을 둘로 갈라지게 했다는 것을 의미한다. 비밀은 바로 여기에 있다. 이맘때면 아라비아 사막에서 부는 국지풍인 함신(Khamsin)이 애굽으로 불어오는데, 이 바람은 모래 먼지와 함께 매우 뜨겁고 강하게 분다. 학자들은 사막의 뜨거운 동풍 함신이 바닷물을 서쪽으로 밀어내고 바다 밑에 형성되어 있던 모래언덕 위에 더 단단한 모래를 쌓아올렸을 거라고 보는 것이다. 맞은편 바닷물과 동편 바다 물결 사이에 모래언덕을 산마루처럼 길게 솟아오르게 해 바다 가운데 길을 냈다는 것이다.

학자들은 여러 가지 증거로 바다가 갈라진 지역이 시르보니 바다였다고 말한다. 이곳은 서쪽에서 부는 시로코 바람이 바다 속의 모래를 쌓아올리는 입지조건에 잘 맞고, 지형적으로 사막의 열풍 함신이 바닷물을 밀어내어 모래언덕을 쌓을 가능성이 높은 지역이기 때문이다. 이러한 현상은 이스라엘의 역사 자료에도 기록되어 있으며, 알리 샤페이(Ali Shafei) 박사는 현대에도 이런 현상이 그대로 나타나고 있다고 주장한다.

실제 바람의 힘으로 홍해가 갈라진 것을 목격한 사람도 있다. 1882년 알렉산더 툴로(Alexander Tulloch)는 홍해에 있는 시르보니 바다의 멘잘레 호수 물이 강한 동풍에 의해 1.6km 이상 물러나는 것을 관찰하였다고 기록하고 있다. 강한 동풍에 의해 1.6km 물이 물러났다는 것은 상당한 의미를 지닌다. 이집트를 탈출한 약 200만 명의 이스라엘 민족이 새벽에 다시 물이 합쳐질 때까지 건너기 위해서는 바다가 갈라진 폭이 1.6km 이상이 되어야 하기 때문이다.

성경에서는 이스라엘 백성들이 바다가 갈라진 곳으로 밤새도록 홍해를 건넌 다음, 새벽이 되자 갈라졌던 바다가 합쳐지면서 뒤를 쫓던 애굽 군대는 바닷물에 빠져죽었다고 나온다. 이것은 동풍이 약해지면서 높은 바다 물결이 모래땅을 잠식해 들어와 양쪽의 물이 합쳐진 때문이라는 것이다.

홍해의 바다 갈라짐 현상을 쓰나미 때문이라고 주장한 학자들도 있었다. 그러나 도론 노프와 나탄 팔도르라는 지구물리학자는 이들의 이론이 틀렸다고 주장했다. 첫째, 물이 빠진 것은 강한 동풍이 밤새 불어온 결과였다는 사실이다. 이 바람은 쓰나미 때문에 생긴 바람이 아니라는 것이다. 둘째, 물이 물러났다가 다시 잠기는 데 걸리는 시간은 꽤 길어서 거의 하룻밤이 걸렸을 가능성이 있지만, 쓰나미의 경우 물이 다시 들어와 제자리를 찾는 현상은 순식간에 일어난다. 이들은 홍해가 갈라지는 기적을 설명할 다른 물리적 설명으로 '바람에 의한 수면 하강' 이라는 개념을 내놓았다.

이들은 오랜 시간에 걸쳐 지속적으로 수에즈 만을 따라 부는 바람이 갈대 바다의 물을 물러나게 할 수 있는지를 실험했다. 두 과학자는 비교적 약한 바람(최소 시속 64km)이라도 물을 움직이게 해서 일부 지역에서는 해수면의 높이를 2.5m나 낮출 수 있다는 것을 알아냈다. 이들은 수위가 많이 낮아지는 까닭이 두 가지 요소 때문일 것으로 결론지었다. 하나는 기다랗고 좁으며 상대적으로 물이 얕은 수에즈 만의 지리적 특성이고, 하나는 지구의 바람을 만드는 기본적인 물리적 힘의 복잡한 특성 때문이었다는 것이다. 이들은 미국 이리호의 물을 예로 들었다. 수에즈 만과 형태가 어느 정도 비슷한 이리호는 강한 바람의 영향을 받으면 수면이 1m 정도 오르내린다.

이스라엘 민족이 갈라진 홍해를 건너는 것은 기적의 일부분이다. 이스라엘 백성들이 홍해를 건넌 다음 바로 물이 뒤덮여 애굽 군대가 몰살된 현상도 이들의 학설로 설명될 수 있을까? 통상 바람은 급격히 약해지지 않고 몇 시간이나 며칠에 걸쳐 천천히 약해진다. 이런 경우에는 바람이 약해지는 동안 물은 '바람이 불기 전' 상태로 천천히 되돌아갈 것이다. 그러나 만약 바람이 갑자기, 이를테면 몇 분 안에 사라지면, 바람에 의해 물러났던 물도 순식간에 제자리로 돌아온다. 이때 나타나는 파도를 중력파 또는 단파라고 한다. 단파란 수위가 갑자기 높아지는 수력도약을 뜻한다. 이 현상은 강물의 흐름이 썰물에서 밀물로 바뀔 때 잠깐 관찰할 수 있는데, 특히 조수' 간만의 차가 클 때 나타난다. 이때 관찰되는 단파인 조석 해일은 수직의 파도가 물길을 거슬러 올라가는 것처럼 보인다. 그러나 노프와 팔도르의 계산에 의하면, 되돌아오는 속도를 대략 시속 16km라고 할 때, 지속적인 바람에 의해 바닥이 드러난 땅이 모두 뒤덮이는 데는 단 4분밖에 걸리지 않는다.

결국 이들도 홍해의 갈라짐과 다시 덮임을 정확하게 설명해주지는 못한다. 노프와 팔도르는 10-14시간에 걸쳐 초속 20m의 바람이 지속적으로 불게 될 가능성은 1,000-3,000년에 한 번 꼴이라고 추측했다. 그러나 노프와 팔도르는 이 현상을 주장하면서 다음과 같은 글을 남겼다. "믿는 사람들은 기적에서 하나님의 존재를 찾듯이 바람의 특성 때문에 나타난 현상에서도 하나님의 존재를 찾을 수 있다."

이스라엘 학자인 M. 다얀은 조석 현상이 이스라엘인들의 이집트 탈출을 도왔을 가능성을 제시한 독창적인 학설을 내놓았다. 그러나 조석설도 많은 한계를 지닌 이론이다.

가장 많은 과학자들의 지지를 받는 설로 '분점 대조' 현상이 있다. 분점 대조는 지구, 달, 태양의 궤도가 일직선상에 놓일 때, 특히 달이 지구에 가장 가까이 근접했을 때 나타난다. 분점 대조를 영어로 'spring tide' 라고 한다. 분점 대조는 밀물과 썰물의 높이 차가 가장 커지는 특별한 조석을 이르는 말이다. 분점 대조의 조석 모형을 이용해 계산했을 때, 20세기 동안 가장 큰 분점 대조로 추측되는 1935년 추분-1년 중 태양빛이 적도 위에 수직으로 닿는 때가 두 번 있는데, 그 중 한 번-에 일어났던 분점 대조에 관해 〈런던타임스〉는 다음과 같이 적었다.

"뱃사람들도 처음 본 가장 큰 밀물이 게인즈버러에 있는 트렌트 강을 덮쳤다. 오늘 아침 세 번 강의 어떤 지점에서는 강을 걸어서 건널 수도 있었고 배가 뜨지도 못했다. 그러다 조석 해일이라고 부르는 거센 파도가 일었다."

이렇게 수위가 오르내리는 상황에서 분점 대조는 출애굽기의 기적에서 예기치 못한 조석 현상을 일으켰을 가능성이 있는 것으로 추정되고 있다. 그러나 이것 역시 갈라짐과 다시 덮임에 대한 정확한 설명이 부족하다.

바다가 갈라지는 것만 놓고 보면 우리나라에서도 가끔 생기는 현상이다. 기상 조건은 애굽의 홍해와는 다르다. 우리나라 진도에서도 매년 '바닷길이 열리는 모세의 기적' 이 발생한다. '바다 갈라짐 현상' 은 조수 간만의 차로 인해 썰물 때에 주위보다 높은 해저지형이 바다 위로 노출되어 마치 바다를 양쪽으로 갈라놓은 것 같아 보이는 자연현상이다. 해저지형이 복잡하고 밀물과 썰물의 차이가 큰 지역에서 볼 수 있는데, 밀물과 썰물의 차가 4m 이상일 때에 일어난다.

흥미로운 것은 바다가 갈라져 모세의 홍해 전투처럼 승패를 가른 경우가 역사에 나온다. 명나라 때 중국은 일본 왜구의 공격으로 많은 고통을 받았다. 왜구들은 명나라와 일본의 중앙정부가 통제할 여력이 없는 틈을 타서 중국 연안에 상륙하여 약탈을 하곤 했는데, 1553년 8월 왜구들이 절강성의 상우현에 상륙해 벌인 만행은 처참했다. 이들은 남경까지 이르렀고 절강 · 안휘 · 강소의 3성을 유린하면서 80여 일에 걸쳐 4,000명 이상을 무자비하게 죽였다. 이때 왜구를 물리쳐 중국을 지킨 사람이 척계광이라는 장군이었다. 그는 부대를 만들어 맹훈련을 시켜 강군으로 만드는 한편, 원앙진이라는 독특한 진법을 만들어 왜구와의 전투에 활용했다. 왜구들은 황서도(橫嶼島)라는 섬에다 본거지를 만들었는데, 해군이 약한 명나라는 왜구의 본거지를 공격할 엄두를 내지 못했다.

황서도를 공략할 비책을 찾던 척계광은 이곳이 조수 간만의 차가 높아지는 때면 썰물 때 섬까지 땅이 드러난다는 사실을 알게 되었다. 마치 '모세의 기적' 처럼 바다가 갈라지는 것이었다. 그러나 바다가 갈라져 땅이 드러나도 바닥이 심한 진흙과 뻘로 이루어져 공격할 수가 없었다. 그는 바닷물이 갈라져 땅이 가장 많이 드러나는 시기와 시간을 파악한 후 모든 병사들에게 짊어질 수 있는 만큼의 마른 풀을 준비하라고 명령했다.

드디어 바다가 갈라지면서 땅이 드러나자, 척계광은 총공격을 명령했다. 마른 풀을 짊어진 병사들이 드러난 진흙탕과 뻘에 마른 풀을 깔면서 전진하기 시작했다. 꿈에도 바다를 걸어서 섬으로 올 것이라고 예상치 못했던 왜구들은 대비조차 못한 상태에서 공격을 받았고 이 섬에 주둔했던 왜구 2,600명 전원이 아주 쉽게 제압되고 말았다. 가장 악랄하고 공격력이 강했던 황서도의 왜구가 토벌되자 인근의 왜구들은 쉽게 소탕되었다. 1566년 마침내 척계광이 이끄는 척가군은 중국을 괴롭히던 왜구를 완벽하게 토벌하는 데 성공했다. 바다가 갈라지는 현상을 이용한 전투로 유명한 것이 척계광의 황서도 전투다.

우리는 섣불리 홍해를 가른 하나님의 일하심을 과학적으로 설명하려고 할 필요가 없다. 3,000년 이상 홍해가 갈라짐을 해석하려 했던 많은 사람들이 실패한 것은 하나님의 전능하심을 깨닫지 못했기 때문이다. 하나님은 오늘도 우리를 위해 홍해를 가르신다. 우리를 무사히 건너게 하신 하나님은 적들이 다가오면 물벽을 허물어뜨려 그들을 물속에 빠뜨리신다. 담대하게 세상을 향해 나아가자. 하나님이 함께하시지 않는가?

요단 강의 갈라짐도 하나님의 작품이다

40년간 광야에서 이스라엘 민족을 이끌었던 모세가 죽었다. 이스라엘 민족을 이끌고 가나안 땅으로 들어가는 통수권을 여호수아가 맡게 되었다. 여호수아는 먼저 정탐꾼을 보내 여리고 성을 탐지한 후에 요단 강을 건너기로 한다. 그런데 문제는 이때가 요단 강에 가장 많이 물이 흐르는 시기였다는 것이다. 우기가 끝날 무렵이기도 했지만 헬몬 산에 있던 눈이 녹아내리면서 강물이 세차게 흐르는 때였다. 폭은 좁더라도 강물이 흐르는 속도가 빨랐기에 강을 건넌다는 것은 매우 위험했다. 이 강을 건널 사람이 적어도 200만 명이나 되었으므로 더욱 어려운 문제였다. 두 번째의 홍해 사건이 일어나야만 가능한 일이었다. 이때 여호와 하나님은 말씀하신다.

> 온 땅의 주 여호와의 궤를 멘 제사장들의 발바닥이 요단 물을 밟고 멈추면 요단 물 곧 위에서부터 흘러내리던 물이 끊어지고 한 곳에 쌓여 서리라(수 3:13).

이스라엘의 백성들이 요단 강을 건널 때 강물이 끊어진 지점은 여리고 북방, 즉 하구에서부터 25km 상류에 있는 아담 부근이었다. 이곳은 지형적으로 강물이 석회암 절벽의 밑을 ㄷ자(字) 형으로 깊이 파고들어가면서 침식이 일어나는 지형적 특성을 보인다. 즉 큰 언덕의 벽이 강물 속으로 무너져 내려 강물이 끊어질 수 있는 것이다. 이런 현상은 실제로 발생하였다. 근대에 들어 세 차례, 즉 1267년, 1906년, 1927년에 각각 산사태가 일어나 요단 강물의 흐름을 차단한 적이 있었다. 1267년에는 약 4시간 동안 요단 강물이 그쳤다. 대지진이 일어났던 1927년에는 높이 45m의 강안(江岸)이 무너져 내려 무려 12시간 반 동안 강물이 끊어진 일이 있었다. 이러한 사실은 여호수아가 이끌었던 이스라엘 민족이 요단 강물이 끊어지면서 무사히 건널 수 있었을 것이라는 하나의 증거이다.

성경에 나타나는 날씨 현상의 기적은 대체로 자연적 현상의 시기와 일치하여 일어나기도 했다. 그러나 본문처럼 언약궤를 멘 제사장들이 요단 강 가운데 서 있는 동안 많은 이스라엘 백성들이 마른 강바닥으로 무사히 건넌 사실은, 더욱이 시기적으로 최고의 수위를 기록하는 위험한 때에 건넌 것은 전적으로 하나님의 도우심이라고밖에 볼 수 없다. 우연의 일치로 자연 현상이 일어난 것이 아니라 하나님께서 강 언덕을 무너뜨려 이스라엘 백성들을 도우신 것이다. 이런 기적과 이적을 통해 이스라엘 민족이 하나님에 대한 믿음을 확고히 함과 동시에 새로 세운 지도자인 여호수아에 대한 신뢰를 쌓게 하신 것이다.

우리는 앞에 도도히 흐르는 요단 강이 있다고 두려워하거나 겁낼 필요가 없다. 꼭 넘어야 할 강이라면 하나님은 물을 끊어지게 하시고 마르게 하신다. 얼마나 감사한가, 이런 하나님의 자녀인 것이!

22. 메뚜기

하나님의 저주

2003년 가을, 아프리카 사하라 사막 남쪽 가장자리에 위치한 사헬 지대에 많은 비가 내렸다. 사헬 지역 주민에겐 꿀 같은 비였지만 이 비로 인해 아프리카 사막메뚜기(학명 Schistrocerca Gregaria)의 번식이 급격하게 늘었다. 사헬 지역에 가뭄이 들면서 먹이가 떨어져가자 메뚜기 떼가 새로운 먹이를 찾아 이동했다. 그들의 앞길을 가로막을 수 있는 것은 어디에도 없었다. 무려 100억 마리에 달하는 메뚜기 떼는 북아프리카로 비행을 시작했다.

메뚜기 떼는 순풍을 타고 하루에 최대 200km까지 이동하면서 2004년 말까지 북아프리카의 알제리, 리비아는 물론이고 이집트와 카나리아 제도까지 휩쓸었다. 북아프리카 지역의 국가들은 삼림과 곡물 피해액만 2,000억 원에 이를 정도로 엄청난 경제적 타격을 받았다. 메뚜기는 현실로 다가오는 실제적인 저주인 것이다.

"살충제로 메뚜기 떼를 물리치면 되잖아요."

물론 그럴 수도 있다. 그러나 살충제가 지닌 독성은 다른 생물까지 무차별로 죽인다. 환경 파괴와 함께 사람들의 건강에도 나쁜 영향을 주기에 이젠 세계의 어느 나라도 거의 사용하지 않는다. 따라서 이들 국가는 바람이 메뚜기 떼를 바다 쪽으로 몰아 없어지기를 기다린다고 한다. 메뚜기 떼가 생기는 것도, 없어지는 것도 날씨 조건이 맞아야 하는 것이고 이것은 전적으로 하나님의 주관 아래 이루어지는 것이다.

아프리카의 기상에 따라 메뚜기 떼가 만들어져 큰 영향을 주는 것처럼 쥐들도 영향을 받는다. 동아프리카에서는 극심한 가뭄이 발생하면 가뭄으로 농작물이 말라 죽으면서, 곡식의 낟알을 먹고 살던 쥐들이 죽고, 다음으로 그러한 설치류를 먹고 살던 조금 더 큰 동물들이 죽는다. 그러나 많은 양의 비가 내리면서 식물들이 급속도로 자라기 시작하면 성장과 번식이 빠른 쥐는 금방 개체수를 회복한다. 반면에 그것들을 먹고 사는 조그만 육식동물들이 개체수를 회복하는 데는 시간이 조금 더 걸린다. 이 사이 쥐들은 기하급수적으로 늘어가면서 아주 짧은 기간에 동아프리카는 쥐들로 넘치게 된다.

메뚜기가 저주인 것처럼 쥐도 저주라 할 수 있다. 1300년대 발생했던 엄청난 쥐 떼는 선페스트균에 감염되고, 이 쥐들은 무역선의 화물칸에 살고 있던 곰쥐에게 전염병을 옮겼다. 곰쥐들은 무역선을 타고 지중해를 건너 유럽으로 상륙하여 흑사병을 만연시켜 수천만 명의 사망자를 가져왔다.

메뚜기는 하나님의 경고

성경에는 메뚜기 이야기가 많이 나오는데, 메뚜기는 긍정적이기보다 부정적인 이미지를 가지고 있다. 사람들이 땀 흘려 얻은 것들을 모조리 부숴버리는 강력하고 거대한 적의 군대나, 하나님이 죄를 진 사람에 대한 형벌의 상징으로 그려진다. 그래서인지 중동 지역 사람들은 메뚜기 떼의 출현을 가뭄이나 역병과 같은 천재지변으로 생각했다. 노예생활을 하고 있는 이스라엘 민족을 풀어달라는 탄원을 거절한 애굽의 왕에게 모세가 여덟 번째로 보낸 재앙이 바로 거대한 메뚜기 떼였다.

> 모세가 애굽 땅 위에 그 지팡이를 들매 여호와께서 동풍을 일으켜 온 낮과 온 밤에 불게 하시니 아침이 되매 동풍이 메뚜기를 불어 들인지라 메뚜기가 애굽 온 땅에 이르러 그 사방에 내리매 그 피해가 심하니 이런 메뚜기는 전에도 없었고 후에도 없을 것이라(출 10:13-14).

얼마나 많은 메뚜기가 날아왔는지 한낮에도 어두울 정도였고, 메뚜기들이 애굽의 모든 농작물을 먹어버려 푸른 것이 하나도 남지 않았다고 한다. 중동 지역에 주로 피해를 주는 메뚜기는 사막메뚜기(학명 Schistrocerca Gregaria)다. 메뚜기 박사 우바로프(B. P. Uvarov, 1928)는 군서국면(phasis gregaria)일 때 메뚜기가 떼를 짓는다고 했다. 이 국면은 메뚜기가 지극히 활동적이며 파괴적인 모습으로 바뀌는 때를 말한다. 이렇게 바뀌는 것은 사막메뚜기의 본거지인 아프리카 수단의 강수량에 영향을 받기 때문이다.

메뚜기는 습지에 알을 낳아 한두 해 동안 번식하기에 충분한 강수량이 있을 경우 거대한 무리를 이루게 된다. 이때 유충들이 기상학적인 이유로 충분한 영양을 공급받지 못할 경우 길다란 날개가 생겨나면서 떼를 지어 이동을 한다. 이들은 약 2,000km까지 이동하여 북쪽으로는 러시아 남쪽까지, 동쪽으로는 인도지나 반도까지, 서쪽으로는 스페인 남부까지, 남쪽으로는 남아프리카공화국까지 날아가 피해를 준다.

메뚜기의 이동은 전적으로 바람의 세기와 방향에 영향을 받는다. 이때 여호와가 하루 종일 동풍을 불게 하니 메뚜기가 날아왔다고 기록하고 있는데, 동풍이 메뚜기를 몰고 왔다는 것은 메뚜기 떼가 아라비아 사막에서 건조한 바람을 타고 날아왔다는 뜻이다. 아프리카에서 발생한 메뚜기 떼는 아라비아 사막이나 요르단 지역에서 겨울을 난 후 3월부터 이동을 시작한다. 메뚜기 재앙은 대략 3월 말에서 4월 초에 발생했다. 이때는 아라비아 사막에서 애굽 쪽으로 함신(Khamsin)이라는 뜨겁고 건조한 바람이 불기 시작할 때다. 이 바람을 타고 메뚜기 떼가 아라비아 사막에서 애굽까지 날아오는 데 하루 정도 걸린다. 여호와 하나님은 중동 지역의 메뚜기 떼를 기상 조건을 이용하여 불러들여 재앙을 내린 것이다. 1889년에 홍해를 지나간 메뚜기 떼는 무려 3,200㎢를 뒤덮었다고 한다. 애굽의 하늘이 시커멓게 변했다는 표현이 결코 과장은 아니다.

애굽 왕 바로에게 경고의 메시지로 메뚜기를 사용하신 하나님은 모세를 통해 신명기 28장에서 메뚜기를 불순종의 경고 아이콘으로 사용한다. 신명기 28장은 순종과 불순종에 따른 축복과 저주의 조건부 약속이 생활 전반에 걸쳐 예시된 내용이다. 순종하는 백성은 탁월할 것이고, 산업과 가정이 늘 풍성하며, 평강을 누릴 것이며, 모든 사람들의 축복의 통로가 되는 삶을 살 것이라고 하나님은 약속한다. 그러나 축복에 대비한 불순종에 따른 저주도 말씀하신다. 저주 중 재해로 인한 농작물 피해 중에 메뚜기가 나온다.

> 네가 많은 종자를 들에 뿌릴지라도 메뚜기가 먹으므로 거둘 것이 적을 것이며(신 28:38).
>
> 네 모든 나무와 토지 소산은 메뚜기가 먹을 것이며(신 28:42).

불순종으로 인한 저주로는 산업과 가정에 임할 저주, 질병과 자연재해와 패전, 국내외적으로 경험할 재난, 재해로 인한 농작물의 피해, 국가적 몰락, 빈곤과 수탈, 이산과 민족의 멸망 등 저주에 대한 경고가 더 많이, 더 깊게 다뤄지고 있다. 이것은 인간의 죄악된 성향을 잘 아시는 하나님께서 준엄한 경고를 통해 불순종하지 않도록 하시는 것이다. 사실 이 저주들은 하나님께서 이스라엘 백성들을 얼마나 사랑하는지를 나타내는 역설적인 증거라고도 할 수 있다. 하나님 말씀에 순종하면 복을 받는다. 말씀에 전적으로 순종하는 삶을 살게 해 달라고 기도하게 된다.

메뚜기를 막기 위해 부적을 만든다?

"너희는 잘못을 깨닫고 악에서 떠나 마음을 선하게 하며 이웃을 돌아보고 여호와께 돌아오라. 그러면 다시는 재앙을 당하지 않고 복을 받을 것이다."

기원전 9세기 후반, 남유다 왕국의 선지자 요엘은 피를 토하는 심정으로 이스라엘 백성들에게 외쳤다. 이스라엘 백성들은 계속되는 가뭄과 메뚜기 떼의 습격으로 비참한 지경에 빠져 있었다. 요엘은 닥쳐온 재앙이 이스라엘 백성의 죄악 때문이라고 했다. 당시 남유다의 왕 요아스는 이스라엘 민족을 타락한 종교로 몰고 간 왕을 제사장의 도움으로 몰아내고 즉위했으나, 그가 왕위에 오른 후에도 이스라엘 민족의 종교적 타락은 여전했다. 제사장이 죽은 다음에는 여호와께 제사조차 드리지 않았으며, 그 아들마저 돌로 쳐 죽이는 만행을 저질렀다. 이후 남유다 왕국에는 미증유의 메뚜기 재앙과 가뭄이 들이닥쳤다.

> 팥중이가 남긴 것을 메뚜기가 먹고 메뚜기가 남긴 것을 느치가 먹고 느치가 남긴 것을 황충이 먹었도다(욜 1:4).

히브리어로 팥중이는 '가잠'(גזם), 메뚜기는 '아르베'(ארבה), 느치는 '엘레크'(ילק), 황충은 '하셀'(חסיל)로 표현했다. 영어성경에서 아르베와 가잠은 메뚜기(locast)로, 엘레크와 하셀은 황충(grasshopper)으로 번역하고 있다. 메뚜기라는 곤충을 각기 다른 네 가지 명칭으로 반복 서술하는 것은 당시의 메뚜기 재앙을 강조하기 위한 것이라고 본다.

20세기 초반까지 아프리카와 중동 지역에 재앙으로 인식되던 메뚜기 떼는 기상 조건에 많은 영향을 받는다. 번식지인 아프리카 수단 지역에 많은 비가 내리면 메뚜기는 엄청나게 번식하여 떼를 이루게 된다. 메뚜기가 어릴 때 기상조건이 불량해지면 먼 거리를 이

동해갈 수 있게 날개가 발달하면서 무리를 이루게 된다. 메뚜기 떼는 주로 아프리카의 동북부 지방에서 생성되어 요르단, 이스라엘, 사우디아라비아 등지에서 겨울을 보낸 다음 이듬해 봄부터 이동하여 이라크를 습격한다. 그 후 초가을까지 이라크에서 인도에 이르는 광대한 지역을 초토화시키고 나서 9월이 되면 아프리카로 되돌아간다.

구약성경 요엘에 "씨가 시들고 생축이 피곤하다"라는 말이 나오는데, 이는 극심한 기근까지 겹쳐 파종한 씨앗에 대한 소망이 끊기는 것과 가축의 죽음 등 참상을 뜻한다. 가뭄은 메뚜기 떼가 먹이를 찾아 이동하게 되는 원인을 제공한다. 아라비아 사막 쪽에 강한 고기압이 위치하면 이스라엘 쪽으로는 고온 건조한 동풍이 불어오면서 가뭄이 들고 메뚜기 떼가 바람을 타고 날아오게 된다. 여호와는 이 지역에 나타나는 자연현상을 통해 이스라엘 백성에게 경고를 내린 것이다.

"그들의 모습은 작고 날렵한 말과 같고, 달려가는 모습은 군마(軍馬)와 같이 빠르다. 산봉우리를 뛰어넘는 그들을 보아라! 전차들이 쿵쾅거리는 소리와도 같고 온 벌판을 휩쓸며 타오르는 불꽃 소리와도 같고 적진으로 돌격하는 강한 군대의 함성과도 같다. 그들이 몰려오자 만민들이 두려워 떨고 겁에 질려 그들의 얼굴이 모두 샛노래진다."

요엘이 몰려오는 메뚜기 떼를 묘사한 장면이다.

발라드 박사(1932)는 요엘의 묘사가 매우 사실적이고 정확하다고 말한다. 메뚜기 떼는 날개가 발달하기 전에도 떼를 지어 이동하기 시작한다. 그들은 언덕, 바위, 벽을 거침없이 기어오르고 넘어간다.

구덩이나 호가 있으면 선두 대열이 엎드려 구덩이를 메우고 나면 뒤에 오는 메뚜기들이 마치 평지처럼 그 선두 대열을 밟고 넘어간다고 한다. 메뚜기는 수로와 강물은 헤엄쳐서 건너는데, 수에즈 운하를 떼지어 건너기도 한다. 그러기에 온 하늘을 시커멓게 뒤덮으며 날아오는 메뚜기 떼는 엄청난 공포의 대상이었을 것이다.

아프리카 어느 부족은 메뚜기 떼를 피해 피난을 다닐 정도로 그 피해와 두려움이 심각하다고 한다. 오죽했으면 바벨론의 마술사들이 메뚜기 재앙을 막기 위해 부적이나 마술 돌을 만들었을까? 이 지역 사람들에게 메뚜기떼의 습격은 전쟁에 버금갈 정도로 생존을 위협하는 공포와 재앙인 것이다.

장군으로 묘사되는 메뚜기

하늘을 새카맣게 뒤덮으며 날아오는 거대한 군단, 풀과 곡식을 사정없이 갉아먹는 메뚜기 떼를 흑인 원주민들이 돌을 매단 줄을 돌리며 쫓는 모습, 메뚜기 떼가 지나간 후 폐허가 된 마을……. 영화 "엑소시스트"에서 사탄의 배경으로 나왔던 장면이다. 메뚜기는 중동 지역에서 사탄, 악행에 대한 형벌 등 대체로 위협적인 상징으로 그려진다. 성경에서도 하나님께 순종하지 않을 때 "네 모든 나무와 토지 소산은 메뚜기가 먹을 것"(신명기 28장)이라며 메뚜기가 저주의 상징임을 나타내고 있다.

메뚜기는 몸에 비해 큰 두 겹눈에다 그 사이로 뻗은 더듬이 한 쌍, 여러 조각이 굳게 얽힌 입으로 이루어져 있어 가만히 살펴보면 견고한 투구를 뒤집어쓴 외계인이나 군대의 강인하고 빈틈없는 장군처럼 느껴진다. 모습도 그렇지만 수많은 낱눈으로 이루어진 겹눈은 물체가 움직일 때 방향과 형태를 예민하게 포착하는 능력이 있으며, 더듬이는 습도나 바람의 흐름 같은 것들을 민감하게 감지할 수 있어 날렵하고 신속한 군인의 특성도 느껴진다. 그래서일까, 차이는 있겠지만 군대의 장군을 메뚜기에 비유한 구절을 구약성경에서 발견할 수 있다.

> 네 방백은 메뚜기 같고 너의 장수들은 큰 메뚜기 떼가 추운 날에는 울타리에 깃들였다가 해가 뜨면 날아감과 같으니 그 있는 곳을 알 수 없도다(나 3:17).

나훔은 약 2,600년 전에 앗수르(앗시리아) 제국의 수도인 니느웨(현재 이라크 북부 지역인 티그리스 강 상류에 위치)의 멸망을 선포했던 선지자이다. 이 당시 앗수르는 북이스라엘 왕국을 멸망시키고 남유다 왕국을 괴롭히고 있었다. 이들의 잔인함과 포악함은 그 유례를 찾아볼 수 없을 정도였으며, 음행과 사악함은 말로 표현하기 어려울 지경이었다고 한다. 이에 나훔이 이런 죄악을 범한 니느웨는 필연적으로 멸망을 당할 수밖에 없다며 여호와의 심판을 선언한 것이다. 나훔은 니느웨의 멸망을 애굽이 자랑하던 도시 노아몬(테베)의 멸망에 비유했다. 또 떨어지기 쉬운 무화과 열매와 메뚜기 비유를 통해 니느웨가 어떠한 노력을 한다고 해도 자신들이 행한 죄악의 결과로 인해 멸망할 수밖에 없다고 했다.

"네 방백은 메뚜기 같고"에서 방백은 지역을 다스리는 왕족이나 치리자를 말하는데, 이는 앗수르 제국을 다스리는 사람이 메뚜기처럼 많았다는 뜻이다. 또 "너의 장수들은 큰 메뚜기 떼"라는 구절에서는 군대의 장수의 숫자가 큰 메뚜기 떼처럼 많았다는 뜻으로 앗수르 제국의 강성함을 나타낸다. 메뚜기는 히브리어로 '고브 고바이'(גוב גבי)라고 표현하는데, 중동 지역에서는 메뚜기가 떼를 지어 이동할 때 수억 마리가 넘기 때문에 엄청나게 많다는 것을 비유할 때 흔히 메뚜기를 예로 든다.

"추운 날에는 울타리에 깃들였다가 해가 뜨면 날아감과 같으니"에서는 메뚜기가 기상 조건에 따라 움직이는 모습을 나타낸다. 메뚜기의 행동과 운동을 조정할 수 있는 기상 요소는 기온이다. 보덴하이머(1930)의 실험 결과에 의하면 메뚜기는 기온이 4-5℃로 내려가면 추위로 마비되며, 20-26℃가 되면 정상적으로 활동하고, 43-44℃가 되면 극도로 흥분하며, 49-50℃가 되면 더위로 마비되고, 51℃ 이상에서는 죽어버린다고 한다. 따라서 사막기후에 속한 이 지역에서 아침에는 낮은 기온으로 인해 메뚜기가 움직이지 못하지만 낮에 기온이 올라가면 활발하게 이동한다는 뜻이다.

나훔은 기상 조건에 따른 메뚜기의 특성을 알고 있었다. 그래서 앗수르에 아무리 많은 왕족과 장수가 있더라도 적군이 쳐들어오면 마치 메뚜기처럼 무기력하게 흩어질 것이라고 예언한 것이다. 나훔의 예언은 그대로 이루어져 앗수르 제국은 바벨론과 메대의 연합군에 의해 기원전 612년에 멸망당하고 말았다. 위용을 자랑하던 제국의 수도 니느웨도 역사 속으로 사라졌다. 사람이나 국가나 악을 행하면 반드시 모진 대가를 치르게 된다는 것을 구약성경 나훔을 읽을 때마다 깨닫곤 한다. 우리에게 얼마나 확실한 경고가 되는지……. 이것도 하나님의 큰 은혜이다.

메뚜기는 최고의 영양식품

"다른 먹을 것도 많은데, 이렇게 징그럽게 생긴 것을 어떻게 먹어요? 야만인같이……."

얼마 전의 일이다. 유기농법으로 농사를 짓고 있는 어떤 분의 안내로 그의 논에 딸아이와 함께 메뚜기를 잡으러 갔다. 어린 시절에 그랬던 것처럼 긴 풀줄기부터 챙긴 다음 메뚜기를 잡아 한 마리씩 꿰었다. '단백질 많은 메뚜기를 공부하느라 힘들어하는 딸에게 볶아줘야지…….' 오랜만에 동심으로 돌아간 즐거움과 사랑하는 딸에게 건강식품을 만들어 주려는 기대가 겹쳐 콧노래를 부르며 힘든 줄도 모르고 오후 내내 논을 헤집고 다녔다.

"달리 먹을 것이 없었던 아빠의 어린 시절엔 메뚜기가 정말 좋은 먹을 거리였단다. 할아버지가 볶아주는 메뚜기는 얼마나 맛있었는지 몰라. 아빠가 잠깐 동안 세대 차이를 잊었던 것 같구나."

> 이 요한은 낙타털 옷을 입고 허리에 가죽 띠를 띠고 음식은 메뚜기와 석청이었더라(마 3:4).

예수님이 오기 전에 미리 와서 "회개하라, 천국이 가까이 왔느니라"고 외쳤던 선지자가 세례 요한이다. 그가 사역하는 동안 먹었던 음식이 바로 메뚜기와 석청(石淸)이다. 그가 활약했던 지역은 요단강 유역과 유대 광야였다. 이곳은 여름 한낮에는 기온이 40℃ 이상 올라가지만 겨울에는 영하 10℃까지 뚝 떨어진다. 낮과 밤의 일교차도 매우 큰 곳이다. 이곳에서 지내려면 낙타가죽으로 만든 털옷을 입어야 했다. 먹을 것도 광야에서 쉽게 구할 수 있는 메뚜기와 석청으로 해결했다.

메뚜기는 주로 아프리카의 동북부 지방에서 발생하여 요르단이나 이스라엘, 아라비아 등지에서 겨울을 보내고 봄부터 이동을 시작한다. 메뚜기 떼는 이라크를 거쳐 초가을에 중국 서쪽까지 왔다가 가을이 되면 아프리카로 되돌아간다. 메뚜기 대군이 형성되려면 기상 조건이 맞아야만 한다. 알을 낳을 때는 습해야 하지만 성장할 때는 기상이 불량해져 다른 지역으로 이동해야 살아남을 수 있다. 이때 요한이 사역했던 지역은 메뚜기 떼의 이동 경로상에 속한다. 메뚜기가 겨울을 나는 지역이기도 하다.

메뚜기는 22℃ 이상인 지역에서 활동력이 강하기에 중동 지역은 살기 좋은 기후 조건이 된다. 메뚜기 떼는 바람을 타고 이동한다. 서풍을 타고 아프리카에서 이스라엘로 날아온 메뚜기와 함께 아라비아에서 동풍을 타고 날아오는 메뚜기 떼도 있다. 그래서 이 지역은 연중 메뚜기가 끊이지 않는다.

일부 신학자들은 이스라엘 민족이 애굽을 탈출하여 40년간 광야를 헤맬 때 메뚜기를 먹었으리라고 추정한다. 무한정으로 날아와 그들 앞에 우박처럼 떨어진 메뚜기는 먹을 것이 부족한 광야에서 더없이 좋은 자연건강식품이었다고 말한다. 20세기 초까지만 해도 10억 마리가 넘는 메뚜기 떼가 3,000㎢ 이상의 땅을 뒤덮었다고 하니, 당시 광야를 헤매던 이스라엘 민족이 먹고도 남을 만큼 충분한 양이었을 것이다.

레위기 11장에 보면 메뚜기는 유대인들에게 먹는 것이 허락된 깨끗한 음식으로 나온다. 전해오는 말에 의하면 마호메트도 메뚜기를 즐겨 먹었다고 한다. 지금도 아랍의 시장에 가면 메뚜기를 판다고 한다. 메뚜기는 단백질 75%, 지방 3.4%, 탄수화물 7.5%로 구성되어 있다. 리보플라빈과 니코틴산 외에도 철이나 칼슘, 유황 성분을 다량으로 지니고 있는 뛰어난 영양식품이다. 오늘날에도 아프리카의 몇몇 부족들은 부족한 단백질 보충을 메뚜기에 의존하고 있다.

요한이 먹었던 또 다른 음식인 석청은 중동 지역 광야의 바위틈 등에서 쉽게 발견되는 야생 꿀로 메뚜기에 없는 당분을 보충해 주는 뛰어난 보양건강식품이다. 세례 요한은 이 지역의 기상과 자연 특성상 손쉽게 얻을 수 있었던 메뚜기와 석청을 주식으로 먹음으로써 식량을 구걸하지 않고 당당히 사역을 펼쳤던 것이다.

세례 요한이 광야에서 먹었던 음식이 메뚜기와 석청이었다는 목사님의 말에 "세상에서 가장 좋은 것을 먹었네 그려" 하고 말한 이가 있다. 예수님을 믿는 아내가 집에서 예배를 드리는 것을 못마땅해하던 코미디언 구봉서 씨가 내뱉은 말이라고 한다. 말린 메뚜기는 50% 이상의 단백질과 약 20%의 지방질을 포함하고 있으며, 석청은 자연벌꿀로 꽃가루와 벌의 유충이 들어 있어 최고의 식품이라고 할 수 있으니, 구봉서 씨의 말이 그리 틀린 말은 아니다. 좀처럼 웃기 힘들던 시절, 전 국민을 웃기고 울리며 코미디언으로 한 시절을 풍미하던 구봉서 씨는 이제 예수님의 사역에 동참하여 또다시 한 시절을 빛나게 살아가고 있다. 얼마나 감사한 일인지…….

메뚜기가 나오는 이야기가 있다. 열두 명의 정탐꾼 이야기이다. 열 명의 정탐꾼은 스스로를 메뚜기라고 생각했다. 메뚜기 자아상을 가진 사람들은 가나안 땅을 정복할 수 없다고 확신한다. 모세를 원망하며 하나님을 원망한다. 그들은 좋은 점을 보지 못하고 나쁜 점만 본다. 그들의 의식은 핍절 의식이라고 할 수 있다.

반면에 긍정적인 자아상을 가졌던 여호수아와 갈렙은 달랐다. 그들은 긍정적이었고 적극적이었다. 하나님이 그들과 함께하신다는 동행 의식을 가졌다. 그들은 하나님의 관점으로 가나안 땅을 평가했고, 가나안 거민을 밥으로 여겼다.

하나님이 함께하시는 우리는 메뚜기일 리 없다. 여호수아와 갈렙처럼 동행 의식, 풍부 의식, 승리 의식 그리고 사명 의식으로 가득 차 있어야만 한다. 무엇보다 긍정적 자아상이 필요하다.

23. 바다

축복하시는 하나님

바빌로니아 신화에 의하면 태초에는 밀물바다(압수 Apsu)와 썰물바다(티아마트 Tiamat) 신만 있었다. 둘이 결혼하여 하늘의 신(아누 Anu)과 땅의 신(에아 Ea)을 낳았다. 땅의 신은 번개신(마르두크 Marduk)을 낳았다. 용의 형상을 한 썰물바다 신은 매우 악했다. 아름답고 선한 생명체가 많으면 자신에게 위협이 될 것이라고 생각하여 착한 신들과의 전쟁을 준비했다. 이 사실을 알게 된 착한 신들이 썰물바다 신을 설득했으나 실패로 돌아가자 번개신인 마르두크에게 악한 신과 싸워줄 것을 부탁했다. 악한 썰물 신과 번개신의 전쟁은 쉽게 결판이 나지 않았다. 그러나 결국 번개의 신이 썰물 신의 입 속으로 태풍을 던져 넣어 승리를 낚아챘다. 바벨론 사람들은 바다의 여러 현상들을 그들 신이 만들었다고 믿었다. 그러나 바다를 만드시고 파도치게 하시고, 썰물과 밀물까지 만드신 분은 하나님이시다.

밀물과 썰물로 축복하시는 하나님

예전에 바다의 파도와 힘겨루기 한판을 벌인 왕이 있었다.

"대왕의 권세가 막강하오니 명령만 내리시면 바다의 조수(潮水)도 물러나게 하실 수 있을 것이옵니다."

주변 아첨꾼의 말에 귀가 솔깃해진 왕은 어느 날 수행원을 데리고 바닷가로 나갔다. 그리고 바다를 향하여 근엄하게 외쳤다. "파도야! 물렀거라." 결과야 보나마나 뻔했다. 아무리 힘이 있고 하늘을 나는 새를 떨어뜨리는 권세가 있더라도 인간의 힘에는 한계가 있는 것이다. 이때 왕은 사람의 한계를 절실히 깨달았다고 한다. 이 왕은 바이킹 족의 왕손이며 용맹한 전사로서 짧은 생애(994-1035)에 잉글랜드, 덴마크, 노르웨이를 동시에 다스린 것은 물론 스웨덴의 일부까지 정복한 크누트(Knut)로 알려진 대단한 왕이다. 사람은 자연을 거스를 수 있는 힘이 없다. 왜냐하면 자연은 하나님이 만드신 창조의 질서이기 때문이다.

바닷물에 멈추라고 명령했던 크누트 왕은 집권 초기에는 무자비하고 변덕스런 정복자로 백성을 공포에 떨게 했다고 한다. 그러나 인간의 힘의 한계를 깨달은 다음부터는 독실한 그리스도인으로 바뀌면서 정복당한 국민들에게까지 평화와 질서를 지켜주는 현명한 군주로 바뀌었다고 한다. 사람의 한계를 깨닫고 전능하신 하나님을 의뢰하는 사람은 복이 있다고 성경은 말한다.

바다의 설렘과 물결의 흔들림과 만민의 소요까지 진정하시나이다 (시 65:7).

이 구절은 창조자와 구속자이신 하나님의 은총에 대한 감사 찬양시에 나오는 말이다. 우주 만물을 창조하시고 주관하시는 하나님의 권능과 그분이 인간에게 베푸시는 영적, 물질적 은총에 대하여 감사 찬양하는 시편 65편은 이스라엘의 절기에 낭송된 감사 예배시이다. 이 중 중반부에 해당하는 6-8절은 천지만물을 다스리시는 하나님의 권능에 대한 찬양이다. 바다의 흉용(洶湧)과 물결의 요동은 인간이 제어할 수 없는 자연의 강한 힘을 상징하는 것이다. 왕이 바닷물을 물러가라고 해서 물러갈 수가 없으며, 이는 오직 하나님만 할 수 있다. 즉 천지를 창조한 것으로 끝나지 않고 자연계를 권능으로 주관하시고 다스리시며 또 친히 인간 역사의 수레바퀴를 움직이고 계심을 강조하는 것이다. 예수님이 바다의 물결을 말씀으로 잠잠케 할 수 있었던 것은 그가 말씀으로 바다와 조수를 만드신 창조주이기 때문이다.

바다의 조수(潮水)인 밀물과 썰물은 하나님이 사람들을 위해 만드신 오묘한 자연법칙이다. 조수는 달의 인력작용 때문에 일어난다. 지구가 자전하는 순간 달은 24시간마다 지구 표면에 두 차례씩 밀물과 썰물을 일으킨다. 달의 모양이 초승달이거나 보름달일 때는 특히 바닷물이 가장 높게 밀려온다. 이런 달의 인력은 땅까지도 몇 cm씩 솟아오르게도 한다. 어떤 학자는 이런 힘 때문에 달의 인력이 가장 클 때인 보름이나 사리 때 화산이 많이 폭발한다고 주장하기도 한다. 하나님은 조수의 높이를 가장 적당하게 만들어 사람들을 도와주고 계신다.

밀물과 썰물은 해안선을 청소하고 바다 생물이 번성할 수 있도록 도움을 준다. 만일 조수가 없다면 바다는 전 세계 해안을 따라서 움직이지 않게 되고 바다의 동물이나 산소를 생산하는 바다 식물 모두는 오래지 않아서 죽게 될 것이다. 아무것도 아닌 것 같은 밀물과 썰물이 우리의 삶에 많은 영향을 주고 있다는 말이다. 만일 달이 10% 지구에 가까워지면 달과 지구 사이의 인력은 23% 가량 더 커지게 된다. 그러면 커진 인력 때문에 달에 의한 밀물과 썰물이 높아지면서 지구의 대륙을 쓸어버릴 것이다. 지구라는 거대하고 정교한 건축물 위에 조수를 만들어 정교하게 주관하고 계시는 하나님의 능력에 놀라울 뿐이다.

밀물과 썰물의 주기는 세계적으로 같아 보이지만 사실은 지역에 따라 다르다. 하루에 거의 같은 높이로 두 번 높고 두 번 낮은 현상인 12시간 주기를 보이는 곳은 한국을 포함하여 미국의 대서양 지역뿐이다. 가장 일반적으로 많이 나타나는 것은 혼합된 주기(하루에 다른 높이의 두 번의 높은 밀물과 두 번의 낮은 썰물)로서 미국의 서해안 지역에서 나타난다. 드물긴 하지만 멕시코 만에서는 하루 주기(한 번 높고 한 번 낮아지는 것)로 발생한다고 한다.

"세계는 지금 기후 변화로 불리는 환경 위기에 직면해 있습니다. 과도한 화석 에너지의 사용으로 인한 탄소가스의 배출은 지구 온난화를 가져왔고, 지구 온난화는 생태계의 교란뿐만 아니라 인류의 생존까지 위협하고 있습니다."

2009년 12월의 코펜하겐 기후변화 회의 때 반기문 유엔 사무총장이 한 말이다.

세계는 교토의정서와 같은 협약을 통해 탄소가스의 배출을 규제하려는 노력을 강화해 나가고 있다. 우리나라와 같이 화석연료 의존도가 높고 에너지 소비가 많은 나라는 매우 부담스러운 상황으로 바뀌고 있는 것이다. 정부는 2022년까지 전체 전력량의 10%를 신재생 에너지로 생산할 계획이라고 한다. 그런데 신재생 에너지 중 태양광이나 풍력발전 등은 대단위 설비 기지가 필요하며, 수력발전은 하천 생태계 파괴 등의 문제가 있다. 좀더 좋고 기발한 문제 해결 방법은 없을까? 있다. 바로 바다이다. 지구의 에너지 저장고는 해양이다. 해양 에너지 중 2%만 활용해도 전 세계의 전력 에너지를 충당할 수가 있다. 바다 에너지를 활용할 경우 송전 손실이 적으며 다른 재생 에너지와 달리 전력 생산이 일정하다.

바다에는 항상 파도가 친다. 하루 두 번 밀물과 썰물의 흐름이 있다. 또 조석차로 인한 조류의 흐름도 있다. 이 힘을 에너지로 전환시키는 것이다. 바다 흐름의 에너지를 발전으로 바꾸는 방법에는 세 가지가 있다. 파력 발전과 조력 발전, 조류 발전이다.

첫째, 파력 발전은 파도의 상하, 수평 운동에너지를 이용해 전기를 만들어내는 방식이다. 원통형으로 생긴 발전 장비를 바다에 반쯤 담기도록 설치한 다음 파도가 드나들 때 생기는 공기 압력으로 터빈을 돌리는 방식이다.

둘째, 조력 발전은 조수 간만의 차가 큰 곳에 댐을 설치해 바닷물을 가뒀다가 물이 빠지는 힘을 이용해 발전하는 방식이다. 조수 간만의 차가 큰 우리나라에 유리한 발전 방식으로 현재 건설 중인 시화호 발전소가 이런 방식이다.

셋째, 조류 발전은 바닷물의 흐름이 빠른 곳에 회전하는 수차(水

車)를 설치해 전기를 생산하는 방식으로, 그 원리는 바람을 이용한 풍력 발전과 비슷하다. 하지만 풍력발전의 경우 바람이 불지 않는 경우 발전을 할 수 없는 반면, 해수의 경우 계속 바닷물이 흐르기 때문에 1년 365일 내내 안정적인 발전이 가능하다. 그뿐만 아니라 댐의 설치나 선박의 통행을 막는 대규모의 구조물 설치가 필요 없기 때문에 가장 친환경적이다. 조석 차이로 인해 해수면의 높이가 바뀌면서 바닷물이 수평 운동하는 현상을 이용하여 하루 두 번 전기를 생산한다. 따라서 조류가 빠른 곳이 최적지로, 청정 에너지이기에 꿈의 에너지라고 부르며 첨단 해양기술력을 보여주는 에너지라고도 말한다.

우리나라는 울돌목에 시간당 1,000㎾급 조류 발전소를 시험 건설하였다. 그리고 2012년까지 시간당 9만㎾의 전력을 생산할 수 있는 상용 조류 발전소를 지을 계획이다. 아울러 진도 주변 해역인 장죽수도와 맹골수도에도 각각 10만-20만㎾와 20만-30만㎾급 조류 발전소 건설 계획을 추진하고 있다. 만일 계획대로 발전소가 지어진다면 조류 발전 분야에서 세계 최고 수준의 기술력과 상용화 능력을 보유할 것으로 예상된다. 해양연구소는 한반도 연안에는 약 44만 가구에 전기를 공급할 수 있는 100만㎾ 규모의 조류 에너지가 있는 것으로 추정하고 있다. 이것은 약 4,000억 원의 에너지 수입 대체 효과와 함께 연간 103만t의 탄소를 줄일 수 있는 규모다. 조류 발전은 아무 곳에서나 할 수 없다. 우리나라에 준 하나님의 복이다. 얼마나 놀라운가!

바다 깊숙한 곳에는 샘이 있다

"참, 세상엔 별 사람도 다 있구먼!" 북극에서 흘러 내려오는 빙산을 팔아먹는다는 론 스탬프의 이야기를 들으니 절로 기가 막힌다. 뉴펀들랜드로 흘러 내려오는 빙산을 팔아 막대한 돈을 벌고 있다니, 대동강 물을 팔아먹었던 봉이 김선달도 그에게는 '형님' 이라고 해야 하지 않을까? 그가 뛰어난 점은 빙산을 단순히 물 부족을 해결하기 위한 수단으로만 보지 않고, 유기 화합물이 거의 함유되지 않은 순수한 물로서 그 가치를 인식하였다는 점이다.

그가 만든 빙산수는 '오염되지 않은 하나님의 선물' 이라고 알려졌고, 이러한 이미지가 공해에 찌든 현대인들에게 크게 어필하면서 폭발적인 판매고를 기록하였다고 한다. 그는 "청정(淸淨)한 북극의 이미지가 사람들에게 태초의 향수로 남아 있는 한 이 사업은 엄청나게 번성할 것"이라며 자기가 만든 빙산 관련 제품이 전 세계를 누비는 날도 머지않았다고 큰소리를 친다고 한다.

이 이야기는 지구상의 물이 얼마나 오염되었는가를 알려주는 좋은 반증이 되고 있다. 형편이 이렇다 보니 세계 각국은 오염되지 않은 물을 개발하여 판매하기 위해 혈안이 되어 있다. 그런데 성경에 보면 하나님은 바닷물 깊숙한 곳에 맑은 샘을 만들어 두셨다고 기록하고 있다.

그가 바닷물을 모아 무더기같이 쌓으시며 깊은 물을 곳간에 두시도다(시 33:7).

시편 33편은 선민을 향한 여호와 찬양에의 초대를 노래하는 감사 찬양시이다. 여기에서 시편 기자는 우리가 왜 여호와를 찬양해야 하는지 그 이유를 밝히고 있다. 그분은 스스로 계신 분으로 전 우주의 창조자이신데, 이런 하나님의 권능을 설명하는 것이 앞의 구절이다. 하나님은 땅과 바다의 경계를 만드시어 바닷물을 쌓으시고, 깊은 물을 곳간에 두신 분이다. 지하에 있는 물이 밖으로 솟아오르는 곳을 샘(spring)이라고 부른다. 흔히 암석의 틈에서 솟아나는 샘을 병출천이라 하고, 오목하고 낮은 땅의 밑바닥에서 솟아나는 못[池]과 같은 샘을 지상천(池狀泉)이라 하며, 지하수가 지표에 솟아나와 습지 모양을 이룬 것을 습지천(濕地泉)이라 부른다. 그런데 이 구절에서 '깊은 물' 에 해당하는 히브리어 '테호모트' 는 '깊은 바다' 라는 뜻의 '테홈' (תהום)에서 유래하였다. 따라서 깊은 물은 바다 밑의 깊은 샘물인 해저 샘을 의미한다고 할 수 있다. 시인은 하나님께서 물을 바다 밑, 즉 땅 밑의 깊은 샘으로 모은 것을 마치 창고에 물건을 모아 두신 것처럼 표현하고 있는 것이다.

해저 샘[海底泉]은 쉽게 말하면 바다 깊은 데 있는 우물, 즉 바다 밑 땅 속에서 물이 솟아나오는 곳이다. 해저 샘은 해저 화산으로 인해 생긴 것으로 추측되나 정확한 형성 과정은 밝혀지지 않고 있다. 참으로 놀라운 것은 해저 샘에 관한 성경의 기록이 과학적으로 해저 샘이 입증된 것보다 수천 년 앞섰다는 점이다. 해저 샘은 초임계 과학자들에 의해 불과 20여 년 전에 발견되었다. 따라서 시편 기자가 해저 샘의 존재에 대해 정확히 기록할 수 있었던 것은 전적으로 하나님의 계시에 의한 것이라고밖에는 설명할 방법이 없다. 이런 것을 보면 성경이 영감을 통해 기록된 정확 무오한 하나님의 말씀이라는 사실이 믿어지지 않을 수가 없다.

놀라운 것은 태평양 심해저(해저 3,800m) 중앙 해령에서 600° C도 정도의 고온 심층수가 솟아나고 있으며 남태평양 섬이나 호주 해안에는 담수(淡水) 샘이 많은데 최근의 연구에 따르면 이 담수들도 해저 샘에서 나온 것이라고 한다. 과학자들은 하나님이 만들어 두신 깊은 물, 즉 해저 샘이 경제적 가치가 매우 높을 것이라는 것과 이 물은 거의 생명수라 지칭할 수 있을 정도로 유익할 것이라고 말한다. 최근 세계적으로 선풍적인 인기를 끌면서 개발되고 있는 해저 심층수는 해저 샘과는 다르지만 이것 역시 깊은 바다에 하나님이 예비하신 건강의 선물이라 할 수 있다.

해수 표면의 물은 태양 광선과 바람의 영향을 직접 받는다. 따라서 쉽게 데워지며 바람으로 혼합이 일어나 물이 섞이면서 대류 현상이 나타난다. 그러나 바다 깊은 곳으로 들어가면 태양 광선이 비추지 못하는 곳이 나타난다. 태양 광선이 닿는 최대 깊이는 대략 200m 남짓이다. 그 아래 지역은 어두컴컴하며 태양빛의 영향을 받지 않으니 해수의 온도 변화가 거의 없고 차다. 따라서 대류 현상이 일어나지 않고 해수의 움직임도 거의 없다. 대개 우리나라 심층수 업자들은 해저 200m 이하에 존재하는 바닷물을 심층수라고 부른다. 그러나 해양기상학적으로 보면 이 정도 깊이는 아직 수온약층에 속한다. 표층수에 비해 차갑고 대류 작용은 매우 적은 이곳은 표층수와 심해층의 중간 경계층이라고 할 수 있다.

심해층(deep zone, 深海層)은 수온약층 아래에 존재한다. 태양복사 에너지가 전달되지 않아 수온이 낮은 상태로 온도 변화가 거의 없는 층이다. 남위 40° 에서 북위 40° 사이 중위도 바다 1,000m 수심에 존재하는 심해층은 연중 수온 변화가 없으며 그 부피비는 전체 해수의 약 80%를 차지한다. 심층수 기업인 P회사가 아름다워진다는 뷰티워터(Beauty Water)라는 컨셉트로 개발한 '슈어'(SURE)라는 제품이 세계 최고 깊이인 수심 1,500m에서 취수한 점을 강조한 것도 진짜 심해층의 물을 사용한다는 사실을 이용한 것이 아닐까 싶다.

심층수는 미네랄과 무기영양염류가 풍부하다. 이것은 광합성이 일어나지 않아 식물성 플랑크톤이 생존하지 못하기에 영양 물질의 소비가 일어나지 않아 탄수화물이나 단백질, 지방 같은 유기물이 질소, 인 같은 영양염류로 변환되기 때문이다. 게다가 심해층의 수온이 평균 0-4℃ 정도이므로 병원균이 거의 없는 저온성 해수이며, 화학물질에 의한 오염도 거의 없다. 청정수라는 말이 과장이 아니다. 그러기에 숙성성, 고미네랄성, 고영양성, 청정성, 저수온성 등으로 특징되는 심층수로 만든 생수는 석유보다 훨씬 비싼 값에 팔린다. 석유가 황금물이라면, 심층수는 다이아몬드물이라고 말할 수 있는 것이다.

이 같은 다이아몬드물을 이용해 돈을 벌려는 외국의 노력도 대단하다. 미국 하와이 자연에너지연구소는 심층수로 배양한 미세 조류에서 영양 물질을 추출해 내어 의약용 물질을 생산하고 있다. 물만 파는 것이 아닌 한 단계 더 부가가치를 높인 것이다. 일본도 심층수 시장에 일찌감치 뛰어들었다. 일본은 심층수를 생수는 물론이고, 맥주와 두부, 김치 같은 식료품에 폭넓게 사용하고 있다. 뿐만 아니라 피부 관리와 화장품으로도 활용해서 '해양 요법'이라는 말까지 만들어 냈다.

감사한 것은 심층수가 우리나라 동해에 무진장 있다는 것이다.

심해층만 계산해도 80%, 수온약층까지 넣으면 무려 동해 해수의 90% 가까이가 심층수이다. 석유 없다고 좌절하거나 산유국을 부러워할 필요가 전혀 없다. 21세기의 엘도라도는 물산업이라는 말을 한다. 물산업에서 먹는 물의 많은 부분이 심층수로 대치되어 나갈 것이다. 또 심층수는 먹는 것만이 아닌 다양한 분야에 활용될 수 있다. 누가 먼저 개발해 판매하느냐에 따라 엄청난 수익의 차이가 있을 것이다. 누가 알겠는가? 심층수가 한국을 먹여 살릴 성장 동력이 될지 말이다. 하나님은 우리에게 가장 좋은 것을 주고 싶어 하시는 매우 좋은 분이다. 하나님은 바다라는 엄청난 자원과 에너지와 도움을 주셨다. 잘 보존하면서 최대한 활용해야 하는 것은 우리의 몫이다.

해류는 여호와의 작품

남극에서 가끔 관측되는 신기한 기상현상 가운데 하나가 빙하가 서로 다른 방향으로 흐르는 것이라고 한다. 처음에는 이해가 되지 않지만 해류의 흐름을 알고 나면 "아하, 그렇구나!" 하며 고개를 끄덕인다고 한다. 이것은 바닷물의 흐름과 연관이 있는데 바닷물은 바람의 방향으로 흐르는 바닷물 표면의 흐름과, 때때로 바뀌는 바람과 상관없이 일정한 방향으로 흐르는 해류가 있다. 이때 빙산이 작아 물 위에 떠 있는 경우에는 바람의 방향대로 흐르지만, 빙산이 거대한 경우 이 빙산은 전체적인 바닷물의 흐름, 즉 해류의 방향으로 흐른다. 우리의 믿음도 큰 빙산 같아서 조그만 바람이나 풍랑에 따라 흐르지 않고, 오직 보이지 않는 해류를 따르는 요동 없는 믿음이었으면 한다.

"여호와께서 명령하신즉 광풍이 일어나 바다 물결을 일으키는도다" (시 107:25).

이 말씀에 근거해서 한 해양학자는 바람이 바다 물결의 흐름을 가져온다는 추론을 하고 연구를 하게 된다. 그리고 그는 전 세계를 감싸고 돌고 있는 바닷물의 흐름이 바로 성경에 나오는 바람이 주원인임을 밝혀낸다. 바로 이 사람이 미 해군에서 해도(海圖)를 제작하던 매튜 폰테인 모리 대위였다. 젊은 항해사였던 그는 오른쪽 대퇴의 골절상으로 바다에 나가지 못하게 되자 먼지가 잔뜩 쌓여 있었던 미 해군의 해도 및 기재보관소의 관리자가 된다. 독실한 신앙인이었던 그는 하나님이 자기를 배에 타지 못하게 하신 뜻이 있으리라고 생각하고 일할 수 있게 해달라고 기도한다.

"내가 아파 침대에서 꼼짝 못했을 때 아들이 매일 성경을 읽어주었지요. 어느 날입니다. '공중의 새와 바다의 물고기와 바닷길에 다니는 것이니이다' 라는 시편 8편의 말씀을 듣는 순간 깊은 감동이 밀려왔습니다. 하나님께서 해로가 있다고 말씀하셨다면 틀림없이 있을 것이라는 생각이 들었고, 속히 병상에서 일어나 해류를 찾을 수 있도록 회복시켜 달라고 기도했답니다."

어느 날 그는 항해할 때 거의 사용할 수 없었던 엉성한 바다지도(海圖)가 생각났고, 이것을 어떻게 개선할 것인지 연구하게 된다. 그는 미국 해군이 창설된 이래 모든 군함들이 매일 적고 있던 항해일지를 발견한다. 이때부터 산더미 같은 항해일지 수만 권을 분석하기 시작한다. 분석 중 그는 바닷물의 흐름이 바람과 밀접한 관계에 있음을 발견하게 된다. 이런 연구의 결과로 그는《바람과 해류 분포도》(Wind and Current Chart)의 초판을 1847년에 발간하였다. 이 해도는 곧 센세이션을 일으켰는데, 이것은 이 해도를 이용해 보니 110일이 걸리던 볼티모어와 리오데자네이루의 왕복 기간이 무려 35일이나 단축된 것이다. 또 1854년 범선이 조난당했을 때 나쁜 기상 조건에서 조류의 방향을 추정하고 난파선의 표류 속도를 계산하여 구조선이 도착할 시간에 위치할 지점을 알려주었는데 정말 정확하게 그 지점에 난파선이 위치하였다고 한다. 이러한 일련의 사건들로 말미암아 그의 해도는 신뢰성이 확인되면서 날개 돋친 듯이 팔려 나갔다.

19세기에 들어와 모리 대위의 연구 결과가 있기 전에 바다의 흐름이 바람의 영향을 받는다는 주장은 전혀 받아들여지지 않았다. 그런데 성경에서는 수천 년 전에 이미 이런 사실을 말하고 있는 것이다. 이것은 바다를 만드시고 해류가 있게 하여 바다 동물과 식물을 살게 만드신 여호와 하나님이 아니라면 불가능한 것이다.

현재 밝혀진 해류가 생기는 원인은 바람과 바닷물의 밀도 차에 의한 것이다. 지구 위의 바람은 계절과 장소에 따라 대체로 일정하므로 바람의 방향대로 바닷물이 일정하게 흐르게 되고, 큰 해류의 경우는 바닷물의 밀도 차에 의해 생기기도 한다. 여기에 지구 자전의 효과가 영향을 미치고 있다.

해류(海流)란 넓은 바다가 단순히 고여 있는 것이 아니라 마치 강물이 흐르듯 띠 모양의 일정한 방향으로 흐르는 것을 말한다. 여기에는 더운 해류인 난류(暖流)와 찬 해류인 한류(寒流)가 있다. 하나님은 이런 해류를 통해 남쪽의 따뜻한 바닷물을 북쪽으로 올리고, 북쪽의 찬 바닷물을 남쪽으로 보낸다. 이를 통해 세계의 기온을 다양하게 만들고, 플랑크톤 등의 서식 환경을 만들어내어 기후나 바다의 생태계가 살아 움직이고 있는 것이다.

2011년 4월, 일본 정부가 후쿠시마 원전 폭발로 생긴 방사능 물질을 바다로 폐기했다. 고의성은 없었다고 해명했지만 우리나라와 러시아, 중국이 강력하게 항의하였다. 주변 국가들이 민감하게 반응하는 것은 바다로 방출된 방사능 물질이 영향을 줄 가능성이 있다고 보기 때문이다. 〈요미우리 신문〉은 최근 원전에서 30km 떨어진 지점의 수심 113-160m에서 채취한 해수에서도 방사성 물질이 검출됐다고 보도했다.

1954년 남태평양 비키니 제도에서 'Castle Bravo' 라고 이름붙인 수중 핵실험이 실시되었다. 일본은 수중 핵실험으로 비키니 근처는 물론 우리나라와 일본 근해까지 물고기들이 방사능에 오염되었을 것으로 추정했다. 그래서 이 지역에서 잡혔던 물고기들을 폐기했다. 이렇게 넓은 지역을 오염지역으로 추정한 것은 바로 태평양을 도는 해류 때문이었다. 비키니 제도 해저에서 누출된 방사능은 바닷물에 섞여 적도 반류를 타고 서쪽으로 와서 필리핀 근해에서 쿠로시오 난류에 섞여 우리나라와 일본 근해까지 올라왔다는 것이다.

"올 여름 '방사능 바닷물' 공포……해양 휴양지 비상." 2011년 4월 중앙 일간지 기사 제목이다. 일본에서 바다에 버린 방사능 오염 물질이 해류를 타고 하와이, 미국 서부, 괌, 필리핀까지 이를 수 있다는 것이다. 우리나라는 어떨까? 전문가들은 "해수에 유입된 방사성 물질이 해류를 따라 일본 동쪽으로 이동해 태평양으로 흐르기 때문에 한반도 연안에 대한 직접적인 영향은 미미할 것" 이라고 말한다. 원전 방사능 오염 바닷물은 후쿠시마 앞바다에서 동쪽으로 흘러 태평양을 한 바퀴 돌아야 우리나라로 온다. 통상 해류가 태평양을 한 바퀴 순환하는 데 2년에서 3년 정도 걸린다. 1954년의 수중 핵실험과 상황이 다르다. 그러다 보니 정부 관련 연구기관에선 방사능으로 오염된 물은 우리나라에 거의 영향을 주지 않을 것으로 본다. 몇 년 뒤에 도착하는 해류에 포함된 방사능은 큰 바다에서 희석되므로 거의 무시해도 좋을 정도라는 것이다.

여름이 오면 태평양에서는 태풍이 만들어진다. 부경대학교 홍철훈 교수는 태풍에 의해 만들어진 연안제트류나 켈빈파로 인해 방사능에 오염된 바닷물이 우리나라로 올 가능성에도 대비해야 한다고 말한다. 정부는 회마저 먹지 않으려는 국민들의 불안감을 헤아렸으면 좋겠다. 해류의 큰 흐름만 보고 안심하지 말고 작은 흐름인 태풍 등의 기상 변화까지 놓치지 않아야 한다는 말이다. 어쨌든 해류의 움직임을 보면서 참으로 하나님의 창조 섭리는 얼마나 위대한지, 또 피조물에 대한 그분의 지혜는 얼마나 오묘한지 그저 경탄, 감탄할 뿐이다.

사해(死海)는 축복이다

이스라엘의 남쪽에 위치한 사해는 바다는 아니다. 워낙 넓기에 바다라고 불린다. 그래서 바다 편에 포함하여 살펴보도록 하겠다.

"지구상에서 가장 수면이 낮아 해수면보다 400m나 낮은 곳에 있는 호수, 바닷물의 염분보다 6배나 높은 염분을 함유한 호수, 바람도 물결도 거의 일지 않는 바다, 단 한 마리의 생물도 살지 않는 죽음의 바다." 이스라엘 지역에 있는 사해를 가리키는 말이다. 면적 1,020km². 동서 길이 15km, 남북 길이 약 80km. 최대 깊이 399m, 평균 깊이 146m인 호수로 움푹 꺼져 들어간 대함몰지구대에 있기 때문에 호수 면은 지구상에서 가장 낮은 곳이다. 북쪽에서 요단 강이 흘러들지만, 호수에서 빠져나가는 물은 없다. 이 지방은 고온건조 기후이기 때문에 유입 수량과 거의 같은 양의 수분이 증발하여 염분농도가 극히 높다. 표면수에서 200‰(해수의 약 5배), 저층수에서는 300‰에 이른다. 이런 성질로 인해 아무런 생물도 살지 못하기에 사해(死海)라고 불린다.

> 너희 남쪽은 에돔 곁에 접근한 신 광야니 너희의 남쪽 경계는 동쪽으로 염해 끝에서 시작하여(민 34:3).

하나님께서 모세에게 약속하신 땅의 남쪽 경계는 염해 끝에서 시작하였다. 이 염해란 '아라바 바다' 라고도 불리는 사해의 또 다른 명칭으로, 염분이 아주 많아 붙여진 이름이다. 그런데 많은 성경학자들은 이 지역이 소돔과 고모라의 비극적 사건이 있었던 저주받은 땅이라고 말한다. 또한 연간 16억t의 물을 주변의 강들로부터 받으면서도 결코 다른 곳으로는 물을 유출할 줄 모르는 탐욕의 상징으로 표현하기도 한다. 따라서 어떠한 생물도 살 수 없는 죽음과 탐욕의 바다인 사해는 오늘날 우리에게 사악한 행실과 탐욕은 결국 생명이 없는 빈껍데기로 멸망케 됨을 증거해 준다고 말한다.

그러나 나는 모세에게 약속한 가나안 땅은 젖과 꿀이 흐르는 땅이라는 하나님의 말씀을 믿는 사람이다. 그렇다면 가나안 땅의 남방경계인 사해도 저주받은 땅이 아니라 축복 받은 땅이 아닐까? 하나님이 이스라엘 민족에게 주신 땅이 결코 저주받은 땅일 리가 없기 때문이다. 성경에 보면 다윗이 그의 부하들과 함께 사울을 피해 정착한 바 있는 엔게디 황무지가 사해 지역이다. 이곳의 쿰란 지역에서는 1947년에 성경 고고학상 가장 위대한 발견물의 하나인 사해 사본이 발견된 곳이기도 하다. 무조건 저주받은 땅은 아니라는 이야기이다.

사해에는 유용 광물이 많이 함유되어 있으며, 특히 브롬의 함유량이 많아 보통 해수의 100배나 된다. 따라서 사해에서는 경제적 가치가 높은 다량의 염화칼륨, 브롬 등을 생산하고 있다. 사해 진흙은 미용에 탁월한 효과가 있어서 세계적으로 유명한 상품이 되었고 많은 외화를 벌어들인다. 또한 사해는 헬레니즘 시대 이래 숱한 역사적 사연을 간직한 곳일 뿐 아니라 튜브 없이도 몸이 호수에 그대로 떠 있는 것으로 유명해지면서 관광객들이 끊이지 않는다. 한마디로 사해는 이스라엘에 큰 돈을 벌어주는 효자 역할을 톡톡히 하고 있다고 할 수 있다. 또한 최근에 밝혀진 바에 의하면 생물이 살 수 없는 곳이 아니라 전 세계적으로 희귀한 동식물의 서식지라니, 성경학자들이 말하는 저주의 땅은 더욱 아니지 않겠는가?

최근 생체기상학이 연구되면서 사해가 가지고 있는 치료의 힘이 밝혀졌다. 보통 고기압 조성장치를 이용해서 폐기종과 만성적인 기관지염을 치료한다. 이 치료의 원리는 일반적으로 2기압이 상승했을 때 사람은 평상시보다 15배 가량 더 많은 산소를 흡수할 수 있다는 사실에서 출발하고 있다. 그런데 사해는 보통 해수면보다

400m 가량 낮은 곳에 위치하므로, 자연 상태에서 고기압 치료법의 적용이 가능하다. 환자들이 사해를 가면 고산소의 효과와 자외선 치료 등을 할 수 있는데, 치료 확률이 약 50% 이상 된다고 한다. 치료의 결과에 의하면 환자들의 혈압이 낮아지고 호흡과 심장 박동수, 적혈구와 백혈구의 숫자가 증가하는 효과를 보면서 자연적인 치유가 이루어졌다고 한다.

사해에서 고기압 치료를 하는 것에 착안해 만성 환자의 질병에 대해 저기압 치료를 하기도 한다. 낮은 지역인 사해에서 고기압 치료를 하고, 저기압 치료는 고도가 높은 지대에서 주로 이루어진다. 주요 치료 효과는 산소의 압력을 부분적으로 줄이는 것에서 시작하는데 기관지성 천식, 진폐증과 규폐증에 기인한 폐섬유증, 백일해, 정맥두염, 빈혈 등에 상당한 효과가 있다고 알려져 있다. 그렇다면 죽음의 바다가 아니라 생명이 살아나는 바다가 아닌가? 사해(死海)는 이름을 바꿔야 할지 모른다. 살리는 바다인 생해(生海)로 말이다.

그렇다. 하나님이 주신 땅이 저주나 죽음의 땅일 리는 절대로 없는 것이다. 우리가 감사함으로 받으면 곧 축복이 되는 것이다.

24. 예보자

예수님은 최고의 기상 예보자

로마의 점성술사들은 번개를 관찰하기 위하여 하늘을 자세히 올려다보았고, 하늘을 가로지르는 방향을 주시하였다. 번개가 오른쪽에서 왼쪽으로 지나갈 경우에는 점성술사들은 신이 노여워한다고 선언하였다. 그런데 이것은 기상학적으로 상당한 의미가 있다. 로마인들은 날씨의 조짐을 관찰할 때면 남쪽을 바라보았기 때문이다. 동쪽(왼쪽)으로부터의 번개는 서쪽으로부터의 번개보다는 더 좋다. 왜냐하면 날씨는 일반적으로 서쪽에서 동쪽으로 이동하므로 동쪽으로부터의 번개는 이제 좋은 날씨가 올 것이라는 신호이다. 그러나 서쪽으로부터의 번개는 아직 지나가지 않은 폭풍을 의미하는 것이었기 때문에 신의 노여움을 선포한 것이다. 고대에 있어 점성술사들은 일종의 기상 예보자였다고 할 수 있다.

천문학을 점성술사로부터 과학자의 손으로 가져온 결정적인 책이 1618년 케플러가 쓴 〈우주의 조화〉이다. 이 책을 완성하고 나서 케플러는 "이 책은 신성한 설교요, 창조주 하나님께서 받으실 만한 찬송"이라고 고백하고 있다. 특히 "오 하나님! 나는 하나님을 따라서 하나님의 생각을 생각합니다"라고 한 유명한 말은 그 이후로 지금까지 하나님을 믿는 많은 과학자들의 고백이 되고 있다. 최초의 과학 소설 중 하나라고 할 수 있는 《달의 문》을 쓰기도 한 그는 참으로 위대한 과학자였을 뿐 아니라 누구보다도 신실하게 하나님을 섬기는 사람이었다.

"천문학자는 우리들 스스로의 영광을 위해서가 아니라 하나님의 영광을 위하여 자연이라는 책에서 무언가 찾도록 허락된 지극히 높으신 하나님의 종들일 뿐이다." 이 말도 그의 신앙고백 가운데 하나이다. 하나님은 그의 아름다운 믿음에 세계 최고의 천문학자의 자리로 보답하셨다.

군 기상예보 업무를 하던 중 과로로 쓰러졌다. 상태가 점점 나빠지면서 주변의 모든 사람들이 포기할 무렵 하나님을 만났다. 전능하신 하나님은 기도하는 사람을 통해 죽어가는 나를 살리셨다. 이제 남은 인생은 전적으로 하나님의 일을 하겠다고 신학대학원에 진학했다. 그러나 하나님은 목사 안수를 받겠다는 나를 군의 기상 분야에서 일하도록 강권하셨다. 그때 주님께 강청기도를 했다. "만약 기상 분야에서 사용하길 원하시면 저를 대령으로 진급시켜 주십시오. 그리고 한국의 최고 기상 전문가가 되게 해 주십시오." 하나님은 들어주시겠다고 약속하셨다. 그리고 그 약속은 다 이루어졌다. 케플러 같은 믿음은 아니었어도 하나님은 나 같은 부족한 자를 들어 사용하시고 영광을 받으시길 원한다. 얼마나 감사한 일인지…….

고대의 술법(術法)은 기상 예보

"아빠! 나, 아빠하고 잘래요." 천둥 번개가 심하게 치던 밤, 늦둥이가 품안으로 기어 들어왔다. 과학이 발달하여 개명천지가 되었다 해도 사람은 본능적으로 폭풍, 천둥 번개와 같은 자연현상에 두려움을 가지고 있다. 맑고 푸른 하늘이나 따사로운 햇볕, 부드럽게 불어오는 바람, 한가히 떠다니는 뭉게구름은 사람들의 마음을 평안하게 해준다. 그러나 깜깜한 밤, 쏟아지는 폭우와 집을 날려버릴 듯한 거센 바람, 뇌성과 번개는 사람을 공포에 몰아넣는다. 신의 노여움 정도로밖에 이해하지 못하던 고대 사람들에게는 그야말로 생과 사를 넘나드는 공포였다. 농사나 고기잡이를 생업으로 살아가던 옛 사람들은 절대적으로 날씨에 의존해야 했으며, 날씨 재앙은 생존을 위협하는 무엇보다 두려운 존재였을 것이다.

> 너희는 무엇이든지 피째 먹지 말며 점을 치지 말며 술법을 행하지 말며(레 19:26).

레위기 19장에서 모세는 이스라엘 백성들에게 하나님의 백성으로서 지켜야 할 규례를 가르치고 있다. '가난한 사람들을 돌보며, 도적질하지 말고 거짓 맹세하지 말고, 약한 사람을 못살게 굴지 말고, 올바르게 판정할 것이며, 사람을 비방하지 말라' 고 했다. 또

‘형제를 미워하지 말고, 이웃을 원망하지 말고, 이웃 사랑하기를 네 몸과 같이 하라’ 고 했다. 위에 인용한 구절은 미신적인 관습에 대해 말하는 부분이다. 여기서 점(占)을 친다는 것은 ‘관찰하다, 마술을 걸다’ 라는 뜻으로 장래 일을 주문(呪文)이나 동작을 통해 예언하는 것을 말한다. 술법(術法)이란 단순한 문자적 의미로는 ‘사악한 눈으로 행치 말라’ 이다. ‘술법을 행하다’ 의 히브리어 ‘오넨’(עונן)은 구름을 뜻하는 ‘아난’(ענן)에서 파생되었으며, 구름이나 하늘의 징조를 보고 점치는 행위를 하지 말라는 뜻이다.

과거 중동 지역에서는 천체의 관측에 기본을 두고 태양이나 구름 등의 현상을 보고 예언하는 일이 성행했다. 하늘의 움직임, 특히 구름의 현상을 보고 예언하는 것은 현대의 기상 예보에 해당하는 일이다. 당시에 날씨를 예측하던 사람은 공동체의 제관이거나 무당 혹은 주술사였다. 그들은 주로 날씨를 예보하고 날씨를 공동체의 요구에 맞도록 ‘만드는’ 일을 했으며, 날씨의 신에게 희생물을 바치는 의식을 주관하였다. 날씨를 주관하는 하나님은 이방 민족의 무당들이 행하는 이러한 행위에 이스라엘 백성들이 물들까 염려했다.

성경의 이 구절을 지나치게 엄격히 해석하여 19세기까지만 해도 영국에서는 날씨를 예측하는 일이 법으로 금지되어 있었다. 이 법은 복점(卜占)을 포함한 ‘하늘에 의한 예언’ 을 금지하는 것으로, ‘마법 금지법’ 의 한 부분에 해당되었다. 하늘에 의한 예언이란 상승하는 연기의 형태나 구름의 모양을 보고 미래를 예측하는 것인데, 날씨 예보도 이에 속한다고 본 것이다. 날씨는 하나님이 주관하는 것이니, 날씨를 예언하는 것이야말로 악한 사탄에게 사로잡힌 마녀들이나 할 짓이라는 것이었다.

날씨 예측을 못하게 한 법령으로는 제임스 1세 때 만들어진 〈주문, 마법, 사악한 영혼을 다루는 것에 대한 반대 법률〉과 엘리자베스 1세가 만든 〈주문과 마법에 반대한 법률〉이 있다. 이와 같은 법에 따르면 만일 어떤 사람이 하늘을 보고 날씨를 예측하면 1년 동안 보석 없이 감옥에 보내졌고, 분기마다 한 번씩 형틀에 묶여 1시간 동안 대중에게 공개되었다. 이처럼 불행한 기상 예보자들은 단지 날씨를 예측한다는 이유만으로 모진 박해를 받아 왔다.

기상학이란 현재의 날씨에 의해 어떤 사건을 예언하는 것이라기보다 현재의 상태로써 날씨를 예측하는 과학적 학문이다. 종교적으로 잘못된 해석은 1,000년간이나 기상학의 발전을 가로막는 원인이 되었고, 인류는 예고 없이 닥치는 자연 재해에 속수무책으로 당할 수밖에 없었다. 영국의 날씨 악법은 20세기 들어 폐지된 이후 1950년대 이후 기상 연구가 본격적으로 시작되어 세계적인 수준으로까지 발전하고 있다. 2010년부터 한국 기상청에서 주력으로 이용하는 수치모델이 바로 영국 기상청 수치모델이다.

점성술에 현혹되지 마라

"나는 죽어야 할 인간이고 내 목숨은 하루살이와 같으나, 자신의 길을 순환하는 수많은 별들의 길을 따를 때 나의 발은 더 이상 땅을 밟지 않나니. 제우스 그분에게로 올라가 신들의 음식을 드노라."

2세기의 유명한 천문학자이자 점성학자인 C. 프톨레마이오스는 이 짧은 문구를 통하여 하늘과 별들의 운동에 대한 신비감을 줌으로써 오랫동안 점성가들을 매료시켜 왔다.

인류가 생긴 이래로 천체의 움직임을 관측함으로써 미래 사건들을 예언하려는 노력은 이어져 왔다. 특히 고대 바벨론과 갈대아 사람들은 점성술에 남다른 관심을 가지고 있었다. 역사에 의하면 갈대아 지방에서는 점성가들이 사회적으로 높은 지위를 누리고 있었으며, 그러한 지위는 지식의 세습을 통해 아들에게 전수되었다. 그들은 신의 섭리가 우주를 지배하므로 천체의 움직임은 신들의 회의에서 결정되는 대로 움직인다고 가르쳤다. 그들은 전수된 것과 함께 오랜 관찰을 통해서 별들의 움직임과 영향을 예측하는 것에 정통해 있었다. 별들의 뜨고 지는 것, 궤도와 색의 변화들을 통해서 폭풍이나 더위, 비나 혜성, 일식과 월식, 지진 따위를 예측했으며, 천체의 다양한 모습으로부터 국가와 왕들에 닥칠 사건들을 예언하였다.

그러나 하나님은 이런 것은 전혀 두려워할 것도 없는 아무것도 아니라고 말하면서 바벨론 사람들이 행하는 점성술을 배우지도, 사용하지도 말 것을 이스라엘 민족에게 말씀하신다.

> 여호와께서 이와 같이 말씀하시되 여러 나라의 길을 배우지 말라 이방 사람들은 하늘의 징조를 두려워하거니와 너희는 그것을 두려워하지 말라(렘 10:2).

점성가들은 별들을 통해 예언하기 위해 천체, 즉 가시적인 천체와 비가시적인 천체를 수평선 위로 여섯, 아래로 여섯, 열두 부분으로 나누었다. 그들은 이 열두 부분을 일컬어 12궁(宮)이라고 불렀으며, 이 12궁이 인류에게 영향을 미치는 여러 가지 주제들을 떠맡았다고 했다. 사람의 죽음과 탄생, 부귀와 영화, 전쟁에서의 승패 등을 점성가들은 12궁에 있는 별들의 위치를 통해서 예언하였다. 그러나 하나님은 바벨론에서 점성술이 발달하기 전 모세를 통해 절대로 하나님이 만든 별들을 섬기거나 경배하는 등의 천체 숭배를 하지 말라고 말씀하셨다.

> 또 그리하여 네가 하늘을 향하여 눈을 들어 해와 달과 별들, 하늘 위의 모든 천체 곧 너희의 하나님 여호와께서 천하 만민을 위하여 배정하신 것을 보고 미혹하여 그것에 경배하며 섬기지 말라(신 4:19).

천체 숭배는 가장 오래되고 가장 널리 퍼져 있는 우상숭배의 형태이다. 메모니데스에 따르면 천체 숭배자들은 해 우상을 금으로 만들고 달 우상은 은으로 만들었다고 한다. 그들은 사당을 지어 그 우상들을 안치시켰으며 별들의 능력이 그리로 흘러 들어온다고 믿었다. 그들은 때에 따라 '일곱 박쥐, 일곱 쥐, 일곱 파충류를 비롯한 여러 가지 제물' 을 해에게 바쳤다.

오늘날 우리가 알고 있는 천문학은 인류가 사색을 시작했을 무렵부터 별에 의해 운명을 해석하고 자신의 주관적 체험에서 초월적인 의미를 발견하려 했던 점성술과 불가분의 관계에 있다고 할 수 있다. 페르시아에서 발달했던 점성술과 천체 신앙은 이집트로 건너가면서 우주론과 역법이 합쳐졌고, 그리스의 과학적, 철학적 사색과 결합하면서 점점 발달하게 되었다. 이후 17세기 말 코페르니쿠스 등의 천문학자가 나오면서 점성술이란 미신에 지나지 않는다는 것이 과학적으로 증명되면서 점성술은 쇠퇴하게 된다.

그런데 과학적 지식이 없었던 몇천 년 전에 하나님은 이미 이런 것에 미혹되지 말라고 말씀하셨던 것을 보면 별이나 달이나 해를 하나님이 만드셨다는 것이 이해가 된다. 성경에 많이 나오는 '만군의 주' 라는 표현은 천체 숭배자들이 섬기는 천체보다 우월하신 분이 있다는 점을 가르치고 있는 것이다. 젊어서 점성술에 관심을 가졌던 성 아우구스티누스도 점성술은 사람들의 자유 의지의 혼을 빼앗아 행성 신들을 숭배하게 하려는 악마의 농간이라고 말한다. 하나님은 천체의 창조주로서 천체보다 훨씬 높은 분이시다.

> 그가 해를 명령하여 뜨지 못하게 하시며 별들을 가두시도다 그가 홀로 하늘을 펴시며 바다 물결을 밟으시며 북두성과 삼성과 묘성과 남방의 밀실을 만드셨으며(욥 9:7-9).

예수님은 최고의 날씨 예보자

《최고 경영자(CEO) 예수》, 미국 존스 그룹의 창업자이자 사장인 로리 베스 존스가 쓴 책의 이름이다. 그는 이 책에서 예수님의 위치를 최고 경영자로 설정했다. 예수님의 리더십과 성품, 인격, 위기 돌파 능력, 조직관리 능력 등에 대해 경영의 측면에서 치밀하게 분석하고 있다. "오늘날까지 인류를 통치해 왔던 모든 왕들과 지도자, 경영자들을 다 합쳐도 예수님의 일생보다 더 강력하게 영향을 주지는 못했다" 라고 그는 말한다.

예수님은 날씨 경영에서도 최고의 CEO였다. 날씨에 대한 비유, 기상 조건을 이용한 설교, 폭풍을 잠재우는 등 예수님은 복음 사역에 날씨를 적절하게 활용했다.

> 그 날 예수께서 집에서 나가사 바닷가에 앉으시매 큰 무리가 그에게로 모여 들거늘 예수께서 배에 올라가 앉으시고 온 무리는 해변에 서 있더니 예수께서 비유로 여러 가지를 그들에게 말씀하여 이르시되 씨를 뿌리는 자가 뿌리러 나가서(마 13:1-3).

마태복음 13장부터는 회당에서 복음 사역을 행하던 예수님이 야외로 나오는 모습을 보게 된다. 실내인 회당에서 말씀을 가르칠 때는 별 문제가 없었지만, 야외에서는 소리가 퍼져나가기 때문에 말씀을 전달하는 데 문제가 있었다. 고성능 음향장치가 발달한 요즘에야 장소와 군중수에 관계 없이 편하게 연설을 할 수 있지만, 당시에는 오직 육성으로만 메시지를 전달할 수 있었기 때문이다.

예수님은 보통 때는 산 위에서 군중을 내려다보며 설교를 했다. 그러나 이날만은 갈릴리 바닷가의 배 위에서 언덕에 모여 있는 군중을 올려다보며 말씀했다. 언덕에는 예수님의 말씀 듣기를 원하는 수많은 사람들이 모여 앉아 있었다. 예수님은 왜 이날은 높은 곳이 아닌 낮은 곳에서 위를 올려다보며 설교를 했을까? 여기에는 기상 조건에 따라 소리가 전달되는 효과가 다르다는 비밀이 숨어 있다.

예수님이 설교를 한 지역은 갈릴리 바다였다. 날씨가 맑은 날 낮에는 땅은 쉽게 가열되지만 바다와 같은 물은 비열이 높아 쉽게 가열되지 않는다. 바닷가 부근의 땅은 급속히 뜨거워지면서 국지적인 저기압이 형성된다. 바닷가 위는 상대적으로 차갑기 때문에 고기압이 위치하게 된다. 바람은 고기압에서 저기압 방향으로 불어 나간다. 따라서 낮에는 바다에서 땅 쪽으로 바람이 불며 오후 1시에서 3시 사이에 가장 강하게 분다. 기상학적 용어로 이렇게 부는 바람을 해풍(海風)이라고 부른다.

소리는 밀도가 다른 매질을 통과할 때 밀도가 낮은 쪽에서 높은 쪽으로 굴절되는(진행하는) 특성을 가지고 있다. 날씨가 좋은 고기압권 내에서 낮에는 태양열을 받은 지표면부터 더워지면서 공기의 밀도가 낮아진다. 따라서 소리는 공기 밀도가 낮은 지표면 쪽에서 공기 밀도가 높은 위쪽으로 잘 퍼져나간다.

예수님이 배 위에서 설교했던 이날은 기상학적으로 볼 때 아주 날씨가 맑은 날 오후였을 것이다. 기온 상승으로 인해 소리가 높은 쪽으로 전달이 더 잘될 뿐만 아니라 호수에서 산 쪽으로 부는 바람으로 인해 소리가 넓은 지역으로 전달될 수 있었을 것이다. 사실 당시에 예수님처럼 이런 기상학적 여건을 고려하지 않았다면 수천의 군중에게 효과적으로 연설한다는 일은 불가능했을 것이다. 주어진 기상 여건을 가장 효과적으로 활용한 예수님이야말로 최고의 날씨 예보자라고 할 수 있지 않을까?

이와 유사한 기상학적 원리로 생긴 말이 "기차 소리가 똑똑히 들리면 비가 올 징조"이다. 소리의 전달 과정은 날씨의 영향을 많이 받는다. 대개 고기압권 내에서는 소리가 잘 들리지 않지만, 기압골이 접근하고 있는 날씨에서는 먼 곳의 소리까지도 똑똑하게 잘 들린다. 기압골이 접근해 오는 날에는 구름이 들어오면서 열이 상공으로 빠져나가지 못해 상공의 공기가 따뜻해지므로, 구름 바로 아래 부분이 더워지면서 밀도가 낮아진다. 당연히 공기의 대류나 난류 현상이 없기 때문에 소리는 더욱 수평으로 눕혀져 들어와 먼 곳의 소리도 몹시 가깝게 느껴지는 것이다. 낮은 곳에서 높은 쪽으로 말을 할 때는 고기압권 내에서, 같은 고도나 낮은 곳으로 말을 할 때는 기압골의 영향권 내에서 소리가 더 멀리 퍼진다.

이날 예수님은 천국에 관한 비유 중에서 가장 먼저 '씨 뿌리는 자의 비유'를 들었다. 여기에서 씨는 그리스도의 말씀(천국 복음)을, 씨 뿌리는 자는 그리스도를 가리킨다. 네 종류의 밭은 천국 복음을 받는 세상 사람들의 마음 상태를 나타낸다. 이 비유에서 천국 복음은 네 종류의 밭 가운데 좋은 밭의 소유자에 의해서만 크게 결실하며 그를 통해서만 하늘나라가 확장됨을 보여 주고 있다. 그렇다면 지금 천국 복음을 듣는 우리의 마음 자세는 어떠한지, 길가 밭이나 돌밭은 아닌지, 아니면 혹 가시떨기 밭은 아닌지 생각해 볼 일이다.

저녁노을은 맑음, 아침노을은 비

"대[竹]가 멀리서 울부짖으면 사흘 내에 폭풍이 분다." 2,300년 전에 철학자 아리스토텔레스가 한 말이다. 서구 정신철학을 지배해 온 아리스토텔레스는 기상에 대해서도 많은 이론과 주장을 펼쳤다. 제자였던 테오프라테스가 그의 기상 이론을 《징조의 책》에서 집대성했다. 그 후 2,000년 동안 어느 누구도 아리스토텔레스의 기상이론에 반기를 들지 못했다. 19세기 들어 과학이 발달하면서 그의 이론들이 엉터리였다는 것이 밝혀지기 시작했다. 기상학은 아리스토텔레스로 인해 2,000년 동안이나 잠을 잤던 것이다.

사람들은 아리스토텔레스의 말은 의심 없이 믿으면서도 성경에 나오는 날씨 현상이나 예수님의 기적에 대해서는 잘 믿으려 하지 않는다. 아리스토텔레스와 비슷한 시기에 날씨에 대한 비유를 인용한 예수님의 말이 과학적으로 옳다는 것이 증명되었는데도 그러하다. 기상 전문가인 내가 볼 때 예수님은 역사상 가장 뛰어난 과학자이자 자연 현상 관찰자였다.

예수님은 여러 지방을 돌아다니며 귀신 들린 소녀와 장애인과 병자와 소경을 고쳤다. 일곱 개의 떡과 두 마리의 생선으로 성인 남자 4,000명을 배불리 먹이는 이적을 보였다. 이에 예수님을 시샘한 유대인 율법사들이 예수님에게 하늘에서 오는 표적을 보여 달라고 한다.

> 예수께서 대답하여 이르시되 너희가 저녁에 하늘이 붉으면 날이 좋겠다 하고 아침에 하늘이 붉고 흐리면 오늘은 날이 궂겠다 하나니 너희가 날씨는 분별할 줄 알면서 시대의 표적은 분별할 수 없느냐(마 16:2-3).

예수님은 노을 현상을 예로 들며 율법사들을 꾸짖으셨다. 고대 문명을 찬란하게 꽃 피웠던 중동 지역은 하늘이나 공기의 변화를 보고 날씨를 예측하는 관천망기법(觀天望氣法)이 다른 어느 지역보다 발달했다. 날씨가 곧 지리적 환경에 적응하며 살아가는 생존의 정보였기 때문이다. 그래서 날씨에 관한 속설이 많이 남아 있긴 하지만, 과학적으로 근거가 있는 속설은 그리 많지 않다.

우리가 흔히 땅거미나 황혼 혹은 박명(twilight)이라고 부르는 것은 노을을 말한다. 노을은 해 뜨기 전과 해 진 후에 희미한 밝기로 지상에 태양 광선이 도달할 때 공기 중에 떠 있는 먼지나 오염물질에 햇빛이 산란되어 나타나는 현상이다. 노을은 아침에도 생기지만 저녁 때가 더 뚜렷하고 아름답다. 이것은 공기 중에 떠 있는 부유물질의 양이 많기 때문이다. 특히 서쪽 하늘이 맑을수록 더 붉고 아름다운 노을이 생긴다.

이처럼 저녁노을이 아름답게 나타날 때는 고기압이 서쪽에 있을 때이다. 고기압은 구름의 발생을 막고 대기의 부유 물질은 지표 근처에 머물게 하는 특성을 가지고 있다. 지표 부근의 부유 물질은 태양으로부터 오는 가시광선 중 파장이 짧은 파란색은 산란시켜 버린다. 반면 파장이 긴 붉은색은 공기층을 통과시켜 붉고 아름다운 노을을 만들어 낸다. 저녁노을이 서쪽에 나타난다는 것은 서쪽 하늘에 부유 물질이 많다는 것이며 고기압권 내에서 날씨가 좋다는 뜻이다.

이스라엘 지역은 지리학적으로 공기가 서쪽에서 동쪽으로 흘러가는 편서풍대에 위치해 있다. 서쪽 하늘에 저녁노을이 생기면 곧 고기압이 다가올 것이기에 날씨는 맑아질 것이다. 동쪽 하늘에 아침노을이 생긴다면 이미 고기압이 동쪽으로 지나갔으므로 그 뒤를 따르는 저기압이 다가와 날씨가 기울어지게 된다. 예수님의 말씀은 아리스토텔레스와 달리 과학적인 진리이다. 예수님의 말씀이 아니더라도 자연의 변화에 조금만 관심을 기울이면 그저 아름답게만 보이던 아침저녁의 노을에서도 이토록이나 과학적이고 상식적인 날씨 정보를 쉽게 얻을 수가 있다.

"저녁노을은 맑음, 아침노을은 비"라는 말은 이스라엘과 같은 편서풍대에 위치한 우리나라에서도 똑같이 적용할 수 있다. 우리나라에서도 아침노을이 붉게 물들어 있으면 서쪽의 기압골이 다가와 비가 올 확률이 높다. 기압골은 사람들을 저기압으로 만든다. 이런 날 사람들은 이유 없이 불안해하고 공격적이 된다. 의학적으로도 동맥과 장의 경련 반응이 생기며, 인후통과 경련성 기관지염이 많이 발생한다고 한다. 아침노을이 생긴 날은 옆에 있는 사람이 짜증을 내더라도 이해하도록 하자. 성격이 아니라 날씨 때문이니 말이다.

고기압의 가장 일반적인 기상학적 특성은 맑은 날씨이다. 고기압은 상공에서 역학적으로 모인 공기가 아래로 내려와 지상에서는 고기압 주변 지역으로 공기를 내보낸다. 따라서 고기압 중심에서 보면 공기는 하강 기류가 있고, 이 공기는 지상에서는 저기압을 향해서 불어나간다. 반대로 저기압은 지상에서 공기를 수렴하여 상승 기류를 만든다는 특징이 있다. 상승 기류가 있는 곳(저기압)에서는 구름이 생기고, 더 발달하면 비나 우박이 내리거나 천둥이 친다. 그러나 하강 기류가 있는 고기압에서는 있던 구름도 다 흩어져 맑은 날씨가 된다.

고기압과 저기압의 법칙을 보면서 우리 믿음과 참 비슷하다는 생각을 한다. 고기압의 믿음은 하늘에서 신령한 은혜를 받아 주변에 있는 사람들에게 사랑을 불어내주는 역할을 한다. 즉 고기압권 내에 있던 비구름과 뇌우가 없어지듯 사람들의 마음의 근심과 걱정도 없어지게 만든다. 또 저기압을 향해 바람을 불어내는 것처럼 어렵고 힘든 사람에게 주님의 은혜를 나누는 모습과 아주 비슷하다. '주님, 저에게 고기압의 믿음을 주옵소서.'

대입을 앞두고 많은 부모들이 자녀들의 학과 선택에 대해 물어온다. 그때마다 자신 있게 대기과학과나 환경 분야를 선택하라고 권한다. 그 이유로는 첫째, 전문가들이 많이 추천하고 있기 때문이다. "앞으로는 대기과학과, 환경학과, 바리스타학과 등이 가장 주목받을 가능성이 큽니다."(연세대 김준성 씨의 논문 "대학학과 선택과 직업진로" 중) 둘째, 신성장 동력으로 주목받는 녹색산업 관련학과이기에 뜰 가능성이 높다. 대기과학과나 환경공학과가 여기에 속한다. 셋째, 전망이나 진로도 매우 넓다. 예를 든다면 청정개발체제(CDM) 사업은 최고의 블루오션 산업이 될 것이다. 대기과학을 공부한 후 경영학을 복수전공해 탄소배출권 거래 중개인의 일을 하면 상당한 수입을 올릴 수 있다. 기상의 극심한 변화로 기후 변화 컨설턴트나 기상 예보관도 유망한 직업이 될 것이다. 일본인들이 가장 신뢰하는 직업이 기상 예보자이다. 미국의 경우에도 기상 예보자들은 150개 직업군 가운데 학생들이 선호하는 10번째 이내의 직업에 속한다. 사람들의 생활수준이 높아질수록 기상 예보에 대한 관심과 투자는 높아지기 때문이다.

기상 예보 일을 하는 나는 예보관 직업에 큰 자부심을 갖고 있다. 그래서인지 부모들에게 대기과학을 전공한 후 기상 예보관의 길을 걷길 권한다. 서울 코엑스에서 열린 '2009 미래직업박람회'에서도 기상 예보관이 미래 유망 직업으로 소개되었다. 이는 지구 온난화로 기상 재앙이 증가하는 데 반해 기상 예보관의 숫자가 절대적으로 적다는 데 있다. 희소가치가 있는 미래의 유망 직업이라는 뜻이다.

우리나라도 2010년 12월에 기상 예보가 민간에 개방되었다. 예보를 바탕으로 한 기상산업이 미국과 일본처럼 급성장할 가능성이 매우 높다. 기상 예보관의 가치와 인기는 지금보다 훨씬 높아질 수밖에 없을 것이다. 그러나 아직 사람들이 바라보는 기상 예보관의 수준은 낮은 것 같다. 뛰어난 조카아이가 있다. 내가 2000년에 첫

책을 출간하자 무척 많은 관심을 보였다. 열심히 공부해 우리나라의 뛰어난 기상학자가 되었으면 했다. 민족사관고등학교에 진학한 조카는 고 3때 조지 필란더 교수의 책《지구 온난화의 비밀》을 번역해 출간했다. 놀라운 일이었다. 그런데 막상 고등학교 졸업할 때 조카의 아버지인 내 동생은 대기과학보다는 경영학을 공부하기를 원했다. 결국 아버지의 뜻대로 미래에셋에서 2억 원의 장학금을 받고 MBA에서는 세계 최고라는 와튼스쿨로 유학을 갔다. 조카의 하나님에 대한 믿음이 매우 아름답고 신실하다. 그러기에 하나님이 세계적으로 쓰임 받는 복을 주시기를 기도하게 된다.

25. 지혜

지혜로운 건강한 삶

바이런이나 단테, 레오나르도 다 빈치, 모차르트 등 감성이 풍부하고 내성적이었던 예술가들이 날씨 변화에 민감했다고 한다. 유명한 예로, 정시의 산책으로 유명한 철학자 칸트는 햇볕이 쨍쨍한데도 우산을 들고 나가고, 비가 쏟아질 것 같은데도 우산을 들지 않고 나가곤 했다. 그는 새벽종과 저녁 종소리를 듣고 당일 날씨를 예측했는데, 한 번도 빗나간 일이 없었다고 한다.

'아베마리아'로 알려진 작곡가 구노는 하프시코드 연주가이기도 했다. 그는 G음을 눌러 보고 날씨를 가늠하는데 열 번에 여덟 번 맞히는 높은 확률이었다고 한다. 우울증을 가지고 있던 링컨 대통령은 습기 차고 눈 오는 날씨가 여러 날 지속되자 자살을 기도하기까지 했다고 한다. 심리학자들에 따르면 날씨 때문에 우울해질 때

찬송을 부르면 큰 도움이 된단다. 하나님이 주시는 지혜롭고 건강한 삶을 사는 것은 놀라운 복이다.

건강은 날씨에 영향을 받는다

"비가 오는 날에는 아이들이 말썽을 많이 부려서 짜증이 나요. 보통 맑은 날보다 대여섯 배 정도 많은 아이들이 벌을 서곤 한답니다." 초등학교 선생님의 말처럼 날씨는 사람들의 심리 상태에 영향을 준다. 날씨가 사람들의 감정에 미치는 영향을 연구한 사회학자 헌팅턴은 날씨가 흐리고 비가 오는 날에는 사람들의 감정이 부정적으로 변한다고 한다. 왜 이런 일이 벌어질까?

생체기상학자들에 의하면 맑은 고기압권 내에서는 사람들의 혈관이 수축되고 인체의 수분 증발이 촉진되기 때문에 저절로 유쾌한 마음이 들게 되는 것이라고 한다. 또 한셀 박사는 조금 다른 각도에서, 공기 중의 이온을 그 원인으로 지목하고 있다. 흐리고 비가 오는 저기압에서는 산소가 포함된 음이온보다 탄산가스가 포함된 양이온이 늘어나는데, 양이온은 '세로토닌'(Serotonin)을 방출한다. 이 세로토닌은 사람들에게 짜증을 내게 하거나 화를 불러일으키며, 심지어는 심장발작과 편두통, 류머티즘 통증을 유발한다고 알려져 있다. 이런 연유로 사람들은 흐리고 비가 올라치면 쉽게 피로를 느끼며 짜증스럽게 변한다는 것이다.

사람의 심령은 그의 병을 능히 이기려니와 심령이 상하면 그것을 누가 일으키겠느냐(잠 18:14).

지혜의 사람 솔로몬 왕이 지은 잠언 중에 나오는 말씀으로 병은 사람의 마음이 즐거우면 이길 수 있다는 말이다. 또 잠언에 '마음이 즐거우면 앓던 병도 낫고, 속에 걱정이 있으면 뼈도 마른다' 는 말도 나온다. 이것은 마음이 육체의 질병과 밀접한 관계가 있다는 것으로 현대 의학용어로는 상관의학이라고 부른다. 그런데 앞에서 말한 것처럼 날씨는 사람의 심리 상태에 영향을 주고 있으므로 날씨가 건강에 영향을 준다는 말은 일리가 있다.

생체기상학에서도 날씨가 좋지 않을 때 사람들의 감정이 불쾌해지고 이에 따라 건강이 악화되기가 쉽다고 말하는 것을 보면, 날씨와 건강의 관계는 실로 밀접하다고 할 수 있다. 실제 스위스에서는 높새바람이 불 때 편두통을 호소하는 환자가 급증한다고 보고되고 있고, 나의 경우에도 푄이라고 불리는 높새바람(동풍)이 불 때면 편두통으로 고생을 하곤 한다. 외국에서는 질병을 치료중인 사람들에게는 날씨가 나빠지면 외출하는 것도 가급적 삼가도록 권한다고 하는데 이것은 날씨로 인해 건강이 악화되거나 혹은 예상치 못한 일들이 발생할 수 있기 때문이라고 한다. 또한 선진국의 일부 병원에서는 수술할 때 일기예보를 참고하여 나쁜 날씨일 때는 가능하면 수술을 피한다고 한다. 그들은 날씨가 나쁠 때 수술하면 결과도 좋지 않고 환자의 회복 속도도 현저히 느려진다고 굳게 믿고 있다고 한다.

"내가 날씨에 따라 변할 사람 같소?" 예전에 추송웅 씨가 출연했던 코미디물 연극 제목이다. 그렇다. 이 말처럼 날씨 변화가 모든 사람들에게 똑같이 영향을 준다고 보기는 어렵다. 날씨 변화에 민감하게 반응하는 사람이 있는가 하면, 변화를 느끼지 못하는 사람도 많다. 날씨와 사람들 행동과의 연관성에 대해 연구해 온 미국 기상학자 스티븐 로센 박사에 의하면 날씨에 민감한 사람들이 외형적으로는 대개 뚱뚱한 사람들이며, 내면적으로는 수줍음을 많이 타고 감성이 풍부하거나 우울증이 있는 사람이라고 한다. 또 10대나 60대 이상의 여자들 역시 날씨에 민감한 반응을 보인다고 한다.

최근 세계기상기구(WMO)는 "날씨와 기후, 그리고 건강"(Weather, Climate and Health)이라는 슬로건 아래, 최근 엘니뇨 등으로 인한 기후 변동이 날씨에 미치는 영향에 대한 관심을 촉구하고 나섰다. 이것은 날씨가 사람들의 심리에 영향을 주고, 이것이 곧 건강에 상당한 영향을 주고 있다는 증거이다.

생체시계는 하나님의 작품

"야근을 주로 하는 사람의 수명은 10년 이상 짧아집니다."

밤에 잠을 자지 않고 일을 하면 수명이 단축된다고 최근 독일의 시사 주간지 〈슈피겔〉이 보도한 내용이다. 이 신문은 독일 수면의학협회 통계를 이용하여 보도하였는데, 교대 근무자의 80%는 수면장애에 시달린다고 한다. 질병에 걸릴 확률도 야근을 하는 교대 근무자가 훨씬 높다. 예를 들어 낮에만 근무하는 사람들의 경우 신경장애가 나타날 확률은 25%이지만 교대 근무자의 경우 60-70%에 이른다고 한다. 또한 야근은 위궤양이나 고혈압, 심근경색 등을 유발하여 수명도 짧아진다는 것이다. 낮에 일을 하는 규칙적인 생활을 하는 교사나 공무원의 경우 평균 수명이 78세였으나, 주로 야근을 하는 교대 근로자의 경우 65세밖에 되지 않는다는 것이다. 협회에서는 이런 현상은 장구한 세월에 인간 생존 과정에서 형성된 체내시계에 정면으로 위배되기에 필연적으로 건강에 심각한 장애가 초래된다고 발표하였다. 그런데 나는 이런 이유 때문이 아니라 하나님의 창조질서를 깨뜨렸기에 나타난 현상이라고 생각한다.

> 하나님이 이르시되 하늘의 궁창에 광명체들이 있어 낮과 밤을 나뉘게 하고 그것들로 징조(徵兆)와 계절과 날과 해를 이루라(창 1:14).

태초에 하나님이 천지를 창조하실 때에 넷째 날에 빛과 어둠을 만들었다. 그래서 해와 달의 움직임으로 "징조와 계절과 날과 해"를 이루라고 명령하였다. 여기에서 '징조'는 히브리어 '오토트'(אתת)로 '표시하다'는 뜻이다. 즉 계절과 날과 해를 구분할 수 있게 해주는 여러 현상들을 가리킨다고 할 수 있다. '계절'은 '모아딤'(מועדים)으로 '정하다'는 뜻을 가진 히브리어로 사계절을 의미한다. '날과 해'는 '야밈 웨솨님'(ימים ושנים)으로 태양과 달의 움직임으로 계산된 시간단위인 날(24시간)과 년(12개월)을 가리킨다. 하나님은 이런 질서가 유지되도록 지구의 자전축을 23.5도 기울게 해서 태양을 돌게 만드시는 등 오묘한 솜씨를 발휘하셨다.

광명을 다 만든 다음 '보기에 좋았더라'는 말은 하나님이 만드신 밤과 낮, 그리고 계절은 아름다운 하나님의 질서임을 나타내는 표현인 것이다. 사람들은 하나님이 만드신 창조 질서대로 하루는 24시간 주기에 맞춰 낮에는 일하고 밤에는 자도록 만들어졌다. 그러나 이 질서를 어기고 잠을 자야 할 시간인 밤에 일을 하니 건강을 해치게 되고 일찍 죽을 수밖에 없게 되는 것이다.

최근 KIST의 신희섭 박사는 "생체시계"라는 논문에서 이와 관련된 내용을 발표하였다. 그는 인류는 태초부터 지구에서 생활하도록 창조되었고, 생체시계 유전자는 이미 만들어진 정보이지 진화하면서 만들어진 것이 아니라고 말한다. 그는 과학 저널 〈네이처 뉴로사이언스〉에 게재한 논문을 통해 "생체시계에 관여하는 'PLC β4 유전자가 생체시계의 정보를 읽어서 그것을 생체리듬 유전자에 전달하는 역할을 하고 있음이 증명됐다"고 밝혔다. 포유류에 있어서 생체시계는 시신경 교차상핵(SCN)이라 불리는 뇌의 시상하부의 한 부분에 위치해 있으며, 이 시계에 의해 생체리듬이 총괄되고 있다는 것이 지금까지 밝혀진 연구 결과다.

신 박사팀은 이번 연구에서 SCN에 담겨 있는 시간 정보를 읽어서 변환하는 역할을 하는 유전자가 바로 PLC β4라는 사실을 밝혀냈다. SCN에 담겨 있는 시간 정보나 이를 변환하는 PLC β4 유전자는 이미 만들어져 있는 DNA이지 진화한 것이 아니라는 것이다. 특히 이번 연구에서 SCN에 담겨 있는 생체시계 정보가 24시간 주기에서 벗어나지 않는다고 하는데, 지구상의 어느 곳도 밤과 낮의 길이만 차이가 있을 뿐 하루 24시간의 주기는 비슷하다는 것도 창조론을 뒷받침한다.

하루가 24시간보다 훨씬 짧거나 반대로 길게 되면 생체시계가 적응하지 못해 생명 현상이 지속적으로 이어질 수 없다는 것은 각종 연구에서 밝혀지고 있다. 하나님은 천지를 창조하실 때 피조물에 가장 적합하게 만드셨다. 그러나 사람들이 이 질서를 깨뜨리고 무너뜨림으로써 환경 파괴가 발생하고 피조물들이 탄식하며 고통 중에 놓이게 된 것이라고 본다. 하나님은 우리가 하나님의 창조 의 도대로 살기를 원하신다.

예를 들어 하나님은 모든 물고기와 새와 짐승과 자연을 다스릴 권한을 사람에게 주셨다. 그렇다면 사람들이 마음 내키는 대로 이들을 통치하고 다스리라는 뜻이었을까?

"조물주께서 첫 번째 사람을 만드실 제 하나님이 그를 에덴동산에 있는 모든 나무들 앞으로 데려가 세우시고 말씀하시되 '나의 솜씨를 보라. 과연 아름답고 훌륭하지 않으냐! 내가 창조한 이 모든 것을 너를 위하여 만들었나니 이를 상고하여 내가 만든 세상을 더럽히거나 황폐케 하지 말지니라. 만일 네가 이를 더럽히거나 황폐케 하면 이를 되살릴 자가 없다' 라고 유대 경전인 〈라바 전도서〉(Ecclesiastes Rabbah)에 적혀 있다."

이 이야기는 사람들에 의한 자연환경의 파괴는 해일, 태풍, 지진, 가뭄으로 되돌아와 엄청난 피해로 되돌려준다는 뜻이 아닐까 싶다. 하나님은 사람들에게 지구상에서 살아가려면 자연을 더럽히거나 황폐하게 만들지 말고 잘 보존하면서 더불어 살아가라고 말하는 것이다.

패류를 먹지 말라는 것은 날씨 때문

생명이 끝나지 않은 갯벌에서
우리, 물풀처럼 살아요
물이 나면 숨죽여 엎드리다가
다시 들면 착한 기도를 해요.
살색 촉수가 꽃잎처럼 매달린

말미잘이라도 좋아요

촉수 사이에 들어오는

슬픔들을 기절시켜

푸걱푸걱 삼킬 거예요.

–남성경의 '갯벌의 꿈' 중에서

갯벌은 생명이 있고 꿈이 있고 더러움을 정화시키는 힘이 있고 우리네의 삶이 녹아 있는 곳이다. 흔히 갯벌은 일반의 인식과는 달리 쓸모없는 땅이 결코 아니다. 갯벌은 하천이나 강을 통해 육상의 유기영양물질이 끊임없이 공급되어 영양이 풍부하며, 수천 종에 이르는 동 · 식물의 중요한 서식지로서 지구상에 존재하는 생물의 20% 가량이 서식하고 있다. 또한 갯벌은 의학과 식량 생산 등에 이용될 수 있는 유전자원의 보고이며, 자연의 신장으로서 정화 기능을 하는 등 환경생태학적으로도 매우 중요하다. 그리고 갯벌의 생태계는 1차 생산성이 매우 높아 동식물의 먹이사슬을 통한 생물의 생산성 및 다양성이 높은 지역이기도 하다. 이외에 사람들에게 사냥, 낚시, 아름다운 경치 및 해수욕장 등을 제공하는 심미적 기능이 있고, 홍수 조절 및 태풍의 영향을 받을 때 폭풍 조절 기능도 가지고 있다. 우리가 상상할 수 없을 정도로 가치가 높다고 할 수 있다. 그런데 성경에서는 주로 갯벌과 연안에서 사는 어패류를 먹지 말라고 말한다.

그들이 내 말 듣기를 거절한 자기들의 선조의 죄악으로 돌아가서 다른 신들을 따라 섬겼은즉 이스라엘 집과 유다 집이 내가 그들의 조상들과 맺은 언약을 깨뜨렸도다 그러므로 나 여호와가 이와 같이 말하노라 보라 내가 재앙을 그들에게 내리리니 그들이 피할 수 없을 것이라 그들이 내게 부르짖을지라도 내가 듣지 아니할 것인즉(렘 11:10-11).

하나님은 모세를 통하여 레위기 11장에서 먹어도 되는 음식과 먹으면 안 되는 음식을 말씀하신다. 하나님이 음식 규례를 만든 취지는 건강한 식생활과 위생 및 의료의 원리와 함께 종교적, 영적인 이유도 있었다. 그런데 하나님은 왜 지느러미와 비늘이 없는 패류와 갑각류를 먹지 말라고 했을까? 이것은 아마 중동 지역의 날씨와도 밀접한 관계가 있는 것 같다. 서양 속담에 R 자가 들어가지 않은 달에는 어패류를 먹지 말라고 전해진다. R자가 들어가지 않은 달은 5월부터 8월까지이다. 이때 기온이 높아지면서 어패류가 쉽게 부패하기 때문이다. 특히 패류는 장티푸스나 콜레라 등 전염병균뿐만 아니라 이질이나 비브리오균 등을 많이 보유하고 있다. 이런 세균들은 적당한 수온에서 급속하게 번식하면서 독성을 가지게 된다. 그런데 팔레스타인 주변의 바다 온도는 세계 어느 곳보다 높다. 우리나라의 여름철 해수온도가 중동 지역에서는 한겨울에도 나타난다. 그만큼 패류나 갑각류에 전염병균이 활동하기 좋은 상태라는 뜻이다.

두 번째로는 굴이나 담치(홍합), 게, 대합 등의 갑각류와 패류는 오염된 물은 물론이고 각종 폐수 속에서도 쉽게 적응하며 사는 특성이 있다. 물이 오염되기 시작하면 다른 물고기들은 맑은 곳으로 이동해 간다. 그런데 패류와 갑각류 등은 운동량이 많지 않기에 죽기 직전까지 그대로 남아 오염된 물과 함께 심하게 오염되어 간다. 문제는 이런 패류와 갑각류는 주로 오염이 가장 심한 갯벌과 연안에서 산다는 점이다. 오늘날 세계 각지의 갯벌은 배기 가스, 산업 폐수, 생활 폐수 등으로 극심하게 오염되어 가고 있다. 패류는 산업 폐수로 오염된 물로 수은, 카드뮴, 납 등 중금속을 몸 속에 그대로 쌓아둔다. 특히 담치는 물에 대한 오염도가 높아 물이 조금만 오염되어도 그대로 오염되고 만다. 그러니 과거에는 전염병에 걸릴 확률이 높았지만 현대에는 중금속 중독에 걸릴 확률이 높다.

그런데 놀라운 것은 환경오염의 심각성은 산업혁명 이후 산업화되면서 대두된 문제로 옛날에 환경오염은 문제가 되지 않았다. 하물며 레위기가 기록되던 고대에는 더욱 그러했을 것이다. 성경에서 패류나 갑각류를 먹지 말라고 말하는 것은 바로 하나님께서 패류와 갑각류를 만드셨기에 이들의 특성을 잘 알고 계시기 때문이며, 장차 사람들이 환경을 파괴하면서 만들어낼 독에 대해 미리 주의를 환기하신 것이 아닐까 싶다. 참으로 하나님의 지혜는 놀랍고 완전하다.

최근 지구 온난화와 해양 오염에서 대표적으로 나타나는 질병이 바로 콜레라다. 지구 온난화는 바다생물의 면역성을 떨어뜨리고 그 속에 기생하는 새로운 박테리아와 바이러스의 성장을 돕는다. 따라서 성장한 바이러스에 감염된 해산물을 먹을 때 콜레라가 발생할 확률이 높다. 세계적인 콜레라의 대유행은 지금까지 7번이 있었다. 일곱 번째의 대유행은 엘토르라는 변종으로 1960년에 벵골만에서 시작하여 아시아를 지나 서양으로 옮겨갔고 1970년대에는 아프리카 대륙을 관통했다. 그리고 1991년에는 미국에서만 5,000명이 목숨을 잃었다. 지금까지 가장 강력한 콜레라가 발생한 곳은 1944년 르완다였는데, 몇 주 동안에 4만 명이 죽은 적도 있다.

오랫동안 병으로 고생한 경험이 있어서인지 건강에는 유달리 관심이 많다. 그런데 조지 워싱턴 카버에 대한 글을 읽다가 감동을 받았다. 미국의 위대한 식품농학자 카버는 땅콩의 식품으로서의 가치를 알아낸 사람이다. 그는 땅콩버터, 전분, 크림, 연고 등을 만들었으며, 땅콩의 껍질로는 전열판, 땔감, 접착제, 인조 석재 등을 만들어 낸 과학자이다. 미국 식탁의 혁명을 이루어낸 사람인 것이다. 그는 땅콩기름을 바르고 기도하는 방법으로 소아마비 환자를 치료했는데 수많은 기적이 일어났다. 그가 치료한 환자 250명 모두가 효과를 보았던 것이다. 그의 믿음이 얼마나 신실하였으면 하나님께서 그의 뛰어난 식품의 업적 외에 치유의 기적까지 덤으로 베풀어 주셨던 것일까? 매우 부러울 뿐이다.

엘니뇨와 엔트로피

1982년 전 세계적으로 엄청난 기상 재앙이 발생했다. 폭우, 태풍, 가뭄 등 지금까지 겪어보지 않았던 강한 자연의 위력 앞에 사람들은 경악했다. 강력한 기상현상이 발생한 원인은 무엇이었을까? '엘니뇨' 때문이었다. 기상학자들은 엘니뇨와 같은 기상 재앙은 특별한 것이며, 이런 정도의 재앙은 100년 이내에는 절대 발생하지 않을 것이라고 결론지었다. 그러나 정확히 15년 후인 1997년, 엘니뇨는 또 다시 찾아왔다. 1982년 재해의 몇 배에 해당되는 기상 재앙으로 지구촌을 강타한 것이다. 왜 예측조차 힘든 이런 재앙이 자꾸 발생하는 것일까?

산업혁명 이후 형성된 인간 중심의 세계관은 기계적 관념론이다.

베이컨(F. Bacon), 데카르트(R. Descartes), 뉴턴(I. Newton) 등이 주장한 이론이다. 한마디로 설명한다면 "객관적 지식이 있으면 인간은 자연계를 지배할 수 있다"는 말이다. 이러한 패러다임이 400 여 년 동안 세계를 지배했다. 끊임없는 성장과 풍요한 물질문명이 이뤄졌다. 사람들은 인간의 한계라는 것은 있을 수 없다고 생각했다. 그러나 엘니뇨로 인한 엄청난 기상 재앙은 이 패러다임을 뒤집어 버렸다. 인간이 자연계를 지배하는 것이 아니라 통제할 수도 없는 기상 재앙이 더 자주, 더 강력하게 발생하여 인간의 삶을 황폐하게 할 것이라고 말이다.

이러한 현상을 예측한 학자가 있었다. 제레미 리프킨이다. 그는 '우주의 엔트로피는 계속 증가하고 있다'는 열역학의 엔트로피(Entropy) 증가 법칙으로 지금까지 지배해 오던 현대문명의 한계를 설명했다. 엔트로피란 열역학에서 물체가 열을 받아 변화했을 때의 변화량을 말한다. 그는 열역학 제2법칙, 즉 "모든 물질과 에너지는 사용이 가능한 것에서 사용이 불가능한 것으로, 이용이 가능한 것에서 이용이 불가능한 것으로, 또는 질서 있는 것에서 무질서한 것으로 변화된다"고 주장한다. 쉽게 말하면 우리가 살아가는 일상적인 행위 등은 엔트로피를 증가시키는 것이다. 숨을 쉬면 이산화탄소가 나오고, 밥을 먹으면 똥을 누는 것처럼 인간의 모든 행위는 엔트로피의 증가를 가져온다는 것이다.

리프킨은 엘니뇨와 같은 기상 재앙은 엔트로피의 증가 때문에 더 강하게 자주 발생한다고 말한다. 과학 기술문명의 발달 때문에 대기 및 해양 그리고 식수가 오염되었다. 생태계의 파괴, 지구 온난화현상과 기후 변화 등이 발생했다. 이로 인한 엔트로피의 급속한 증가가 기상 재앙을 가져왔다는 것이다. 현재 엔트로피는 절정치(絕頂値)에 도달하고 있으며, 기계적 패러다임으로는 해결할 수 없는 위기 상황에 있다고 말한다. 엔트로피 원리에 의한 새로운 패러다임으로 발전 방향을 세워야 할 것이라고 리프킨은 강력히 경고한다.

"에너지는 한 가지 상태에서 다른 상태로 옮겨갈 때마다 '일정액의 벌금을 낸다.' 이 벌금은 유용한 에너지가 손실되는 형태로 나타나는데, 바로 '엔트로피' 이다. 에너지 제1법칙에 따라 에너지 총량은 일정하게 보존되며, 제2법칙에 의해 혼돈과 무질서의 방향으로 변해 가기 때문에, 오염이란 엔트로피의 또 다른 이름에 불과하다(중략). 매번 담배에 불을 붙일 때마다 지구상의 유용한 에너지 양은 줄어든다(중략). 우주가 완벽한 상태에서 시작하여 쇠락과 혼돈을 향해 움직인다는 점을 우리 모두 받아들이면서도, 지구의 역사는 '진보' 하고 있다고 믿는 것은 참으로 기이하다(중략). 엔트로피는 시간의 화살이다. 많은 에너지가 소비되면 많은 시간이 사라진다. 그러나 우리는 엔트로피 과정이 발생하는 속도를 우리의 의지에 따라 결정할 수 있다. 우리의 의지력을 발휘하여 이제까지 우리가 지구에 입힌 상처가 치유될 수 있는, 자연 재생 과정에 필요한 시간을 충분히 준다면 우리와 모든 생명은 지구상에서 오랫동안 건강하게 살 수 있을 것이다."(제레미 리프킨의 《엔트로피》 중에서)

그런데 놀랍게도 객관적 지식만으로 자연계를 지배하고 새롭게 만들 수 있다고 주장해 온 기계적 관념론의 패러다임이 거짓이며 제레미 리프킨의 말이 사실임을 나타내는 말이 성경에 나온다.

이 뜻을 따라 예수 그리스도의 몸을 단번에 드리심으로 말미암아 우리가 거룩함을 얻었노라 제사장마다 매일 서서 섬기며 자주 같은 제사를 드리되 이 제사는 언제나 죄를 없게 하지 못하거니와 오직 그리스도는 죄를 위하여 한 영원한 제사를 드리시고 하나님 우편에 앉으사(히 10:10-12).

이 말씀은 그리스도께서 이 세상의 창조자이심을 강조한다. 이 세상의 소유권과 통치권이 그리스도 예수께 있다는 것이다. 창조자이신 그리스도는 지금도 이 세상을 다스리시듯 장차 올 새 하늘과 새 땅도 통치하시는 영원한 존재이다. 그러나 그리스도가 만든 이 세상은 영원한 세상이 아니라 만들어진 날부터 옷처럼 점차 낡아갈 것이라고 말한다. 옷이 낡아간다는 것은 엔트로피가 증가하는 것이다. 말씀처럼 현재 우주는 엔트로피가 증가하는 상태이다. 우주가 질서를 잃어가면서 마치 옷이 낡아가는 것처럼 변하고 있다고 과학자들은 말한다. 성경에서 묘사하고 있는 사실들은 성경이 쓰인 시기의 과학적 수준을 생각하여 볼 때 놀라움 그 자체이다. 세상을 만드시고 섭리하는 하나님이 아니면 알 수 없는 내용인 것이다.

우리는 세상 사람들처럼 엔트로피가 증가해 썩어 없어질 이 세상을 의지해서는 안 된다. 오직 그리스도 예수를 믿음으로 영원히 변치 않는 영생의 소망이 있는 사람들이 되어야만 한다.

낮말은 새가 듣고 밤말은 쥐가 듣는다

"내가 너에게 무엇을 주기를 원하느냐?"

"저를 이 많은 이스라엘 백성의 왕으로 삼았사오니, 무엇보다 이 백성들을 올바르게 이끌어갈 수 있도록 지혜와 지식을 주십시오."

부(富)나 장수(長壽), 지위나 영예를 구하지도 않고, 원수가 멸망하기를 바라지도 않는 솔로몬의 마음에 감동을 한 하나님은 "네가 백성을 올바르게 다스리는 지혜를 구하였으니, 내가 너에게 지혜와 지식을 주고 아울러 부와 재물과 존영(尊榮)도 같이 주리니 이전이나 이후에 너 같은 왕이 다시는 없을 것이다"라는 찬사와 함께 놀라운 복을 내려주었다. 솔로몬은 생전에 3,000구절의 잠언과 1,005편의 노래를 지었으며, 모든 분야에서 해박한 지식을 소유했다. 그의 지혜는 세상의 모든 지혜보다 뛰어났다고 한다.

> 심중에라도 왕을 저주하지 말며 침실에서라도 부자를 저주하지 말라 공중의 새가 그 소리를 전하고 날짐승이 그 일을 전파할 것임이니라(전 10:20).

이 구절은 지혜의 왕 솔로몬이 늙어 후손들에게 진정한 행복의 길을 일러주기 위해 썼던 전도서 중에 나오는 말이다. 솔로몬은 전도서의 앞절에서 게으르고 방탕한 위정자로 인해 백성들이 겪게 되는 어려움을 이야기한다. 일할 의욕이 없는 사람이 다스리는 나라는 마치 무너진 집과 같아서 백성들이 평안하게 살지 못하고 결국에는 위태로운 지경에 이르게 된다는 것이다. 위정자들은 잔치와 포도주를 사랑하며 육체적 쾌락만을 추구하는 자들이라, 이런 자들의 관심은 오로지 돈밖에 없다고 말한다. 그런데 솔로몬은 비록 이들이 방탕하고 무절제하게 행동하더라도 침방이라는 은밀한 장소나 마음의 깊은 곳에서조차 그들을 저주하지 말라고 권고한다. 그들을 욕하면 공중을 나는 새들이나 땅짐승들이 듣고 전파할 것이라는 우려 때문이었다.

우리나라에도 이와 비슷한 말로 "낮말은 새가 듣고 밤말은 쥐가 듣는다"라는 속담이 있다. 이 속담에는 과학적인 근거와 함께 놀라운 기상학적 비밀이 숨어 있다. 소리는 밀도가 다른 공기층을 통과할 때 밀도가 낮은 쪽에서 높은 쪽으로 잘 전달되는 특성을 가지고 있다. 그래서 기온이 높아지는 낮에는 땅 부근의 밀도가 낮고 상공의 밀도는 높기에 소리는 상공으로 잘 퍼져나간다. 그러나 밤에는 정반대의 기상 특성을 보인다. 따라서 소리가 공중으로 잘 퍼져나가는 낮에는 공중을 나는 새가 소리를 잘 들을 것이고, 반대로 소리가 지표면으로 잘 전달되는 밤에는 땅 위의 쥐가 소리를 잘 듣는다는 것이다. 이런 기상 특성으로 인해 소리가 전달되는 것에는 여러 가지가 있다.

"아니? 저렇게 먼 데서 하는 말이 이렇게 가까이 들리네!"

총각 시절 해질녘에 호숫가에서 아내와 데이트하다가 알게 된 비밀이다. 이런 날은 기상학적으로 맑고 바람이 고요한 날이다. 해가 진 직후 햇볕을 받지 않은 호수는 점점 식는다. 식은 물은 바로 윗부분의 공기를 식힌다. 반면 더 높은 곳의 공기는 물의 영향을 받지 않고 상대적으로 따뜻하다. 500m 정도 떨어진 곳에서 말을 하면, 그 목소리는 음파로 전달된다. 음파가 압축된 공기의 벽이 소리의 속도로 호수를 가로질러 온다고 생각하자. 소리는 따뜻한 공기에서 더 빠르게 이동한다. 따뜻한 공기 중을 이동하는 그 소리의 벽의 일부는 아래쪽의 물에 가까운 차가운 공기를 통과하는 부분보다 빨리 이동하게 된다. 그 결과 위의 소리가 먼저 도달하게 된다. 즉 윗부분 소리의 벽이 아래로 기울어지는 모양이 된다. 그래서 저녁에는 하늘로 퍼져버리는 소리가 낮보다 줄어든다. 소리는 호수 표면에 더 가까워져서 더 멀리 여행한다. 저녁 호숫가에서 사람의 목소리가 더 멀리 선명하게 들리는 비밀이 여기에 있다.

사람이 조용히 걷는 발걸음 소리가 낮에는 10m 밖에서 들리지 않지만, 놀랍게도 밤에는 40m 밖에서도 들을 수 있다고 한다. 결국 이 속담은 지켜질 것이라고 믿고 은밀하게 말하는 비밀도 잘 지켜지지 않는 경우가 많으니 입 조심을 하라는 말이다.

하나님의 지혜를 얻었던 솔로몬은 이와 같은 과학적인 기상 상식도 알고 있었다. 그러기에 그는 백성들에게 큰 해(害)를 줄 수 있는 왕이나 부자[여기서 부자를 가리키는 히브리어 '아쉬르'(עשיר)는 재물뿐만 아니라 높은 신분과 권세, 그리고 사회적 명망까지 겸비한 존귀한 자를 가리킨다]를 욕하고 저주하는 것도 이처럼 쉽게 드러나게 되니 경솔한 입놀림을 조심하라고 권한 것이다.

솔로몬이 후세들에게 진실로 말하고 싶은 무엇이었을까? 지도층의 부패를 보고 이를 개혁해야겠다고 생각하는 사람이 지도층을 질시하는 감정이 앞설 경우 그가 취하는 경솔한 말과 행동으로 인해 오히려 계획이 실패하기가 쉽다는 충고의 말은 아니었을까? 따라서 어떠한 일을 계획하더라도 신중하고 지혜롭게 행동해야 하며 함부로 말하지 말라는 것이다. 욕이나 비난을 하면 그 말을 주워들은 새와 쥐들이 곧 당사자에게 전하게 될 것이고, 그러면 좋은 계획이라도 실패할 수밖에 없을 것이기 때문이다.

어디에서건 남을 나쁘게 말하는 행위가 바람직하지는 않지만 가까운 사람끼리의 다정한 속삭임까지도 도청을 하려 하고, 또 도청을 피하려 도청감지 장치를 소지하고 대화해야 하는 불신의 시대에 가슴이 답답해진다. 마음에 솔로몬의 지혜 하나만을 새기고 실천하며 살아가면 되는 것을…….

우레로 말씀하시는 하나님

2011년 9월 15일 인쇄
2011년 9월 20일 발행

지은이 | 반기성
발행인 | 이형규
발행처 | 쿰란출판사

주소 | 서울 종로구 이화동 184-3
TEL | 02-745-1007, 745-1301~2, 747-1212, 743-1300
영업부 | 02-747-1004, FAX / 02-745-8490
본사평생전화번호 | 0502-756-1004
홈페이지 | http://www.qumran.co.kr
E-mail | qumran@hitel.net
qumran@paran.com
한글인터넷주소 | 쿰란, 쿰란출판사

등록 | 제1-670호(1988.2.27)

책임교열 | 김숙희 · 김윤이

값 13,000원

ISBN 978-86-6562-190-4 93230